事业单位成本核算指引权威专家解读

事业单位成本核算与管理

Public institution cost accounting and management

张庆龙　周　欣　窦雪霞　主　编
陈　冲　段宏勇　于　梅　副主编

40余位实务部门财务精英历时一年编写完成
涵盖高校、医院、科技部门三类典型事业单位

中国财经出版传媒集团
中国财政经济出版社

图书在版编目（CIP）数据

事业单位成本核算与管理／张庆龙，周欣，窦雪霞主编．--北京：中国财政经济出版社，2021.10

ISBN 978－7－5223－0805－0

Ⅰ.①事…　Ⅱ.①张…②周…③窦…　Ⅲ.①行政事业单位－单位预算会计－成本计算　Ⅳ.①F810.6

中国版本图书馆 CIP 数据核字（2021）第 192052 号

责任编辑：潘　飞　　　　责任印制：史大鹏

封面设计：卜建辰　　　　责任校对：徐艳丽

事业单位成本核算与管理

SHIYE DANWEI CHENGBEN HESUAN YU GUANLI

中国财政经济出版社 出版

URL：http：//www.cfeph.cn

E－mail：cfeph@cfeph.cn

社址：北京市海淀区阜成路甲 28 号　邮政编码：100142

营销中心电话：010－88191522

天猫网店：中国财政经济出版社旗舰店

网址：https：//zgczjjcbs.tmall.com

北京时捷印刷有限公司印刷　各地新华书店经销

成品尺寸：170mm×240mm　16 开　29.25 印张　478 000 字

2021 年 11 月第 1 版　2021 年 11 月北京第 1 次印刷

定价：100.00 元

ISBN 978－7－5223－0805－0

（图书出现印装问题，本社负责调换，电话：010－88190548）

本社质量投诉电话：010－88190744

打击盗版举报热线：010－88191661　QQ：2242791300

本书编写委员会

学术专家顾问

徐元元（中国医学科学院肿瘤医院总会计师，中国总会计师协会卫生健康分会副会长兼秘书长）

王　洁（国家卫健委卫生经济学会财会分会会长，原北京医院总会计师）

查道林（华东师范大学教授、博导、党委副书记）

杜育红（北京师范大学总会计师）

向炎珍（北京协和医院总会计师）

李登梁（南方科技大学附属医院总会计师）

刘雅娟（上海交通大学附属新华医院总会计师）

丁朝霞（广东中山大学附属肿瘤医院总会计师）

王　成（北京安贞医院总会计师）

李建军（河南人民医院总会计师）

韩斌斌（河南肿瘤医院总会计师）

贲　慧（南京医科大学附属第一医院总会计师）

李俊忠（四川第二中医医院总会计师）

段光荣（佛山第一人民医院副院长）

任智荣（川北医学院附属医院运营部部长）

廖　菁（四川省肿瘤医院财务部部长）

李丽敏（广东清远人民医院副院长、总会计师）

主要参编人员

公立高校参编人员（排名不分先后）

1. **张江涛** 中国人民大学财务处副处长
2. **朱伟利** 清华大学财务处科长
3. **高　嵩** 复旦大学财务与国有资产管理处副处长
4. **黄　亮** 中山大学产业集团总会计师
5. **刘晓静** 教育部考试中心财务处
6. **程晓芳** 河海大学财务处副处长
7. **郑燕玲** 石河子大学计财处副处长
8. **付玉梅** 石河子大学计财处科长
9. **马祥兰** 河海大学财务处副处长
10. **管　耘** 北京科技大学财务处副处长
11. **刘　明** 北京科技大学财务处，会计师

公立医院参编人员（排名不分先后）

12. **郑阳晖** 广东省人民医院总会计师
13. **武　敏** 三亚市人民医院（四川大学华西三亚医院）总会计师
14. **李翠霞** 海南省三亚市中医院总会计师
15. **张　洋** 中国医学科学院血液病医院总会计师
16. **王　磊** 深圳市龙华区人民医院总会计师
17. **廖　钧** 深圳市第二人民医院总会计师
18. **于　玲** 天津市海河医院总会计师
19. **肖建军** 绵阳市第三人民医院总会计师
20. **胡水清** 天津市第四中心医院总会计师
21. **熊　珂** 深圳市盐田区人民医院总会计师
22. **黄　肖** 玉林市中医医院总会计师
23. **林琼菁** 北京清华长庚医院审计室主任

24. **樊　荣**　北京大学肿瘤医院财务处副处长
25. **王贵祥**　兰州大学第二医院计划财务处副处长
26. **郑　函**　北京市医院管理中心四级调研员
27. **武　瑶**　内蒙古自治区人民医院会计科科长
28. **宁君云**　湖北省十堰市太和医院财务处副主任
29. **赵　萍**　西安市第四医院财务科副科长
30. **杜　娟**　天津市眼科医院财务科负责人
31. **梁　轶**　四川大学华西第二医院规划财务部主任
32. **王　婷**　四川大学华西第二医院会计科负责人
33. **李奕辰**　四川大学华西第二医院成本核算负责人
34. **吴　芳**　佛山市第一人民医院财务部主任
35. **袁超龙**　佛山市第一人民医院成本核算办公室负责人
36. **薛　源**　福建省立医院经营管理办公室负责人
37. **宋菲菲**　山东省疾病预防控制中心会计师

科研部门参编人员（排名不分先后）

38. **李宝智**　科学技术部科技经费监管服务中心审计与预警处处长
39. **李　华**　吉林省科技资金运行服务中心，正高级会计师
40. **杨　茜**　中国农业科学院植物保护研究所财务处处长
41. **姚　洁**　中国科学院地质与地球物理研究所财务处副处长
42. **张烈侠**　甘肃自然能源研究所财务资产管理处副处长

前言

QIANYAN

近年来，随着经济体制改革的不断深化，我国的整体经济水平得到了显著提高，但是作为我国社会发展过程中重要力量的事业单位，其改革进程还十分缓慢。大部分单位依旧沿用传统的理念开展成本核算和管理工作，成本管理基本还停留在核算日常运行产生的费用计量阶段，导致成本管理往往更注重社会公益效率，忽视社会经济效益，其成本管理的理念与时代发展形势脱节。随着减税降费政策的推进和国际经济形势的变化，对于事业单位来说，要有“过紧日子”的思想。事业单位通过成本管理和成本控制，可以使服务成本得到有效的降低，从而使单位运行的经济效益得到一定程度的提高，促进单位经济体制的不断完善，使事业单位一直保持一个健康、可持续的运行状态，为事业单位的发展奠定更为坚实的基础。

事业单位的总体经济运行体量比较大，如高校、医院、科研单位等，其成本核算和管理的要求十分复杂，不是一张表、一份报告就能满足单位的全部管理需求的。目前，这些单位的成本核算主要依赖人工计算，人工成本核算周期长、准确度不高、系统性差，造成单位缺乏实时的成本核算，达不到成本管理和控制的目的。

具体以高校为例，1996 年 12 月 16 日，国家教育委员会、国家计划委员会、财政部颁布的《高等学校收费管理暂行办法》提到教育培养成本包括公务费、业务费、设备购置费、修缮费、教职工人员经费等正常办学费用支出。2005 年 6 月，国家发展与改革委员会颁布了《高等学校教育培养成本监审办法（试行）》，其中提出高校教育培养支出的概念，并且指出高校教育培养成本由人员支出、公用支出、对个人和家庭的补助支出和固定资产折旧四部分构成，并分别列出以上四部分的明细部分。以上两份文件是不同部门主导制定的，对于教育培养成本的定义没有统一，也没有规定教育成本核算的具体操作方法和实施细则，整个学术界对这个问题的争议也非常大，无法达成统一的认识。缺乏标准的规范指导给高等学校带来核算的真空地带，也无法将高等学校教育成本核算工作真正提上日程。可以说，直至今日，大部分高校对成本管理还是缺乏足够的重视。此外，在制定成本管理制度时，财务人员缺乏主观能动性，成本制度往往流于形式。同时，成本核算制度缺乏科学性及合理性，在成本核算及成本管控时缺乏客观公正的评定标准，导致高校内部管控中成本管理控制作用失效，使得财务信息数据不准确，无法实现高校内部管理目标。

再以卫生领域为例，国务院2015年发布的《国务院办公厅关于城市公立医院综合改革试点的指导意见》（国办发〔2015〕38号）指出："要强化公立医院精细化管理，加强医院财务会计管理，强化成本意识，降低医疗成本，提高医院绩效，增强医院在医疗市场中的竞争力。"医院不仅要承担公益性服务这一使命，还必须考虑自身生存与发展的问题，必须强化成本核算管理，提高经济效益。虽然近几年医院率先作了成本管理的改革，但还是停留在组织和形式上，或仅是传统、狭义的成本记账、算账，没有充分发挥成本核算应有的重要作用，并没有适应更为先进、更为广泛的成本管理理念；对成本核算的理论知识的研究方面还存在盲点，也没有相应的制度和行业指引。可喜的是，2021年6月30日，财政部公布《关于征求〈事业单位成本核算具体指引——公立医院（征求意见稿）〉意见的函》，称其根据《事业单位成本核算基本指引》（以下简称《基本指引》）并结合医院实际，研究起草了《事业单位成本核算具体指引——公立医院（征求意见稿）》。该具体指引（征求意见稿）的发布意味着国家在不断加强对公立医院成本核算规范的重视，也更希望能通过统一的成本核算方法，帮助公立医院建立成本核算机制，提升内部决策支撑能力；同时，统一数据核算标准有利于国家获取更精准的数据以支撑项目定价、医保谈判、DRG付费改革等。

应该承认，对事业单位成本核算与管理工作具有重大推进和实施效果影响的事件源于政府会计准则体系与制度的改革。对此，党的十八届三中全会《中共中央关于全面深化改革若干重大问题的决定》提出了"建立权责发生制的政府综合财务报告制度"的重要战略部署，新《预算法》也对各级政府财政部门按年度编制以权责发生制为基础的政府综合财务报告提出了明确要求。2014年12月，国务院批转了财政部制定的《权责发生制政府综合财务报告制度改革方案》（国发〔2014〕63号）（以下简称《改革方案》），确立了政府会计改革的指导思想、总体目标、基本原则、主要任务、具体内容、配套措施、实施步骤和组织保障。《改革方案》指出，权责发生制政府综合财务报告制度改革是基于政府会计规则的重大改革，其前提和基础就是要构建统一、科学、规范的政府会计准则体系，包括制定政府会计基本准则、具体准则及应用指南和健全完善政府会计制度。为此，2015 年 10 月 23 日，中华人民共和国财政部令第 78 号公布《政府会计准则——基本准则》。2017 年 10 月 24 日，为适应权责发生制政府综合财务报告制度改革需要、规范行政事业单位会计核算、提高会计信息质量，财政部根据《中华人民共和国会计法》《中华人民共和国预算法》《政府会计准则——基本准则》等法律、行政法规和规章，印发了《政府会计制度——行政事业单位会计科目和报表》，自 2019 年 1 月 1 日起施行。

政府会计准则体系按照权责发生制原则规范了收入和费用要素，在政府财务报告中引入成本、绩效等先进理念，能够合理归集、反映政府的运行费用和履职成本，科学评价政府、部门、单位等耗费公共资源、成本边际等情况，有利于建立并有效实施预算绩效评价制度，为科学开展考评政府绩效提供扎实有效的信息基础。应该说，政府会计准则体系的改革为行政事业单位成本核算与预算绩效评价体系的完善有着紧密的联系，并起到了相互促进的关系，在宏观层面上，整体有利于推进国家治理及国家治理能力的现代化。

长期以来，事业单位一直是以收付实现制作为核算基础，是以款项的实际收付为标准来处理经济业务，确定本期收入和支出，计算本期盈亏，没有权责对等的理念。如固定资产购置，事业单位在购置的当月按照资产的实际成本全额确认支出，计算本期盈亏，没有考虑这项资产的服务期限。再如，应收应付款项的确认，对当月收到的货币资金，当月全额确认收入，忽略了这项收入覆盖的期限，造成收支不匹配。收付实现制由于无法真实记录事业单位的收入和支出款项，自然也就无法进行成本核算。权责发生制作为核算基础，为成本核算奠定了重要的基础。基于此，2019 年 12 月 17 日，财政部印发《事业单位成本核算基本指引》（财会〔2019〕25 号），要求自 2021 年 1 月 1 日起正式实施（以下简称《基本指引》）。《基本指引》中第六条指出，应当以权责发生制财务会计数据为基础进行成本核算，财务会计有关明细科目设置和辅助核算应当满足成本核算的需要。权责发生制是成本核算的基础，在权责发生制下，费用的确定以责任的产生为前提，合理地界定了成本期间。政府会计准则体系“双基础”的有效实施是科学、准确地进行事业单位成本核算的基础。

从未来发展来看，事业单位成本核算与管理工作亟须实现标准化。事业单位的性质和行政部门有很大的区别，而现有的标准体系主要服务于财政资金和行政单位，事业单位仅能把这些标准体系作为重要参考。如会议费标准、差旅费标准等，这些标准更适用于中央行政单位，而对业务丰富的事业单位来说有很多不确定性和特殊性。事业单位的成本管理亟待形成自己一套科学合理、统一规范的预算项目支出标准体系。此外，还应该加强成本精细化管理的水平。事业单位的种类多种多样，涉及的行业范围也极广，这导致事业单位对核算的对象和范围需要作细致的划分，以保障成本核算内容的准确性。由于事业部门需要通过业务活动进行盈利，同时需要履行公共服务的职能，因此在核算成本时也需要根据不同的资金用途来采用不同的成本核算模式。每类成本模式还需要确定成本核算的范围、内容、方式，以及区分直接成本和间接成本。直接成本还要区分人员成本和公用成本。总之，事业单位要不断细化成本核算体系，提高成本管理精细化程度。

在信息化时代，成本核算必须以信息化技术为依托，积极探索成本管理的新方式，事业单位应建立健全信息化成本核算数据平台，从而实现成本核算与信息化系统的有机结合，全面提升成本核算的信息化水平。随着高校、医院及科研单位业务量的增长和对高效率业务处理的需求，单位的信息化水平得到大幅提升，先后建设了网上预约报销系统、资产管理系统、合同管理系统、科研成果管理系统等信息化系统。在实施新的政府会计制度的操作中，通过财务系统的升级改造，整合合同管理系统、票据管理系统、固定资产管理系统、发票认证系统、往来款管理系统等系统，将事业单位各个部门的财务数据传输到统一的信息化管理平台系统，在运用精细化管理模式的过程中用多种方式实现成本核算的多元化。但多系统、跨部门对接、数据贯通还在逐步实现中，大部分事业单位还存在信息孤岛、数据割裂现象。同时，成本核算涉及不同部门、不同维度，加上核算的精细化程度比较高等因素，目前事业单位的信息化程度还远远达不到数据和业务完全集成的目标。未来亟须提升成本核算统一管理信息化程度，来实现成本标准化与精细化的管理。

虽然执行事业单位成本核算指引已经过去半年多的时间，但事实上，对于事业单位来说，如何理解该政策，如何执行好该政策，亟需相关指引的解读，并且这种解读须有实践价值和可操作性。基于此，我设计了该书的撰写提纲和内容体例，从2020年开始组织来自高校、医院、科研部门的三类主要事业单位的实践部门人员参与本书的编写工作，以保证本书来自实践，符合事业单位的特征和实际情况，并具有指导意义。编写者基本上都是来自一线实务部门的财务处长或者总会计师，或者是全国、中央国家机关、行业的会计高端人才，他们是实践部门的精英，具有多年的理论研究经验，这也保证了该书的质量。在编写过程中，大家表现了极大的参与热情，在繁忙的工作之余，利用好休息时间投入写作，最终才使得此书稿得以顺利完成。在此，再次感谢各位编写者的辛勤付出，特别感谢天津神州浩天科技有限公司段宏勇董事长、上海熙软科技有限公司陈冲董事长在信息化建设方面的大力支持。

各章节编写内容及人员安排如下：

第一章（管耘、刘明）；第二章（张庆龙、宋菲菲）；第三章（马祥兰、刘晓静）；第四章（程晓芳）；第五章（朱伟利）；第六章（张江涛）；第七章（高嵩）；第八章（付玉梅、郑燕玲）；第九章（黄亮）；第十章（吴芳、袁超龙、于玲、杜娟）；第十一章（李翠霞、武敏、武瑶）；第十二章（薛源、张洋、王婷）；第十三章（樊荣、赵萍、王贵祥、宁君云、黄肖、肖建军）；第十四章（胡水清、袁超龙），案例部分（廖钧，李奕辰，梁轶）；第十五章（李宝智、张烈侠）；第十六章（李华）；第十七章（李华、杨茜）；第十八章（杨茜）；第十九章（姚洁），案例部分（张烈侠）；第二十章（郑阳晖）；第二十一章（林琼菁、郑函）；第二十二章（管耘、刘明、廖钧、王磊、熊珂）、第二十三章（张庆龙、神州浩天段宏勇、周欣、袁瑞鑫）、成本管理信息化案例（上海熙软科技陈冲）。

该书历时一年多时间，其间数次易稿，反复修改，得到了来自实践部门及高校、医院各位专家顾问的大力支持。期望该书的出版能够有利于指导实践部门，成为事业单位成本核算指引操作的参考书目和学习指南。当然，受水平所限，书中难免出现纰漏或者不足，请各位专家及实践部门积极批评指正。我的邮箱：zhixing1818@126.com，微信公众号：龙教授频道。期待大家的回复。

张庆龙

2021 年 9 月

目录

MULU

第一篇 政策与原理篇

第二篇 公立高校成本核算篇

第五篇　成本管理篇

第一篇

政策与原理篇

第一章 事业单位成本核算相关政策要求

第一节 政府会计改革与成本核算

一、政府会计改革的背景

20 世纪 70 年代，西方发达国家掀起了以新公共管理运行为标志的政府部门管理变革。政府会计作为一种信息披露机制，对于提升政府财政管理的绩效和财政透明度，保障公共资源提供者与服务对象的利益、知情权、参与权与监督权具有积极的作用。

多年来，我国在政府会计领域实行的是以收付实现制为核算基础的预算会计标准体系，主要包括财政总预算会计制度、行政单位会计制度和事业单位会计准则制度等。这一体系是适应财政预算管理的要求建立和逐步发展起来的，为财政资金的运行管理和宏观经济决策发挥了重要的基础性作用。然而，随着经济社会发展，预算会计标准体系难以适应新形势新情况的需要，主要表现为：一是不能如实反映政府“家底”，不利于政府加强资产负债管理；二是不能客观反映政府运行成本，不利于科学评价政府的运营绩效；三是缺乏统一、规范的政府会计标准体系，不能提供信息准确完整的政府财务报告。近年来，全国人大代表、专家等纷纷呼吁，要求加快推进政府会计改革，建立能够真实反映政府“家底”、绩效及预算执行情况的政府会计体系；国家审计署也提出了相关建议。与此同时，国际上一些发达国家都不同程度地进行了权责发生制政府会计改革，取得了较好的效果。

党的十八届三中全会通过的《中共中央关于全面深化改革若干重大问题的决定》提出了“建立权责发生制的政府综合财务报告制度”的重要战略部

署，新《预算法》也对各级政府财政部门按年度编制以权责发生制为基础的政府综合财务报告提出了明确要求。

2014 年 12 月，国务院批转了财政部制定的《权责发生制政府综合财务报告制度改革方案》（国发〔2014〕63 号，以下简称《改革方案》），确立了政府会计改革的指导思想、总体目标、基本原则、主要任务、具体内容、配套措施、实施步骤和组织保障。《改革方案》提出，权责发生制政府综合财务报告制度改革是基于政府会计规则的重大改革，其前提和基础就是构建统一、科学、规范的政府会计准则体系，包括制定政府会计基本准则、具体准则及应用指南和健全完善政府会计制度。为此，2015 年 10 月 23 日，中华人民共和国财政部令第 78 号公布《政府会计准则——基本准则》。2017 年 10 月 24 日，为适应权责发生制政府综合财务报告制度改革需要、规范行政事业单位会计核算、提高会计信息质量，财政部根据《中华人民共和国会计法》《中华人民共和国预算法》《政府会计准则——基本准则》等法律、行政法规和规章，印发了《政府会计制度——行政事业单位会计科目和报表》，自 2019 年 1 月 1 日起施行。

二、政府会计准则体系建立的意义

（一）有利于规范政府会计核算，提高政府会计信息质量

政府会计准则体系继承了多年来我国行政事业单位和财政总预算会计改革的有益经验，吸收了当代政府会计理论研究的最新成果，反映了当前政府会计改革发展的内在需要，体现了国际公共部门会计概念框架的发展动态，从不同角度明确了政府会计标准体系中需要解决的基本问题、基本原则和方法，有利于规范各政府、部门、单位的会计核算，提高政府会计信息的可靠性、全面性、相关性、可比性、及时性和可理解性。

（二）有利于准确反映政府运行成本，科学评价政府绩效

政府会计准则体系按照权责发生制原则规范了收入和费用要素，在政府财务报告中引入成本、绩效等先进理念，能够合理归集、反映政府的运行费用和履职成本，科学评价政府、部门、单位等耗费公共资源、成本边际等情况，有利于建立并有效实施预算绩效评价制度，为科学考评政府绩效提供扎实有效的

信息基础。

（三）有利于夯实财政管理基础，建立现代财政制度

政府会计准则体系在完善现行政府预算会计功能的同时，强化政府财务会计功能，在政府会计核算中引入权责发生制原则，对资产、负债等会计要素的概念、信息质量特征都重新作了界定并提出了新的要求，从而保证政府资产、负债等信息得以如实记录、完整反映，有利于全面反映政府财务状况，有利于进一步加强政府的资产管理和控制债务风险，有利于健全预算管理基础，对于建立全面规范、公开透明的现代预算制度，促进财政可持续发展，具有重要的基础性作用。

（四）有利于提升政府工作透明度，促进国家治理能力的现代化

政府会计准则体系确立了政府预算会计和财务会计适度分离又相互衔接的中心思想，要求政府会计主体同时提供决算报告和财务报告，能够全面、清晰反映政府预算执行信息和财务状况，显著提升财政透明度，满足权力机关、社会公众等对政府财政财务信息全面性、准确性和及时性的需求，从而有利于进一步规范政府行为和提高政府决策能力，促进国家治理能力的现代化。

三、政府会计改革为事业单位成本核算提供了可行性条件和基础

（一）政府会计准则体系的“双基础”是事业单位成本核算的基础

企业成本核算体系是完整的，主要原因是企业的会计制度一直遵循着权责发生制，也就是公司是以权利和责任的发生来作为决定收入和费用归属期的一项原则。例如，凡是在本期内已经收到和已经发生或应当负担的一切费用，不论其款项是否收到或付出，都应作为本期的收入和费用处理；反之，凡不属于本期的收入和费用，即使款项在本期收到或付出，也不应作为本期的收入和费用处理。这种核算方式的权责是对等的，所以能完成企业的全成本核算。

事业单位一直是以收付实现制作为核算基础，是以款项的实际收付为标准来处理经济业务，确定本期收入和支出，计算本期盈亏，没有权责对等的理

念。如购置固定资产，事业单位在购置的当月按照资产的实际成本全额确认支出，计算本期盈亏，没有考虑这项资产的服务期限。再如对应收应付款项的确认，当月收到的货币资金，当月全额确认收入，忽略了这项收入覆盖的期限，造成收支不匹配。收付实现制由于无法真实记录事业单位的收入和支出款项，也就无法进行成本核算。

2015 年 10 月，财政部发布的《政府会计准则——基本准则》中明确提出了政府会计由预算会计和财务会计构成，预算会计以收付实现制作为核算基础，财务会计以权责发生制作为核算基础。2019 年 12 月，财政部发布了《事业单位成本核算基本指引》（以下简称《基本指引》），《基本指引》第六条指出，应当以权责发生制财务会计数据为基础进行成本核算，财务会计有关明细科目设置和辅助核算应当满足成本核算的需要。权责发生制是成本核算的基础，在权责发生制下，费用的确定以责任的产生为前提，合理地界定了成本期间。因此，我们认为政府会计准则体系“双基础”的有效实施是科学、准确地进行事业单位成本核算的基础。

（二）政府会计准则体系的“双功能”是成本核算的可行性条件

政府会计准则体系重构了政府会计核算模式，构建了“财务会计和预算会计适度分离并相互衔接”的会计核算模式。在同一会计核算系统中实现财务会计和预算会计双重功能，通过资产、负债、净资产、收入、费用五个要素进行财务会计核算，通过预算收入、预算支出和预算结余三个要素进行预算会计核算。所谓“适度分离”，是指适度分离政府预算会计和财务会计功能。

政府会计准则体系强化了财务会计功能，在财务会计核算中全面引入了权责发生制。具体表现在政府会计制度中的会计科目设置和账务处理着力强化了财务会计功能，如增加了收入和费用两个财务会计要素的核算内容，并原则上要求按照权责发生制进行核算；增加了应收款项和应付款项的核算内容，对长期股权投资采用权益法核算，确认自行开发形成的无形资产的成本，要求对固定资产、公共基础设施、保障性住房和无形资产计提折旧或摊销，引入坏账准备等减值概念，确认预计负债、待摊费用和预提费用等。在政府会计核算中强化财务会计功能，对于准确反映单位财务状况和运行成本等情况具有重要的意义。

第二节 全面预算绩效管理与成本核算

一、实施全面预算绩效管理的重要意义

（一）有利于建立全面规范透明、标准科学、约束有力的预算制度

党的十九大提出要“建立全面规范透明、标准科学、约束有力的预算制度，全面实施预算绩效管理”，这是对《国务院关于深化预算管理制度改革的决定》的延续，更是对其的深化、拓展和升华。

当前，我国经济已由高速增长阶段转向高质量发展阶段，正处在转变发展方式、优化经济结构、转换增长动力的攻关期，建设现代化经济体系是我国发展的战略目标。发挥好财政职能作用，必须按照全面深化改革的要求，加快建立现代财政制度，建立全面规范透明、标准科学、约束有力的预算制度，以全面实施预算绩效管理为关键点和突破口，解决好绩效管理中存在的突出问题，推动财政资金聚力增效，提高公共服务供给质量，增强政府公信力和执行力。

（二）有利于强调成本效益、硬化责任约束

2018 年，《中共中央 国务院关于全面实施预算绩效管理的意见》对于预算绩效管理的指导思想提出了“创新预算管理方式，更加注重结果导向、强调成本效益、硬化责任约束”。全面预算绩效管理强化了成本和质量的关系，成本核算所提供的结果为全面预算绩效管理打下了良好的基础，便于政府全面清晰地掌握项目的运行成本，将成本理念融入事前、事中、事后的全面预算绩效管理体系建设，更有助于开展高质量、低成本的项目，硬化预算绩效责任约束。

（三）有利于提高资源配置效率和使用效益

在《中共中央 国务院关于全面实施预算绩效管理的意见》的指导思想中，明确提出要“实现预算和绩效管理一体化，着力提高财政资源配置效率和使用效益，改变预算资金分配的固化格局，提高预算管理水平和政策实施效果，为经济社会发展提供有力保障”。我们不仅要编制预算，注重预算执行，还要

注重成本效益，要把资金用在刀刃上，花出效益，重视投入产出绩效，关注产出结果与政策目标实现程度，不断推进和提高预算管理水平，加强政策实施效果，为经济社会发展提供有力保障。

（四）有利于建立绩效管理监督问责机制

全面预算绩效管理的实施使预算从预算编制到绩效评价和评价结果应用形成了一个闭环，并将绩效理念和方法深度融入预算编制、执行、监督全过程，构建事前、事中、事后绩效管理闭环系统。并且，明确了绩效管理责任，完善了绩效管理的责任约束机制。审计部门可以依法对预算绩效管理情况开展审计监督，对于预算绩效不好的项目和政策要建立问责机制，切实做到“花钱必有效，无效必问责”。

二、成本核算是预算绩效评价的重要衡量工具

事业单位作为非营利性的社会服务组织，以社会公益为目标，从事文化、科技、卫生等领域活动，主要通过财政拨款获得资金，完成业务活动开展需要的资产购置，致力于向社会提供服务。事业单位在收入相对有限的情况下，资金使用效益的高低尤为重要。在预算绩效评价中，成本指标是一个非常重要的绩效评价指标，而成本核算是这个指标的重要衡量工具。

对事业单位来说，成本核算不再是简单核算一个单位全年运行的费用，而是根据核算目的确定成本核算的对象，归集、分摊核算对象在一定期间内所发生的各项费用。为满足内部绩效评价需求，可以以项目、内部组织部门、业务团队等作为成本核算对象；为满足外部绩效评价需求，可以以政策和项目、单位整体等作为成本核算对象。对内部绩效评价和外部绩效评价的阐述如下。

（一）内部绩效评价

单位作为内部绩效评价对象，它可以多维度、多层次地确定评价对象。

1. 项目作为成本核算和内部绩效评价对象

项目支出是预算的重要支出内容，2020 年初，财政部修订了《项目支出绩效评价管理办法》，明确了项目支出绩效评价的内容，即“财政部门、预算部门和单位，依据设定的绩效目标，对项目支出的经济性、效率性、效益性和公平性进行客观、公正的测量、分析和评判”。在项目支出绩效评价的“四

性”中，“经济性”和“效益性”都和项目成本息息相关，都需要成本测量才能对项目支出的经济性和效益性进行分析和评判。

项目支出绩效评价的指标包括产出数量、质量、时效、成本，以及经济效益、社会效益、生态效益、可持续影响、服务对象满意度等。其中，产出的成本指标和经济效益指标都需要成本测量和核算。

2. 以单位内部层次作为成本核算和内部绩效评价对象

绩效评价对单位来说是一种内部管理和控制方式，以此实现以目标结果为导向的高效管理与自我激励。依据内部主体的宏观、中观、微观划分，单位管理层次可以分为单位整体、内部组织部门、业务团队。按照“谁申请预算，谁作为预算绩效管理单位”的原则，以单位整体、内部组织部门、业务团队作为预算主体，也是把其作为预算绩效评价的对象。

虽然项目作为绩效评价对象和以单位内部层次作为绩效评价的对象不同，但它们评价的内容、方法等基本相同，成本测量和成本核算依旧是绩效评价很重要的内容和方法。

（二）外部绩效评价

《中共中央 国务院关于全面实施预算绩效管理的意见》（2018 年 9 月 1 日）明确指出，要构建全方位预算格局，实施部门和整体预算绩效管理，实施政策和项目预算绩效管理。而单位整体、政策和项目预算绩效评价的独立性是保证预算绩效评价结果准确性的必要条件，为此，有必要引入外部评价主体，对预算绩效进行事后再评价。

1. 以政策和项目作为成本核算和外部绩效评价对象

国务院出台的全面实施预算绩效管理的文件指出，“将政策和项目全面纳入绩效管理，从数量、质量、时效、成本、效益等方面，综合衡量政策和项目预算资金使用效果”。文件明确了成本核算和管理是综合衡量政策和项目预算资金使用效益的重要指标。

预算绩效管理是全流程、全链条管理，对新出台重大政策、项目开展要进行事前的绩效评估，重点论证立项必要性、投入经济性、绩效目标合理性、实施方案可行性、筹资合规性等。在政策和项目实施后要进行绩效评价，从数量、质量、时效、成本、效益等方面，综合衡量政策和项目预算资金使用效果。

2. 单位整体作为成本核算和外部绩效评价对象

国务院出台的全面实施预算绩效管理的文件指出，“将部门和单位预算收支全面纳入绩效管理，赋予部门和资金使用单位更多的管理自主权，围绕部门和单位职责、行业发展规划，以预算资金管理为主线，统筹考虑资产和业务活动，从运行成本、管理效率、履职效能、社会效应、可持续发展能力和服务对象满意度等方面，衡量部门和单位整体及核心业务实施效果，推动提高部门和单位整体绩效水平”。

不论是政府和项目作为成本核算和外部绩效评价对象，还是单位整体作为成本核算和外部绩效评价对象，它们的评价方法都包括成本效益分析法、比较法、因素分析法、最低成本法、公众评判法、标杆管理法等。其中，成本效益分析法和最低成本法是财政和部门绩效评价方法中比较简单直观和重要的方法。

第三节 事业单位成本管理现存的问题与未来发展趋势

一、事业单位成本管理现存的问题

（一）事业单位成本管理意识淡薄

事业单位一般是由国家设置的带有一定公益性质的机构，但又不属于政府机关，其工作人员与公务员是不同的。因此，提供公共事业产品是其产生和存在的根本原因，它参与社会事务管理，履行管理和服务职能，主要从事教育、科技、文化、卫生等活动。一般来说，事业单位具有五大特征：一是事业单位提供公共服务；二是事业单位属于非公共权力机构；三是事业单位属于知识密集型组织；四是事业单位的经费来源国有化；五是事业单位范围具有广泛性。

首先，鉴于事业单位的公益性，虽然部分事业单位在为社会提供服务的过程中能够获得一定的经济收益，但经济效益的好坏不影响其职能的发挥，再加上行政事业单位的多数资金来源于财政拨款，有财政作为坚强后盾，单位更加缺乏成本管理意识和危机感，存在浪费资源的现象。其次，事业单位的职能部门划分比较清晰，岗位分工与业务活动比较固定，在这种固有的模式下，其他部门认为会计制度的实施应该是财务部门的事情，与自身无关，也造成了成本管控意识薄弱的问题。最后，由于缺乏对成本控制有力的宣传，以及事业单位考核机制单一，对成本费用的考核不到位，造成事业单位员工缺乏市场竞争意识，导致成本控制意识薄弱。

（二）事业单位成本管理缺乏制度

近年来，随着经济体制改革的不断深化，我国的整体经济水平得到了显著提高，但是作为我国社会发展过程中重要力量的事业单位，其改革进程还十分缓慢，大部分单位依旧沿用传统的理念开展成本核算和管理工作，成本管理基本还停留在核算日常运行产生的费用阶段。这导致成本管理往往更注重社会公益，忽视社会经济效益，成本管理理念与时代发展形势脱节。

在卫生领域，国务院 2015 年发布的《国务院办公厅关于城市公立医院综合改革试点的指导意见》（国办发〔2015〕38 号）指出，“要强化公立医院精细化管理，加强医院财务会计管理，强化成本意识，降低医疗成本，提高医院绩效，增强医院在医疗市场中的竞争力”，医院不仅要承担公益性服务这一使命，还必须考虑自身生存与发展的问题。这就要求必须强化成本核算管理，提高经济效益。虽然近几年医院率先做了成本管理的改革，但仅停留在组织和形式上，或仅是传统、狭义的成本记账、算账，没有充分发挥成本核算应有的重要作用，并没有适应更为先进、更为广泛的成本管理理念，对成本核算的理论知识的研究方面还存在盲点，也没有相应的制度和行业指引。

在教育领域，1996 年 12 月 16 日，国家教育委员会、国家计划委员会、财政部颁布的《高等学校收费管理暂行办法》提出，教育培养成本包括公务费、业务费、设备购置费、修缮费、教职工人员经费等正常办学费用支出。2005 年 6 月，国家发展和改革委员会颁布了《高等学校教育培养成本监审办法（试行）》，提出高校教育培养支出的概念，并且指出高校教育培养成本由人员支出、公用支出、对个人和家庭的补助支出和固定资产折旧四部分构成，并分别列出以上四部分的明细部分。以上两个文件是不同部门主导制定的，对于教育培养成本的定义没有统一，也没有规定教育成本核算的具体操作方法和实施细则，整个学术界的争议也非常大，无法达成统一的认识。缺乏标准的规范指导给高等学校带来核算的真空地带，也无法将高等学校教育成本核算工作真正提上日程。至今大部分高校对成本管理还是缺乏足够的重视。此外，在制定成本管理制度时，财务人员缺乏主观能动性，成本制度往往流于形式；同时，成本核算制度缺乏科学性及合理性，在成本核算及成本管控时缺乏客观公正的评定标准，导致高校内部管控中成本管理控制作用失效，使财务信息数据不准确，无法实现高校内部管理目标。

（三）事业单位成本核算内容及类型复杂

事业单位是一个庞大的组织，是具有公益性质、为社会提供公共服务的组织，包括教育事业单位、科研事业单位、文化事业单位、卫生事业单位等近二十类。每类事业单位因为性质不一样，成本核算内容及类型非常复杂。如公立高校成本核算的内容包括教育成本、教学成本、科研成本、本科教育成本等；公立医院成本核算的内容包括院务成本、科室成本、科研团队成本等；科研事业单位成本核算的内容包括院所成本、科研人员成本等。复杂的、多维度的成本核算内容，加大了成本管理的难度。

（四）事业单位成本核算分类不清

事业单位成本核算内容的复杂性和多样性加大了成本管理的难度，同时事业单位成本核算内容分类不清、界限模糊造成事业单位成本核算无法形成体系，也达不到管理的要求。例如，对于公立高校提供的教育服务来说，需要考虑怎么界定各类费用中教育成本、科研成本、后勤管理成本、本科教育成本、研究生教育成本核算的界限以及所有费用怎么按这种类别去分摊更科学、更合理、更符合成本管理的要求。此外，高校办学往往要融入很多因素，投入资金、办学理念、科研成果、教学质量、学生生源、就业前景都会对高等学校的成本产生不同的影响，产出的这种不确定性会影响成本投入的模式，这些都是事业单位成本管理存在的问题和困难点。

（五）成本核算缺乏完善的监督机制

事业单位成本核算和管理的复杂性和多样性造成现在还没有相应的制度和规范引领，那么监督机制也就不能达到监督其核算的科学性、规范性的效果。监督机制的建立要依靠成本核算标准的建立和制度的完善，只有这样才能达到管理行为的约束效果和成本考核的约束限制。

（六）成本核算手段落后

事业单位的体量一般比较大，如高校、医院、科研单位等，其成本核算和管理的要求比较复杂，不是一张表、一份报告就能满足单位的全部管理需求的。目前，这些单位的成本核算主要依赖于人工计算，人工成本核算周期长、准确度不高、系统性差，造成单位缺乏实时的成本核算，达不到成本管理的目的。

随着高校、医院及科研单位业务量的增长和对高效率业务处理的需求，其信息化水平得到大幅提升，先后建设了网上预约报销系统、资产管理系统、合同管理系统、科研成果管理系统等信息化系统。但多系统跨部门对接还在逐步实现中，大部分事业单位还存在“信息孤岛”现象。同时，成本核算涉及不同部门、不同维度，加上核算的精细化程度比较高等因素，目前事业单位的信息化程度还远远达不到数据和业务的完全集成的目标。

二、事业单位成本管理的未来发展趋势

（一）完善事业单位预算管理机制

2019 年，事业单位开始实行政府会计制度。我国现行的政府会计核算模式是以预算管理为中心的，其核算内容、方法都按照预算管理要求进行，由预算管理提供相关信息。在政府会计制度改革之前，政府部门往往过于重视资金的分配问题，却忽略了财务信息数据是否准确。在实施政府会计制度后，事业单位根据权责发生制原则进行财务管理，将资金调配变得更加透明，在反映事业单位的财务管理时有着更高的合理性和客观数据性。在权责发生制基础上的事业单位财务报告与政府预算相结合，能够让政府在为事业单位编制预算时有更为可靠的参考依据；同时，提供更为全面和准确的事业单位服务成本和事业单位财务状况信息，为细化政府部门预算和事业单位的财务绩效考评提供前提条件，使政府部门预算发挥应有的作用。

成本预算管理制度的完善，能够有效防范资金风险，优化资金利用效率。可以逐步完善成本预算管理制度，针对实际情况，优化预算管理工作，综合考量各运营环节的实际成本，了解预算实施情况。同时，建立信息反馈制度，根据实际情况对预算进行一定范围的调整，使预算资金用足用好。

（二）创新事业单位成本管理手段

1. 事业单位成本管理需要更加精细化

事业单位的种类多种多样，涉及的行业范围极广，这也导致对事业单位核

算的对象和范围需要作细致的划分，以保障成本核算内容的准确性。由于事业部门需要通过业务活动进行营利，同时也需要履行公共服务的职能，因此在核算成本时也需要根据不同的资金用途来采用不同的成本核算模式。每类成本模式还需要确定成本核算的范围、内容、方式；每类成本核算的方式还要区分直接成本和间接成本。直接成本还要区分人员成本和公用成本。事业单位要不断细化成本核算体系，提高成本管理精细化程度。

在信息化时代，成本核算必须以信息化技术为依托，积极探索成本管理的新方式，事业单位应建立健全信息化成本核算数据平台，从而实现成本核算与信息化系统的有机结合，全面提升成本核算的信息化水平。在实施新的政府会计制度的操作中，通过财务系统的升级改造，整合合同管理系统、票据管理系统、固定资产管理系统、发票认证系统、往来款管理系统等系统，将事业单位各个部门的财务数据传输到统一的信息化管理平台系统，在运用精细化管理模式的过程中用多种方式实现成本核算的多元化。

2. 事业单位成本管理亟待实现标准化

事业单位成本核算的内容丰富，成本测算复杂，成本的支出标准不统一，这些都会造成事业单位成本管理缺乏系统性和科学性。2009 年，财政部为深化部门预算改革，规范项目支出定额标准管理，提高预算科学化精细化管理水平，印发了《中央本级项目支出定额标准管理暂行办法》，明确了项目定额标准，是指“为满足项目支出预算管理需要，在对预算项目进行合理分类的基础上，结合经济社会发展水平，以项目的资产配置量、资产消耗量或业务工作内容为主要对象确定的预算支出标准”。

2014 年，新《预算法》和《国务院关于深化预算管理制度改革的决定》中均明确了把推进建立预算支出标准体系并进一步细化作为深化预算管理制度改革的一项重要内容。

自 2009 年财政部全面启动了标准体系建设以来，项目支出定额标准体系建设取得积极进展。但是，与当初确定的建设目标和改革任务相比，“建标准、用标准”的理念尚不深入；项目多、标准少的矛盾依然突出，大量项目还没有标准可依；有些项目的标准随着社会经济的突飞猛进已不适用；项目标准尚未与成本管理和预算编制有机融合，存在标准的支撑功能亟须增强等问题。

事业单位的性质和行政部门有很大的区别，而现有的标准体系主要服务于财政资金和行政单位，事业单位仅能把这些标准体系作为重要参考。如会议费标准、差旅费标准等，这些标准更适用于中央行政单位，而对业务丰富的事业单位来说有很多不确定性和特殊性。事业单位的成本管理亟待形成自己一套科学合理、统一规范的预算项目支出标准体系。

3. 事业单位成本管理成果效益化

随着减税降费政策的推进和国际经济形势的变化，对于事业单位来说要作“过紧日子”的思想准备，事业单位通过成本管理和成本控制可以使服务成本得到有效的降低，从而使单位运行的经济效益得到一定程度的提高，促进单位经济体制的不断完善，使事业单位一直保持一个健康、可持续的运行状态，为事业单位的发展奠定更为坚实的基础。

（三）建立事业单位成本管理的监督机制

事业单位还应在成本监督责任得以明确的基础上，确定审计监督范围和标准，通过跟踪审计，规范单位成本核算。在运行成本监督方面，还应充分利用现代信息技术对单位各项成本范围进行监督，保证成本信息得到及时更新。事业单位严格落实新政府会计制度，加强成本核算管理，实现公共资源优化配置，促使单位绩效管理水平得到提升。单位还应完善成本核算体系，并强化预算管控，确保各部门有效开展成本核算与控制工作。通过落实绩效考核管理，对单位运行成本进行严格监督，通过有效控制成本提升单位运营效益。

第二章　企事业单位成本核算一般原理

第一节　成本与成本会计

一、成本概述

（一）成本的内涵

成本概念的提出，最早始于生产领域，主要是指产品生产成本，以后随着管理的需要逐渐扩展到其他领域和范围，例如，满足企事业单位预测、决策、分析需要的固定成本、变动成本、混合成本；考核企事业单位各部门工作业绩的可控成本、不可控成本、责任成本；表达整个国民经济领域的经济改革成本、社会责任成本、人力资源发展成本；等等。

随着成本管理需求的快速增加，使得成本概念从内涵到外延、从微观经济领域发展到宏观经济领域，都得到长足的发展。成本的内涵有很多种表述，其中比较有代表性的观点如下：

（1）中国成本协会（CCA）发布的CCA2101：2005《成本管理体系术语》标准中第2.1.2条对成本术语的定义是："为过程增值和结果有效已付出或应付出的资源代价。"

（2）美国会计学会（AAA）所属的成本概念与标准委员会1951年对成本的定义为："成本是指为了实现特定目的而发生或应发生的可以用货币度量的价值牺牲。"

（3）美国会计师协会（AICPA）1957年发布的《第4号会计名词公报》对成本的定义为："成本是指为获取资产或劳务而支付的现金或以货币衡量的转移其他资产、发行股票、提供劳务、承诺债务的数额。"

（4）美国财务会计准则委员会1980年发布的《第3号财务会计概念公

告》对成本的定义为："成本是指经济活动中发生的价值牺牲，即为了消费、储蓄、交换、生产等所放弃的资源。"

随着社会经济的发展，人们还会提出更多的"成本"概念，就一切成本而言，它是指人们为了实现一定的目的（目标）而付出的代价。这种代价主要表现为社会资源的耗费，它可以是有形资源耗费，也可以是无形资源耗费。在经济生产中，成本是指生产活动中所使用的生产要素的价格，也称生产费用。它具有以下几方面的内涵：

（1）成本属于商品经济的价值范畴，即成本是构成商品价值的重要组成部分，是商品生产中生产要素耗费的货币表现。

（2）成本具有补偿的性质，它是为了保证企事业单位再生产而应从销售收入中得到补偿的价值。

（3）成本本质上是一种价值牺牲，它作为实现一定的目的而付出资源的价值牺牲，甚至从更广的含义看，成本是为达到一种目的而放弃另一种目的所牺牲的经济价值。

（二）成本的作用

成本作为生产经营中的耗费，对测量生产耗费的补偿、产品定价、生产经营决策等都具有十分重要的作用。

1. 成本是衡量生产经营耗费的补偿尺度

在生产经营产品的过程中必然要发生相应的耗费，支撑再生产的可持续进行的前提是企事业单位的收入水平必须至少足以补偿生产经营中的耗费，而这种耗费以成本计量。在收入一定的前提下，成本越高，补偿就必须越多，从而补偿耗费后的剩余收入越少，实现的利润越低；反之，成本越低，补偿越少，剩余收入越高，实现的利润越多。因此，成本和盈利是此消彼长的关系，企事业单位只有加强对成本的控制，努力降低生产经营耗费，才可能以较低的耗费获得较高的经济效益。

同时，成本作为衡量耗费的补偿属性也可以用于社会总产品的分配。国家可以根据不同时期社会管理的需要，对成本的经济内容、开支范围和开支标准等进行调整，从而影响企事业单位生产耗费的补偿行为，达到调节社会产品分配的效果。

2. 成本是制定产品价格的基础

产品价格是产品价值的货币表现，制定产品价格应遵守价值规律的基本要求。但在实践中，人们难以直接估量产品的价值，因此通过成本间接地确定产品价格，是产品定价的一种方法。在工业产品的定价过程中，人们常常采用成本加成定价法。当然，不同行业、不同类型的产品，其定价策略、方法也会有所不同，需要考虑的因素很多，如国家价格政策、各种产品比价关系、市场供求关系、企事业单位竞争力等因素，不过成本始终是产品定价最需要保障的基础，一般情况下，它是产品定价的底线。

3. 成本是综合反映企事业单位工作质量的重要指标

成本是综合反映经营管理中各方面工作业绩的经济指标。借助成本，可以反映国家和企事业单位经济活动中“投入”和“产出”的关系。产品质量的优良、生产工艺是否合理、固定资产的利用率和折旧率、原材料消耗费率、人力资源是否合理、管理各环节的工作是否协调等都可以通过成本直接或间接地反映出来。从而，管理者可以利用成本这个属性，通过对成本的计划、控制、监督、考核和分析来促使企事业单位以及企事业单位内各部门改进管理，权衡利弊得失，统筹安排，做到经济上合理、技术上先进，从而进行科学的经营决策。在产品价格不变的情况下，成本下降，利润就可以提高，企事业单位经济效益就可以增加，相对的社会积累就可以增加，为逐步降低物价和提高人民生活水平创造条件。

4. 成本是多方面管理决策的重要依据

在市场经济条件下，企事业单位之间的竞争日益激烈，竞争手段趋向多样化，但产品质量和产品价格竞争始终是最基本的手段。产品价格的竞争，也就是产品成本的竞争。一般来说，在质量和性能相同的前提下，只有成本越低，售价才有可能越低；成本较低的产品，才有可能在收入规模一定的情况下，获得更多的利润，在竞争中处于有利的地位，也才有可能获得生存与发展。

努力提高在市场上的竞争能力和经济效益，是社会主义市场经济条件下对企事业单位的客观要求。企事业单位必须作出正确的生产经营决策，而很多决策都需要用到不同的成本数据，如生产何种新产品的决策、亏损产品是否停产的决策、自制还是外购的决策、特殊订单决策、产品组合决策、最优生产批量决策、生产工艺决策、赶工决策以及供应商选择决策等。因此，成本是企事业单位生产经营决策中不可忽视的重要因素，要想减少或避免决策失误，必须充分意识到成本在决策中的重要作用。

成本除了在企事业单位微观经营决策中具有重要作用外，在国家宏观经济管理决策中也是必须重点考虑的因素之一。例如，基本建设投资方向、生产力的合理布局、产业结构与产品结构调整、技术经济政策的制定等均要以成本指标作为重要参考依据。许多决策方案的内容都和成本有着密切的关系，涉及成本因素，在决策方案选择时，常常以成本最小化为标准来确定最佳方案。

（三）成本的分类

成本被广泛运用于经济活动和管理决策的各个方面，根据管理和核算的不同需求，可以按不同标准对成本进行划分。例如，按概念形成，可分为理论成本和应用成本；按应用情况，可分为财务成本和管理成本；按产生依据，可分为实际成本和估计成本；按发生情况，可分为原始成本和重置成本；按计量单位，可分为单位成本和总成本；按包括的范围，可分为全部成本和部分成本；按与决策的关系，可分为相关成本和非相关成本；等等。下面，我们将主要介绍不同标准下的几种通用成本分类方法。

1. 按照与业务量的关系分类，分为固定成本、变动成本和混合成本

固定成本是指成本总额在一定时期和一定业务量范围内不受业务量增减变动影响，一定期间的总额能保持相对稳定的成本。例如，管理人员固定月工资、固定资产折旧、取暖费等。固定成本的特点是在一定业务量范围内，其发生额不受业务量变动的影响，且总额保持不变。但是，产品单位成本中的固定成本额则与生产量成反比关系。当产量增加时，单位产品分摊的固定成本将会减少；产量减少时，单位产品分摊的固定成本将会增加。固定成本的固定性受一定时期内业务量范围的限制，如果超出一定业务量范围，固定成本可能就不固定了。

变动成本是指在特定的业务量范围内其总额随产量变动而正比例变动的成本。例如，直接材料、直接人工、外部加工费等。这类成本直接受业务量的影响，两者保持正比例关系，比例系数稳定。这个比例系数就是单位产品的变动成本。单位成本的稳定性是有条件的，即业务量变动的范围是有限的。如原材料消耗通常会与产量成正比，属于变动成本，如果产量很低，不能发挥套裁下料①的节约潜力，或者产量过高，使废品率上升，单位产品的材料成本也会上

① 套裁下料是采用同一种或几种材料来生产若干种规定尺寸和数量的零件或毛坯。当零件数量较少，可用人工方法解决，当零件数量较多时，用人工方法对原材料利用率不是很高，会造成资源大量浪费，导致生产成本上升。

升。这就是说，变动成本和产量之间的线性关系，通常只在一定的相关范围内存在，而在相关范围之外就可能表现为非线性的。

混合成本是指成本发生额虽然受业务量变动的影响，但与业务量之间不构成严格的正比关系的成本。这种成本既具有固定成本的一些特点，又具有变动成本的一些特点，故称为混合成本。例如，低值易耗品的消耗、对产品进行分析化验所发生的费用等，虽受生产量的影响，但与生产量之间不成正比关系。对于混合成本，在成本会计实务中一般采用一定的分解方法，将其分解为固定成本和变动成本。因此，成本按其与业务量的关系，最终分解为固定成本和变动成本两大类别。

2. 按照可控制性分类，分为可控成本和不可控成本

可控成本是指责任单位职权范围内可以计量、调节、约束的成本。例如，生产部门这一责任单位的可控成本主要是部门消耗的材料、燃料、动力、人工费用等。责任单位是指企事业单位内部有明确责任范围，能够自己进行严格控制的单位，又称为责任中心，如单位内部的部门、班组、个人等都可以作为责任单位。通常，可控成本应符合三个条件：一是责任单位有办法知道将发生什么性质的消耗；二是责任单位有办法计量它的消耗；三是责任单位有办法调节、控制它的消耗。

不可控成本是指超出责任单位职权范围，责任单位无法对其加以约束、调节的成本。例如，厂房的折旧费用就是不可控成本，生产部门这一责任主体无法决定厂房购建及其规模，生产部门只有厂房的使用权，厂房折旧费的控制已超出生产部门的职权范围。

将成本区分为可控成本和不可控成本，对于正确评价各责任单位的工作业绩十分重要。对于一个责任单位来说，通过考核、评价其可控成本大小，有助于促使其增强成本意识，采取措施不断地降低可控成本，防止企事业单位内部责任不清现象的发生。成本的可控性是相对的，对某一责任单位而言某项成本是可控的，对另一责任单位而言，它可能是不可控的；在一定时期内它是不可控的，但从长远来看它又是可控的。

3. 按照与决策的关系分类，分为相关成本和无关成本

相关成本是指与决策有关联的，在进行决策分析时必须加以考虑的各种未来成本。企事业单位在进行决策的过程中，往往要对各种可行方案进行评估，从中选择最优方案，而相关成本是评估各个方案优劣的不可忽视的一种未来成本。例如，每个可行方案涉及的变动成本就是一种相关成本。

无关成本是指过去已经发生，或虽然尚未发生，但对决策没有影响、无须考虑的成本。通常在选择最优方案时，凡是多个方案内容相同、金额相等的未来成本，皆属无关成本，不必考虑它们，因为它们不会影响决策的结果。一般来说，过去已发生的成本肯定是无关成本，而未来发生的成本可能是相关成本，也可能是无关成本，这要看未来成本的内容。将成本划分为相关成本和无关成本，有利于人们对成本进行预测和决策，有利于规划未来成本。

二、成本会计认知

（一）成本会计的含义

成本会计是在商品经济条件下，为求得产品的总成本和单位成本而核算全部生产成本和费用的会计活动。现代成本会计是为克服通货膨胀所引起的物价变动导致的会计信息失真弊端，在物价变动情况下，以资产现行成本为计量属性，对相关会计对象进行确认、计量和报告的程序和方法，它是以货币为主要计量单位，针对相关经济主体在产品生产经营过程中的成本耗费进行预测、决策、控制、核算、分析和考核的价值管理活动。

早期，成本会计主要服务于对外报告所需的销货成本和存货成本等信息，主要隶属于财务会计体系。近年来，随着竞争的加剧和管理水平的提升，单位内部管理对成本信息的需求越来越多，成本会计越来越多地服务于单位管理需求。因此，成本会计成为既为财务会计服务，又为管理会计服务的一个相对独立的学科。并且，由于内部管理的迫切需要，为使管理会计服务的成本会计理论和方法获得长足发展，管理会计越来越依赖于丰富、准确的成本信息。综上所述，现代成本会计是会计的总体框架下的一部分相对独立的内容，既服务于财务会计，又服务于管理会计，而且有越来越偏重管理会计的趋势。

现代成本会计是在继承传统成本会计基础上发展起来的一种新型会计理论，是传统成本会计在物价变动环境下的延伸和拓展，将成本核算与生产经营有效结合，具有不同于传统成本的会计程序和会计方法，可随经济环境的改变而及时反映资产价值变化，具有高度的决策相关性。

（二）成本会计的对象

成本会计的对象是指成本会计反映和监督的内容，可以是一种产品、一项服务、一位顾客、一张订单、一纸合同、一个作业或是一个部门。明确成本会计的对象，对于确定成本会计的任务，研究和运用成本会计的方法，更好地发挥成本会计在经济管理中的作用，有着重要的意义。通常，成本对象由三个要素构成，即成本计算实体、成本计算期和成本计算空间。

成本会计的一个中心目标是计算产品成本，为对外财务报告服务。产品成本的具体含义取决于其所服务的管理目标。产品有有形产品和无形产品两种。有形产品由生产性企事业单位生产，如计算机、家具、服装等；无形产品由劳务性企事业单位提供，如保险服务、旅游服务、咨询服务等。与有形产品相比，无形产品主要有四大方面的特点：无形性、瞬时性、不可分割性和多样性。无形产品成本计算有其特殊性。

不同行业由于其行业特征不同，成本会计的对象也有所不同。工业企事业单位中，其成本会计的对象可以概括为工业企事业单位生产经营过程中发生的产品生产成本和期间费用；商品流通企事业单位、交通运输企事业单位、施工企事业单位、农业企事业单位等其他行业企事业单位，从总体上看，它们在生产经营过程中所发生的各种费用，同样是部分地形成了企事业单位的生产经营业务成本，部分作为期间费用直接计入当期损益。因此，可以把成本会计的对象概括为企事业单位生产经营过程中发生的生产经营业务成本和期间费用。

（三）成本会计的工作内容

1. 正确计算产品成本，及时提供成本信息

成本数据越正确可靠，越能满足管理的需要。如果成本资料不能反映产品成本的实际水平，不仅难以考核成本计划的完成情况和进行成本决策，而且还会影响利润的正确计量和存货的正确计价，歪曲单位的财务状况。及时编制管理者需要的成本报表，可以使有关人员及时了解成本的变化情况，并为单位调整成本及其他相关决策提供重要的参考资料。

2. 优化成本决策，确立目标成本

优化成本决策，需要在科学的成本预测基础上收集整理各种成本信息，在现实和可能的条件下，采取各种降低成本的措施，从若干可行方案中选择生产每件合格产品所消耗活劳动和物化劳动最少的方案，使成本最低化作为制定目标成本的基础。为了优化成本决策，须增强企事业单位员工的成本意识，使之在处理每一项业务活动时都能自觉地考虑和重视降低产品成本的要求，把所费

与所得进行比较，以提高单位的经济效益。

3. 加强成本控制，防止挤占成本

加强成本控制，首先是进行目标成本控制，主要依靠执行者自主管理，进行自我控制，以促其提高技术，厉行节约，注重效益。其次是遵守各项法规的规定，控制各项费用支出、营业外支出等挤占成本。

4. 建立成本责任制度，加强成本责任考核

成本责任制是对单位各部门、各层次和执行人在成本方面的职责所作的规定，是提高职工降低成本的责任心，发挥其主动性、积极性和创造力的有效办法。建立成本责任制度，要把完成成本降低任务的责任落实到每个部门、层次和责任人，使职工的责、权、利相结合，职工的劳动所得同劳动成本相结合；各责任单位与个人要承担降低成本之责，执行成本计划之权，获得奖惩之利。

5. 成本会计的工作职能

成本会计的工作职能是指成本会计作为一种管理经济的活动，在生产经营过程中所能发挥的作用。由于现代成本会计与管理结合得非常紧密，实际上它的职能包括了成本管理的各个环节。其主要职能有成本预测、成本决策、成本计划、成本控制、成本核算、成本分析、成本考核和成本反馈。

（1）成本预测。成本预测是确定目标成本和选择达到目标成本最佳途径和重要手段，是进行成本决策和编制成本计划的基础，通过成本预测可以寻求降低产品成本、提高经济效益的途径，它可以减少生产经营管理的盲目性。

（2）成本决策。在成本预测的基础上，根据市场营销和产品功能分析，挖掘潜力，拟订降低成本、费用的各种方案，并采用一定的专门方法进行可行性研究和技术经济分析，选择最优方案，以确定目标成本。

（3）成本计划。为了保证成本决策所确定的目标成本得以实现，必须通过一定的程序和方法，以货币形式规定计划期产品的生产耗费和各种产品的成本水平，并以书面文件的形式下达各执行单位和部门，作为计划执行和考核的依据。

（4）成本控制。是指根据成本计划（预算），制定各项消耗定额、费用定额、标准成本等，对各项实际发生和将要发生的成本费用进行审核，及时揭示执行过程中的差异，采取措施将成本费用控制在计划、预算之内。

（5）成本核算。采用与成本计算对象相适应的成本计算方法，按规定的成本项目，通过一系列的生产费用的归集与分配，作出有关的账务处理，正确划分各种费用界限，从而计算出各种产品的实际总成本和单位成本，并编制成本报表，为成本管理提供客观、真实的成本资料。

（6）成本分析。是指根据成本核算所提供的信息和其他有关资料，将本期实际成本与上年实际成本，国内和国外同类产品的成本等进行比较，分析成本水平与构成的变动情况，系统地研究影响成本费用升降的各种因素及其影响程度、成本超支节约的责任或原因，并提出积极建议，以采取有效措施，进一步挖掘增产节约、降低产品成本的潜力。

（7）考核职能。是指定期对成本计划及有关指标实际完成情况进行总结和评价。在成本分析的基础上，以各责任者为对象，以其可控制的成本为界限，并按责任的归属来核算和考核其成本指标完成情况，评价其工作业绩和决定其奖惩。

（8）反馈职能。在考核的基础上，将成本数据向单位管理阶层进行反馈，以便作出更科学的修订、补充和完善，为下一个生产周期作出符合实际情况的判断。

上述成本会计的各项职能中，成本核算是最基本的职能，没有成本核算就没有成本会计。成本会计的各个职能是相互联系、互为条件的，并贯穿于单位管理活动的全过程，发挥着重要作用。

第二节　成本会计工作组织及岗位设置

一、成本会计的基础工作

成本会计基础工作是开展成本核算、成本规划与成本控制的基本条件，也是单位管理的基础工作。具体包括以下内容。

（一）健全原始记录

原始记录是指按照规定的格式，对单位的生产、技术经济活动的具体事实所做的最初书面记载。它是进行各项核算的前提条件，是编制费用预算，严格控制成本费用支出的重要依据。

（二）健全存货的计量、验收、领退和盘点制度

为了保证入库材料物资数量与质量，必须搞好计量与验收工作，准确的计量和严格的质量检测是保证原始记录可靠性的前提；为了保证领、退的材料物资准确无误，还必须及时办好领料和退料凭证手续，使成本中的材料费用相对准确。

（三）实施有效的定额管理

定额是指在一定生产技术组织条件下，对人力、财力、物力的消耗及占用所规定的数量标准。科学先进的定额，是对产品成本进行预测、核算、控制和考核的依据。与成本核算有关的消耗定额，主要包括：工时定额、产量定额、材料、燃料、动力、工具等消耗的定额，有关费用的定额如制造费用的预算等。消耗定额的制定是企事业单位产品生产发生耗费应该掌握的标准。但由于消耗定额服务于不同的成本管理目的，可表现为不同的消耗水平。当企事业单位编制成本计划时，是根据计划期内平均消耗水平所制定的定额；当定额作为分配实际成本标准时，是以能体现现行消耗水平的定额为依据来衡量的；当企事业单位为实现预期利润而控制成本时，是根据企事业单位实现预期利润必须达到的消耗水平作为衡量的尺度。定额制定后，为了保持它的科学性和先进性，还必须根据生产的发展、技术的进步、劳动生产率的提高，进行不断的修订，使它为成本管理与核算提供客观的依据。

（四）建立适合企事业单位内部的结算价格

在生产经营过程中，企事业单位内部各单位之间往往会相互提供半成品、材料、劳务等等，为了分清企事业单位内部各单位的经济责任、明确各单位工作业绩以及总体评价与考核的需要，应制定企事业单位内部结算价格。

（五）颁布科学、完善的规章制度

规章制度是企事业单位为了进行正常的生产经营和管理而制定的有关制度、章程和规则。规章制度是人们行动的准绳，是实施有效的成本管理的保证。

做好成本会计基础工作，一般应做到以下几点。

1. 成本会计基础工作的开展必须与单位生产经营特点和成本管理要求相适应

应根据不同行业、不同单位生产经营规模不同、内部经营管理体制不同，在具体制定各项基础工作的规范和要求时，因地制宜地制定适应本企事业单位特点的各项工作规范和执行标准，逐步走向规范化和标准化。

2. 成本会计基础工作的开展必须与单位内部经济责任制的建立相结合

要适应企事业单位内部经济责任制对成本信息的需求，这样既可以为单位内部经济责任制的推行提供基本的信息保障，也使成本会计基础工作的开展有制度上的保证。

3. 成本会计基础工作的开展必须与单位其他基础工作相互协调、保持一致

成本会计基础工作是单位整个管理基础工作的组成部分之一，它必须同企事业单位生产技术管理、设备管理、产品或服务质量管理、劳动工资管理、物资管理等单位内部各项管理工作结合起来，相互协调、互为补充，共同构成整个管理工作的基础。

4. 成本会计基础工作的内容与要求应当与时俱进

成本会计基础工作的内容与要求应当根据单位内部管理体制的变化、生产经营技术的进步、成本管理水平的提高以及企事业单位内外经营环境的改变而不断地完善和提高。要讲求实效，不要搞形式主义。一切基础工作的规范和要求一旦制定，应认真执行，不能随意变动。对于确须修改或重新制定的制度应积极慎重，保持前后期成本管理基础工作的连贯性。

二、成本会计工作组织

成本会计工作组织主要包括：设置成本会计机构，配备必要的成本会计人员，制定科学、合理的成本会计制度等。

（一）成本会计工作组织的原则

单位应根据本自身生产经营的特点、生产规模的大小和成本管理的要求等具体情况来组织成本会计工作。具体来说，必须遵循以下几项主要原则。

1. 成本会计工作必须与技术相结合

成本是一项综合性的经济指标，它受多种因素的影响。其中产品的设计、加工工艺等技术是否先进、在经济上是否合理，对产品成本的高低有着决定性的影响。在传统的成本会计工作中，会计部门更加注重产品加工中的耗费，而对产品的设计、加工工艺、质量、性能等与产品成本之间的联系则考虑较少，而工程技术人员主要考虑产品的技术方面，对产品的成本则考虑较少，使得成本会计工作与技术工作脱节，单位在降低产品成本方面受到很大限制，成本会计工作难以在事前起到应有的作用。因此，为了在提高产品质量的同时不断地降低成本、提高单位经济效益，在成本会计工作的组织上应贯彻与技术相结合的原则，工程技术人员和成本会计人员要同时改变传统的知识结构，树立成本意识，懂得参与经营决策相适应的各方面的知识，真正发挥成本会计工作应有的作用。

2. 成本会计工作必须与经济责任制相结合

为了降低成本，实行成本管理上的经济责任制是一条重要的途径。成本会计工作是一项综合性的价值管理工作，涉及面宽、信息变化较快，因此，单位应摆脱传统上只注重成本会计事后核算作用的片面性，充分发挥成本会计的优势，将其与成本管理上的经济责任制有机地结合起来，使成本管理工作达到更好的效果。

3. 成本会计工作必须建立在广泛的职工群众基础之上

不断挖掘潜力，努力降低成本，是成本会计的根本性目标。但各种耗费是在生产经营的各环节中发生的，成本的高低取决于各部门、班组和职工的工作质量。因此，要加强成本管理、实现降低成本的目标，不能仅靠几个专业人员，必须充分调动广大职工群众在成本管理上的积极性和创造性。成本会计人员做好成本管理方面的宣传工作，深入了解生产经营过程中的具体情况，吸收广大职工群众参加成本管理工作，增强广大职工群众的成本意识和参与意识，把成本会计工作建立在广泛的职工群众基础之上。

（二）设置成本会计机构

成本会计机构是处理成本会计工作的职能单位。它是根据企事业单位规模和成本管理要求来考虑的。一般而言，大中型单位应在专设的会计部门单独设置成本会计机构，专门从事成本会计工作；在规模较小、会计人员不多的单位，可以在会计部门指定专人负责成本会计工作。成本会计机构内部，可以按成本会计所担负的各项任务分工，也可以按成本会计的对象分工，在分工的基础上建立岗位责任制，使每一个成本会计人员都明确自己的职责，每一项成本会计工作都有人负责。

单位内部各级成本会计机构之间的组织分工，有集中工作和分散工作两种基本方式。集中工作方式，是指单位的成本会计工作主要由总成本会计机构集中进行，各分支单位的成本会计机构或人员只负责原始记录和原始凭证的填制，并对它们进行初步的审核、整理和汇总，为总成本会计机构工作进一步提供基础资料。这种方式的优点是：便于总成本会计机构及时地掌握整个单位与成本有关的全面信息；便于集中进行成本数据处理；减少成本会计机构的层次和成本会计人员的数量。缺点是不便于直接从事生产经营活动的各单位和职工及时掌握本单位的成本信息，无法及时控制成本和推行责任成本制。分散工作方式，是指成本会计工作中的计划、控制、核算和分析由各分支单位的成本会计机构或人员分别进行。成本考核工作由上一级成本会计机构对下一级成本会计机构逐级进行。总成本会计机构除对汇总成本进行综合的计划、控制、汇总核算以及分析和考核外，还负责对各下级成本会计机构或人员进行业务上的指导和监督。成本的预测和决策工作仍由总成本会计机构集中进行。分散工作方式的优缺点与集中工作方式正好相反。一般而言，大中型单位由于规模较大、组织结构复杂、会计人员数量较多，为了调动各级、各部门控制成本费用、提高经济效益的积极性，应采用分散工作方式；小型单位为了提高成本会计工作的效率和降低成本管理的费用，可采用集中工作方式。

（三）配备成本会计人员

在成本会计机构中，配备适当的思想品德优秀、精通业务的成本会计人员是做好成本会计工作的关键。成本会计人员应具备脚踏实地、实事求是、敢于坚持原则的作风和高度敬业的精神；不仅要具备较为全面的会计知识，而且要掌握一定的生产技术和经营管理方面的知识。

成本会计人员应忠实地履行自己的职责，认真完成成本会计的各项任务，并从降低成本、提高企事业单位经济效益的角度出发，参与制定单位的生产经营决策。为此，成本会计人员应经常深入生产经营的各环节，结合实际情况，向有关人员和职工宣传、解释国家的有关方针、政策和制度，以及单位在成本管理方面的计划和目标等，并督促他们贯彻执行；深入了解生产经营的实际情况，关注成本管理中存在的问题，并提出改进成本管理的意见和建议，当好企事业单位负责人的“参谋”。

单位管理层应根据成本会计人员的职责赋予他们相应的权限。这些权限主要包括：成本会计人员有权要求有关单位和人员认真执行成本计划，严格遵守国家的有关法规、制度和财经纪律；有权参与制定单位生产经营计划和各项定额，参加与成本管理有关的生产经营管理会议；有权督促、检查单位各个部门对成本计划和有关法规、制度、财经纪律的执行情况。

（四）成本会计制度

成本会计制度是指对进行成本会计工作所作的规定。它的内涵与外延随着经济环境的变化在不断发展变化。现代企事业单位的成本会计制度内容包括成本预测、决策、规划、控制、计算、分析和考核等所作出的有关规定，指导着成本会计工作的全过程，这也称作广义的成本会计制度。成本会计制度是开展成本会计工作的依据和行为规范，其是否科学、合理直接影响成本会计工作的成效。单位应遵循国家有关法律、法规和制度，如《中华人民共和国会计法》《事业单位会计准则》等的有关规定，并适应单位自身生产经营的特点和管理的要求，制定单位内部成本会计制度，作为成本会计工作的具体依据。其基本内容包括：

（1）关于成本会计工作的组织分工及职责权限；

（2）关于成本定额、成本预算和计划的编制方法；

（3）关于存货的收发领退和盘存制度；

（4）关于成本核算的原始记录和凭证传递流程；

（5）关于成本核算的规定，包括成本计算对象和成本计算方法的确定、成本核算账户和成本项目的设置、生产费用归集与分配的方法、在产品计价方法等；

（6）关于成本预测的制度，包括预测的资料收集要求、一般方法与必要程序等；

（7）关于成本控制的制度，包括有关原始凭证的审核办法、有关成本费用的开支标准和审批权限、成本差异的计算与分析、差异信息的反馈程序与时间限制、控制成本业绩的考核与奖惩办法等；

（8）关于成本分析的制度，包括成本的一般方法、指标种类及计算口径等；

（9）关于成本报表的制度，包括成本报表的种类、格式、编制方法、传递程序、报送日期等；

（10）关于单位内部劳务、半成品、材料转移价格的制定和转账结算的方法。

第三节　成本核算的基本方法

成本核算的基本方法按产品生产类型的不同特点和单位不同的管理要求，可分为品种法、分批法、分步法、分类法、作业成本法五种不同的成本计算方法。

一、品种法

（一）品种法的概念及特点

品种法是“产品成本计算品种法”的简称，是以产品品种为成本计算对象，来归集生产费用、计算产品成本的方法。它是工业、企事业单位计算产品成本最基本的方法之一，是一种比较简单的方法，主要适用于大量大批生产的简单生产或管理上不要求分步骤计算成本的复杂生产。这类行业或企事业单位的生产通常具有产品品种单一、封闭式生产、月末一般没有或只有少量在产品存在的特点。当期发生的生产费用总和就是该种完工产品的总成本，用总成本除以产量，就可以计算出产品的单位成本。在简单法下，生产中发生的一切费用都属于直接费用，可以直接计入该种产品成本。由于简单法不存在完工产品与在产品成本划分的问题，计算方法比较简单，故称之为简单法。

品种法的特点有以下几点。

1. 品种法以产品品种作为成本计算对象

在采用品种法的生产企事业单位中，如果只生产一种产品，就以该种产品作为成本计算对象，就开设一种产品成本明细账，该企事业单位所发生的一切生产费用都是直接费用，都可直接根据有关凭证和费用分配表计入该种产品成本明细账有关的成本项目中；如果是生产多种产品，就应该分别以每种产品作为成本计算对象，分别设置产品成本明细账，对发生的生产费用分别按成本项目进行归集。凡是各种产品直接耗用的费用，可根据有关凭证和费用分配表直接将其计入该种产品成本明细账中的有关成本项目，凡是属于几种产品共同耗用的费用，必须根据有关费用分配表将其分配计入各种产品成本明细账的有关成本项目中。

2. 成本计算期一般按月计算

在采用品种法生产的企事业单位，其生产的组织方式是大批大量生产，这种类型的生产是连续不断地重复生产一种产品或几种产品，不可能在产品全部制造完工后再计算其生产成本，一般都是按月进行计算产品成本。

3. 不存在生产费用在完工产品和月末在产品之间的分配问题

在品种法下，不存在完工产品和月末在产品之间分配费用问题，本月产品成本明细账中归集的全部费用，就是该产品本月完工产品的总成本，总成本除以产量，即为该产品平均单位成本。

（二）品种法下的成本对象及适用范围

品种法的成本计算对象为：产品品种。在实际工作中，可以将“品种法”之下的成本对象变通应用为：产品类别、产品品种、产品品种规格。

品种法适合于以下三种生产方式使用：一是大批大量生产产品的企事业单位；二是单步骤生产的企事业单位；三是管理上不要求分步骤计算成本的多步骤生产，只关注最终产品的企事业单位。

（三）品种法的优缺点

优点：品种法是基本方法中最基本的产品成本计算方法。采用这种方法，既不要求按照产品批别计算成本，也不要求按照产品生产步骤计算成本，而只要求按照产品的品种计算产品成本，非常简便、易操作。

缺点：它的适用面较窄，只适用于产品品种单一、生产周期较短的大量大批单步骤生产。如果生产的产品步骤复杂，而且是小批单件生产的就不太适应。

（四）品种法的计算方法及要点

品种法在实际工作中的应用要点为：以“品种”为对象开设生产成本明细账、成本计算单；成本计算期一般采用“会计期间”；以“品种”为对象归集和分配费用；以“品种”为主要对象进行成本分析。

品种法的成本计算步骤为：

（1）按产品品种设置“生产成本”明细账；

（2）根据生产过程中发生的料工费等各项生产费用，编制各种费用分配表；

（3）编制“辅助生产成本分配表”，分配辅助生产费用；

（4）编制“制造费用分配表”，分配制造费用；

（5）计算月末完工产品和在产品成本；

（6）根据“生产成本”明细账，编制“产品成本汇总表”；

（7）编制本月完工产品的会计分录。

二、分批法

（一）分批法的概念及特点

分批法是按照产品批别归集生产费用、计算产品成本的一种方法。在小批单件生产的企事业单位中，企事业单位的生产活动基本上是根据订货单位的订单签发工作号来组织生产的，按产品批别计算产品成本，往往与按订单计算产品成本相一致，因而分批法也叫订单法。

分批法因其采用的间接计入费用的分配方法不同，分成一般的分批法和简化的分批法。一般的分批法是指采用当月分配率来分配间接计入费用的分批法，也就是分批计算在产品成本的分批法。简化的分批法是指采用累计分配率来分配间接计入费用的分批法，也称不分批计算在产品成本的分批法，是一般的分批法的简化形式。

分批法的特点有以下几点。

1. 以产品批别为成本计算对象，按产品批别设置产品成本明细账，归集生产费用

产品批别指的是生产计划部门签发并下达到生产部门的产品批号。一般情况下，根据购买者订单进行生产安排的企事业单位，以一张订单规定的产品作为一批；但产品的批别与客户的订单有时候也不完全相同。比如，一张订单中规定的产品品种较多，为了分别考核不同产品的生产成本，可以将一张订单分为几批组织生产；再比如，一张订单要求陆续交货，并且交货持续的时间较长，为了及时确定成本以便及时计算损益，也可以分成几批组织生产；有时，在同一时期内，在几张订单中规定有相同的产品，而且交货的时间相差不多，也可以将几张订单中相同的产品合并为一批组织生产。

2. 成本计算不定期

采用分批法时，生产费用应按月汇总，但由于各批产品的生产周期不一致，月末不见得完工，而每批产品的实际成本，应等到该批产品全部完工后才能计算确定，所以，分批法的成本计算是不定期的。

3. 一般不需要在月末分配在产品成本

按分批法计算产品成本，因为一般是在该批产品全部完工时才计算该批产品成本，所以月末如果某批产品全部完工，该批产品归集的全部生产费用就是该批产品的完工产品成本；若该批产品未完工，则全部为在产品成本。所以采用分批法计算产品成本，月末一般不需要在完工产品与在产品之间分配生产费用。只有在一批产品跨月陆续完工、陆续交货的情况下，为了按期确定损益，才需要在月末计算该批产品完工产品与在产品成本。

（二）分批法下的成本对象及适用范围

分批法是一种很广义的成本计算方法，在实际工作中，有“批号”“批次”等的定义。可以按照产品品种、存货核算中分批实际计价法下的“批”、生产批次等来确定成本对象。

分批法适用于单件、小批生产类型的企事业单位，比如，单件、小批生产的重型机械、船舶、精密工具、仪器等制造企事业单位；不断更新产品种类的时装等制造企事业单位；新产品的试制、机器设备的修理作业以及辅助生产的工具、器具、模具的制造等。

（三）分批法的优缺点

优点：一是设置基本生产成本二级账；二是简化了间接费用的分配；三是各批次产品基本生产成本明细账中除了完工产品成本外，均不反映间接费用的项目成本，月末在产品只反映直接材料费用和生产工时数量。

缺点：一是不能从整个企事业单位角度反映产成品的成本结构，不便于成本分析；二是分批法的成本计算期与产品的生产周期一致，但与会计报告期不一致。

（四）分批法的计算方法及要点

分批法在实际工作中的应用要点为：以“批号”“批次”为成本计算对象开设生产成本明细账、成本计算单。成本计算期一般采用“工期”，一般不存在生产费用在完工产品和在产品之间分配。

分批法的计算步骤大致可分为：

（1）按产品批别设置产品基本生产成本明细账、辅助生产成本明细账，账内按成本项目设置专栏，按部门设置制造费用明细账；同时，设置待摊费用、预提费用等明细账。

（2）根据各生产费用的原始凭证或原始凭证汇总表和其他有关资料，编制各种要素费用分配表，分配各要素费用并登账。

（3）月末根据完工批别产品的完工通知单，将计入已完工的该批产品的成本明细账所归集的生产费用，按成本项目加以汇总，计算出该批完工产品的总成本和单位成本，并转账。

三、分步法

（一）分步法的概念及特点

分步法是“产品成本计算分步法”的简称，是以产品生产步骤和产品品种为成本计算对象，来归集和分配生产费用、计算产品成本的一种方法。分步法有以下两种。

1. 平行结转分步法

是指半成品成本不随半成品实物的转移而结转，而是在哪一步骤发生就留在该步骤的成本明细账内，直到最后加工成产成品，才将其成本从各步骤的成本明细账转出的方法。

2. 约当产量比例法

这是按完工产品与月末在产品之间某一分配标准的比例同时计算完工产品成本和月末在产品成本的一种方法。它是将月末结存在产品的数量按其完工程度折算为相当于完工产品的数量，即约当产量，然后按照完工产品产量与月末在产品约当产量的比例划分完工产品与月末在产品成本的一种方法。本月完工产品产量加上月末在产品约当产量，称为约当总产量，亦简称为约当产量。

分步法的特点有以下几点：

(1) 成本计算对象是各种产品的生产步骤，应按照产品的生产步骤设立产品成本明细账。

(2) 费用在完工产品与在产品之间的分配。由于成本计算一般都是按月定期地进行，与生产周期不一致，因此需要采用适当的分配方法，将汇集在生产成本明细账中的生产费用在完工产品与在产品之间进行分配。

(3) 各步骤之间有成本结转问题是分步法的一个重要特点。

(二) 分步法下的成本对象及适用范围

分步法下的“步”是广义的，在实际工作中有丰富性和多样性的具体内涵和应用方式，“步”的含义可以定义为：部门、工序、特定的生产、加工阶段、工作中心等。

分步法适用于连续、大量、多步骤生产的工业企事业单位，如冶金、纺织、酿酒等企事业单位。这些企事业单位都具备以下特点，从原材料投入到产品完工，要经过若干连续的生产步骤，除最后一个步骤生产的是产成品外，其他步骤生产的都是完工程度不同的半成品。这些半成品，除少数可能出售外，都是下一步骤加工的对象。

(三) 分步法的优缺点

优点：一是各步骤可以同时计算产品成本，平行汇总计入产成品成本，不必逐步结转半成品成本；二是不必进行成本还原，应简化、加速成本计算工作。

缺点：一是不能提供各步骤半成品的成本资料；二是在产品的费用在产品最后完成以前，不随实物转出而转出，即不按其所在的地点登记，而按其发生的地点登记，因而不能为各个生产步骤在产品的实物管理和资金管理提供资料；三是各生产步骤的产品成本不包括所耗半成品费用，因而不能全面反映各该步骤产品的生产耗费水平，不能更好地满足这些步骤成本管理的要求。

(四) 分步法下的计算方法及要点

较之其他方法，分步法在具体计算方式方法上很有不同，这主要是因为它按照生产加工阶段、步骤计算成本所导致的。

在分步法下，有下列一系列特定的计算流程、方法和含义，分步法成本核算一般有如下要点：按照“步”作为成本计算对象，归集费用，计算成本，成本计算期一般采用“会计期间”法，期末往往存在本期完工产品、期末在产品，需要采用一定的方法分配生产费用。

四、分类法

（一）分类法的概念及特点

分类法是指将类或组按照相互间的关系，组成系统化的结构，并体现为许多类目按照一定的原则和关系组织起来的体系表，作为分类工作的依据和工具。这是在在产品品种、规格繁多，但可以按照一定标准分类的情况下，为了简化计算工作而采用的一种成本计算方法。

分类法的特点是：

（1）先根据产品的结构、所用原材料和工艺过程的不同，将产品划分为若干类，按照产品的类别设立产品成本明细账，归集产品的生产费用。

（2）计算各类生产成本，然后选择合理的分配标准，在每类产品的各种产品之间分配费用，计算每类产品内各种产品的成本费用。

（二）分类法下的成本对象及适用范围

分类法的成本对象为产品类别，在实际工作中，可以分为产品自然类别、管理需要的产品类别等。

分类法适合于在生产的产品品种、规格繁多，但可以按照一定标准分类的情况下，为了简化计算工作而采用。其特点是：按照产品类别归集费用、计算成本；同一类产品内不同品种产品的成本采用一定的分配方法分配确定，如联产品生产、副产品生产、等级产品生产等。

（三）分类法的优缺点

优点：简化成本计算工作，在产品品种、规格繁多的情况下可以分类掌握产品成本的水平。

缺点：同类产品内各种产品的成本均按一定比例分配并计算，使计算结果具有一定的假设性。

（四）分类法下的计算方法及要点

分类法下成本核算的方法要点，可概括如下：

（1）以“产品类”为成本计算对象，开设成本计算单；

（2）“产品类”的成本计算方法同于“品种”；

（3）某“类产品”的成本计算出来后，按照下列方法再分配到具体品种，以计算品种的成本；

（4）类中选定某产品为“标准产品”；

（5）定义其他产品与标准产品的换算系统；

（6）按照换算系统之比例将“类产品”的成本分解计算到具体品种产品的成本。

分类法计算产品成本的一般程序是：

（1）按照产品的性能、结构、工艺技术过程以及所使用的原材料的异同，将产品划分为若干类别。以类别作为成本计算对象，设置产品成本计算单，并按照规定的成本项目，归集生产费用。

（2）根据企事业单位的生产特点和成本管理要求，选用品种法、分批法和分步法等成本计算方法，计算出每类产品的总成本。

（3）选择合理的分配标准，将每类产品的总成本，在该类完工产品和期末在产品之间进行分配，以确定完工产品的总成本。

（4）将该类完工产品的总成本，采用适当的分配标准，在同类的各种产品之间进行分配，计算类内各种产品的总成本和单位成本。

五、作业成本法

（一）作业成本法的概念及特点

成本法（ABC 法）又称作业成本分析法、作业成本计算法、作业成本核算法，从 1970 年代开始在一些发达国家开始研究，到现在已经被很多国家采用。它是一种将制造费用等间接费用不按传统的以部门为费用归集和分配对象方法进行归集，而是以作业为费用归集和分配的方法，它能够更加合理地分配间接费用，也使成本的计算更加科学。由于它只是间接费用的一种分配方法，因此，企事业单位实际上还要结合其他基本核算方法共同使用。

作业成本法有以下特点：

（1）作业成本法将价值链理念贯穿于成本管理过程的始终，强调消除不增加价值的作业，并在不影响产品质量的前提下，对可增加价值的作业选用最低成本。

（2）作业成本法强调的是费用支出的合理有效，而不考虑费用支出是否与生产直接或间接有关。因此，其期间费用归集的是所有不合理的和无效的支出。这种对成本和期间费用的重新界定有助于考核企事业单位的管理效益、完善成本的概念。

（3）作业成本法是依据资源耗费的因果关系进行成本分析，即成本动因。先按作业对资源的耗费情况将资源分配给对象，分配基础不再局限于传统成本制度中的财务变量，而是集财务变量与非财务变量于一体，并且特别强调非财务变量（例如产品零部件的数量、质量检测时间等）的过程，这就体现了分配基础的多元化。

（4）作业成本法下的生产管理系统一般为适时生产系统（Just－in－time Production System），是由后向前拉的一种逆推式的生产系统，从而帮助企事业单位的生产程序环环相扣、衔接紧密，提高了工作效率和收益，也使得企事业单位减少了存货带来的费用。

（二）作业成本法的核算对象及适用范围

作业成本法的核算对象是产品成本，也可以是间接费用，通常应用于产品成本分配中，既包括直接费用的分配，也包括间接费用的分配，通常对直接费用采用追溯的方式进行分配，对间接费用采用动因分配和分摊的方式进行分配。

作业成本法适用于以下几种情况：

（1）企事业单位规模大，产品种类繁多，自动化程度高，间接制造费用比重相当大；

（2）各个产品需要技术服务的程度不同；

（3）现有成本管理模式不适应企事业单位管理要求；

（4）竞争激烈；

（5）有先进的计算机技术和优秀的人才等。

（三）作业成本法的优缺点

1. 优点

（1）可以获得更准确的产品和产品线成本。一方面，作业成本法扩大了追溯到个别产品的成本比例，减少了成本分配对于产品成本的扭曲；另一方面，采用多种成本动因作为间接成本的分配基础，使得分配基础与被分配成本的相关性得到改善。

（2）有助于改进成本控制。作业成本法提供了了解产品作业过程的途径，使管理人员知道成本是如何发生的。从成本动因上改进成本控制，包括改进产品设计和生产流程等，可以消除非增值作业、提高增值作业的效率，有助于持续降低成本和不断消除浪费。

（3）为战略管理提供信息支持。战略管理需要相应的信息支持。例如，价值链分析需要识别供应作业、生产作业和分销作业，并且识别每项作业的成本驱动因素，以及各项作业之间的关系。作业成本法与价值链分析概念一致，可以为其提供信息支持。

2. 缺点

（1）在成本聚集的阶段，衡量成本的问题还是一个必须要解决的事情。

（2）作业成本法的工作量较大，在实际应用中，使用和维持作业成本法的成本可能大于其带来的利益。

（3）作业成本法也时常伴有不确定性，因为有的时候一项一项作业的成本动因可能不止一个。

（四）作业成本下的计算方法及要点

作业成本法的计算过程可归纳为以下几个步骤。

1. 直接成本费用的归集

直接成本包括直接材料、直接人工及其他直接费用，其计算方法与传统的成本计算方法一样。直接材料易于追溯到成本对象上，通常在生产成本中占有较大的比重，它计算的正确与否，对于产品成本的高低和成本的正确性有很大影响。为了加强控制、促进节约、保证费用归集的正确性，对直接材料从数量到价格等各个方面，都必须按成本核算的原则和要求，认真对待。直接人工是直接用于产品生产而发生的人工费用。

2. 作业的鉴定

在单位采用作业成本核算系统之前，首先要分析确定构成单位作业链的具体作业，这些作业受业务量而不是产出量的影响。作业的确定是作业成本信息系统成功运行的前提条件。作业的鉴定与划分是设计作业成本核算系统的难点与重点，作业划分得当，能确保作业成本信息系统的正确度与可操作性。

3. 成本库费用的归集

在确定了单位的作业划分之后，就需要以作业为对象，根据作业消耗资源的情况，归集各作业发生的各种费用，并把每个作业发生的费用集合分别列作一个成本库。

4. 成本动因的确定

成本动因即为引起成本发生的因素。为各成本库确定合适的成本动因，是作业成本法成本库费用分配的关键。在通常的情况下，一个成本库有几个成本动因，有的成本动因与成本库费用之间存在弱线性相关性，有的成本动因与成本库费用之间存在着强线性关系：这一步的关键就在于为每一成本库选择一个与成本库费用存在强线性关系的成本动因。

5. 成本动因费率计算

成本动因费率是指单位成本动因所引起的制造费用的数量。成本动因费率的计算用下式表示：

成本动因费率 = 成本库费用/成本库成本动因总量

6. 成本库费用的分配

计算出成本动因费率后，根据各产品消耗各成本库的成本动因数量进行成本库费用的分配，每种产品从各成本库中分配所得的费用之和，即为每种产品的费用分配额。

7. 产品成本的计算

生产产品的总成本即生产产品所发生的直接成本与制造费用之和：

总成本 = 直接材料 + 直接人工 + 制造费用

第四节　成本核算的账户设置与基本要求

一、成本核算账户设置

为了进行成本核算，企事业单位一般应设置“生产成本”“制造费用”

"营业费用""管理费用""财务费用"等账户。如果需要单独核算废品损失和停工损失，还应设置"废品损失"和"停工损失"账户。

（一）生产成本账户

首先应设置"生产成本"总账用于产品成本总分类核算，同时在该总账下分别设置"基本生产成本"和"辅助生产成本"两个二级账户进行基本生产成本和辅助生产成本核算。"基本生产成本"二级科目核算企事业单位为完成主要生产任务而进行的产品生产发生的成本。"辅助生产成本"二级科目核算企事业单位为基本生产服务而进行的产品生产和劳务发生的直接成本。

1."基本生产成本"账户

基本生产是指为实现企事业单位主要生产目的而进行的商品生产。"基本生产成本"总账是为了归集进行基本生产活动所发生的各种生产费用和计算基本生产产品成本而设置的。基本生产所发生的各项费用计入该账户的借方，完工入库的产品成本计入该账户的贷方，该账户的余额就是基本生产在产品成本，也就是基本生产在产品占用的资金。在该总账下，可以按照产品品种、产品生产批别等成本计算对象设置基本生产成本明细账。基本生产成本明细账也叫产品成本计算单，登记各产品每个成本项目的月初在产品成本、本月发生的生产费用、本月完工产品成本和月末在产品成本。

产品种类较多的企事业单位，可能需要按照既按部门又按成本项目汇总、反映全部产品总成本，以便于核对账目，还可以在"基本生产成本"总账下设"基本生产成本二级账"。在设有基本生产成本二级账的情况下，对于基本生产成本总账、基本生产成本二级账和基本生产成本明细账，都要按照会计上的平行登记原则进行登记。这样基本生产成本二级账就可以作为基本生产成本总账和基本生产成本明细账之间核对账目的中介，为分析和考核各部门成本状况提供资料。

2."辅助生产成本"账户

辅助生产是指为基本生产服务的产品生产和劳务提供，如工具、模具、修理用备件等产品的生产和修理，运输、供水、供电等劳务的提供。辅助生产提供的产品或劳务，有时也对外服务，但不是它的主要目的。辅助生产发生的各种费用，应计入"辅助生产成本"总账借方；完工入库产品成本或分配转出的劳务费用，应计入该账户贷方；该账户余额一般在借方，即辅助生产在产品成本，亦即辅助生产占用的资金。“辅助生产成本”总账下，应按辅助生产部门和生产的产品、劳务分设明细账，明细账中再按辅助生产成本项目或费用项目分设专栏或专行进行登记。

（二）制造费用账户

制造费用是指制造企事业单位为生产产品和提供劳务而发生的各项间接费用。“制造费用”总账用来核算企事业单位生产部门（部门）为生产产品和提供劳务而发生的各项间接费用，以及虽然直接用于产品生产但管理上不要求或不便于单独核算的费用。如生产单位发生的管理人员工资、福利费、折旧费、修理费、办公费、水电费、机物料消耗、劳动保护费、设计制图费、试验检验费、季度性和大修理期间的停工损失等。生产单位发生的各项制造费用，计入该账户借方；分配结转产品成本的制造费用，计入该账户贷方；除季节性生产企事业单位外，该账户一般月末无余额。

“制造费用”总账应按照各具体生产单位设置明细账，账内按制造费用项目设专栏进行明细核算。制造费用明细账的基本格式和内容，与辅助生产明细账相似。

（三）管理费用账户

管理费用是指企事业单位行政管理部门为组织和管理生产经营活动而发生的各项费用，包括工资、福利费、折旧费、工会经费、业务招待费、各项税费等。为了核算管理费用，应设置“管理费用”账户。该账户的借方登记发生的各项管理费用；贷方登记期末转入“本年利润”账户的管理费用；期末结转后该账户应无余额。“管理费用”账户的明细分类账，应按费用项目设置专栏，进行明细登记。

（四）营业费用账户

营业费用一般指的是销售费用，是指企事业单位销售商品和材料、提供劳务的过程中发生的各种费用。为了核算这项费用应设置“营业费用”账户。该账户的借方登记实际发生的各项营业费用；贷方登记期末转入“本年利润”账户的营业费用；期末结转后该账户应无余额。“营业费用”账户的明细分类账，应按费用项目设置专栏，进行明细登记。

（五）财务费用账户

财务费用是指企事业单位为筹集生产经营所需资金等而发生的费用。包括利息净支出（利息支出减利息收入后的差额）、汇兑净损失（汇兑损失减汇兑收益的差额）、金融机构手续费以及筹集生产经营资金发生的其他费用等。为了核算该项费用，应设置“财务费用”账户。该账户的借方登记发生的各项财务费用；贷方登记应冲减财务费用的利息收入、汇兑收益以及期末转入“本年利润”账户的财务费用；期末结转后该账户应无余额。“财务费用”账户的明细分类账，应按费用项目设置专栏，进行明细登记。

（六）待摊费用账户

待摊费用是指已经支出但应由本期和以后各期分别负担的各项费用，如低值易耗品摊销、一次支出数额较大的财产保险费、排污费、技术转让费、广告费、固定资产经常修理费、预付租入固定资产的租金等。企事业单位在筹建期间发生的开办费，以及在生产经营期间发生的摊销期限在 1 年以上的各项费用，应作为“长期待摊费用”。对已经支付但不能作为当期费用的支出，应将其作为流动资产项目之一，为了核算这项费用应设置“待摊费用”账户。该账户的借方登记实际支付的各项待摊费用；贷方登记分期摊销的待摊费用；该账户的余额在借方，表示已经支付但尚未摊销的待摊费用。“待摊费用”账户应按费用种类设置明细分类账，进行明细核算。

（七）预提费用账户

预提费用指应由受益期分担计入产品成本或商品流通费，而以后月份才实际支付的费用。例如，银行借款的利息是按季结算支付的，但利息费用应由支付利息前各月份的产品成本或商品流通费共同负担。为了核算该项费用，应设置“预提费用”账户。该账户的贷方登记预先计入生产成本或期间费用的预提费用；借方登记实际支付的预提费用；期末，该账户若为贷方余额，则其表示已经预提但尚未实际支付的预提费用，若为借方余额，则其表示实际支付费用数额大于已预提数额的差额，应视之为待摊费用。“预提费用”账户应按费用种类设置明细分类账，进行明细核算。

（八）废品损失账户

废品损失是由于产生废品而发生的损失。包括在生产过程中发生的、入库后发现的不可修复废品的报废损失和可修复废品的修复费用。其经济内容包括：

（1）报废损失。指不可修复的废品到报废为止所发生的全部费用扣除回收材料和废料价值后的净损失。

（2）修复费用。指可以修复的废品在返修过程中所发生的修理费用。由造成废品的过失人负担的赔款，应从废品损失中扣除。

凡是内部成本管理上要求单独反映和控制废品损失的企事业单位，会计上可以设置专门的“废品损失”账户。该账户的借方归集不可修复废品成本和可修复废品的修复费用，贷方反映废品残值、赔偿款以及计入合格品成本的净损失，期末一般无余额。“废品损失”明细账户应按生产部门分产品设置，按废品损失构成进行反映。为了简化核算工作，通常辅助生产部门不单独核算废品损失。如果企事业单位的废品率较低，内部成本管理上不要求提供废品损失专门数据和资料，则会计上可以不单独设置“废品损失”账户，发生废品所带来的经济损失即废品已消耗的材料费用、人工费用等与正品消耗的生产费用混在一起，最终计入正品成本，提高正品的单位生产成本。

（九）停工损失账户

停工损失是由于停工超过规定期限所发生的各种费用，包括停工期内支付的生产工人工资和提取的职工福利基金、耗用的燃料和动力费，以及应负担的部门经费和企事业单位管理费等。凡是需要单独核算“停工损失”的企事业单位，可以设置“停工损失”账户。该账户借方记录停工期间应付职工薪酬、维护保养设备消耗的材料费用、应负担的制造费用等，贷方反映分配结转的停工损失，期末一般无余额。如果跨月停工，则可能出现借方余额。“停工损失”明细账户应按部门设置，账内最好分别按计划内停工和计划外停工进行记录，以便明确责任，正确计算产品成本。同废品损失一样，如果企事业单位不单独核算生产部门停工期间发生的经济损失，则停工期间的各种消耗就会同正常生产期间的耗费混在一起，计入成本。

二、成本核算的基本要求

成本核算是按照国家有关的法规、制度和企事业单位经营管理的要求，对生产经营过程中实际发生的各种劳动耗费进行计算，并进行相应的账务处理，提供真实、有用的成本信息。成本核算不仅是成本会计的基本任务，也是经营管理的重要组成部分。

（一）成本核算的原则

成本核算应遵循的原则主要包括：

（1）合法性原则。是指计入成本的费用都必须符合法律、法令、制度等的规定。不合规定的费用不能计入成本。

（2）可靠性原则。其中包括真实性和可核实性。真实性是指所提供的成本信息与客观的经济事项相一致，不应掺假，或人为地提高、降低成本。可核实性是指成本核算资料按一定的原则由不同的会计人员加以核算，都能得到相同的结果。真实性和可核实性是为了保证成本核算信息的正确可靠。

（3）相关性原则。其中包括成本信息的有用性和及时性。有用性是指成本核算要为管理当局提供有用的信息，为成本管理、预测、决策服务。及时性是强调信息取得的时间性。对及时的信息反馈，可及时地采取措施、改进工作。

（4）分期核算原则。企事业单位为了取得一定期间所生产产品的成本，必须将川流不息的生产活动按一定阶段（如月、季、年）划分为各个时期，分别计算各期产品的成本。成本核算的分期，必须与会计年度的分月、分季、分年相一致，这样可以便于利润的计算。

（5）权责发生制原则。应由本期成本负担的费用，不论是否已经支付，都要计入本期成本；不应由本期成本负担的费用（即已计入以前各期的成本，或应由以后各期成本负担的费用），虽然在本期支付，也不应计入本期成本，以便正确提供各项的成本信息。

（6）实际成本计价原则。生产所耗用的原材料、燃料、动力要按实际耗用数量的实际单位成本计算，完工产品成本的计算要按实际发生的成本计算。

（7）一致性原则。成本核算所采用的方法，前后各期必须一致，以使各期的成本资料有统一的口径，前后连贯、互相可比。

（8）重要性原则。对成本有重大影响的项目应作为重点，力求精确。而对那些不太重要的琐碎项目，则可以从简处理。

（二）成本核算的基本要求

成本核算有如下五大基本要求。

1. 坚持成本核算与经营管理相结合

成本核算应当与经营管理紧密结合，所提供的成本信息应当满足企事业单位经营管理和决策的需要。因此，成本核算不仅要对各项费用支出进行事后的核算，提供事后的成本信息，而且要以国家有关的法规、制度和企事业单位成本计划和相应的消耗定额为依据，加强对各项费用支出的事前、事中的审核和控制，并及时进行信息反馈。对于合法、合理、有利于发展生产提高经济效益的开支，要积极予以支持，反之，要给予更合理化的建议。

在成本计算过程中，既要防止片面追求简化，无法提供所需资料，也要防止为算而算，搞烦琐哲学，脱离管理实际需要的做法。成本核算应该做到分清主次、区别对待、主要从细、次要从简、简而有理、细而有用。

2. 正确确定财产物资的计价和价值结转方法

财产物资的计价和结转方法直接影响成本核算的效果，应谨慎选择科学、合理、简便，而且相对稳定的方法。

企事业单位的生产经营过程，同时也是各种劳动的耗费过程。在各种劳动耗费中，财产物资的耗费占有相当大的比重，这些财产物资计价和价值结转方法是否恰当，会对成本计算的正确性产生重要的影响。企事业单位财产物资计价和价值结转方法主要包括：固定资产原值的计算方法，折旧的计提方法、折旧率的选择；固定资产修理费用是否采用待摊或预提方法以及摊提期限的长短；固定资产与低值易耗品的划分标准；材料成本的组成内容、材料按实际成本进行核算时发出材料成本的计算方法、材料按计划成本进行核算时材料成本差异率的种类、采用分类差异率时材料类距的大小等；低值易耗品和包装物价值的摊销方法、摊销率的高低及摊销期限的长短等。为了正确地计算成本，对于各种财产物资的计价和价值的结转，都应采用既合理又简便的方法；各种方法一经确定，应保持相对稳定，不能随意改变，以保证成本信息的可比性。

3. 正确划分费用界限

正确划分费用界限遵循受益原则：何者受益，何者负担费用。正确地进行成本核算，正确地计算产品成本和期间费用，必须正确划分以下五个方面的费用界限：

（1）正确划分产品成本与期间费用的界限。企事业单位在生产经营过程中发生的费用很多，并非全部能计入产品成本。生产经营中发生的营业外支出是一种与生产活动无直接关系的支出，不能计入产品成本。对于收益性支出，只有与产品生产活动有直接联系，要么构成产品实体，要么有助于产品实体的形成，才能计入产品成本，否则应根据发生的地点和用途作为期间费用等处理。

企事业单位应按照国家有关成本开支范围的规定，正确地核算产品成本和期间费用。凡不属于企事业单位日常生产经营方面的支出，均不得计入产品成本或期间费用，即不得多计成本；凡属于企事业单位日常生产经营方面的支出，均应全部计入产品成本或期间费用，不得遗漏。多计成本，会减少企事业单位利润和国家财政收入；少计成本，则会虚增利润，使企事业单位成本得不到应有的补偿，从而影响企事业单位生产经营活动的顺利进行。因此，企事业单位必须正确划分应否计入产品成本、期间费用的界限，防止多计成本和少计成本的错误做法。

（2）正确划分资本性支出与收益性支出的界限。为正确计算产品成本，首先要分清哪些支出可计入产品成本或期间费用，哪些支出不应计入产品成本或期间费用，即区分资本性支出与收益性支出。一般情况下，与一个会计年度有关的支出，确定为收益性支出，形成当年的成本及费用；与若干个会计年度有关的支出，考虑其资本性支出的本职，不能作为当年的成本及费用，而要考虑形成资产，进行受益期内折旧、摊销等。

（3）正确划分完工产品与在产品的费用界限。一定时期结束之后，各种产品所归集的费用还需要在完工产品和期末在产品之间进行分配，才可能计算出完工产品成本。在月末计算产品成本时，如果某种产品已经全部完工并验收入库，则这种产品的各项生产费用之和就是这种产品的完工产品成本；如果某种产品尚未完工，则该种产品的各项生产费用之和，就是它的月末在产品成本；如果某种产品既有完工产品，又有在产品，则应将这种产品的各项生产费用，采用适当的分配方法在完工产品与月末在产品之间进行分配，不得人为地任意压低或提高在产品成本，以保证成本计算的可靠性和真实性，然后分别计算完工产品成本和月末在产品成本。

（4）正确划分各月份的费用界限。计入产品成本的费用，还要在本期产品和非本期产品之间进行划分，贯彻权责发生制确认基础，处理待摊费用和预提费用。本月发生的费用，都应在本月全部入账，不能将其一部分延至下月入账。更重要的是，应该贯彻权责发生制原则，正确地核算跨期摊提费用，即待摊费用和预提费用。虽在本月支付但属于本月及以后各月受益的费用，应作为待摊费用，在各月间合理分摊计入成本；本月虽未支付但本月已经受益，应由本月负担的费用，应作为预提费用，计入本月的成本。为了简化核算工作，对于数额较小的应跨期摊销和预提的费用，也可以将其全部计入支付月份的成本，而不作为待摊费用和预提费用处理。正确划分各月份的费用界限，是保证成本核算正确的重要环节，应当防止利用待摊和预提的办法人为地调节各月成本、人为地调节各月损益的错误做法。

（5）正确划分不用种类产品的费用界限。无论企事业单位的生产类型、生产规模、管理要求如何，为了正确计算损益、加强成本管理，都必须计算出各种产品的实际成本。

如果企事业单位生产的产品不止一种，为了正确计算各种产品的成本，正确分析和考核各种产品成本计划或定额成本的执行情况，必须将应计入本月产品成本的生产费用在各种产品之间正确地进行划分。凡属于某种产品单独发生、能够直接计入该种产品的费用，均应直接计入该种产品成本；凡属于几种产品共同发生、不能直接计入某种产品的费用，应采用适当的分配方法，分配计入这几种产品的成本。应该防止在盈利产品与亏损产品之间、可比产品与不可比产品之间任意转移生产费用，借以掩盖成本超支或以盈补亏的错误做法。

4. 做好各项基础工作

成本核算是成本会计的基础内容，涉及面广、内容多、工作量大，做好成本核算的基础工作尤为重要。按照成本管理的要求，企事业单位应建立、健全有关成本核算的原始记录和凭证制度，制定必要的材料消耗定额，建立、健全材料计量、验收、领发、盘存制度，制定内部结算价格和结算方法。这些基础工作中，原始记录和计量、验收、领发实际上是为费用界限的划分提供原始依据，为费用分配提供标准；定额消耗制度和内部结算价格制度可以为控制生产费用的发生提供控制手段和制度保证。因此，成本核算的基础工作实际上同费用的界限划分紧密相关，直接影响到成本计算的正确性。没有健全的基础工作，成本核算就不能顺利进行，也就无法达到核算的目的。

（1）做好定额的制订和修订工作。产品的各项消耗定额，既是编制成本计划、分析和考核成本水平的依据，也是审核和控制成本的标准；而且在计算产品成本时，往往要用产品的原材料和工时的定额消耗量或定额费用作为分配实际费用的标准。为了加强生产管理和成本管理，企事业单位必须建立和健全定额管理制度，凡是能够制定定额的各种消耗，都应该制定先进、合理、切实可行的消耗定额，并随着生产的发展、技术的进步、劳动生产率的提高，不断修订消耗定额，以充分发挥其应有的作用。

（2）建立和健全材料物资的计量、收发、领退和盘点制度。成本核算是以价值形式来核算企事业单位生产经营管理中的各项费用的。但价值形式的核算是以实物计量为基础的。因此，为了进行成本管理、正确地计算成本，必须建立和健全材料物资的计量、收发、领退和盘点制度。凡是材料物资的收发、领退，在产品、半成品的内部转移，以及产成品的入库等，均应填制相应的凭证，办理审批手续，并严格进行计量和验收。库存的各种材料物资、部门的在产品、产成品均应按规定进行盘点。只有这样，才能保证账实相符，保证成本计算的正确性。

（3）建立和健全原始记录工作。原始记录是反映生产经营活动的原始资料，是进行成本预测、编制成本计划、进行成本核算、分析消耗定额和成本计划执行情况的依据。企事业单位对生产过程中材料的领用、费用的开支、废品的产生、在产品及半成品的内部转移、产品质量检验及产成品入库等，都要有真实的原始记录。成本核算人员应会同有关部门认真制定既符合成本核算需要，又符合各方面管理需要，既科学又简便易行，讲求实效的原始记录制度；还要组织有关职工认真做好各种原始凭证的登记、传递、审核和保管工作，以便正确、及时地为成本核算和其他有关方面提供资料和信息。

（4）做好内部计划价格的制订和修订工作。在计划管理基础较好的企事业单位中，为了分清企事业单位内部各单位的经济责任，便于分析和考核企事业单位内部各单位成本计划的完成情况和管理业绩，以及加速和简化核算工作，应对原材料、半成品、各部门相互提供的劳务（如修理、运输等）制定内部计划价格，作为企事业单位内部结算和考核的依据。内部计划价格要尽可能符合实际，保持相对稳定，一般在同一年度内保持不变。在制定了内部计划价格的企事业单位中，各项原材料的耗用、半成品的转移，以及各部门与部门之间相互提供劳务等，都要首先按计划价格计算。月末计算产品实际成本时，再在计划价格成本的基础上，采用适当的方法计算各产品应负担的价格差异（如材料成本差异），将产品的计划价格成本调整为实际成本。这样，既可以加速和简化核算工作，又可以分清内部各单位的经济责任。

5. 按照生产特点和管理要求，采用适当的成本计算方法

成本计算方法是指生产费用计入产品或劳务成本，并在各种产品或劳务之间、完工产品与在产品之间进行分配，计算出每一种产品或劳务的总成本和单位成本的方法。在不同的成本计算制度下，产品或劳务成本的计算内容和方法是不同的。就实际成本计算制度即全部成本计算模式而言，有品种法、分批法、分步法、分类法等方法。这些方法各有特点，适用的企事业单位各不相同。企事业单位在进行成本核算时，应根据具体情况，选择适合本企事业单位特点的方法。

一般来说，成本计算方法的选择，首先应考虑本企事业单位行业类型和工艺技术流程特点，考虑生产组织方式和方法，其次还应考虑管理上对成本计算资料的需求。在同一个企事业单位中，可以采用一种成本计算方法，也可以采用多种成本计算方法；在同一产品的不同生产环节，可以采用不同的成本计算方法；对同一产品的不同成本项目，基于管理要求，也可以采用不同的成本计算方法。成本计算方法的选择是一项技术性很强的工作，它同成本核算的基础工作一样也会影响成本核算的正确性和合理性。企事业单位必须根据生产经营特点和管理要求作出恰当的选择。一旦选定，不宜经常改变，应保持一定的稳定性。

第五节　成本核算的一般程序

成本核算的一般程序是指对企事业单位在生产经营过程中发生的各项费用，按照成本核算的要求，逐步进行归集和分配，最后计算出各种产品的成本和各项期间费用的基本过程。产品成本核算包括生产费用核算和产品成本计算两个方面。企事业单位在具体进行生产费用归集、分配和产品成本计算之前，除了要考虑设置哪些成本核算账户之外，还必须做好其他一些前期准备工作。

一、产品成本核算的前期准备工作

要想保证产品成本核算质量，提高核算工作效率，实现正确计算成本的目的，必须做好以下几项前期准备工作。

（一）正确划分成本核算环节

正确划分成本核算环节是指首先在财务会计上将企事业单位生产单位根据生产目的、职能划分为两种类型：一种是直接从事产品生产的基本生产单位；另一种是服务于产品生产的辅助生产单位。前者是产品成本核算的基本环节，后者是最终将辅助生产单位的费用分配给基本生产环节。不同企事业单位，成本核算环节的划分是有差别的，主要根据其生产目的进行划分。

（二）确定成本计算对象，选择成本计算方法

企事业单位应当根据自身的生产特点，结合成本管理要求，确定具体的成本计算对象。成本计算对象是指归集生产费用、积聚成本的对象，也就是生产费用的最终承担者。在实务中，成本计算对象的确定是开设基本生产明细账的前提条件。成本计算对象的确定，有赖于成本计算方法的选择。不同成本计算方法下，其成本计算对象是不同的。因此，企事业单位必须根据生产类型及管理上对成本核算数据的要求选择成本计算方法。

（三）确定各种产品的成本项目

各种成本计算对象所消耗的生产费用很多，对它们必须按照一定的成本项目进行归集和计算，以便反映产品成本的基本构成情况。企事业单位应当根据会计制度的规定、生产特点和管理上的要求考虑本企事业单位产品的成本项目设置问题。成本项目设置与会计核算工作量有着直接联系，不宜设置得太细、太多，应以满足成本管理为限。

二、产品成本核算的一般程序

在具体进行产品成本核算时，首先应对生产过程中发生的各项费用进行严格的审核和控制。审核时可以企事业单位制订的成本计划、费用消耗定额、费用预算等为依据，防止生产过程中不必要的超支和浪费，对于损失和浪费严重的行为，应当追究有关责任者的经济责任。在加强费用审核控制的同时，应分清计入产品成本的费用界限和不计入产品成本的费用界限。凡不能计入产品成本的费用，应根据费用性质和用途、地点计入相关账户。其次应依据有关费用

凭证，将应计入产品成本的费用按照费用用途进行归集和分配，在分清本期、非本期成本及各种产品成本界限的基础上，将费用计入各种产品成本中的成本项目。期末如果既有完工产品又有在产品，还须将该产品各成本项目生产费用合计数在完工产品与在产品之间进行分配，计算出完工入库产品总成本和单位成本。产品成本核算的一般程序可以归纳为以下几个步骤。

（一）审核和控制企事业单位生产过程中发生的各项生产费用

在加强费用审核和控制的前提下，应按照成本计算对象和费用发生的用途、地点、部门，填制实际发生的各项费用的原始凭证，然后根据费用发生的原始凭证或原始凭证汇总表，根据一定的分配标准编制各种要素费用分配表，据以计入“基本生产成本”“辅助生产成本”“制造费用”等账户。通过要素费用的归集和分配，可以将本期发生的各项生产费用中属于本期产品受益的部分计入成本核算账户，非产品受益的部分计入“管理费用”“销售费用”“在建工程”等账户，从而分清计入本期产品成本和不计入本期产品成本的费用界限。经过要素费用分配后，凡是应计入本月产品成本的费用已计入“基本生产成本”“辅助生产成本”“制造费用”等总账和明细账户，本月应计入成本的生产费用规模已基本确定，但还分散在不同的成本核算账户中。

（二）分配辅助生产费用

由于辅助生产是为基本生产提供产品或服务的，为了计算基本生产部门各种产品的成本，必须先对辅助生产部门、单位发生的费用进行分配。对归集于各辅助生产明细账的费用，除了应将本月完工入库自制材料、自制工具的生产成本转为存货成本之外，在月末还应根据提供产品或劳务的数量编制“辅助生产费用分配表”，将所发生的辅助生产费用分配给受益的产品或部门，计入“基本生产”“制造费用”等总账及其明细账户。

在分配辅助生产费用时，如果各辅助生产部门之间彼此提供的产品或劳务可以相互抵消，通常不进行交互分配，只分配给除辅助生产部门之外的受益对象。如果辅助生产部门相互提供的产品或劳务悬殊较大，为准确起见，应进行交互分配。

（三）分配制造费用

各基本生产部门的制造费用归集完毕之后，应分别按不同部门在应负担的产品之间进行分配，计入产品成本中的“制造费用”成本项目。若某基本生产部门只生产一种产品，可以将该部门归集的制造费用直接结转计入该种产品成本；若该部门生产多种产品，则需要采用一定的分配方法，编制“制造费用分配表”之后计入各种产品制造费用成本项目。

（四）分配生产损失

凡是不单独核算生产损失的企事业单位，一旦出现废品和停工现象，其发生的消耗就与正品和非停工期间的生产耗费混在一起，包括在“直接材料”“直接人工”“制造费用”成本项目中，增加正品的单位成本，当然，也就不会形成一个单独的产品成本核算环节和步骤。

凡是需要单独核算生产损失的企事业单位，可以设置“废品损失”“停工损失”账户，归集生产过程中废品发生的消耗、停工期间发生的消耗，提供这方面的专门数据，以加强对生产损失的控制。在单独核算生产损失的情况下，就存在一个生产损失的归集和分配问题，形成一个独立的产品成本核算步骤。

（五）在完工产品和在产品之间分配生产费用

通过上述生产费用的一系列归集和分配，本月发生应计入产品成本的各种生产费用均已计入各个基本生产成本明细账。在没有月末在产品或在产品较少的企事业单位，基本生产明细账上所归集的生产费用就是完工产品的实际总成本。实际总成本除以产量，即为完工产品单位成本。但在大批量生产企事业单位，月末一般都有一定数量的在产品，还需要将产品本月发生的生产费用和月初在产品成本之和在完工产品与月末在产品之间进行分配，计算出本月完工产品实际总成本和单位成本，并将完工入库产品成本从“基本生产成本”账户转入“库存商品”账户。

第六节　成本归集与分配

成本计算的过程实际上是成本的归集和分配过程，生产经营成本通过多次的归集和分配，最终计算出产品总成本和单位成本。成本的归集，是指通过一定的会计制度以有序的方式进行成本数据的收集或汇总。收集某类成本的聚集环节，称为成本归集点或成本集合。成本的分配，是指将归集的间接成本分配给成本对象的过程，也叫间接成本的分摊或分派。

一、成本归集与分配的原则

（一）因果原则

资源的使用导致成本发生，两者有因果关系，因此，应当按使用资源的数量在对象间分配成本。按此原则，要确定各对象使用资源的数量，例如耗用的材料、工时、机时等，按使用资源的数量比例分摊间接成本。

（二）受益原则

谁受益、谁负担；谁受益多，谁承担多；按受益比例分摊间接成本。

（三）公平原则

公平是个抽象概念，不具有可操作性，因此在实务中政府规范或有权威的标准成为公平性的具体尺度。

（四）承受能力原则

按部门的营业利润分配企事业单位总部的费用，其依据是承受能力原则。

二、成本费用的归集和分配

（一）生产费用的归集和分配

1. 材料费用的归集和分配

在企事业单位的生产活动中，要大量消耗各种材料，它们有的用于产品生产，有的用于维护生产设备和管理、组织生产，此外，还有的用于非主业生产等。其中应计入产品成本的生产用料，应按照成本项目归集，如用于构成产品实体的原料及主要材料和有助于产品形成的辅助材料，列入“直接材料”项目；用于维护生产设备和管理生产的各种材料，列入“制造费用”项目。不应计入产品成本而属于期间费用的材料费用则应列入“管理费用”“营业费用”科目。用于购置和建造固定资产、其他资产方面的材料费用，则不得列入产品成本，也不得列入期间费用。

材料费用计入产品成本和期间费用的方法如下：用于产品生产的原料及主要材料通常是按照产品分别领用的，属于直接费用，应根据领料凭证直接计入各种产品成本的“直接材料”项目。但有时一批材料为几批产品共同耗用，则要采用简便的分配方法，分配计入各种产品成本。

2. 人工费用的归集和分配

人工费用包括工资和福利费用。分配工资和福利费用，也要划清计入产品成本与期间费用和不计入产品成本与期间费用的工资和福利费用的界限。其中，应计入产品成本的工资和福利费用还应该按成本项目归集：凡属生产部门直接从事产品生产人员的工资费用，列入产品成本的“直接人工费”项目；为组织和管理生产所发生的管理人员的工资和计提的福利费，列入产品成本的“制造费用”项目；行政管理人员的工资和计提的福利费，作为期间费用列入“管理费用”科目。

（二）外购动力费的归集和分配

企事业单位发生的外购动力（如电力、蒸汽），有的直接用于产品生产，有的用于照明、取暖等其他用途。动力费应按用途和使用部门分配，也可以按仪表记录、生产工时、定额消耗量比例进行分配。分配时，可编制“动力费用分配表”，据以进行明细核算和总分类核算。直接用于产品生产的动力费用，列入“燃料和动力费用”成本项目，计入“生产成本”科目及其明细账；属于照明、取暖等用途的动力费用，则按其使用部门分别计入“制造费用”“管理费用”等科目。

如果企事业单位设有供电部门这一辅助生产部门，则外购电费应先计入“生产成本——辅助生产成本”科目，再加上供电部门本身发生的工资等项费用，作为辅助生产成本进行分配。

（三）制造费用的归集和分配

制造费用是指企事业单位各生产单位为组织和管理生产而发生的各项间接费用。它包括工资和福利费、折旧费、修理费、办公费、水电费、租赁费、保险费等。单位发生的各项制造费用，是按其用途和发生地点，通过“制造费用”科目进行归集和分配的。根据管理的需要，“制造费用”科目可以按生产部门开设明细账，账内按照费用项目开设专栏，进行明细核算。费用发生时，根据支出凭证借记“制造费用”科目及其所属有关明细账，但材料、工资、折旧以及待摊和预提费用等，要在月末时，根据汇总编制的各种费用分配表计入。材料、产品等存货的盘盈、盘亏数，则应根据盘点报告表登记。归集在“制造费用”科目借方的各项费用，月末时应全部分配转入“生产成本”科目，计入产品成本。“制造费用”科目一般月末没有余额。在生产一种产品的部门中，制造费用可直接计入其产品成本。在生产多种产品的部门中，就要采用既合理又简便的分配方法，将制造费用分配计入各种产品成本。制造费用分配计入产品成本的方法，常用的有按生产工时、定额工时、机器工时、直接人工费等比例分配的方法。

（四）待摊费用和预提费用的分配

1. 待摊费用的分配

待摊费用是指本月发生，但应由本月及以后各月产品成本或期间费用共同负担的费用。这种费用发生以后不是一次全部计入当月成本、费用，而是按照费用的受益期限摊入各月成本、费用。这样做是可以正确地划分各月份的费用界限，正确计算各月产品成本和期间费用。比如，预订半年书报刊物，就要由6个月的成本、费用平均负担。

待摊费用的分摊期限要根据费用的受益期确定，有些费用的受益期是可以明确确定的，但有些费用的受益期不能明确肯定，比如，一次领用的实验耗材，数量较大，费用较多，这时则应根据具体情况对受益期加以估计，分月摊销计入成本、费用。待摊费用一般要在一年内摊完。

待摊费用的发生和分配是通过“待摊费用”科目进行核算的。费用发生后，计入该科目的借方；按月摊销时，按其用途和使用部门从该科目的贷方转入“制造费用”和“管理费用”等科目的借方；余额在借方，表示尚未摊销的费用数额。该科目可按费用项目设置明细科目，分别反映各项费用的发生和摊销情况。

2. 预提费用的分配

预提费用是指预先分月计入成本、费用，但由以后月份支付的费用。这样做也是为了正确地划分各月份的费用界限，正确计算各月产品成本或期间费用。比如，短期借款的利息是按季结算支付的，所以利息费用应由支付利息前的3个月的财务费用平均负担。预提费用的预提期限也应按其受益期确定。各月预先提取多少费用，有些能事先肯定，如利息支出；有些事先要制定费用预算，如固定资产大、中、小修理费，在各月费用支出不均衡，影响到各月成本、费用水平时，则应编制修理费用预算，分月计入产品成本或期间费用，实际发生的费用与预提的费用的差额，应计入费用支付期的产品成本或期间费用中。

预提费用的预提和支付，是通过“预提费用”科目进行核算的。预提时，计入该科目的贷方及“制造费用”“管理费用”“财务费用”等有关科目的借方；支付时，则计入该科目的借方和“银行存款”等科目的贷方；余额在贷方，表示尚未支付的预提费用数额。该科目应按预提费用项目设置明细科目，分别反映各项费用预提和支付情况。

（五）辅助生产费用的归集和分配

企事业单位的辅助生产主要是为基本生产服务的。有的只生产一种产品或提供一种劳务，如供电、供气、运输等辅助生产；有的则生产多种产品或提供多种劳务，如从事工具、模型等制造以及机器设备的修理等辅助生产。辅助生产提供的产品和劳务，有时也对外销售，但这不是辅助生产的主要目的。辅助生产费用的归集和分配，是通过“辅助生产成本”科目进行的。该科目应按部门和产品品种设置明细账，进行明细核算，辅助生产发生的直接材料、直接人工费用，分别根据“材料费用分配表”“工资及福利费用分配汇总表”和有关凭证，计入该科目及其明细账的借方；辅助生产发生的间接费用，应先计入“制造费用”科目的借方进行归集，然后再从该科目的贷方直接转入或分配转入“辅助生产成本”科目及其明细账的借方。辅助生产部门完工的产品或劳务成本，应从“辅助生产成本”科目及其明细账的贷方转出。“辅助生产成本”科目的借方余额表示辅助生产的在产品成本。

归集在“辅助生产成本”科目及其明细账借方的辅助生产费用，由于所生产的产品和提供的劳务不同，其所发生的费用分配转出的程序方法也不一样。制造工具、模型等产品所发生的费用，应计入完工工具、模型等产品的成本。完工时，作为自制工具或材料入库，从“辅助生产成本”科目及其明细账的贷方转入“低值易耗品”或“原材料”科目的借方；领用时，按其用途和使用部门，一次或分期摊入成本。提供水、电、气和运输、修理等劳务所发生的辅助生产费用，多按受益单位耗用的劳务数量在各单位之间进行分配，分配时，借记“制造费用”或“管理费用”等科目，贷记“辅助生产成本”科目及其明细账。在结算辅助生产明细账之前，还应将各辅助车间的制造费用分配转入各辅助生产明细账，归集辅助生产成本。

（六）完工产品和在产品的成本分配

通过各项费用的归集和分配，基本生产部门在生产过程中发生的各项费用，已经集中反映在“生产成本——基本生产成本”科目及其明细账的借方，这些费用都是本月发生的产品的费用，并不是本月完工产成品的成本。要计算出本月产成品成本，还要将本月发生的生产费用，加上月初在产品成本，然后再将其在本月完工产品和月末在产品之间进行分配，以求得本月产成品成本。本月发生的生产费用和月初、月末在产品及本月完工产成品成本四项费用的关系可用下列公式表达：

月初在产品成本 + 本月发生生产费用

= 本月完工产品成本 + 月末在产品成本

或：月初在产品成本 + 本月发生生产费用 - 月末在产品成本

= 本月完工产品成本

由于公式中前两项是已知数，所以，在完工产品与月末在产品之间分配费用的方法有两类：一是将前两项之和按一定比例在后两项之间进行分配，从而求得完工产品与月末在产品的成本；二是先确定月末在产品成本，再计算求得完工产品的成本。

第七节　成本报表与成本分析

一、成本报表概述

（一）成本报表及其特点

成本报表是根据成本管理的需要，以企事业单位日常成本核算资料和其他相关资料为基础编制的，用来反映其在一定时期内生产经营费用与产品成本水平及其变动情况，据以考核和分析单位成本计划完成情况和结果的报告性文件，是整个成本管理工作的重要内容之一。成本报表属于单位内部报表，不对外公开，其编制的目的是向企业管理层提供有关的成本信息，便于管理层进行成本分析和成本决策。

成本报表有以下三个特点：

（1）服务于单位的内部经营管理需要。成本报表主要为单位内部管理服务，满足单位管理者、成本责任者对成本信息的需求，有利于观察、分析、考核成本的动态，有利于控制计划成本目标的实现，也有利于预测工作。

（2）种类、格式、内容等由单位自行决定。内部成本报表主要是围绕着成本管理需要反映的内容，没有明确规定一个统一的内容和范围，不强调成本报告内容的完整性，往往从管理出发，对某一问题或某一侧面进行重点反映，揭示差异，找出原因，分清责任。因此，内部成本报表的成本指标可以是多样化的，以适应不同使用者和不同管理目的对成本信息的需求，使内部成本报表真正为单位成本管理服务。

（3）成本报表是会计核算资料与其他技术经济资料密切结合的产物，具有综合性和全面性的特点。

（二）成本会计报表的种类

成本报表不是对外报送或公布的会计报表，因此，成本报表的种类、项目、格式和编制方式，原则上应由单位自行确定。根据成本信息反映的需要，可以从以下方面划分成本报表的种类。

1. 按反映的内容划分

反映成本计划情况的报表，一般包括全部产品生产成本表、主要产品单位成本表、制造费用明细表。

反映费用支出情况的报表，一般包括营业费用明细表、管理费用明细表和财务费用明细表。

反映生产经营情况的报表，一般包括生产情况表、材料耗用表、材料差异分析表等。

2. 按编制的时间划分

（1）定期报表：产品生产成本表、主要产品单位成本表、制造费用明细表、管理费用明细表、营业费用明细表、财务费用明细表等就属于定期成本报表。

（2）不定期报表：这类报表是针对成本管理中出现的某些问题或急需解决的问题而随时按要求编制的。有关成本费用表等就属于不定期成本报表。

3. 按编制的范围分类

（1）单位层面成本报表、产品生产成本表、主要产品单位成本表、制造费用明细表、管理费用明细表、营业费用明细表、财务费用明细表等。

（2）单位层面或部门层面成本报表、生产情况表、质量成本表等报表等。

（三）成本会计报表的作用

成本报表的作用体现在如下几个方面。

1. 便于单位进行高质量的成本管理

通过成本报表分析，可以揭示影响产品成本指标和费用项目变动的因素和原因，从生产技术、生产组织和经营管理等各个方面挖掘和动员节约费用支出和降低产品成本的潜力，提高企业生产耗费的经济效益。

2. 便于单位及时进行决策

成本报表提供的实际产品成本和费用支出的资料，是单位进行成本、利润的预测与决策，编制产品成本计划和各项费用计划，制定产品价格，进行投资决策等的重要依据。

3. 便于信息需求方或相关主管机构评价或评估企业的成本管理效果

通过阅读和分析成本报表，可以了解单位的成本管理绩效，从而对单位管理层在成本管理方面的绩效进行评价，进而从成本管理的角度评价他们对受托责任的履行情况，评估单位产品成本核算的合理性、可靠性等。

（四）成本报表的编制要求和方法

1. 成本报表的编制要求

成本报表的编制要求有以下四点：（1）数字真实、计算准确；（2）内容完整；（3）编报及时；（4）计算口径和填报方法保持各会计期间的一致性。

2. 成本报表的编制方法

（1）表中的成本、费用等指标的实际数，一般根据有关的产品成本或费用明细账的实际发生额填列。

（2）表中的实际成本、费用等指标的累计数，一般根据本期报表的本期成本、费用实际数加上上期报表的实际成本、费用累计数计算填列；如果有关的明细账簿中记有期末实际成本、费用累计数，可以直接根据该数据填列。

（3）表中的成本、费用等指标计划或预算数，一般根据有关的计划或预算填列。

（4）表中的其他资料和补充资料，应根据报表相应的编制规定填列。

二、成本分析

成本分析是依据成本的有关历史资料运用一定的科学方法对成本变动的原因、管理中存在的问题及业绩进行分析和解剖的一种管理活动。

（一）成本分析的意义与要求

1. 成本分析的意义

成本分析的意义有以下几点：（1）考核单位成本计划的执行情况；（2）揭示成本管理中存在的问题和差距；（3）认识成本变动规律，提高成本管理水平；（4）为编制成本预算、经营决策提供依据；（5）检查成本管理的合理、合法性并完善成本管理责任制。

2. 成本分析的要求

成本分析是一项深入细致的管理工作，为了保证这一工作的顺利进行，使分析结果能够恰如其分地反映成本管理的实际情况，所提出的建议、措施对改进单位工作富有成效，开展成本分析时应注意以下要求：

（1）把事前预测分析、事中控制分析和事后核查分析结合起来，实行全时序成本分析；把产前的确定工作与生产过程中各环节的成本分析结合起来，实行全过程成本分析；把专职分析和群众分析结合起来，实行全员成本分析。

（2）把定量分析和定性分析结合起来，既不能以纯粹的数学计算代替经济分析，又不能毫无根据地凭主观想象作出结论。只有在定量分析的基础上进行科学的定性分析，才能得出正确结论。

（3）遵循例外管理和目标管理的原则。成本分析一定要有目标，它是分析的标准和评价的依据。重点抓住对成本影响较大的项目进行分析，贯彻例外管理的原则，才能收到事半功倍的效果。

（二）成本分析的一般程序

成本分析的过程是成本指标的分解和综合相结合的过程。通过指标分解可以使分析不断深入，通过综合分析才能获得对单位成本工作全面、本质的认识。成本分析的一般程序，可以概括为以下几个步骤。

1. 明确分析目标，制订分析计划

进行成本分析工作，首先要确定成本分析的目标、要求、范围，以及需要解决的问题，并在此基础上，制订成本分析计划，合理进行组织分工，周密安排分析进度，以提高成本分析工作的效率和工作质量。

2. 广泛收集资料，掌握全面情况

进行成本分析，必须占有详细的资料，掌握全面情况，这是正确进行成本分析的基础。成本分析需要的资料包括成本报表资料和其他有关的计划、统计、业务技术资料等。同时还要深入实际调查研究，掌握“活”的情况。

3. 深入进行因素和项目分析，确定各差异及其影响因素

成本分析应从全部产品生产成本计划和各项费用计划完成情况的总括分析开始，然后按照影响成本计划完成情况的因素逐步深入、具体地分析。从总评价开始，可以防止片面性，并从复杂的影响因素中找出需要进一步分析的问题。因素和项目分析可以确认成本升降的具体原因，进一步评价单位成本工作，防止分析的表面化、一般化。

4. 结合实际情况，查明各种因素变动的具体原因

影响成本指标变动的因素可能有多方面，而各种因素的变动原因也可能是多种多样的。结合单位内外部的实际情况，相互联系地研究技术、组织和管理等方面的情况，便于查明各种因素变动的原因，采取措施，挖掘降低产品成本和节约费用开支的潜力。

5. 以全面、发展的观点对单位成本工作进行评价

评价单位成本工作的优劣不能只看其是否完成计划、达到企业的目标，还要分析其在市场竞争中是否具有优势。另外，社会经济和单位经济的运行过程都在不断地发展变化，要用战略、发展的观点，把单位的工作与社会发展的要求联系起来考虑。既要立足现在，又要放眼未来，要注意单位内部条件和外部环境的变化对成本管理工作的影响，正确处理短期经济效益与长期经济效益的关系。

6. 编写成本分析报告

在上述各方面、各层次成本分析和全面、客观评价单位成本管理工作的基础上，编写成本分析报告。

（三）成本分析的方法

分析方法是计算各项数据的重要手段，也称为技术方法。分析方法必须切合所分析的内容、特点和要求。成本分析方法主要有以下几种。

1. 比较分析法

比较分析法是将分析期的实际数据与选定的基准数据进行对比，揭示两者之间存在的差距，借以了解成本管理中的业绩与问题的一种分析方法。比较分析的基数由于分析目的不同而有所不同。实际工作中通常有以下几种形式：

（1）以成本的实际指标与成本的计划或定额指标对比，分析成本计划或定额的完成情况。

（2）以本期实际成本指标与前期的实际成本指标对比，观察成本指标的变动情况和变动趋势，了解经营工作的改进情况。

（3）以本实际成本指标与国内外同行业先进指标对比，可以在更大的范围内找出差距，推动单位改进经营管理。

比较分析法只适用于同质指标的数量对比，因此，应用此法时要注意指标的可比性。

2. 比率分析法

比率分析法是利用两个经济指标的相关性，通过计算比率来考察和评价企业经营活动效益的一种技术方法。比率分析法是经济分析中广泛采用的一种方法。由于分析的内容和要求不同，比率分析法也有不同的表现形式。

（1）相关比率分析。它是将某经济指标与其他相关但不相同的经济指标加以比较，计算出比率，以便于从指标之间的相互联系出发深入考察该指标的有关情况。例如，将总产值、销售收入、利润等指标与成本联系起来，计算出产值成本率、销售成本率、成本利润率，就可以从不同角度观察单位成本指标的效益情况。

（2）结构比率分析。它是通过计算某一经济指标各个组成部分占总体的比重来观察该经济指标构成内容及其变化的合理性。例如，通过计算各项生产费用要素在生产费用总额中所占的比重可以考察生产费用构成的合理性及生产费用的结构效益。

（3）趋势比率分析。它是将几个时期同类指标的数字进行对比，求出比率，分析该项指标的增减速度和发展趋势。趋势比率的计算可以采取直比和环比两种方式。所谓直比，是将几个时期同一指标的数字分别与某一固定时期同类指标的数字进行比较；所谓环比，是在几个时期内将相邻两个时期的同一指标进行比较。

3. 差量分析法

差量分析法是利用某因素实际数与标准数之间的差量，直接计算各因素变动对经济指标差异的影响程度和方向的方法。它的计算程序是：首先，确定各因素实际数与标准数之间的差量，然后，在该差量的前面乘以有关因素的实际数，在该差量的后面乘以有关因素的标准数，就可以得到各因素的影响数额。

成本分析除了以上方法外，还有许多具有专门用途的方法，如直接法、余额法、成本性态分析法等，所有这些方法共同构成了成本分析的方法体系。

第三章　事业单位成本核算的目标、原则与条件

第一节　事业单位成本核算目标

事业单位成本核算，是指事业单位对实现其职能目标过程中实际发生的各种耗费按照确定的成本核算对象和成本项目进行归集、分配，计算确定各成本核算对象的总成本、单位成本等，并向有关使用者提供成本信息的活动。

通过对成本的确认、计量、记录、分配、计算、分析等一系列活动确定成本，其目的是为成本管理的各个环节提供准确的信息。只有通过成本核算，才能全面准确地把握各种支出效果。生产率的高低、固定资产的利用程度、材料和能源的消耗情况、单位的管理水平等，都直接或间接地会表现在成本上。事业单位进行成本核算应当满足内部管理和外部管理的特定成本信息需求，单位的成本信息需求包括成本控制、公共服务或产品定价、绩效评价等方面。事业单位加强成本核算工作对于提高单位整体成本管理水平、提升单位内部管理水平和运行效率、夯实绩效管理基础具有重大意义。

第二节　事业单位成本核算原则

事业单位进行成本核算，应当遵循以下原则。

一、相关性原则

单位选择成本核算对象、归集分配成本、提供成本信息应当与满足成本信息需求相关，且必须符合国家有关部门对宏观经济管理的要求，满足事业单位内部管理的需要，以及内部管理和外部管理的特定成本信息需求，有助于成本

信息使用者依据成本信息作出评价或决策。

二、可靠性原则

单位应当以实际发生的经济业务或事项为依据进行成本核算，要如实地反映核算对象的成本，并以实际发生的经济业务为依据，保证成本信息真实可靠、内容完整。可靠性是对成本核算最重要的质量要求。

三、适应性原则

事业单位分布广泛、数量众多、类型各异，不同单位由于行业性质、业务内容等差异而存在多样化的成本核算需求和特征。单位进行成本核算，应当与单位行业特点、特定的成本信息需求相适应。

四、及时性原则

单位应当及时收集、传递、处理、报告成本信息，便于信息使用者及时作出评价或决策，保证成本信息与所反映的对象在时间上保持一致，以免使成本信息失去时效。

五、可比性原则

同一单位不同期间、相同行业不同单位，对相同或相似的成本核算对象进行成本核算所采用的方法和依据等应当口径一致，相互可比，所有成本核算应当按照规定的会计处理方式进行，确保成本信息相互可比。可比性是衡量成本信息质量的一个重要标志。

六、重要性原则

单位选择成本核算对象、进行成本核算应当区分重要程度，对于重要的成本核算对象和成本项目应当力求成本信息的精确，对于非重要的成本核算对象和成本项目可以适当简化核算。

第三节　事业单位成本核算条件

一、具有成本核算的会计核算基础

会计核算是会计事项的记账基础，是会计确认的方式，是单位收入和支出、费用、成本的确认的标准。对会计核算基础的不同选择，决定单位取得收入和发生支出在会计期间的配比，直接影响成本核算的结果，从而影响到单位工作业绩和财务成果。

事业单位应具备统一规范的会计核算基础。会计核算基础应该具备以下几个方面：第一，能够完整地归集与核算成本计算对象所发生的各种耗费；第二，能够正确计算生产资料转移价值和应计入本期成本的费用额；第三，能够科学地确定成本计算的对象、项目、期间以及成本计算方法和费用分配方法，保证各种产品成本的准确、及时。

自2019年1月1日起，政府会计准则制度包括《政府会计准则》和《政府会计制度》等内容在全国各级各类行政事业单位全面施行。新政府会计准则制度规定单位应当以权责发生制财务会计数据为基础进行成本核算，成本项目的设置与财务会计明细核算的要求相协调，明确了成本归集的会计科目等，政府会计准则制度规范会计核算行为，为事业单位全面开展成本核算提供了可行条件和基础。

事业单位成本指单位特定的成本核算对象所发生的资源耗费，包括人力资源耗费，房屋及建筑物、设备、材料、产品等有形资产的耗费，知识产权等无形资产的耗费，以及其他耗费。事业单位应当以权责发生制财务会计数据为基础进行成本核算，财务会计有关明细科目设置和辅助核算应当满足成本核算的需要。

成本核算与会计核算两者紧密相关又有所区别，主要体现在以下几个方面：一是成本核算以会计核算为基础。成本核算所需的相关基础信息数据主要由财务会计核算产生，财务会计有关明细科目设置和辅助核算应当满足成本核算的需要。二是部分成本核算结果会在会计核算上得以反映，当成本核算对象为自制或委托外单位加工的各种物品、建设工程项目、自行研究开发项目时，应当按照政府会计准则制度等规定分别通过“加工物品”“在建工程”“研发支出”等会计科目归集和结转成本，并在财务报表中列示。三是事业单位大量成本核算活动虽以财务会计核算数据为基础，但其核算过程和结果相对独立于财务会计，除“加工物品”“在建工程”“研发支出”外，事业单位的费用大多通过“业务活动费用”“单位管理费用”等会计科目归集，上述费用信息用于计算业务活动、项目、单位整体、内部组织部门、业务团队等特定成本核算对象的成本，但成本核算的过程和结果无须在会计账簿和财务报表中反映。

四是会计核算具有强制性和统一性，而成本核算需要单位根据内部管理需求和外部有关要求因地制宜地开展，成本核算对象、核算方法的选择应当与单位行业特点、特定的成本信息需求相适应。

二、具有成本核算的内部控制基础

事业单位内部控制对于有效、及时地防范事业单位发展和经济运行过程中的不规范行为以及违法违纪行为的发生，确保事业单位财务健康稳定发展发挥着现实而积极的作用，是事业单位财务管理的重要环节。完善并落实内控制度，在制度上为事业单位财务风险增设屏障，从而加强财务风险的管理，有效地防范和降低财务风险。科学、有效的内控制度的执行，为事业单位成本核算提供安全保障。

财政部印发的《行政事业单位内部控制规范（试行)》（财会〔2012〕21号）已自2014年1月1日起施行。事业单位建立良好的内部控制，不仅可以进一步提高事业单位内部管理水平，同时也是成本核算与管理的重要前提。

三、具有成本核算的信息技术基础

事业单位应当建立健全成本费用相关原始记录，充分利用现代信息技术，加强和完善成本数据的收集、记录、传递、汇总和整理等基础工作，为成本核算提供必要的数据基础。

现阶段，随着事业单位业务量的增长以及对财务精细化管理的需求，事业单位的信息化水平有了较大提升，充分利用现代财经信息软件，规范成本核算流程，提高成本核算的效率。很多事业单位先后建设了网上预约报销系统、资产管理系统、合同管理系统、科研成果管理系统等，实现了业财融合，并逐步实现多系统、跨部门对接。网络化的信息系统在高速、有效地处理数据的基础上，实现了数据共享，为快速便捷获取准确、口径一致的数据提供可能，为未来事业单位成本核算提供有利的条件。

第二篇

公立高校成本核算篇

第四章　公立高校成本核算概述

第一节　公立高校成本核算的基本含义与意义

一、高等教育成本与公立高校成本

教育成本一词最早起源于英国著名的经济学家约翰·维泽（John Vaizy）于1958年出版的 *The Cost of Education* 一书，也是目前学术界、实务界探讨较多的主题。燕廷森（2009）认为，高等教育成本包括实物成本和机会成本，即教育过程所耗费的物化劳动和活劳动的价值总和。狭义上则特指高校发生的教育活动支出，即"高等院校在完成其使命中，为履行项目与服务所发生的费用，不包括学生及其家庭为了上学的花费，比如学费、住宿费、伙食费、书费"。李永宁（2006）在《高校教育成本核算影响因素透视》中对教育成本、高等教育成本、高校教育成本进行了理论解释与层次划分，认为"教育成本"的概念是在20世纪50年代末60年代初随着西方教育经济学研究的深入发展而提出来的。多年来，众多国内外学者都对其进行过深入的探讨和研究，如1963年，美国现代著名经济学家舒尔茨首次在《教育的经济价值》中提出了"教育全部要素成本"的概念，把教育的全部要素成本划分为提供教育服务的成本和学生上学时间的机会成本。1979年，科恩又在《教育的经济学》一书中提出把教育成本分为直接教育成本和间接教育成本。直接教育成本包含学校提供教育服务的成本以及学生上学的个人支出成本；间接教育成本包含学生上学的机会成本和学校将公共资金用于教育而损失的收益，即学校机会成本。1982年，世界著名经济学家盖浙生在《教育经济学》中又提出了把教育成本分为教育生产者的成本和教育消费者的成本，即学校教育成本与个人教育成本。综合上述观点，可以看出，虽然人们对教育成本的概念均有不同的表达，但就教育成本的本质基本达成了共识，即教育成本的本质是为使受教育者接受教育服务而耗费的资源价值，包括教育的实际支出成本和教育的机会成本两种。

与高等教育成本相混淆的另外一个概念是高校成本。唐雅（2014）在《加强高校成本管理的对策研究》中提出，高校成本，其经济含义为高校在从事教学、科研、行政管理等活动中所发生的资产或资金消耗的货币表现。公立高校成本管理即各公立高校为取得人才培养和科研成果等教育事业的发展，而利用现有的人力、物力、财力等情况进行分析管理，科学控制，以达到节约资源、优化配置、提高资金的使用效益的目的。公立高校成本管理的主要内容包括教育成本、科研成本、行政管理成本。龙素英（2014）提出，“根据高校开展业务活动中各项支出的用途，成本划分为教育成本、科研成本和其他成本”，“根据高校业务活动中的各项支出计入成本的方式，成本划分为直接成本和间接成本”，“高校成本按照所培养学生的总人数和单位人数，划分为总成本和生均成本”。杨顺利（2014）在《高校成本核算中的费用支出界限划分》中提出，“分清支出、费用和成本三者之间的关系是进行成本核算的前提条件”，“高校成本主要是指以学生和科研项目为对象，通过一定的成本计算方法与费用归集分配方法计算其单位成本或者总成本的过程，是对象化了的费用。按其对象化过程中费用归集与分配方法不同分为直接成本（直接费用）和间接成本（间接费用）必须细化到学生与科研项目之中”。从这些观点可以看出，公立高校成本的内涵要大于公立高校教育成本的概念，它不仅包括教育成本，还包括科研成本和其他成本等。因此，我们认为，公立高校成本是指公立高校特定的成本核算对象所发生的资源耗费，其成本核算是指学校为实现事业发展目标过程中实际发生的各种资源耗费按特定的成本核算对象和成本项目进行归集、分配，计算确定各成本核算对象的总成本、单位成本等，并向管理部门及社会提供成本信息的活动。对此，公立高校的管理者可以根据不同的核算对象与成本控制需求，进行分项目、分部门的具体成本核算，也可以进行单位整体的成本核算。

二、公立高校成本核算的意义

目前，从财政支出的比例来看，我国国家财政性教育经费已连续多年占GDP比重超过4%，公立高校资源的安全、合理及有效运用已成为社会关注的热点问题，分析与决策依赖于成本信息成为公立高校管理和有效治理的重要基础，也成为公立高校资源的有效运用及决策的经济依据。其意义可以从政府、公立高校自身及社会三个层面进行分析。

（一）政府层面

1. 政府能更精准地保证教育投入规模，以满足公立高校可持续发展的需求

由于公立高校的非营利性定位，无法通过收入实现其成本的完全补偿，其可持续发展离不开政府投入，其成本核算可以更清楚地反映公立高校发展所需的补偿价值，通过政府的合理投入实现公立高校的可持续发展。

2. 有助于非义务教育阶段成本分担机制的建立

国家教育事业发展规划中指出，要“完善非义务教育阶段成本分担机制的基础。建立公办学校学费标准根据培养成本、经济发展状况和群众承受能力，按照规定程序动态调整的机制”。只有通过成本核算，才能取得完整而可靠的教育成本信息，也才能设立有核算基础的学费标准，建立起更科学的成本分担机制。

3. 为资金使用的绩效评估提供的可靠基础

要想实现资金的使用绩效评价，离不开投入与产出的比较，资金投入成本这一重要数据的取得，是以合理而准确的成本核算为前提的。因此，我们说成本核算为政府科学评价资金使用绩效提供了可靠基础，同时如果加强对成本核算结果信息公开的要求，就能更好地实现社会的有效监督，实现评之有据、管之有效。

（二）公立高校自身层面

1. 不断优化公立高校自身内部管理，有效提高公立高校的综合竞争力

只有开展成本核算工作，才可能进行正确的成本分析，对内部资金配置的经济性与合理性进行不断的总结和改良，向管理层及时反馈重要信息，以作出科学决策，实现成本的事前和事中控制以及管理优化，增强公立高校自身的综合实力。尤其是与经济责任相结合的成本核算能够更清楚地反映经济责任的完成情况，实现科学的绩效评价，促进管理水平的不断提高。影响单位管理效果

的因素往往不止一个，通过完全成本核算，能够更清晰地看到完成目标与任务所需要的投入，再通过进一步的成本比例分析，就能较为客观地了解对结果影响较大的支出因素。关注占比较大的支出因素，将为增效节支提供更加切实有效的管理路径。

2. 能够清晰而及时地反馈办学成本，有效提高公立高校的国际合作办学能力

当前，与世界一流公立高校、一流学科合作办学实现强强联手，已成为不少公立高校建设世界一流公立高校及一流学科的重要途径，向合作方及时提供清晰的办学成本信息也显得越来越有必要，促使我们能更敏锐地发现差距、借鉴先进管理经验。成本核算将较为抽象的管理差距化为有形的货币可计量结果，同期同水平的比较将让我们能够很具体地看到与世界先进水平国家办学的管理差距。同时，也可以通过对不同国家间人员工资水平、生活成本等非管理水平影响因子的数据调整处理，得出更科学的分析与评判结果，为我们提高自身的管理水平提供有效借鉴。

（三）社会层面

1. 能够识别和判断教育及科研产品定价的合规合理性

公立高校担负教学及科研两大职能，通过成本核算，可以向受教育者、科研成果的需求方提供定价依据，既能保护其合法权益，又为他们进行产品选择提供参考比较的途径。教育成本核算的结果，为我们评判教育产品的性价比提供了可能性，至少可以对同行业同地区的教育产品进行比对，让受教育者的选择有了更多的客观依据；而对于科研项目的委托者，也同样如此，对完成项目需要的投入有了更为清楚的信息反馈渠道，为产品的研发投入做到事先心中有数。

2. 能更有效地监督和促进公立高校充分履行社会要求的职责

成本核算报表还可以显示出公立高校教学与科研的实际投入，作为其需求方的社会可以以此为基础，对其履行职责情况进行监督，如对成本组成的分析，既可以看出资源利用的合理性，也可能发现资源浪费的程度，可以使其迫于社会舆论压力自觉地进行精细化管理，不断地减少资源的浪费，降低舞弊行为的发生概率。

第二节　公立高校成本核算的原则与基本前提

一、公立高校成本核算原则

公立高校成本核算的原则与本书前述的事业单位成本核算的原则是一致的，即：相关性原则、可靠性原则、适应性原则、及时性原则、可比性原则、重要性原则。结合公立高校自身情况，其自身的特点及难点的主要体现在相关性及可比性原则。

（一）相关性原则

如前文所述，相关性原则强调成本核算对象的选择、分配成本的归集、成本信息的提供与成本信息需求的相关性，是否有助于成本信息使用者依据成本信息作出评价或决策。通常认为，相关性主要包括有用性与及时性。

公立高校成本核算的相关性原则主要指支出与所设目标任务的密切联系性，是否存在必要与因果关系，这种关系体现在两方面：一是成本计算期间；二是成本计算对象。由于公立高校教育与科研工作的特殊性，其相关性原则将是成本核算中较难把握的原则。比如，一项科研成果可能是由于前面几年甚至是几十年科研工作的积累；再比如，教育人才的培养上的师资培养成本的摊销比例，都是成本核算中贯彻相关性原则的难点。

要贯彻好相关性原则，让反馈的信息有用与及时，须公立高校成本核算工作者重点做到以下三点工作：

（1）充分做到业财融合，将视角不仅仅停留在纯财务数据上的成本核算，还须做到对成本核算对象业务流程处理的熟悉，对重要非财务信息的把握。

（2）成本核算与管理工作相结合的责任制原则。

（3）结合大数据背景下的时代特征，实行对数据的全面采集，实现尽可能精细的成本核算工作。

（二）可比性原则

可比性原则是指同一单位不同期间、相同行业不同单位，对相同或相似的成本核算对象进行成本核算所采用的方法和依据等应当保持一致，确保成本信息相互可比。同一公立高校的不同期间、同类公立高校间成本可比，这既是公立高校成本核算的原则，也是目的所在。同一公立高校不同期间的成本按历史成本计量，就会存在较大的差异性。比如，有些公立高校有着百年历史，不动产的成本在不同历史时期存在差异性。再比如，有些公立高校还有贵重的古董书或者贵重文物，这些甚至是用名义价值入账，明显偏离实际价值。这些都给成本核算的可比性带来了较多的问题难点。因此，制定统一的公立高校成本核算前提是实现成本核算可比性的基础。

二、公立高校成本核算基本前提

基本前提也称基本假设。会计假设是组织会计核算工作应当明确的前提条件，是建立会计原则的基础，也是进行会计实务的必要条件，所以又称作会计核算的基本前提，一般包括会计主体、持续经营、会计分期和货币计量四个基本前提。公立高校成本核算也是会计核算的内容之一，自然也离不开这个四个基本前提，即成本核算主体假设、持续经营假设、核算周期假设、货币计量假设。鉴于公立高校的实际情况，本章主要对主体假设与核算周期假设着重阐述，另两项与事业单位成本核算基本一致，不再赘述。

（一）核算主体假设

财政部、教育部联合印发的《高等学校财务制度》（财教〔2012〕488号）第六十二条指出，“高等学校应当根据实际需要，逐步细化成本核算，开展学校、院系和专业的教育总成本和生均成本等核算工作。科研活动成本的核算应当细化到科研项目”。因此，理论界普遍认为，公立高校成本核算主体是分层级的。主体可以是公立高校本身，也可以是院系、专业或科研项目。伦宗健（2019）在《政府会计准则制度下高校教育成本核算问题探究》中表述道：“根据教育成本核算目的及用途的不同，可将教育成本核算的主体划分为两个层次：从对外报告角度看，高等学校是唯一的成本核算主体；从内部管理角度看，高等学校及其所属二级学院均可作为成本核算主体。”

（二）核算周期假设

目前，理论界就教育成本核算周期假设存在两种观点：一种是教育成本的核算周期与学生培养周期设定一致。罗雅丽（2017）在《对高校成本核算的思考》中提出，我国学年安排为每年的9月1日到第二年的8月31日止，所以根据配比原则，公立高校的成本核算期间应为每年的9月1日到下年的8月31日。彭利萍（2015）在《对高校成本核算与管理的改进思考》中建议："高校的成本核算期间按学年确定，对于财政拨款是按公历年度核定拨款额度、财务决算报告按公历年度编制与学年制的矛盾，解决办法就是学校会计年度与教育成本核算周期不要求一致，即学校会计年度为公历年度，教育成本核算期间为学年度，教育成本报告与其他财务报告分别编制。"另一种观点认为，由于各个公立高校培养周期相同，大家统一设定与会计核算年度一致不会影响可比性的结果。汪婷婷（2015）在《高校教育成本核算的若干基本问题研究》中认为，"无论是以会计年度或是学年度为成本计算期间，每个成本计算周期均存在很多'完工产品'与'在产品'之间的费用分配问题，这给高校教育成本的核算带来了实际困难。但是，应该看到，高校提供的教育服务是连续的，且一般来说，同一个时间段公立高校的在校生包含各个年级，而公立高校的人才培养计划具有一定的稳定性，由此，其相近年级的提供的教育服务成本亦变化不大"，"有鉴于此，可以将一个会计年度的上、下半年分别视为一个学年度的上、下学期，将对在校不同年级学生提供的教育服务视为对一级毕业生在校期间所有学年度提供教育费用的综合体"。基于以上分析，汪婷婷（2015）建议"以会计年度为公立高校教育成本核算的时间范围，这既符合我国公立高校会计制度的报告要求，亦可以规避成本核算周期与会计年度不一致带来的'在产品'分配工作量问题"。

对此，本书更倾向于前一种观点，认为随着教育改革的深化，教育周期及培养方式会越来越呈现出多样化的趋势，目前信息化的管理完全有实现成本核算与会计核算周期不一致的精细化管理的可能性，如现行的很多支付与收费平台已能够实现的身份认证功能，已能够细化跟踪到某一个人的消费行为分析，对于某一事项、某一项目的细化核算也显然不是难事。只要能提取某一事项具体期间的成本数据，实现不同教育周期的成本核算也将完全可以得到实现。

（三）科研成本等其他成本的核算周期

由于科研项目的研究周期都不相同，核算周期或完全与研究周期一致，或者与会计核算周期一致，成本核算周期如果与会计核算周期不一致，但科研项目周期又众多，难以统一，不利于进行成本分析、比较及控制，建议将核算周期与会计核算周期一致，对于项目重大且周期明显特殊的，可以在此基础上进行一定幅度的差异调整。

第三节 公立高校成本核算的特殊性及主要内容

一、公立高校成本核算的特殊性

（一）产品的特殊性

1. 准公共产品的特性

D. 布鲁斯·约翰斯通在《高等教育成本分担中的财政与政治》一书中提出：高等教育产出作为一种准公共产品，具有效用外溢性和公平性，政府和社会需要参与其中，而不能纯由市场提供。同时，教育产出的人力资本又具有效用独享和排他性，其他个人不能不付出成本而占有或分割，因此享有这种产出收益的学生（或家庭）就需要支付一部分价格。教育产品的这种特性决定了教育成本补偿的主体包括：（1）政府、纳税人；（2）家长；（3）学生；（4）个人或机构捐助者。这也决定了学费定价形成机制的多因素影响。正因为高等教育产出具有准公共产品这一特性，需要我们多向思考与评判这一产品；同时，各个影响因子的影响权重也将成为我们研究的重点与难点。

2. 对产品质量难以进行无差异的等级划分

李永宁（2006）在《高校教育成本核算影响因素透视》中认为："高校的教育产品与企业产品不同，企业产品有合格、不合格及优秀之分，并可以根据产品级别的不同，选择不同的标准进行成本核算；而教育产品由于公立高校教育的特殊性及其他多种因素的影响，不好进行等级区分。"况且，公立高校不同层次的学生教育成本也不同。因此，如何合理区分教育产品的质量，并能按一定比例把所培养的不同层次的学生的教育成本如本科、大专、研究生等折算为无差异学生的教育成本，即学生教育成本，则是保证公立高校进行教育成本核算的关键所在。这就需要我们不是简单地进行数据罗列与计算，还要对各种因地域差别、行业差异、生源素质等重要因素进行必要的比例折算，得出科学而合理的有效数据。

（二）成本要素的特殊性

学校的类别不同，“单位产品”的培养及科研成本差异性也较大，正如徐妍（2020）在《高校科研经费间接成本核算模型构建》中提道：“我国高校众多，高校科研水平和层次差异较大，省属高校相比于部属高校在资金来源及科研经费总额方面都相对有限，即使同一高校中，相比于文科类学院，理工类学院在科研设施占用与维护、能源耗费等方面支出更多，对成本因素选择、核算方法要求也就更加复杂精细，所以各高校应根据自身的类型定位、科研特点，综合考虑再造会计核算流程，制定符合本校的科研经费间接成本核算体系。”不同行业或行业接近但综合程度不同，或者各方面都接近，但因招生生源的先天性差异造成的成本差异，势必会影响我们核算结果的差异。

（三）核算主体的特殊性

盛中民等（2019）认为，公立高校作为事业单位的一个重要分类，既肩负着国家人才培养、科学研究、国际交流的学术任务，又承担着社会服务、文化传承等社会职能，所以公立高校的经济、业务比一般事业单位更为复杂，资金来源途径多元、内外部交易行为多样是其主要特征。随着平行记账模式的实行，现存的公立高校信息管理系统难以满足“双体系”的核算要求，各部门财务信息闭塞，形成“信息孤岛”，难以对财务数据进行共享利用。实施政府会计准则“双体系”核算模式，对公立高校财务信息系统及人员素质提出了更高的要求。除此之外，随着我国政府对教育事业的愈加重视，对教育产业的资源投入也越来越大，同时公立高校资产的投资主体由政府一元向社会多元发展变化，因而公立高校资产也逐渐形成多层次的局面。虽然对于公立高校来说，高质量的投入意味着教育资源的改善，以及更大的空间，但愈发多元化的资产同时也对公立高校的管理水平提出更高的要求，对于发明专利、专有技术等无形资产以及珍藏孤本等无价资产该如何进行确认与计量，没有明确的规定。因此，公立高校执行新政府会计制度需要比一般行政事业单位进行更为细致的准备工作。一些未被重视的管理灰色地带，因其普遍存在，势必会影响我们核算结果的科学性。如有不少高校存在教师出于对个人科研业绩完成的考虑，人为延迟或提前科研项目收入入账的时间，而成本却按正常进度发生，造成成本核算结果与收入不配比的偏离现象。

二、公立高校成本核算内容

公立高校成本核算的主要内容包括：（1）确定成本核算对象；（2）确定成本核算期；（3）采用信息化手段记录、归集、分配成本；（4）编制与分析成本报表。

（一）确定成本核算对象

公立高校按业务活动类型确定的成本核算对象主要有公立高校教育成本、科研成本等。公立高校成本核算的主要内容也主要分为三部分，其中教育活动是公立高校成本核算的主要核算对象。

（二）确定成本核算期

在确定成本核算对象后，根据核算对象的特点确定合理的成本核算期，教育成本项目将学年确定为成本核算期，其他成本项目按会计年度作为成本核算期。

（三）采用信息化手段记录、归集、分配成本

要做好基础工作，运用信息化手段采集相关的财务信息与非财务信息。曹瑞兆（2014）在《公立高校教育成本核算信息化系统开发及其产权保护研究——基于S大学实例》中提出："系统软件的开发过程是由手工核算原理向计算机程序转换的关键阶段。该阶段包括调研工作、软件的设计与开发、软件的测试与调试等工作。其中，面临着一些问题，包括：调研过程中学校人员与开发人员的沟通交流存在局限性；系统软件设计时如何将手工核算步骤转换为计算机软件，才能使得软件的计算结果与手工核算结果无异，并保证软件界面、功能设计合理便捷；软件测试时使用何种方法能够尽可能地发现软件中存在的问题等。""如何选择合作的软件公司，如何与开发人员沟通并实现功能，这将成为信息化管理的关键点。"李月婷（2016）提出，公立高校全成本核算对信息化的要求包括成本费用管理模块、能源消耗计量模块、基建与采购合同管理模块、教学和科研成果库管理模块四个模块的信息化建设。由于高校产品具有非营利性，对成本核算的精细化程度较低，高校财务信息化程度还较多地停留在研发期，成熟的信息平台并不多，特别是因为近期的政府会计制度改

革，很多信息平台处在边使用边研发的状态。产品的选择、与产品研发部门的沟通都将成为我们实现成本核算必须面对和解决的关键任务。

（四）编制与分析成本报表

公立高校成本报表目前未列入高等学校对外报表的主表存在，主要是作为管理需要而产生的对内报表，随着对资金使用效益的要求的不断提高、报表的使用者及需求者的不断增加，地位与作用也随之提高。

第五章　公立高校成本核算对象与分类

第一节　公立高校成本核算对象

成本核算对象是指计算产品成本过程中，确定归集与分配生产费用的承担客体。为了正确计算成本，首先需要确定成本核算对象，以便按照成本核算对象分别设置成本明细账，以归集各个成本核算对象所承担的费用，计算出各个成本核算对象的成本。

在企业中，所耗费各种资源均围绕着某一个或者多个特定产品进行，因此，其成本核算对象就是资源耗费所对应的产品。而在公立高校，这个“产品”即成本核算对象却复杂得多。《事业单位成本核算基本指引》中明确指出，应当根据其职能目标、所处行业特点以及不同的成本信息需求等确定成本核算对象。因此，公立高校可以多维度、多层次地确定成本核算对象。

一、公立高校按照维度确定的成本核算对象

雷振华、阳秋林（2013）在《高校教育成本核算与成本控制研究》中认为，对于高校教育成本核算的划分还没有统一。有按照经济用途把教育成本分为人员工资、公务费、业务费、修缮费、折旧费等；也有分为教学支出、科研支出、业务辅助支出、行政管理支出、后勤支出、学生事务支出、离退休人员保障支出、其他支出八大项；有分为直接和间接成本；有分为人员经费（基本工资、津贴、福利费、奖金、社会保险费、助学金、奖学金、其他）、公用经费（办公费、印刷费、水电费、邮电费、取暖费、交通费、差旅费、会议费、培训费、招待费、劳务费、租赁费、物业管理费、维修费等）、建设性成本项目（专用材料、办公设备、专用设备、交通工具、图书的购置以及基建项目、固定资产和低值易耗品，对固定资产计提折旧，对低值易耗品价值进行

摊销，同时分摊相应的资金利息）、后勤集团费用（分为两部分：与学生教育培养有关的部门，如学生公寓发生的费用应作为教育间接成本分配计入；另一部分，与学生无直接关系独立核算的后勤费用应作为教育无关成本）、教育无关成本（包括离退休费、退职费、抚恤和生活补助、独生子女费，以及离退休处和部分后勤集团发生的费用）。

本书认为，公立高校成本核算对象可以从以下几个维度进行划分。

（一）按业务活动类型可以分为教学成本、科研成本等

公立高校教学成本是对在教学过程中发生的各种不同的耗费进行的归集、分配，并将其全额计入教学对象的成本，它包括教学材料、教学人工、其他相关的教学费用以及教辅费用。教学材料指学校在培养学生过程中用于教学的材料和动力费用，包括教学和实验用材料购置费、低值易耗品购置费、资料版面费、教材编审费、业务资料印刷费、教学水电费用、教学设备维修费等费用。教学人工指学校在培养学生过程中直接或者间接参加教学、实验、实习活动的教师、其他人员以及与教学相关的管理人员的人员费用。其他相关的教学费用主要包括教学业务差旅费、会议费、通信费、学生社会实践费用、教学用固定资产的折旧费和无形资产的摊销费、有关教学的公用费用以及教学管理部门等相关的人员费和业务费等。教辅费用是指学校的图书馆、计算机中心、电教中心、实验中心、体育中心等部门为支持教学发生的各项费用，主要包括：各部门人员的工资及工资性津贴、固定资产折旧费以及维护修理费、办公费和差旅费等。

公立高校科研成本是对在科研过程中发生的各种不同的耗费进行的归集、分配，并将其全额计入研发对象的成本，它包括科研材料、科研人工以及其他相关的科研费用。科研材料指公立高校科研过程中用于科研的材料和动力费用，包括科研实验用材料购置费、低值易耗品购置费、资料版面费、业务资料印刷费、科研水电费用以及科研设备维修费等费用。科研人工指公立高校科研过程中直接或者间接参加科研、实验的教师和实验人员以及其他相关科研管理人员的人员费用等。其他相关的科研费用主要包括科研相关业务的差旅费、会议费、通信费、测试加工费用、版面费、培训费、交通费、资料费、专利费以及科研用固定资产的折旧费和无形资产的摊销费、有关科研的公用费用和科研管理部门等相关的人员费和业务费等。

（二）按政策、项目可以分为具体的财政专项项目、科研项目等

一般来说，财政专项项目包括中央高校建设世界一流大学（学科）和特色发展引导专项资金项目、教育教学改革专项资金项目、基本科研业务费专项资金项目、改善基本办学条件专项资金项目以及捐赠配比专项资金项目等。中央高校建设世界一流大学（学科）和特色发展引导专项项目，具体又包括拔尖人才创新培养项目、师资队伍建设项目、提升自主创新和社会服务能力项目、文化传承创新以及国际合作交流等项目。中央高校教育教学改革专项资金项目包括支持深入推进高校教育教学改革项目、创新创业教育改革项目、巩固本科教学基础地位项目以及提升教师教学能力（含国家级教学发展中心建设）等项目。中央高校改善基本办学条件专项项目主要包括支持中央高校校舍维修改造项目、仪器设备购置项目、基础设施改造项目、基本建设的辅助设施项目和配套工程等项目。中央高校捐赠配比专项资金项目主要包括推进思想政治工作项目、建设高素质教师队伍项目、形成高水平人才培养体系项目和学生资助项目等。中央高校基本科研业务费项目包括支持40周岁以下青年教师提升基本科研能力项目、支持在校优秀学生提升科研创新能力项目以及支持优秀团队建设等项目。

科研项目方面包括纵向科研项目和横向科研项目。纵向科研项目是由各级财政资助的科研项目，包括国家、省（部）、厅（地市）、县级等各类科研计划项目，主要有国家自然科学基金项目、国家科技重大专项项目、国家重点研发计划项目、国家社科基金、各省市等科技计划项目等。国家重点研发计划项目是针对事关国计民生的重大社会公益性研究，以及事关产业核心竞争力、整体自主创新能力和国家安全的战略性、基础性、前瞻性重大科学问题、重大共性关键技术和产品，为国民经济和社会发展主要领域提供持续性的支撑和引领。国家自然科学基金主要资助自然科学基础研究和部分应用研究，包括面上项目、重点项目、重大项目、国家杰出青年科学基金项目、专项项目和国际合作与交流项目等。国家科技重大专项是为了实现国家目标，通过核心技术突破和资源集成，在一定时限内完成的重大战略产品、关键共性技术和重大工程，具体又包括核心电子器件、高端通用芯片及基础软件产品、集成电路装备、宽带移动通信、数控机床、油气开发、大型核电站等十六个重大专项。国家社科基金由全国哲学社会科学工作办公室负责管理，已形成包括重大项目、年度项

目、特别委托项目、后期资助项目、西部项目、中华学术外译项目等六个类别的立项资助体系。横向科研项目是指公立高校与各类企事业单位或民间组织等签订的技术开发、技术转让以及技术服务等项目，包括科学研究类、技术攻关类、决策论证类、设计策划类、软件开发类等。横向科研项目是学校扩大对外联系、服务地方经济建设、提高科研水平和知名度的重要途径，主要不是由政府部门（或者受政府部门委托）下达的，其来源渠道广，其研究内容可能更贴近社会需要，研究经费也比较多。

当然，不同公立高校根据自身发展阶段和学科特点等，其具体的财政、科研项目类型可能会有所不同，各公立高校可以根据自身实际情况进行设置。

（三）按提供的公共服务或产品可以将相关专业、相关学历、相应年级的学生作为成本核算对象

由于公立高校培养学生是分专业、分学历、按年级批量培养的，所以成本核算对象不是个别学生，而是每一专业、每一学历、每一年级（届）的学生。以此作为成本计算对象，有利于计算出同一所公立高校中不同专业、不同学历、不同年级的学生的教育成本，从而有利于政府教育经费的分类拨付和学生家庭或者定向生用人单位教育投资的分类定价。

公立高校的学生从学历上可分为本科、硕士、博士等，相同学历的学生又可分为不同的学科，包括文学、历史学、哲学、经济学、法学、教育学、理学、工学、农学、医学、管理学等多个大类学科和更多的明细专业。林钢、武雷（2008）在《论高等教育成本管理》一文中指出，按照学历分类，是高等教育成本对象的基本分类，能够满足高等教育成本管理的基本需求。在按照学历分类的基础上，进一步按照学科分类，能够提供不同学历、不同学科的成本信息，并且满足高等教育成本管理的多方位需求。高等教育成本对象在按照学历、学科分类的基础上，进一步按照年级分类，能够提供不同学历、不同学科、不同年级的成本信息，能够满足高等教育成本管理多方位、深层次的需求。另外，同样学历、同样专业的学生根据培养类型又可以分为全日制和非全日制学生，根据学历管理又分为学历教育和非学历教育，根据学生来源又分为港澳台学生、国际留学生，等等。每一所大学的专业少则几十种，多则上百种，不同学历、不同专业、不同培养类型的学生培养的成本不同，需要分别核算，分别开设成本明细账或计算单，根据需求计算出一个学期、一个学年甚至是一

个毕业年度的成本。

二、公立高校按照层次确定的成本核算对象

（一）学校整体作为成本核算对象

学校整体作为成本核算对象，具体体现在人才培养、科学研究、社会服务、文化传承创新和国际合作交流等我国新时期高等教育的五大职能方面，即公立高校完成这五大职能所需要的全部成本，包括人才培养成本、科学研究成本、社会服务成本、文化传承创新成本和国际合作交流成本，是公立高校的总成本。计算公立高校的总成本便于教育主管部门了解、控制其对所属公立高校经费的投入总量，评价各公立高校经费的使用效率。需要说明的是，与公立高校这五大职能无直接关系的附属单位如医院、附属中小学、幼儿园等，公立高校对这些单位支付的费用，由于他们的服务对象全部或大部分是学生和教职工，尤其是教职工，相当于教职工的隐性福利，应该计入学校的整体成本。另外，校办企业中一部分人员的编制仍然在公立高校，他们的数量包含在全校教职工人数内，但是大部分校办企业都已经是自负盈亏，学校不负担这些人员的费用，因此在计算学校整体成本时不应将校办企业的这些人员费用包含在内。

（二）按内部组织部门确定的成本核算对象

按内部组织部门确定的成本核算对象，包括教学部门、科研部门、教辅部门、行政部门和后勤管理部门。教学部门是指承担教学任务的院系；科研部门是指只承担科研任务的公立高校内部的研究中心、研究院所、国家重点实验室等；教辅部门主要指图书馆、电教中心、测试中心等业务支撑部门；行政和后勤管理部门主要包括党办校办、组织部、人事处、资产处、科研院、学生处、教务处、国际处、保卫处、总务处等。

教学部门、科研部门、教辅部门和行政与后勤管理部门履行的职能不同，承担的任务不同，所耗费的人力、财力和物力不同，所以必须分别核算。例如，同样是教学部门，由于各院系承担不同的教学任务，不同院系学生的专业构成不一、课程设置也大有区别，在教学任务中所投入的人力、财力和物力也不一致。同样是科研部门，承担国际关系等人文社科类研究任务的部门与承担机械制造、自动化等理工类研究任务的部门，在科研任务中所投入的资源也相差甚大，前者投入占比较大的是人力成本和差旅调研、图书文献资料等费用，

后者投入占比较大的是仪器设备、实验材料、测试加工等费用。因此，必须将各二级单位进行分类，分别计算成本。

需要说明的是，院系是各公立高校中基本的教学科研单位，相当于企业的制造部门，大部分院系既承担教学任务又承担科研任务，不能简单地将其划分为教学部门或科研部门，而要按其承担教学和科研任务的比例分别在教学部门或科研部门之间分摊。如果公立高校管理者要评价的是各院系经费的投入情况，从而为院系设置、经费投入等决策工作提供依据，那么就要计算运转整个院系所发生的各项耗费，即以整个院系作为成本核算对象。

（三）按业务团队确定的成本核算对象

按业务团队确定的成本核算对象，包括专业（专业群）、科研业务团队等。

公立高校基于自身战略需要，结合自身的办学特色，会设置不同的学科体系和专业。哲学、经济学、法学、教育学、文学、历史学、理学、工学、农学、医学、管理学、艺术学、军事学等不同学科领域的不同专业（专业群）所耗费的资源不同，有的甚至差异明显，因此可以根据不同专业（专业群）分别确定成本核算对象。另外，随着科学、经济、市场的相互交融，学科专业的设置出现了从高度分化到交叉综合的发展趋势。学科交叉是科学发展的重要趋势，发展交叉学科，对于培育新兴学科、提升公立高校核心竞争力具有十分重要的意义。因此，公立高校在确定成本核算对象时，要充分考虑学科交叉这一复杂特点，根据实际情况科学设置。

公立高校科研业务团队是以学术研究中心、课题和项目等为代表的，由技能补助，愿意为共同的科研目的、科研目标和工作方法而相互承担责任的，为实现某个科研目标而明确分工协作，具有良好的互动性和凝聚力的正式群体。2020 年 9 月 11 日，习近平总书记在科学家座谈会上的讲话指出："我们有大批科学家、院士，有世界级规模的科研人员和工程师队伍，要狠抓创新体系建设，进行优化组合，克服分散、低效、重复的弊端。要有一批帅才型科学家，发挥有效整合科研资源作用。""要发挥公立高校在科研中的重要作用，调动各类科研院所的积极性，发挥人才济济、组织有序的优势，形成战略力量。"可见，公立高校在科研任务中发挥越来越重要的作用，而公立高校科研业务团队在其中又起着至关重要的作用。随着社会经济的不断发展，公立高校科研逐步具备多重的科研任务、丰富的科研物质资源，随之而来的是多维度的科研队伍、多样的科研方向和广泛的科研内容，科学研究变得高度融合、纵横交错、彼此分化并相互渗透，向宏观与微观两个层次拓展延伸。经济和社会发展中的问题也不是单一学科即可解决，在专业分工细化、学科交互渗透的情况下，跨学科科研团队越来越多，单一学科的科研团队日趋减少，科研团队的构成日益复杂。因此，要根据不同类型、不同情况的科研团队，分别确定不同的成本核算对象。

三、公立高校根据职能或者不同的成本信息需求确定的成本核算对象

林钢、武雷（2008）认为，公立高校成本核算与工业制造业一般产品成本核算的不同之处，在于不单独核算期间费用。这是因为，高校成本核算的目的是反映各成本核算对象的耗费水平，而不是与收入配比计算损益。因此，高校进行成本核算时，应将制造业产品成本核算中属于期间费用范畴的支出计入各对象的成本。

同时，公立高校可以根据职能或者不同的成本信息需求确定不同的成本核算对象。公立高校为满足成本控制需求，可以以业务活动类型、项目、内部组织部门等作为成本核算对象；为满足公共服务或产品定价需求，可以以公共服务或产品作为成本核算对象；为满足内部绩效评价需求，可以以项目、内部组织部门、业务团队等作为成本核算对象；为满足外部绩效评价需求，可以以政策和项目、单位整体等作为成本核算对象。

第二节　公立高校成本核算分类

一、按成本核算性质分类

按成本核算性质，公立高校主要分为业务活动成本、单位管理成本、经营成本、资产处置成本以及其他成本等。

业务活动成本核算公立高校为实现其职能目标，依法履职或开展专业业务活动及其辅助活动所发生的各项费用，具体分为教育成本和科研成本。教育成本核算公立高校开展教学及其辅助活动、学生事务等活动所发生的，能够直接

计入或采用一定方法计算后计入的各项费用。科研成本核算高等学校开展科研及其辅助活动所发生的，能够直接计入或采用一定方法计算后计入的各项费用。

单位管理成本核算公立高校本级行政及后勤管理部门开展管理活动所发生的费用，包括公立高校行政及后勤管理部门发生的人员经费、公用经费、资产折旧（摊销）等费用，以及由公立高校统一负担的离退休人员经费、工会经费、诉讼费、中介费等。

经营成本核算公立高校在专业业务活动及其辅助活动之外开展非独立核算经营活动发生的各项费用，包括经营活动人员费、经营活动公用经费、经营活动所使用的固定资产及无形资产的折旧和摊销费以及缴纳的相关税费等其他相关费用。

资产处置成本核算公立高校经批准处置资产时发生的费用，包括转销的被处置资产价值，以及在处置过程中发生的相关费用或者处置收入小于相关费用形成的净支出。

其他成本核算公立高校除上述费用以外的各项费用，包括利息费用、坏账损失、罚没损失等。

二、按成本核算内容分类

按成本核算内容，公立高校成本分为人员成本和物质成本等。

人员成本包括教学人员、科研人员、行政管理人员、教学辅助人员、后勤保障人员、离退休人员和学生的工资福利支出以及对个人、家庭补助支出。工资福利是公立高校成本中最大、最主要的项目，指的是公立高校支付给教师和为教学服务的行政、后勤人员的工资费用，工资福利费用核算公立高校开支的事业编人员和编制外长期聘用人员的各类劳动报酬，以及为上述人员缴纳的各项社会保险费等，具体又包括各项工资性费用，如基本工资、津贴补贴、奖金、伙食补助费、绩效工资、基本养老保险费、其他社会保障缴费、住房公积金、医疗费以及其他工资福利支出等。对个人和家庭的补助费用反映公立高校用于个人和家庭的补助支出，包括离退休人员费、抚恤金、生活补助、奖学金、助学金、勤工俭学、奖励金以及其他对个人和家庭的补助支出等。

物质成本包括商品和服务费用以及资本性费用。商品和服务费用反映公立高校购买商品和服务的费用，包括办公费、印刷费、咨询费、手续费、水电费、邮电费、取暖费、差旅费、维修费、租赁费、会议费、培训费、公务接待费、专用材料费、劳务费、委托加工费、公务用车运行维护费、其他交通费用、税金及附加费用以及其他商品和服务支出等。资本性费用反映公立高校由发展改革部门安排的基本建设费用以及各公立高校安排的资本性费用。发展改革部门安排的基本建设费用，包括房屋建筑物购建、办公设备购置、专用设备购置、基础设施建设、大型修缮、信息网络及软件购置更新；各公立高校安排的资本性费用，包括房屋建筑物购建、办公设备购置、专用设备购置、基础设施建设、大型修缮、信息网络及软件购置更新、公务用车购置、其他交通工具购置、文物和陈列品购置、无形资产购置以及图书资料购置等。

三、按计入成本核算对象的方式不同分类

公立高校成本分为直接成本和间接成本。直接成本直接计入成本，间接成本按照一定分摊标准计入，下面以教学业务和科研业务为例分别介绍其直接成本和间接成本。

（一）教学业务的直接成本和间接成本

教学业务的直接成本包括教学直接材料、直接人工和其他教学直接费用等。教学直接材料是指学校在培养学生过程中直接用于教学的材料和动力费用等，包括教学和实验用材料购置费、低值易耗品购置费、实习费、资料版面费、教材编审费、业务资料印刷费、教学设备维修费等项费用。教学直接人工是指学校在培养学生过程中直接参加教学、实验、实习活动的教师和其他人员的工资、奖金、社保和相应的福利费用等人员费用。其他教学直接费用包括教学相关的会议费、差旅费、交通费、国际合作交流费和培训费等。

教学间接成本是指学校在培养学生过程中发生的直接用于教学活动，但不便于直接计入成本核算对象的费用以及间接用于教学活动的各项费用，它包括教学管理人员的工资、奖金、社保和相应的福利费用等人员费用、教辅费用、教学用固定资产的折旧费、教学用水电气等公用费用以及有关教学的其他费用等，主要指学校的图书馆、信息网络中心、电教中心、测试中心等教学辅助部门、教学单位的办公室等管理机构、学校机关及后勤管理部门等为支持教学发生的各项费用，主要包括各部门人员的工资及工资性津贴、固定资产折旧费及维护修理费、办公费、差旅费等费用。对于这些费用，在全校范围内按照学生人数比例分摊，

同时考虑不同学历、不同专业对资源的消耗程度，适当区分分摊系数。例如，一般情况下，硕士生、博士生对图书资源的查阅次数会高于本科生，文科类学生使用测试中心仪器的次数明显少于理工科学生。因此对这部分费用的分摊，要合理设定分摊系数，从而科学、合理地反映这类间接成本的分配动因。

（二）科研业务的直接成本和间接成本

1. 科研业务的直接成本

科研业务的直接成本是指课题研究开发过程中发生的与之直接相关的费用，具体包括设备费、材料费、测试化验加工费、燃料动力费、出版文献费/信息传播费/知识产权事务费、会议费、差旅费、国际合作交流费、劳务费、专家咨询费等。

设备费是指在项目实施过程中购置或试制专用仪器设备，对现有仪器设备进行升级改造，以及租赁使用外单位仪器设备而发生的费用。

材料费是指在项目实施过程中所消耗的各种必需的原材料、辅助材料等低值易耗品的采购及运输、装卸、整理等费用。

测试化验加工费是指在项目实施过程中支付给外单位（包括学校内部独立经济核算单位）的检验、测试、设计、化验及加工等费用。

燃料动力费是指在项目实施过程中相关大型仪器设备、专用科学装置等运行发生的可以单独计量的水、电、气、燃料消耗费用等。

出版/文献/信息传播/知识产权事务费是指在项目实施过程中，需要支付的出版费、资料费、专用软件购买费、文献检索费、专业通信费、专利申请及其他知识产权事务等费用。

会议费是指在项目实施过程中为组织开展相关的学术研讨、咨询以及协调任务等活动而发生的会议费用。

差旅费是指在项目实施过程中开展科学实验（试验）、科学考察、业务调研、学术交流等活动所发生的外埠差旅费、市内交通费用等。

国际合作与交流费是指在项目实施过程中相关人员出国及外国专家来华工作而发生的费用。

劳务费是指在项目研究过程中支付给项目组成员中没有工资性收入的在校研究生、博士后和临时聘用人员的劳务费用，以及临时聘用人员的社会保险补助费用。

专家咨询费是指在项目实施过程中支付给临时聘请的咨询专家的费用。

2. 科研业务的间接成本

科研业务的间接成本是指承担课题任务的单位在组织实施课题过程中发生的无法在直接费用中列支的相关费用，包括：公立高校为课题研究提供的实验室、办公用房，维持科研项目正常开展需要耗费的水电气暖消耗，有关管理费用的补助以及激励科研人员的绩效等。

科研业务的间接成本一般在学校、院系（研究所）和项目（课题组）层面按一定的比例分配，学校层面的间接费用一般统筹用于科研业绩、科研成果奖、科研项目奖及其他有关管理费用的补偿，院系（研究所）层面的间接费用统筹用于水电费、物业管理费及其他用于加强本单位科研管理的相关费用，项目（课题组）层面的间接费用用于缴纳学校科研公共资源占用费和无法在直接费用中列支的通用设备、办公材料等费用及项目（课题）组的科研绩效费用。根据资源实际耗费情况，不同公立高校的间接费用在这三个层面之间分配的比例不同，因此在根据前面所述的按照层次确定的成本核算对象计算相应的成本时，要注意区分不同层级的分摊比例。

对于特定的核算对象，直接成本可以直接计入该核算对象的成本计算，属于间接成本的则必须按照一定的标准在各成本核算对象之间进行分配，以分配后的金额计入各成本对象。直接成本和间接成本的划分相对比较简单，但是如何将间接成本在各成本核算对象之间进行科学、合理的分配，如何确定分配标准，是我们需要解决的重点和难点。

四、按支出内容与核算对象的相关性分类

公立高校成本分为相关成本和非相关成本，区分相关成本和非相关成本，是正确组织成本核算、真实反映成本信息的基础。

相关成本，即与核算对象相关的费用内容。例如，成本核算对象为科研项目的，与科研项目相关的所有费用，包括直接费用和间接费用，都计入成本。非相关成本，即与核算对象无关的费用内容。例如，成本核算对象为业务活动类型的，与公立高校开展业务活动耗费无关的费用，如上缴上级费用、对附属单位补助费用等，一般不计入成本。另外，已经全部社会化的后勤费用，包括食堂、修缮、物业等，由于都是自主经营、自负盈亏的，与公立高校业务活动类型无关，所以其发生的费用是非相关成本，不应计入公立高校成本。而部分

社会化或没有社会化的后勤费用有部分或全部是由学校负担的，相应的部分或全部费用是相关成本，应该计入成本核算。

第三节 公立高校成本核算项目

公立高校应当根据成本信息需求设置成本项目，并对每个成本核算对象按照其成本项目进行数据归集。成本项目是指归集到成本核算对象的成本按照一定标准划分的反映成本构成的具体项目。在企业的产品成本核算中，设置成本项目的目的是了解成本构成，以便分析各项成本。同样，公立高校设置成本核算项目的目的也是提供便于成本分析和控制的信息，合理调配资源，以利于提高高等学校资源的使用效率。

公立高校成本核算的项目构成必须和高等教育的基本职能相对应，同时在设计时要尽量与现行的《政府会计制度》相适应，可以根据需要在制度规定的支出项目下设置进一步的明细项目或进行辅助核算。《事业单位成本核算基本指引》指出单位可以根据具体成本信息需求，按照成本经济用途、成本要素等设置成本项目。

一、成本按照经济用途的项目设置

（一）教育事业费用

核算公立高校开展各类教学活动和教学辅助活动发生的各项费用。教学活动费用是指学校各院系（含院系下属不单列的研究所和研究中心）等教学机构，以及校团委、学工部、学生部、学生职业发展中心等各类学生思政教育部门为培养各类学生而发生的各项费用；教学辅助活动费用是指学校信息网络中心、电教中心、测试中心、图书馆、校史馆、档案馆和博物馆等教学辅助部门发生的各项费用。

（二）科研事业费用

核算公立高校开展科研及其辅助活动发生的各项费用，包括通过承接科技项目、开展科研协作、转让科技成果、进行科技咨询所取得的收入，实验室开放收入、科学文献资料翻译和复制收入以及其他科研事业收入等。它既包括学校在院系外单独设立的研究所、研究中心、实验室等各类科研机构发生的费用，也包括各院系科研人员为完成各项科研任务发生的费用。

（三）行政管理费用

核算公立高校行政管理部门（不含各类学生思政教育部门）为开展行政管理活动发生的各项费用。包括党办校办、组织部、宣传部、纪委、教务处、科研院、资产处、人事处、财务处、发展规划处、实验室设备处、审计室、基建处、法务办、国际处等各行政管理部门所发生的各项人员费用和各类办公费用等。

（四）后勤保障费用

核算公立高校为教学、科研、行政管理等活动提供后勤保障发生的各项费用。包括学校后勤保障部门为提供后勤保障服务而发生的各类费用以及学校统一承担的水、电、暖等各类公用事业费、物业管理费、绿化费、房屋及公用设施维修费、食堂价格补贴等。

（五）离退休费用

核算公立高校实际发生的用于离退休人员的各项费用，包括离退休人员的工资、津补贴等方面的费用。林钢、武雷（2008）在《高等教育成本研究》中指出，离退休人员费用在性质上属于其在职期间人力资本价值的延续，属于其在职期间付出劳动的后续报酬，从理论上讲应计入高等教育成本。公立高校养老保险改革后，应将转给各级养老保险中心的费用及公立高校单独发放给离退休人员的补贴都包含在内。

（六）其他费用

核算除上述教育事业费用、科研事业费用、行政管理费用、后勤保障费用以及离退休费用外的其他费用，包括上缴上级支出、对附属单位补助支出、投资支出、债务还本支出等。

二、成本按照要素构成的项目设置

（一）人员费用

人员费用是公立高校成本中占比最大、最主要的项目。它是指公立高校支付给所有教职员工的工资、薪酬等费用，主要包括基本工资、绩效工资、津贴补贴、奖金、社会保障缴费和其他人员费用等。基本工资和绩效工资是公立高校按国家统一规定发放给在职人员的工资。津贴补贴是公立高校在基本工资之外按照国家规定发放的津贴补贴，包括住房补贴、物业补贴、提租补贴以及冬季取暖补贴等。奖金是公立高校在上述工资、津贴补贴之外发放给教职员工的各类奖金。社会保障缴费是公立高校按国家规定为教职员工缴纳的基本养老保险、医疗保险、工伤保险、失业保险和住房公积金费用。其他人员费用是指上述人员费用以外的人员经费，如加班费等。

（二）公用费用

公用费用是公立高校为完成人才培养、科学研究、社会服务、文化传承创新和国际合作交流职能所发生的各种公共服务耗费。它包括办公费、水电费、取暖费、印刷费、手续费、邮电费、交通费、差旅费、会议费、培训费、福利费、劳务费、招待费、租赁费、物业管理费、维修费、委托业务费、专用材料费、图书购置费、因公出境（国）费用、软件使用费以及其他公用费用等。

（三）资本性费用

在公立高校成本构成中，资本性费用是其重要的组成部分，指的是固定资产和无形资产所耗费的价值。它主要包括房屋建筑物构建、基础设施建设、大型修缮、信息网络及软件购置更新以及设备、车辆、和无形资产等购置发生的费用，该费用以固定资产折旧和无形资产摊销等形式分期计入费用，主要体现为房屋及构筑物折旧、通用设备折旧、专用设备折旧、家具（用具、装具）折旧以及土地使用权、专利权、著作权、商标权、非专利权以及软件等的累计摊销。

第六章　公立高校成本归集与分配

第一节　公立高校成本归集与分配的主要内容

一、公立高校成本归集的主要内容

将会计信息化系统作为操作工具，按照不同成本核算对象将相关成本数据进行归集即为公立高校成本归集。依照相关规定，须通过对一级会计科目的设置，对成本核算对象所产生的不同类型的费用进行归集。假设成本核算对象与自主生产或委托其他单位加工的不同类型的物品、自主研发项目相关的情况下，应依照成本核算对象或项目归集，通过“加工物品”等会计科目对产生的各类成本进行据实结转。

公立高校可结合实际需要，依照相关规定设置二级或以下的明细科目或项目进行辅助核算。

此外，《事业单位成本核算基本指引》（财会〔2019〕25 号）的规定：对于不在成本核算范围内的支出，无须列入相关项目内；为满足公共服务或产品定价需求开展的成本核算，应按规定对成本范围予以调整。对于不同类型的成本核算对象，应该特别注意如下几种类型。

（一）业务活动类型

成本核算对象为业务活动类型的，与单位开展业务活动耗费无关的费用，如公立高校对附属机构的补贴、向上级上缴的费用等均属于这种类型，一般不计入成本。

（二）单位整体

成本核算对象为单位整体的，单位负有管理维护职责但并非为满足其自身开展业务活动需要所控制资产的折旧（摊销）费用，如公共基础设施折旧（摊销）费、保障性住房折旧费等，一般不计入成本。

（三）公共服务或产品

为满足公共服务或产品定价需求开展的成本核算，应当在对相关成本进行完整核算的基础上，按规定对成本范围予以调整，如按规定调减不符合有关法律法规规定的费用、有财政资金补偿的费用等。

二、公立高校成本分配的主要内容

将已经归集的费用，按照某种成本核算对象进行分派或分摊过程即为公立高等院校成本分配。依照计入成本核算对象的方式的差异，可将公立高校产生的费用划分为直接、间接费用两种。前者是指已明确由特定成本核算对象承担的费用，应按照相应的项目类型，列入相应项目中。后者是指无法直接划入相应项目的费用，应选择适宜的分配准则，对列入相应项目的对象进行分配。公立高校应当根据业务特点，依照资源损耗方式来明确间接费用分配准则。通常情况下，公立高校的间接费用可按照因果关系、受益原则进行分配，如依照损耗的资源比例、获得的收入比例、学生人数等将资源耗费分配至相关的成本核算对象，或根据资源耗费动因分项目追溯。同一成本核算对象的间接费用分配标准或方法一旦确定，各期间应当保持一致，不得随意变动。依照费用产生的部门将公立高校的成本划分为单位管理费用以及业务活动费用两类，前者又可细分为后勤管理部门以及本级行政的单位管理费用；后者又可细分为业务部门以及辅助部门的业务活动费用，并对成本分配方法作出了规定。

（一）业务部门的业务活动费用

可将该费用划分为两类，即直接、间接费用，采用归集、分配的方式列入各类业务的成本核算对象中。前者可直接计入；后者则须采用科学的方法、准则分配计入不同类型的业务活动中的核算对象中。

（二）辅助部门的业务活动费用

应采用科学的标准、方法将辅助部门的业务活动费用分配计入不同类型的业务活动等成本核算对象中。应采用科学的方法对辅助部门之间互相提供的服务等进行互相分配。在互换的产品、服务数量较少的情况下，可中止互相分配，分配计入相应项目中即可。

（三）单位管理费用

即按照成本信息需求，选择制造或完全成本法进行处理，即对是否应分配计入相应项目中进行选择。如选择分配计入相应项目中，应采用科学的标准、方法进行分配计入。

第二节　公立高校主要费用的归集和分配

根据公立高校业务类型的特点和分配动因，本节将组成费用的要素分为五类，分别是人员费用、教学辅助以及科学研究费用、管理费用和资产折耗。在对公立高校要素费用进行分配时，能够直接按照成本项目进行归集的，应直接分配到指定的成本对象；对于无法直接归集的，应采用科学的方法进行分配。在分配阶段，可通过某指定的分配对象的分配标准额与费用分配率之积求出该分配对象应分配的费用。另外，可通过将要分配的费用总额与分配标准总额之商求出费用分配率。

依照权责发生制核算基础，在费用归集阶段，应确定当期受益的费用，剔除不是当期受益的费用，如加入前期摊销在当期受益费用，剔除后续期间受益的费用，归集的基本公式为：

应归集入当期受益的费用 = 当期发生的费用 + 前期发生应在本期受益的费用 - 当期发生应在后续期间受益的费用

一、人员费用的归集和分配

（一）人员费用的归集

按照在公立高校开展业务中耗费资源的人员属性，将应计入公立高校成本的工作人员分成七类，其中包含了科学研究人员、教学人员、学生等。这七类人员主要分为学校和学院两个层面，其人员费用的归集主要通过设置“业务活动费用”和“单位管理费用”一级科目进行核算。同时，设置成本归集项目，依照最终用途将人员费用进行分配，如分别设置“教学人员薪酬”“科学研究费”“管理费用”成本项目，分别对教学人员薪酬、学院科研人员薪酬、行政管理和后勤保障以及教学辅助人员的薪酬进行归集。在本书中，借用企业成本会计中“制造费用”和“辅助生产成本”的概念，设置对三类人员的薪酬进行归集的“教学辅助费用”。这三类人员是指除了科研人员、教学人员、教学辅助人员以及学生以外的人员。

涉及离退休人员的离退休费或基本养老保险等，在根本属性上属于其在职期间的人力成本的延续，应作为公立高校成本的一部分。有的公立高校设立了离退休处作为管理离退休人员的管理机构，但其工资薪酬既有学校承担的部分，也有学院承担的部分。目前，公立高校自 2014 年 10 月开始执行了基本养老保险，这部分费用应计入公立高校成本进行核算。但鉴于离退休人员的总体支出占公立高校的总支出比重较低，本书简化处理，将其纳入“管理费用”进行成本核算。

涉及学生的奖助学金等各类补助费用，林刚、武雷（2008）认为，其中学生奖助学金属于“实质意义上，学校为学生发放的生活补贴是一种收费返还方式，不应列入教育成本项目下”，但结合目前执行政府会计制度的要求，应按照权责发生制的要求，设置“学生奖助学金和活动费”成本项目，用于归集学校发放给学生的奖助学金和活动费。

（二）人员费用的分配

此处的人员费用是指七类人员的工资福利性支出以及对家庭和个人补助支出中具体内容，如“基本工资”“奖金”；购买个人住房的补贴以及教护龄津贴、加班发放的工资、误餐以及伙食补助等；“住房公积金”“医疗费”等。对此，武雷撰写的《高等教育成本管理理论与实务》（2016）对此进行了详尽的论述。本书结合公立高校实际发生的成本费用情况，将上述七类人员按照归集成本项目，分别对教学人员薪酬、科学研究费、管理费用、教学辅助费用和学生奖助学金等人员费用的分配分别进行说明。

1. 教学人员薪酬的分配

在 2020 年 9 月 10 日我国的第 36 个教师节，孙春兰副总理在调研座谈时指出，教师是教育发展的第一资源。因此，作为公立高校中最重要的资源消耗，教学人员薪酬是我们进行公立高校成本核算的重要方面。教学人员薪酬主要包括公立高校发放给教师的岗位工资、绩效以及薪级工资、社保等。教师主要职责就是消耗人力资源向学生提供授课、指导等工作。对教师自身发生的资源消耗，应当按照不同成本对象进行归集。以教师向学生提供教学授课和论文指导为例，教学人员薪酬应当合理地根据不同成本核算对象来负担教学人员薪酬的成本。在这里，我们主要以学生作为具体的成本核算对象，在负担教学人员薪酬的情况下，在不同环节对教学人员薪酬进行分配。

（1）教学人员授课环节。在公立高校中，最显而易见地教学环节就是教师授课。在授课过程中，涉及不同专业、不同学历层次、大班小班、不同学院、公共课专业课等多种情况。因此，应对教师为此类工作所投入的精力进行合理的评估，以作为分配教学人员薪酬计入不同类型的教育成本的参照标准。目前来看，最直接的参照标准是教师授课时间。因此，公立高校在确立培养方案时，应考虑教师授课时间与课程的学分相对应，授课的课时应当是制定教学人员薪酬标准的基础。由此，对上面笔者提到的教师授课涉及的情况，特别是无法直接量化教师投入精力的情况，可以将其换算成教师在某个工作环节耗费的工作时间，再由耗费工作的时间来折算成学费，作为教学人员薪酬在不同成本核算对象上的费用分配依据。就学生来说，教师授课、论文指导等也可以采用这种办法来进行费用分配。对此，武雷（2016）在《高等教育成本管理理论与实务》中提出了约当学分法，即通过各环节损耗时间与学分关系的建立，明确各环节的约当学分，进而对所有成本对象的总学分进行计算，将之作为要素费用的分配准则。可通过某一工作环节的约当学分与该类型学生人数之积来求出某类型学生某一工作环节总学分，其中某一工作环节约当学分为该环节损耗的小时数与每学分对应的授课时数之商。

该方法通过对学分的科学、精准测算，使学分作为教师在不同工作环节的可量化的变量，并能对教师为此类工作所投入的精力进行比较准确的评估，最终成为将资源损耗分配至不同类型的学生的教育成本的依据。可以针对教师的工作环节，通过问卷调查的方式确定约当学分变量。可采用以下公式来计算用于反映教师备课与教学时间的教师授课课程学分：

各类学生的教师授课课程学分 = 所有课程学分的汇总

不同类型的课程备课时间的约当学分 = 每学分备课时间 ÷ 每学分所对应的授课时数

因此，将备课时间考虑在内时，计算公式为：

教学人员授课（含备课）课程的总学分 = 各类学生教学人员授课课程学分 + 各类课程备课时间的约当学分

（2）指导学生学年论文环节。对于指导学生学年论文时，指导教师要投入一定时间和精力。可采用以下方法将教师所投入的时间与精力的损耗折算为约当学分：学年论文指导总学分数可通过学年论文指导约当学分与学生人数之积来计算。其中，学年论文指导平均消耗时长与每学分相应的授课时数之商即为学年论文指导约当学分。

（3）指导学生毕业论文环节。在指导学生毕业论文时，对不同学历层次的学生，投入时间精力不同，可采用以下方法来折合为约当学费：毕业论文指导总学分数为毕业论文指导约当学分与学生人数之积；并可通过毕业论文指导平均消耗时间与每学分所对应的授课时数之商，来求出毕业论文指导约当学分。

（4）指导学生社会实习实践环节。对于这一环节的约定学分，应按照学生的文化程度进行分类，在此基础上进行计算，即这一环节的总学分数可通过这一环节的约当学分与学生人数之积来计算。这一环节的约当学分可通过这一环节平均消耗时长与每学分对应的授课时数之商来计算。

通过以上约当学分的计算，教学人员薪酬分配的计算公式为：

教学人员薪酬分配率＝教学人员薪酬总额÷教学人员工作总学分数

可通过这四个环节的总学分之和来求出教学人员教学工作总学分数。

2. 学生奖助学金和活动费的分配

学生奖助学金和活动费主要包括公立高校或其附属单位向学生发放的不同类型的科学研究劳务、奖学金、三助津贴、学生举办或参与各类活动所生成的成本。其中，对于为学生发放的奖助学金等，在实际操作过程中，直接发放到具体学生，应作为直接费用，通过“学生奖助学金和活动费”成本项目计入各类成本核算对象或项目。对于为学生发放的科学研究劳务，学生在完成科研任务时会投入相应的时间与精力，应分配计入“科学研究费”这一项目。学院学生在举办活动、参加竞赛社会实践等过程中所损耗的资源，应列入相应项目下，并结合学生人数来计算，可采用以下方法进行计算：

学生活动费分配率＝学生活动费用总额÷学生总人数

某一成本对象应分配的活动费用＝该成本对象的总人数×学生活动费分配率

由于学生的管理信息比较全面，记录了较为全面的学生成本辅助信息，因此发生在学生方面的费用能够确定成本归属。由此可见，各类成本对象或项目的辅助信息越全面，成本归集和分配工作越趋于准确。

二、科学研究费的归集和分配

学校产生的一切与科研相关的费用即为科学研究费，包含纯科研人员的薪酬、科研损耗的能源等公用费用、向学生分配的科学研究劳务、科研项目占用的房屋、科研项目产生的设备折旧等。以上费用是指与教学共用实验资源的损耗，如实验室中用于科学研究的设备、占用的房屋等应分配计入相应成本项目下；对于专门用于科研任务、无法用于教学用途的专门实验资源应直接计入“科学研究费”项目。

在将上述成本全部归集至“科学研究费”项目后，应依照相应的成本动因，将这些成本分配计入相应的项目下。鉴于科研项目不同，所参加的学生人数与类型、参加频次、参加程度也各不相同，理论上，应发现所有科学研究项目所对应的受益学生类型，在此基础上进行归集、分配，但这种归集方式会加大任务量，缺乏可行性，往往在实践中难以应用。因此，可简化方法，依照不同类型的学生的人数比例对“科学研究费”项目归集的所有成本进行分配，具体可采用以下方法进行计算，即可通过科学研究费分配率与某一类型的学生总人数之积来求出该类型学生科学研究费分配金额。此外，可通过科学研究费总额与学生总人数之商来求出科学研究费分配率。

三、教学辅助费用的归集和分配

教学辅助费用包含了两个层面，即学院产生的费用以及学校产生的费用。前者包含除已分配至“科学研究费”“教室（实验室）使用费”“学生奖助学金和活动费”“教学人员薪酬”以外的所有费用，后者包含教学管理费用。学院产生的设备折旧、占用的房屋（不包含教室、实验室部分）等均属于学院教学辅助费用的范畴。

在将上述成本悉数归集到“教学运行费”项目后，须按照一定的成本动因将之分配到相应的成本对象。在受益对象能直接确定的情况下，应进行直接计入；在受益对象难以明确且均为学生的情况下，应依照学生数量进行分配。类型法下的成本对象可划分成本科生、硕博研究生等类别，原则上，应依照不同类型学生的受益情况来明确分配动因。但实际上，尽管存在部分人员只为同一类学生或若干类学生服务的情况，但在明确每项成本、每一种类型的学生的受益程度时，往往存在难以操作的问题，其量化难度较大，为此，应依照不同类型学生的人数比例，使用类型法对“教学运行费”项目归集的所有成本进行分配。可采用以下方法进行计算：通过教学辅助费分配率与某一类型学生总人数的乘积求出该类型学生教学辅助费分配金额，并可通过教学运行费总额与学生总人数之商来求出教学运行费分配率。

四、管理费用的归集和分配

公立高校的非二级学院产生的费用即为管理费用，其中包含了设备折旧、公费费用消耗（不包括实验室以及教室所产生的资源损耗），以及学校非学院人员的薪酬、房屋折旧（不包含教室、实验室在内）等。

在上述费用全部归集至相应项目以后，应依照相应的成本动因，将费用分配给相应的成本对象。考虑到公立高校产生的成本往往都与所有成本对象相关，并且其受益程度的评价难度较大。为此，应依照不同类型的学生的人数，依照相应的比例对归集至“管理费用”项目的所有成本进行分配，具体可采用以下方法进行计算：通过管理费用分配率与某一类型学生总人数之积来求出该类型学生管理费用，并可通过管理费用总数与学生总人数之商来求出管理费用分配率。

五、资产折耗的归集和分配

固定资产折旧、无形资产摊销共同构成了公立高校的资产折耗。

要依照费用用途来分配固定资产。实验室的资源损耗，如设施、房屋等资源损耗，在与科研、教学用途相关的情况下，分别应列入“科学研究费”“教室（实验室）使用费”项目；在其他房屋、设备损耗分别来自非学院、学院的情况下，分别应列入“管理费用”“教学运行费”项目。

可按照费用用途来分配无形资产，对于与教学相关、属于科学研究、属于其他的无形资产摊销应分别列入“教学辅助费”“科学研究费”“管理费用”项目下。

应在分类的基础上进行折旧计算。例如，房屋、机电设备、医疗设备等，国家规定的折旧年限分别为 30 年、5 年、8 年等。在固定资产类型相同的情况下，其原值会因所处时期、自身规模不同而存在一定差异，以房屋为例，其原值会因规格大小而异，在此情况下，应依照学院房屋占用面积等进行计提。

在教学环节，教室使用是核心的物质资源消耗，是高等教育成本的核心构成。教室使用费是指学校在教学活动中产生的教室以及设备损耗等资源损耗和相关的能源使用费用等。

应对所有成本对象占用教室的时间、面积进行全面考虑，进而分配教室费用。因所有公立高校的实际教室数量、面积存在一定差异，在班级学生人数相同的情况下，其使用的教室面积也会大不相同，因此，需要结合每所学校的实际情况，对教室使用费进行精准计算，进行分别汇总计算，任务量极大。笔者沿用了约当课程学分方法，使用约当课程学分变量来取代占用教室时间以及面积，进而建立一个便于计算、结构较为准确、具备普遍性的算法。其中，可通过授课学分与人员系数之积来求出约当课程学分变量。具体可采用以下方法进行计算：通过教室费用总额与教室分配约当课程学分总数之商来求出教室费分配率，并通过所有课程的授课学分与不同学历层次学生的人员系数的汇总的乘积来求出各学历层次教室分配约当课程学分。

某一成本对象应分配的教室费用 = 教室费分配率 × 该成本对象教室分配约当课程学分

其中，人员系数应根据各公立高校不同情况，以其占比最多的某类型教室为基准。例如，假设占比最大的教室的设有 100 个座位，所对应的人员系数为 1，则在座位数量为 120 个、75 个的情况下，所对应的人员系数分别为 1.2、0.75，采用这一方式便可推算出所有教室的人员系数。

第三节　学院之间交互费用的归集和分配

一、学院之间交互费用的归集

公立高校培养学生，存在 B 学院的资源被 A 学院的学生使用，A 学院以及 C 学院的资源被 B 学院的学生使用的情况。这就要求在学校内部进行交互分配，进而对成本核算对象使用的资源进行精准计算。

公立高校应优先依照学院的成本费用项目对本期费用进行归集，在此基础上，依照使用资源并从中获得益处的标准，对学院的成本费用进行交互分配。具体而言，可采用以下方法来进行计算：通过本学院项目产生的费用消耗与其他学院为该学院消耗的成本费用之和，扣除该学院为其他学院消耗的成本费用来求出某学院的项目成本总额。

将交互分配后的所有项目成本进行归集以后，按照成本动因进行分配，对所有对象的成本总费用进行计算，在此基础上，算出所有对象的单位以及总成本。

二、学院之间交互分配的费用范围

（一）教学人员薪酬

学院教师在为本学院学生授课之余，也存在为其他学院学生授课的可能性，学生接受本学院教师授课的同时，也可能接受其他学院教师授课。因此，应按照教师授课的具体受益对象，由相应的学院来支付教师薪酬。换言之，应按照一定标准将本学院教师的部分薪酬转移至其受益对象所在学院，计入该学院教师薪酬总额中；此外，也应依照一定的标准（价格）将其他学院教师的薪酬转入本学院，作为其薪酬的一部分。

（二）学生奖助学金和活动费

在本学院学生为其他学院提供服务并获得相应酬劳时，会涉及交互分配问题。鉴于这种情况并不常见，所涉额度较小，因此可使用简单的方法，不再对归集到的项目成本进行交互分配。

（三）教室（实验室）使用费

假设由学院统一负责公立高校的管理工作，则可使用约当课程法对各学院使用教室进行费用的分配，无须对归集到的各类项目成本进行交互分配；假设公立高校已完成对所有学院的教室的分配，在各学院互相使用其他学院教室的情况下，则须对归集到的各类项目成本进行交互分配。教室的使用情况与实验室的使用情况存在相似之处；假设各学院的教室使用额度较小，彼此结算的额度也较小，依照重要性原则，无须进行交互分配。

（四）科学研究费

通常情况下，这一费用无须进行交互分配。但在研究项目涉及多个学院的情况下，就须在各学院之间对所产生的资源耗用进行分配，由研究责任主体从自身所在学院的项目成本中进行扣减，转入其他研究参与者所在学院。在工作实践中，这一做法往往难以实施，为此，可简化方法，将所产生的项目成本保留在研究责任主体所在的学院，无须进行转出。

（五）教学辅助费

在各学院互相提供授课服务的情况下，学院层面势必会产生一定的资源成本来辅助完成此类工作。假设本学院有大量学生，则无法为其他学院的学生提供大量的授课服务，依照重要性原则，不进行交互分配并不会带来较大影响，因此无须进行交互分配，可由本学院的学生来承担所产生的所有教学运行费；假设本学院的学生人数较少，则须对相关费用进行交互分配。

（六）管理费用

学院与学院之间进行业务往来生成的资源消耗即为管理费用，它属于学校层面的成本，通常情况下，无须进行交互分配。

从中不难得知，“教学运行费”以及“教室使用费”这两个项目须进行交互分配，在其他项目额度较大并且交互提供的服务严重失衡的情况下，可会涉及交互分配的问题。

三、学院之间交互分配的方法

公立高校可学习公司的经验，即采用成本交互分配法，对辅助生产成本进行分配。通常情况下，公立高校可采用以下方法进行交互分配。

（一）实际成本交互分配法

这种方法是指学院优先依照提供的服务总量、分配前的费用总额，对提供服务的单位成本进行计算，将之作为转移价格。在此基础上，按照转移价值以及提供的服务量来明确转出成本。最后，按照分配前的成本，扣除分配转出成本，在此基础上求出与转入成本之和，从而求出分配后的成本总额，分配给本学院的所有成本对象。

这种分配法的优势在于比较客观，可按照所有成本对象的资源成本来结算，所提供的信息数据较为公允，能够反映实际情况。其不足之处在于成本构成不全面，转移价格中并未包含本学院从其他学院处获得的服务；在某学院成本超出预算或不合理的情况下，便会将此类成本转移至其他学院，进而引发成本的不恰当转移问题；另外，转移价格的计算也比较错综复杂。

对于所有学院的学生人数较多、相互提供的服务较多、各学年产生的资源消耗水平存在较大差异的公立高校，可适用这一方法。

（二）计划成本交互分配法

这一方法是在交互分配阶段，通过预先确定的计划成本作为结算价格，按照所有学院互相提供的服务以及结算价格来明确计划成本总额进行交互分配。通常情况下，应由学院统一确定计划成本，并且应包含本学院从其他学院获得服务所产生的成本。在进行价格结算时，除了对相同服务确定同等的结算价格以外，还可按照各学院的所产生的成本来确定相应的结算价格。

对于教师薪酬，在使用同等的结算价格进行交互分配时，可按照教师职称来确定结算价格。通常情况下，在授课结算价格方面，可结合授课者的职称来确定，不同职称的授课者的结算价格由低到高的排序相应为讲师＜副教授＜教授，也可忽略授课教师的职称，采用同等的价格进行结算。按照授课者的职称来计算所应支付的费用，可将教学上的特色体现出来，但会增加交互分配的工作量；忽略授课者的职称来计算所应支付的费用，能够减轻交互分配的工作负担，在学院之间互相授课的情形下，可按照互相提供授课服务的课时数量差额来计算所应支付的费用。如采用统一的结算价格，会忽略各学院的成本水平，在特定学院的学生数量较少的情形下，须由本学院的学生来承担实际与计划成本的差值，进而出现本学院学生的成本发生不合理变化的情况。

在交互分配的过程中，在结算价格存在一定差异的情况下，应按照各学院的成本水平来确定所应支付的服务价格，在结算价格方面，消耗大量资源的学院会比资源消耗数量较少的学院高。结算价格上的差异也能将各学院资源的消耗水平反映出来，可以将各成本对象的资源消耗情况比较公允地反映出来；但在对各学院的结算价格进行确定时，会增加其任务量。

除了能考虑本学院享有其他学院服务所产生的成本以外，计划成本交互分配法还具备便于计算的优势，此外，本学院的费用超支并不会向其他学院转移。这一方法存在客观性较差的缺陷，本学院须承担计划与实际成本之间的差异。

对于能够有效控制成本、实际与计划成本并不存在明显差异的公立高校而言，可适用计划成本交互分配法。

第四节　跨期费用的归集和分配

依照“受益时间即为负担时间”的原则，应将本期产生的费用划分为计入本期、以后期间，本期受益成本应全部划入本期成本项目下，并依照受益程度将本期及多个期间受益成本划入相应成本项目下。

在完成对本期产生的受益费用的归集工作以后，还应考虑待摊和预提费用。前者是指该费用产生于以前期间，但可在本期受益，后者是指该费用预计会在以后期间产生但可在本期受益。例如，招生产生的成本，通常情况下，在招生的前一年度便已产生，而下一年度入学的新生才是此类费用的受益对象，应将此类费用作为将要分摊的费用。

完成对分摊到本期、预提到本期、应由本期承担的费用的归集工作以后，应将用途作为分配动因，将之分配到不同的项目下。

值得一提的是，对于各学年产生的费用，在额度较小或不存在明显差异的情况下，无须横跨多个期间进行费用调整。

第五节　按提供的公共服务或产品确定的成本核算对象的归集和分配

从 1997 年开始，我国全面实行并轨收费，即个人和家庭分担的教育成本的比例明显提高。按照相关规定，“在进一步加大财政教育投入力度之余，应积极增加社会投入”，此外，要求“应改善非义务教育培养成本分摊机制，各地政府应依照管理权限的规定、属地化管理原则，依据经济发展现状、民众的经济承受能力、人才培养成本等多样化的因素，来确定应支付的学费等相应的收费标准调节机制”。这也更加体现出教育属于准公共产品的特性。

对于公立高校提供准公共产品的主要内容就是培养人才，本书就通过归集和分配学生培养成本进而确定学费标准的情况进行论述。同时，本书借鉴企业成本会计核算的方式，按照《事业单位成本核算基本指引》的要求，以及公立高校实际情况，对学生培养成本按照品种法、分批法、分步法和作业成本法分别阐述进行归集分配的主要环节和主要特点。

一、品种法

品种法可以适用于单位成本核算管理水平不高，或公立高校规模较小，或学生类别较为单一，同时通过以年级和专业进行维度对学生进行划分，进而确定的成本核算对象的情况。

品种法的主要的特点是成本核算对象较为单一，成本核算方式相对较为简单，成本辅助信息需求不高，因此成本核算的工作量不大。

在品种法下，公立高校的成本核算对象被简化为一些基本类型，如硕士以及博士研究生、本科生等类型，将学生类型作为分配动因对各项成本费用进行分配、归集，可将各类学生的平均成本反映出来。即同类别的学生，同一成本。由此可见，不同学生类别和不同年级的差异，在平均的方式下，不能真正体现出来具体的成本的差异。如在培养成本投入方面，文科生和理工生存在显著差异；学生撰写论文与学习课程之间存在一定差距；全日制与非全日制学生之间存在一定差距。以上差异无法得到体现，必然难以使相关主体的信息使用需求得到满足，也难以依照各种学科、学生的资源消耗来计算培养成本，进而无法区别确定学费标准。

二、分批法

分批法可以适用于公立高校管理水平较高，同时要求按照专业维度划分学生类别，但不按照年级维度划分学生确定学费标准的情况。

在使用这种方法来确定学校标准时，须在对学生进行分类的前提下来确定高等教育的成本核算对象，进而将学生继续按照学科维度进行分类。此处，在确定成本核算对象时，已经引入两个维度，在具体划分学生类别的情况下，成本核算工作逐步趋于复杂。通过分批法，在不同的专业之间将所有应划入成本项目的费用进行分配、归集，进而将各专业学生的成本水平体现出来，为高等教育的利益主体提供更为精准、明确的成本信息。

在使用这一方法对公立高校的成本进行分配、归集时，可将年级、专业均存在一定差异的成本核算对象的平均成本反映出来。如此一来，在学生的专业相同的情况下，即便其年级不同，所产生的成本也是相同的。换言之，各专业不同年级的成本核算对象的成本是相同的，并不存在差异。但在学生的专业相同、年级不同的情况下，其教育成本存在一定差异，进一步来说，本科一年级、四年级学生所占用的教育资源存在一定差异，前者以课程学习为主，后者以撰写论文为主，因此，其教育成本也会存在一定差别。学科法无法将以上学生教育成本的差异反映出来，依然无法使利益主体对相同专业、不同年级的成本信息对象获取成本信息的需求得到满足。由此可见，学生缴纳费用的准则也难以依照各年级成本核算对象所产生的资源消耗成本来确定。

三、分步法

与品种法、分批法相比，分步法在以学生类别和专业两个维度的基础上，再按照年级维度对成本核算对象进一步进行划分，并将全部应划入成本项目的费用在不同年级之间进行分配、归集，可将同类学生、相同专业，但年级存在一定差异的成本核算对象的费用水平体现出来，为利益主体提供更为精准、明确的费用信息，将之作为参照标准，以便高等学校确定各年级学生的学费标准。此外，可采用纵向、横向比较等方法，对各年级的资源耗费的合理性、是否能进行进一步改善等进行判断。相较于前述两种方法，分步法会增加成本核算任务。

在各年级学生的教学内容、学分存在显著差异，对管理能力有着严格要求，并且需要依照学生的专业、年级来确定分配政策的公立高校的情况下，可适用这一方法来确定教育成本。

四、作业成本法

对于管理能力较强，且需要依照作业中心来管理成本的公立高校而言，可适用这一方法来明确教育成本，这一方法也被称为 ABC 成本法。相较于年级法，这种方法能提供与所有作业的成本信息，以便将成本控制在合理范围内，为相关利益主体提供信息参照标准。但是，ABC 成本法会加剧计算任务负担。

第七章　公立高校成本核算影响因素分析

公立高校的成本从成本核算内容上区分，可以简单地分成人员成本和物质成本，物质中含有形及无形资产。人员成本包括引进人才费用、人员工资、奖金、绩效、福利费、奖助学金等；物质成本包括土地、基建、设备、图书、材料以及软件等无形资产的耗费。

影响公立高校成本核算的因素十分广泛，从大类上可以分为对公立高校成本的影响因素和对成本核算的影响因素。前者包括影响人员成本的工资水平、影响物质成本的物价水平等，后者包括会计制度、成本核算周期、成本核算方法、费用分配标准或方式等对成本核算的影响因素。从影响因素自身来区分，可以分为宏观影响因素和微观影响因素，本章主要从宏观和微观两个方面对公立高校成本核算的影响因素展开分析。

第一节　宏观影响因素

一、世界各国人才战略、公立高校人才竞争的现状

（一）世界各国人才的竞争

进入 21 世纪以后，随着知识经济和经济全球化的发展，人才直接影响一国的实力和发展。各国政府越来越认识到，国家之间的竞争体现为综合国力的竞争，归根结底是人才的竞争。高层次人才资源正成为国际性的紧缺资源，各个国家在人才方面的竞争日趋激烈，世界各国都把吸引人才作为国家战略的一部分，而高水平的科研人才更是竞争的焦点。

人才竞争的激烈程度，从各国的人才战略可见一斑。以美国为例，美国能

成为世界的头号经济、科技强国，与其成功的人才战略密切相关。作为一个移民国家，美国一直把争夺优秀人才作为一项国家战略，采取修订移民法、绿卡制度、基金援助计划、吸引高水平留学生政策等手段引进、留住高层次人才。在美国人才战略中，“钱”的因素是至关重要的。首先，高薪是留住人才的法宝，硅谷中，三分之一以上的高级工程师是外国移民，其丰厚的报酬是普通员工的几十倍。其次，人才跟着资金走，美国大学较大限度地保证了资金流向最有创造力和社会最需要的项目，这也激发了科研人员的创新意识和进取心。最后，设立各种科技奖励、基金，如总统青年科学家奖、工程创造奖、国家技术奖。美国科学基金会规定，只有持有美国绿卡或护照，才有资格获得上述奖励且美国政府会主动为获奖的外国人办理“绿卡”或入籍。

对于中国公立高校来说，公立高校对人才的吸引力和其提供的经济待遇是密切挂钩的。公立高校要引入高水平人才，优厚的经济待遇是最为重要的吸引因素。在世界各国人才竞争如此激烈的形势下，国内公立高校想要吸引高水平的人才，特别是从国外引入出国留学的高水平科研人才，要花费更多的经费，要留住高水平人才，要开出更高的待遇。根据网上公开的资料显示，以国家级领军人才为例（学术水平和基本条件满足国家海外高层次人才引进计划创新人才长期项目或外专项目、国家高层次人才特殊支持计划领军人才、长江学者特聘教授、国家杰出青年科学基金项目相关要求的优秀人才），其薪酬待遇：基本薪酬不低于100万元/年，享受教学科研奖励性绩效。生活待遇：购房补贴和安家费不低于360万元，协助解决子女入学和配偶工作。工作支持：支持组建团队，按实际需要提供科研经费，理工医类不低于400万元，其他类不低于200万元。位于西部地区的太原理工大学，薪酬待遇：全职80万—120万元（税前）；安家费100万元（税前）；科研启动经费，工科500万元，理科400万元，文科200万元。公立高校为了吸引人才，往往“明码标价”，引进一名国家级领军层次的海内外人才，公立高校一次性的支出将达到近千万元。虽然引进人才经费数量在公立高校公开的预决算中无法反映，但是近年来，通过公立高校对外公布的引进人才的数量和质量分析，人才引进经费占公立高校支出的比例必然是逐年提高的，这也是公立高校人员成本越来越高的主要因素。

（二）公立高校“挖人”的现状

2017年“双一流”建设开启后，众多高等院校相继公布了“双一流”建设方案。这些建设方案无一例外都提到了人才的引进和培养问题。国内公立高校都认识到，人才是“双一流”建设的关键所在。特别是高端人才和杰出人才，这些人才能建设和带动一个科研团队，能带动起来一个学科。近年来，国内公立高校之间的人才流动越来越频繁，合理的公立高校人员流动，对公立高校来说是件有益的事情，可以促进公立高校学科发展更加均衡、促进信息的传播、加强学术的交流。一些公立高校补足了学科短板后，发展速度更快了。另外，引入外校高水平学术人才，带来更激烈的竞争，本校教师的危机意识增强了，提高了本校教师的能动性。

但在人才流动中的一些不正常现象特别是“挖人乱象”，也引起了社会的广泛关注。比如，东部地区公立高校凭借在待遇、经费、硬件设施上的优势，几年来几乎“挖空了”中西部地区、东北地区的公立高校人才。这引起了教育主管部门的重视，并且官方发声要求限制这种现象。在 2017 年 2 月，教育部部长陈宝生明确提出，要限制东部公立高校从中西部引进人才。在对西部地区采取人才保护政策的同时，支持东部地区高层次人才向西部地区流动，不鼓励东部公立高校从中西部、东北地区公立高校引进人才。

公立高校“挖人”主要采用的几种方式是：高薪资，领导职务，大平台、大机构或大项目。资金实力雄厚的公立高校为了“挖人”投入巨大，这些都与学校成本密切相关。上海科技大学党委书记朱志远说：“目前‘挖人’主要是拼待遇，一个比一个开价高。”这种非良性的竞争，也大幅度拉起了公立高校的人员成本水平。另外，国家对公立高校的薪酬体系并没有明确的指导意见，并没有划定一个明确的上限，这从某种程度上也无法制约公立高校依靠高薪酬待遇挖人的情况。而在德国，教授分为三个等级，相同等级的教授无论身处德国中部、南部还是北部，都是相同的待遇。对此，教育部副部长孙尧、人社部副部长邱小平表示，目前改革的趋势是逐步增大学校分配的自主权，合理拉开收入差距。下一步，人社部可以和教育部一道进行市场薪酬调查，根据不同职位、职称制定薪酬价格表，起到信息引导的作用。

二、宏观经济影响

（一）工资水平逐年上涨

公立高校成本中人员成本是主要成本，人员成本包括工资福利支出和对个人和家庭补助支出。工资福利支出核算公立高校开支的事业编制内人员和编制外长期聘用人员的各类劳动报酬，以及为上述人员缴纳的各项社会保险费等。工资福利是教育成本中最主要的项目，指公立高校支付给教师和为教学服务的行政、后勤人员的工资费用，包括各项工资性费用，如基本工资、津贴补贴、奖金、伙食补助费、绩效工资、基本养老保险费、其他社会保障缴费、住房公积金、医疗费以及其他工资福利支出等。

这几年来，我国居民收入水平增长速度非常快。党的十八大报告提出，到2020年，实现国内生产总值和城乡居民人均收入比2010年翻一番，我国首次明确提出居民收入倍增目标。在居民收入平均水平逐年增加的情况下，公立高校的人员工资水平也逐年增加，由于国家对于教育事业和教师待遇重视程度很高，教师的工资水平增速比居民工资平均水平更快。公立高校的人员工资福利支出成为公立高校成本中增长最为明显和刚性的部分。对在编教职工来说，工资成本最高，工资由财政补贴工资、校内津贴、社会保障费用和内部福利等构成。对公立高校教师来说，校内津贴、社会保障费用、内部福利之和约占教师档案工资的一半。除了显性工资收入外，教师还享有很多隐形福利，如各类学习的费用、提升学历的机会、假期疗休养费用等。

另外，学校的基本运行成本中，一些以人力成本为主的公立高校后勤保障工作比如物业、安保、绿化等以人力成本为主，人员工资水平的上涨导致物业、安保等公司的服务提供成本上升，由于收入稳定、学校的人文氛围良好，这些公司意愿上愿意与公立高校合作，也愿意对学校有部分让利，但随着社会平均工资的增长，基本上学校后勤服务成本随着最低工资水平逐年增长，学校的基本运行成本也逐年上升。

（二）物价水平波动

公立高校成本中另一块重要内容是物资成本，物资成本包括商品和服务费用以及资本性支出。商品和服务费用反映公立高校购买商品和服务的支出，包括办公费、印刷费、咨询费、手续费、水电费、邮电费、取暖费、差旅费、维修费、租赁费、会议费、培训费、公务接待费、专用材料费、委托加工费、公务用车运行维护费、其他交通费用、税金及附加费用以及其他商品和服务支出等。资本性支出反映公立高校由发展改革部门安排的基本建设支出以及各公立高校安排的资本性支出。发展改革部门安排的基本建设支出，包括房屋建筑物购建、办公设备购置、专用设备购置、基础设施建设、大型修缮、信息网络及软件购置更新；各公立高校安排的资本性支出，包括房屋建筑物购建、办公设备购置、专用设备购置、基础设施建设、大型修缮、信息网络及软件购置更新、公务用车购置、其他交通工具购置、文物和陈列品购置、无形资产购置以及图书资料购置等。

物价水平对公立高校成本的影响主要体现在公立高校购置上述商品、服务或者资本性支出的价格随着物价的变动而产生变化。公立高校采购的货物类主要为教学科研仪器设备、实验材料书籍、期刊等，这些商品属性更为特殊，货物的供给方往往处于优势地位。相对来说，公立高校采购物资的供应商来源较为单一或者基本处于垄断地位，即便通过公开招标等采购方式，物资采购价格也无法得到充分竞争，并且一些进口尖端科研设备，往往还受到国际政治的影响，出口受到限制，公立高校通常只能接受供应商报价，这也大大提高了公立高校的教学科研成本。

三、国家教育政策

我国高度重视教育事业，党的十九大报告指出要优先发展教育事业。建设教育强国是中华民族伟大复兴的基础工程，必须把教育事业放在优先位置。国家财政的投入水平也充分体现了国家对于教育事业的重视程度，党中央先后多次提出“国家财政性教育经费支出占国内生产总值比例达到4%”的目标，并先后多次写入党和国家重要文件。经过中央和地方各级政府共同努力，2012年首次实现了4%这一目标，成为我国教育发展史上的一个重要里程碑。根据有关统计，到2019年，国家财政性教育经费占GDP比重连续8年在4%以上，教育投入首次突破5万亿元。近几年，在经济下行压力持续增大、实施大规模减税降费、财政收支矛盾突出的情况下，保4%的压力越来越大。特别是2019年，世界经济增长低迷，国际经贸摩擦加剧，国内经济下行压力加大。在国家财政收支矛盾比较突出的情况下，国家财政性教育经费支出占国内生产总值比例继续保持在4%以上，充分体现了党中央、国务院坚持优先发展教育事业的决心，充分发挥了财政教育投入保障教育发展、推动教育改革、推进教育公平、提高教育质量的政策导向作用。

对于高等教育，党的十九大报告要求：加快一流大学和一流学科建设，实现高等教育内涵式发展。对于公立高校来说，由于承担着为国家培养高级人才和尖端科研任务，每年都获得了稳步增长的财政投入支持。2012—2019年，高等教育阶段国家财政性教育经费累计投入5万亿元，年均增幅达7.9%，这些经费用于保障公立高校的教学和科研条件。因此，一方面，随着办学规模和教学科研水平的提高，公立高校成本也一直处于增长的态势；另一方面，由于公立高校每年可以稳定获得国家拨款，公立高校无须为筹措基本的运行资金而花费大量精力，成本管理意识相对淡薄，存在一定程度的资金浪费现象。

另外，公立高校还享受了一些税收政策和收费政策的优惠。如国家对高等学校进口图书资料、教学科研设备以及校办产业实行优惠政策。对于公立高校的进口科研设备免收关税，对于国产科研设备，给予一定的退税优惠，从某种程度上降低了公立高校的办学成本。

四、公立高校收入来源

从公立高校收入来源的变化来看，1998年，教育部颁布的《中华人民共和国高等教育法》规定“国家建立以财政拨款为主，其他多种渠道筹措高等教育经费为辅的体制”。经过二十多年的发展，我国公立大学的收入虽然已摆脱财政拨款占多数的统治性的情况，但财政拨款仍然占据学校收入来源的主要地位。

毛建青、陈文博（2019）根据32所“世界一流大学建设公立高校”2013—2018年的公开预算数据，发现公立高校的收入来源呈现以下特点：一是收入总量逐年增长，32所公立高校的收入总量从2013年的1 359亿元增长到2018年的2 729亿元，增长率为100.8%，年均增长率为15.4%，远远高于同期GDP平价增速。二是各项收入变化不一，增长波动并存。拨款收入、事业收入和上年结转呈增长趋势，其他收入和事业单位经营收入波动明显。三是收入来源结构呈二元化，拨款收入和事业收入占比高。整体而言，我国公立高校的收入来源在过去二十年并未发生质的变化，仍以拨款收入和事业收入为主，拨款收入占比虽然在2013—2016年连年减少，但除2016年和2018年，占比均高于30%；事业收入除2013年和2017年，其余四年均高于30%。这两项收入占比相加占总收入的59%—67%。

我国的教育管理体制的高度集中促使公立大学对政府拨款形成绝对依赖，而大学自身办学能力和外部压力的不足导致大学长期过于忽视其他收入来源主体，公立高校收入来源中，事业单位经营收入占比过低，意味着大学组织自给自足的能力较弱；另外，大学自身缺乏充分利用自身学术资源积极开拓学术市场和推进资本化的主观能动性。社会氛围也使得社会其他主体参与高等教育投入的意愿不高，2018 年 32 所世界一流大学建设公立高校捐赠收入占比仅为 0.25%。究其原因，一方面是政府对社会高等教育投资缺乏配套的激励机制，相关的税收减免等优惠政策力度不足；另一方面是大学没有积极投入社会捐赠的动员活动，募集捐款的形式单一。

公立高校的资金来源主要为拨款收入和事业收入，收入来源中的事业单位经营收入占比过低，意味着大学组织自给自足能力较弱，与外界环境中的市场组织进行相互交换的能力较弱，以致大学对其所拥有资源的把控和依赖严重不足。而这种“得来全不费功夫”的资金，使得大学从思想状态上重要钱、轻花钱，也导致了公立大学的成本核算的意愿较低、成本控制的意识较差。

第二节　微观影响因素

一、学校及学科类别

根据公立高校学科专业覆盖面，按照教育部对学科的划分和大学各学科的比例，公立高校划分为综合类、文理类、理科类、文科类、理学类、工学类、农学类、医学类、法学类、文学类、管理类、体育类、艺术类等 13 类。综合类大学由于学科齐全，其办学规模和学科发展水平一般均处于公立高校前列，一般来说，办学成本较专科类大学高。由于理工类院校对于科研设备的购置需求远远大于文科类院校，所以理工类的院校的办学成本也高于文科类院校，这一点从各公立高校公示的年度预算也可以清晰地反映出来。

从不同学科培养学生的成本来看，依据发展改革委《高等学校教育培养成本监审办法（试行）》，陈文莎（2018）测算出某大学 2017 年各学科生均培养成本：法学 4.11 万元，工学 5.38 万元，经管类 4.02 万元，文哲类 3.67 万元，新闻传播学 4.47 万元，艺术学 4.66 万元。各学科生均培养成本包括学科人员支出、固定资产折旧和学科科研支出。进一步分析表明，各学科生均支出中，生均科研支出和生均设备折旧的差异较大，这两项生均支出工学是文哲类学生的 9 倍左右。在生均教学科研用房折旧和生均人员支出方面，各学科差异并不明显。工学培养的特点是，不但要投入教学成本，同时也要更多的让学生参与科研项目。同时，由于工学专业需要大量的仪器设备开展实验，耗费的设备仪器、实验材料较多，折旧较快。另外，通过测算师生比发现，工学的师生比例较其他学科来说是比较低的，该大学一个工学老师只能培养 16 个学生，而一个文学老师能培养 50 个学生，达到工学学生的三倍，这也是工科学生培养成本较高的原因之一。

教学研究在公立高校业务中的比例也影响着公立高校的办学成本。公立高校可以分为研究型、研究教学型、教学研究型、教学型公立高校等。显而易见，相比教学型公立高校，研究型公立高校对于人员、设备的要求更高，所以学校越偏重科研，在人员成本，设备成本上的投入就越高，研究型公立高校的成本高于教学型公立高校。

二、学校规模与现有办学条件

学生数量的增加对办学的基础条件提出了更大的需求，在 21 世纪的头十年，公立高校扩招也同时伴随着校区的扩建，带来了学校基建投入的激增。由于在原校区周边拓展空间受限，不少公立高校在城市郊区取得土地，建设分校区，甚至在其他城市兴建分校区。多校区的运行，带来了交通、管理成本的提升。

和学校规模密切相关的是基础设施的建设，如果学生规模增长，相应的也要增加教室、学生宿舍、图书馆、实验室等办学基础设施的面积，如果现有办学条件不足，学校势必需要投入大量资金开展基础设施的建设，随着固定资产计提折旧的费用变大，办学成本必然提高。

合理的办学规模（师生比）可以提高学校整体的教学科研效率，在 20 世纪 80 年代，我国的高等教育系统只依靠外延式模式发展扩大，在校生的平均规模不足 2 000 人。公立高校规模过小影响了教育经费的使用效率，教师作为最为重要的人力资源，教授的学生较少，很难人尽其才，发挥出全部作用，教学设施的利用率也低，生均分担的固定成本大。一项研究成果表明，如果在 20 世纪 80 年代的办学条件下，我国高等院校在校生平均规模如达到 4 000 人，可以带来 20%—25% 的成本节约。

三、学校管理水平

由于学校有着资金使用的自主权，学校的管理水平在很大程度上影响着公立高校成本。

公立高校如缺乏明确的发展战略或发展战略实施不到位，可能导致学科盲目发展，难以形成竞争优势，丧失发展机遇和动力。而发展战略过于激进，脱离实际能力或偏离优势，发展战略因主观原因频繁变动，又可能导致资源浪费。重大事项，如校区建设决策失误会造成学校项目失败，造成资金的大量浪费。

公立高校的治理能力、精细化管理水平也与公立高校成本密切相关，如精简高效的行政后勤管理机构可以降低行政人员的薪酬成本；如果公立高校机构臃肿、人员超编，会增加人员成本、造成浪费。加强教学科研大型仪器的共享管理可以有效避免设备的重复购置，降低资产重复配置和设备闲置，提高设备利用率。加强基建工程项目投资控制可以降低工程成本超概算的可能性；高水平的预算、财务管理水平能够提高资金的使用绩效，完善的内部控制措施，可以降低风险发生的可能和损失。

四、会计制度及核算方法

（一）政府会计制度对成本核算的影响

胡侃（2019）认为，在2019年正式执行《政府会计制度》之前，公立高校执行《高等学校会计制度》，成本核算基础存在欠缺，原因有以下几点：一是《高等学校会计制度》的会计核算基础虽然引入了权责发生制，但实际运用中比较少，实质上还是以收付实现制为主，从而收入与支出在期间上不能匹配。二是《高等学校会计制度》的会计要素为“资产、负债、净资产、收入、支出”，仅有支出要素，并没有成本费用概念，资金支付就确认支出。三是《高等学校会计制度》未对固定资产的折旧方法、年限作具体说明，大部分公立高校并没有真实地对固定资产计提折旧，购置资产成本无法在资产使用期限内分期体现成本。

从2019年1月1日起，公立高校正式使用政府会计制度进行核算。政府会计制度采用双基础、双分录进行预算支出核算和财务会计核算，预算会计以收付实现制为基础，用于反映预算收支情况，财务会计以权责发生制为基础。权责发生制从时间上明确了会计确认的归属期间，是成本核算的基础，使得收入、成本明确由当期负担，保证公立高校成本核算数据的相关性和准确性。

政府会计制度要求对固定资产和无形资产进行折旧摊销，待摊费用在一定的期限内平均分摊，以权责发生制为基础确定费用的归属期间，提高了成本中固定资产和无形资产成本归集的准确性。使用“预提费用”核算单位预先提取已发生未支付的费用，公立高校资产的实际价值更能得到真实体现。

（二）成本核算周期对成本核算的影响

根据政府会计制度，公立高校会计的核算周期为公历自然年度，1 月 1 日起至 12 月 31 日止，我国学年安排为每年 9 月 1 日至次年 8 月 31 日。

根据《高等教育法》第十七条，不同层次的学制，学生培养周期也不尽相同，专科教育的基本修业年限为二至三年，本科教育的基本修业年限为四至五年，硕士研究生教育的基本修业年限为二至三年，博士研究生教育的基本修业年限为三至四年。非全日制高等学历教育的修业年限应当适当延长。高等学校根据实际需要，可以对本学校的修业年限作出调整。

对科研项目而言，实施周期从数月到数年不等。而成本核算周期对成本核算的影响前文已经进行过论述，本章不再赘述。

（三）成本核算方法对成本核算的影响

根据《事业单位成本核算基本指引》，单位应当根据成本信息需求，对具体的成本核算对象分别选择完全成本法或制造成本法进行成本核算。

从内涵上来说，事业单位成本核算中的完全成本法和制造成本法其实对应着企业成本核算方法中的完全成本法和变动成本法。企业成本核算中，对完全成本法的定义是指将生产过程中用到的直接材料、直接人工，以及全部的制造费用全部算入产品成本进行计算的方法，完全成本法也叫归纳成本法。企业成本核算中，对变动成本法的定义是生产产品的过程中的变动性制造费用所用到的直接材料、直接人工算入产品成本中进行计算，而将固定性的制造费用算入期间费用中，完全成本法也叫直线成本法。在两种核算方法下，产品成本的构成内容不同。在完全成本法下，将成本分为制造成本与非制造成本，制造成本即产品的成本，非制造成本作为期间费用来处理。在变动成本法下，将变动性制造费用计入产品的成本，将固定性的制造费用随着非制造成本计入期间费用。由此可知，两种成本计算方法显而易见地在产品成本的构成方面存在差异，这是两种成本计算方法的主要区别。

公立高校成本核算中的完全成本法和制造成本法中，完全成本法核算的内容是比制造成本法要多一部分的，主要为“期间费用”。“期间费用”是指公立高校为组织和管理整个经营活动所发生的经济利益的流出，并且与可以确定特定成本核算对象的材料采购、产品生产等没有直接关系。具体来说，主要是与公立高校产品制造或业务活动没有直接联系的费用，如管理、后勤部门的费用、财务费用等。由于公立高校可以根据核算对象的实际情况选择具体的核算方法，如果对一个核算对象采用不同的成本核算方法进行成本核算，核算的结果必然是不一致的，完全成本法的核算范围要大于制造成本法。

（四）费用分配标准或方式对成本核算的影响

对于相同的核算对象，即使采用相同的核算方法，在完全成本法下也可能核算出不同的结果，主要原因是间接费用分配标准或方式的不同。戴琛煌、陶其高（2017）认为，间接费用分配是由多种分配参数和确定方式的，但是为了保证教育成本信息的真实可靠，在间接费用分摊中应该遵循以下原则：一是谁受益谁承担原则，间接费用在受益对象之间进行分摊，多受益者多负担，不受益者不负担。间接费用按谁受益谁负担原则分摊，能够保证成本信息的准确性。二是可比性原则，可比性原则具有两层含义，一是同一单位不同时期发生的相同或者相似的经济业务或者事项，应当采用一致的会计政策，不得随意变更；二是同类单位中不同单位发生的相同或者相似的经济业务或者事项，应当采用统一的会计政策，确保同类单位会计信息口径一致，相互可比。在间接费用的分配中，分配方式、分配参数存在多种选择的可能，要求不同公立高校在不同时期对某一间接费用的分配，尽可能采用相同的方法，以提高成本信息的可比性和使用价值。三是重要性原则，是指公立高校在分摊间接费用时，对于数额较大的费用进行精准分摊，对于金额较小费用进行简便处理。重要性原则既可合理保证成本信息的准确度，又可提高成本核算工作效率，降低成本核算工作的成本。教育成本核算中，间接费用分配可供选择的参数有学生人数、学生接受教育的课时数、学分数以及教师人数等。

比如，教学人员薪酬的分配上，教学人员薪酬应当合理地根据不同成本核算对象负担教学人员薪酬的成本。假如把学生作为具体的成本核算对象，在负担教学人员薪酬的情况下，在不同环节对教学人员薪酬进行分配，在授课环节科学地衡量教师为这些工作付出的精力，作为将资源耗费分配到各类型学生教育成本的依据。

对公用费用中教学辅助费用、耗用的公用费用（不含教室、实验室资源耗用），除教室、实验室、学院房屋设备之外的房屋、设备等折旧，就可以采用学生人数、教师人数、学生使用时间、学生人均使用面积等多种因素进行分配，不同的分配因素计算出的成本必然是不同的。

第八章　公立高校成本核算程序与方法

第一节　公立高校成本核算程序

公立高校要进行成本核算，为相关使用者提供可靠的公立高校成本信息，就必须设定一套规范的程序，使得公立高校成本的核算全部按照设定的程序进行，从而保证所提供的成本信息的可比性和可靠性。参照《事业单位成本核算基本指引》和企业成本核算程序，本书将公立高校成本核算的一般程序分为如下几个步骤：获取公立高校成本核算所需的财务和非财务资料、确定公立高校成本核算期间和核算对象、设置公立高校成本核算账簿、界定公立高校成本项目、归集和分配各种费用、计算对象化的成本及编制公立高校成本报告与分析。

一、获取公立高校成本核算所需的财务与非财务资料

何小敏（2016）认为，为了科学、规范、精准地计算公立高校成本，首先应该收集、整理一手翔实的财务资料和非财务资料，为公立高校成本的归集和分配奠定良好的基础。

（一）财务资料的搜集整理

在这一步骤中所需的财务资料主要是从公立高校的财务部门获取的，这些资料大部分来源于公立高校财务部门的日常核算系统所汇集的各项财务数据。

（1）汇总数据即年度公立高校总费用。业务活动费用、单位管理费用，包括在职人员基本工资、津贴补贴、绩效工资及相应的“五险一金”等的工资福利支出，商品和服务支出，对个人和家庭的补助支出，固定资产折旧费用，无形资产摊销费用，其他业务活动费用等。

（2）各类明细数据，具体包括：

A. 人员经费。包括支付给教学人员、科研人员、教辅人员、行政人员和后勤产业人员的基本工资、津贴补贴、岗位工资、课时费等支出。

B. 公用经费。包括学校行政管理部门和各学院的公用经费，具体包括办公费、印刷费、咨询费、水费、电费、邮电费、取暖费、物业管理费、维修（护）费、差旅费、会议费、培训费、劳务费、专用材料费等日常运行和管理方面的支出。

C. 对个人和家庭的补助费用。包括离休费、退休费、抚恤金、生活补助、救济费、助学金、奖励金等补助费用。

D. 设备购置等资本性费用。包括办公设备购置、专用设备购置、大型修缮、信息网络及软件购置更新费等。

（二）非财务资料的搜集整理

非财务资料是为准确分摊单位管理费用、公共费用和间接为公立高校成本提供分摊依据的资料，主要是从资产管理部门、教务管理部门、学生管理部门等教育服务相关的部门获取的，主要包括对公立高校的历史及现状的介绍；用来反映公立高校教职工、学生人数、各种课时数和事业成果等的基本数字及机构设置情况；本专科生、研究生在校生人数、性质等；教职工人数、类别、职称、学历等；教师一般课时数、实验课数、研时数等；学科设置等。因为这部分数据无法显示在会计账面记录上，所以需要通过向相关部门调取相关资料进行统计整理。

二、确定公立高校成本核算期间和核算对象

（一）确定公立高校成本核算期间

目前，基于政府会计准则对会计年度的规定和考虑财政拨款与公立高校会计年度的一致性，公立高校成本的核算期参照旧制度的规定同企业一样为公历1月1日起至12月31日止。杨世忠、许江波和张丹（2012）认为，从理论上说，成本期间应与学生培养周期和学校的工作周期相一致，即按照学年来确定成本期间，学校向学生的收费也是按照学年度进行的，因此，学生培养成本的计算应当与培养期间保持一致。另外，公立高校成本核算周期有两方面的特殊性：一是公立高校学生的培养是有周期的，一般是本专科生3—5年、研究生

2—3 年、博士生 4 年；二是公立高校的学年制，一般是从 8 月 1 日到次年的 7 月 31 日为一年。新制度关于公立高校核算分期的规定并没有改变，所以公立高校需要做好这两种核算期间的衔接。

曲京山（2011）对于公立高校成本的核算期间与公立高校政府会计核算的会计期间不一致的问题，提出可以通过单独设置的公立高校成本核算系统进行调整。即公立高校在核算成本时，可以充分利用现有的公立高校政府会计核算的信息系统和财务管理系统，从中直接获取相关数据并对部分数据进行加工处理，同时采用一些必要的辅助手段，设置必要的公立高校成本核算辅助账簿。结合公立高校的实际情况，可以采取如下方法，自每年 8 月开始，将公立高校的政府会计核算数据经过相应的加工整理后，转入所设置的公立高校成本核算辅助账簿，进行连续、系统、全面的记录，并于次年 7 月末，即公立高校成本核算的会计期间结束时，将公立高校成本从成本核算辅助账簿中转出，使公立高校成本账簿 7 月末的余额为零。

按照上述方式，公立高校政府会计仍可以按照公历年度进行核算（但须按照公立高校成本核算的要求进行适当调整），同时还能够按照学年度进行公立高校成本核算，提供准确、可靠的公立高校成本数据，既简化了成本核算工作，又满足了各方面对会计信息的需求。

（二）确定公立高校成本核算对象

公立高校成本的核算对象是全体在校学生，对学生的不同分类形成不同的具体成本对象。即公立高校培养对象的多样化决定了公立高校成本核算对象的多元化。公立高校具体成本对象根据管理要求而定：既可以只有一个成本对象（经过折算后的在校约当学生人数），也可以具有多层次、多种类、多角度的成本对象，编制成本计算单，全面反映各院系、各专业总成本和生均成本。以专业性质和院系类别划分成本核算对象，有利于成本的归集、分配，准确计算学生的各类成本。

为了准确核算公立高校成本，公立高校可按不同学历层次、不同专业、不同年级甚至不同学院等分类形成具体的多层次、多维度核算对象，分别核算成本。其中，对于本硕连读的学生，在本科期间界定为本科生，硕士期间界定为硕士生，硕博连读的学生同理；对于国际留学生，就读于各学院的留学生与本学院的其他学生共同分担教育成本，就读于单独学院的留学生（如国际学院或留学生院）分担本学院的教育成本。由于普通本专科（高职）生、硕士生、博士生、留学生等不同学历层次或类型的学生培养耗费的成本是不一样的，可以根据教育部发展规划司的规定计算出折合在校生数，便于统一核算。

如上所述，不同层次、不同专业、不同类别的学生所接受的教育服务是不同的，公立高校每年对他们的投入也不同，那么他们的成本也是不同的。因此，公立高校成本核算工作除了计算总成本与生均成本外，还应准确核算学科、学院、年级等不同学历的成本与生均成本，以满足多元化主体对公立高校成本数据的信息需求。张斌（2013）认为，具体来说可以按照以下四类标准对教育成本核算对象进行分类。

（1）按照发生支出项目确定对象。根据年度发生的支出项目，可以细分为人员经费支出、日常公用经费支出、对个人和家庭补助支出和设备购买支出，再根据是否和教育关联程度，分为直接教育成本支出、间接教育成本支出和非教育成本支出。

（2）按照各学院确定支出项目对象。某公立高校直属学院，将人员经费支出、日常公用经费支出、对个人和家庭补助支出和设备购买支出直接教育成本细分到各学院，对间接教育成本支出根据在校本科生、研究生人数进行折合进行分配。

（3）按学历层次分类确定支出项目对象。在按照学院分类之后，每个学院又分不同的学历，每个学历层次的教育服务也不同，可以在学院的基础上继续分类为本科生、研究生、博士生三类，同时针对每一类别的学生具体细分年级，如级、级等具体的核算对象。

（4）按专业分类确定支出项目对象。在学院、学历分类后，还应该按照不同的学科继续分类。因为大部分的公立高校都存在不同的专业。尤其是文理工医等学科专业的资源耗费与人文社科等学科专业的资源耗费差别很大。因此，可以在学院、学历分类的基础上对专业继续分类。

根据各学院直接成本和间接成本进行加总合计，计算出各学院的成本，汇成报表。

三、设置公立高校成本核算账簿

公立高校进行成本核算，既要满足公立高校成本补偿的要求，又要满足公立高校作为事业单位这一特殊主体的财务管理和会计核算的要求。因此，公立高校要进行成本的核算，应在政府会计核算的基础上，单独设置公立高校成本账户，对公立高校政府会计核算的相关数据进行转账，从而连续、完整、系统地进行公立高校成本核算。这些单独设置教育成本核算的科目有“教育成本”“间接成本”“待摊费用”“预提费用”“在建工程”“固定资产”“累计折旧”“固定资产清理”“养老保险费”“人才引进费用”。

各科目具体核算内容如下。

（一）“公立高校教育成本”账户的设置

“公立高校教育成本”账户核算各项公立高校教育成本。该账户的借方登记本期应计入公立高校教育成本的各项直接费用和间接费用；贷方登记本期转出的完成成本（即毕业生成本）；借方余额反映期末未完成成本（即在校生成本）。“公立高校教育成本”账户应按成本核算对象设置明细账，账内按成本项目和支出项目设置专栏。

（二）“待摊费用”账户的设置

“待摊费用”账户核算已经支付，但不应计入本期公立高校教育成本的各项支出。该账户借方登记从公立高校教育事业支出中转入的不应计入本期公立高校教育成本的各项支出；贷方登记本期摊销计入公立高校教育成本的各项支出；借方余额反映已经支付但尚未计入公立高校教育成本的各项支出，“待摊费用”应按支出项目设置明细账。

（三）“预提费用”账户的设置

“预提费用”账户核算应计入本期公立高校教育成本进行核算但尚未支付的各项支出。该账户贷方登记本期预提计入公立高校教育成本的各项支出；借方登记从公立高校教育事业支出中转入的已经支付的前期计入公立高校教育成本的各项支出；贷方余额反映已经计入公立高校教育成本但尚未支付的各项支出，“预提费用”账户应按支出项目设置明细账。

（四）“固定资产”账户的设置

“固定资产”账户核算固定资产的原始价值。该账户借方登记购置等增加的固定资产原始价值；贷方登记报废等减少的固定资产原始价值；借方余额反映在用固定资产的原始价值。“固定资产”账户应按资产类别和使用单位设置二级账，并按单项固定资产设置明细账。

（五）“累计折旧”账户的设置

“累计折旧”账户核算固定资产的转移价值。该账户，贷方登记已经计提的固定资产折旧；借方登记注销固定资产已经计提的折旧；贷方余额反映在用固定资产累计计提的折旧。“累计折旧”账户二级账和明细账的设置应与“固定资产”账户相一致。

（六）“固定资产清理”账户的设置

“固定资产清理”账户核算固定资产清理过程发生的净损益。该账户借方登记注销固定资产的净值和支付的清理费用等；贷方登记处置固定资产取得的残值收入等；固定资产清理过程中发生的净损失，在贷方登记转出，同时计入“间接费用”账户的借方；固定资产清理产生的净收益，在借方登记转出，同时计入“间接成本”账户的贷方。核算期末，该账户应无余额。“固定资产清理”账户应按清理的固定资产项目设置明细账。

（七）“间接费用”账户的设置

“间接费用”账户核算各项公立高校教育间接成本。该账户的借方登记本期从公立高校教育事业支出中转入的各项间接费用、通过待摊和预提分配转入的间接费用以及计提的固定资产折旧和固定资产清理损失；贷方登记固定资产清理净收益和分配转出的间接费用；核算期末，“间接费用”账户应无余额。

（八）“在建工程”账户的设置

“在建工程”账户核算公立高校已经发生必要支出，但尚未完工交付使用的各种建筑（包括新建、改建、扩建、修缮等）和设备安装工程的实际成本。该账户的借方登记将固定资产转入改建、扩建或修缮等时，固定资产的账面价值；与施工企业结算工程价款时，实际支付的工程价款；支付的其他工程款项；属于建设期间发生的、高等学校为建筑工程借入的专门借款的利息；购入或融资租入需要安装的设备时，按照设备确定的成本、安装费用。该账户的贷方登记建筑工程完工交付使用时，按照工程所发生的实际成本；设备安装完工交付使用时的成本。核算期末，账户借方余额反映高等学校尚未完工的在建工程发生的实际成本。此外，该账户应当按照工程性质和具体工程项目等进行明细核算。

公立高校的基本建设投资应当按照国家有关规定单独建账、单独核算，同时至少按月并入本账户及其他相关账户反映。公立高校还应当在本科目下设置“基建工程”明细科目，核算由基建账套并入的在建工程成本。

（九）“人才引进费用”账户的设置

“人才引进费用”账户核算公立高校引进保证学校发展所必要的高层次人才的过程中，由于人才竞争的激烈性，使得学校必须为其支付诸如科研启动费、安家费等一系列的费用。该账户的借方登记安家费支出、校方提供的住房津贴或住房支出、校方提供的科研经费、引进人才的工资及津贴、上岗前的必要培训费和其他费用。该账户的贷方登记在引进人才后，按照各类学生的平均培养周期、学年度等标准分期平均的分配到各学年度各类学生的教育成本当中去的费用。借方余额反映已经支付，但尚未计入公立高校教育成本的各项支出。

（十）“养老保险费”核算的内容

为了缓解离退休职工带来的补贴支付负担，我国政府提出了按照“社会统筹与个人账户相结合”的原则改革企事业单位的基本养老保险体系，即基本养老保险费用由企事业单位和个人共同负担。

对离退休职工而言，学校所负担并支付的费用与教育活动无关，因此不应包含在高等学校教育成本中。对在职职工的养老保险费用，则要按照是否实行统筹改革分别处理：已经实行改革的公立高校学校所负担并支付的统筹保险费用，应该属于教育成本；没有实行统筹改革的公立高校应该比照当地企业统筹保险费用比率，模拟计算养老保险费用。

四、界定公立高校成本项目

王莹（2019）对政府会计制度下的公立高校成本核算进行了探讨，认为其成本项目分类如下。

（一）划分计入成本的费用和非计入成本的费用

“业务活动费用”是各院系等教学单位为开展教育活动而发生的费用，包含教育费用和科研费用。其中，教育费用是指公立高校各学院开展教学活动的各项费用，包括各学院教学机构、团委、学生工作部、实习中心、实验中心等部门培养学生发生的费用。科研费用是指公立高校开展科研活动发生的各项费用，一般为科研管理机构和研究所发生的费用。“教学辅助费用”是指公立高校开展辅助活动发生的各项费用，包括信息技术中心、图书馆、档案馆等部门发生的费用。“单位管理费用”细分为“行政管理费用”“后勤保障费用”“离退休费用”及“经费费用”“资产处置费用”“上缴上级费用”“对附属单位补助费用”“所得税费用”和“其他费用”。

根据公立高校教育成本的定义，并非财务会计核算中所有计入“费用”科目的都列入教育成本，只有与人才培养有关的费用，才属于公立高校教育成本核算的范畴。因为离退休人员基本不从事教学和管理工作，故离退休费用与培养学生的成本无关，上缴上级费用、对附属单位补助费用不属于本单位成本，经营费用、所得税费用和其他费用（视具体业务情况如捐赠支出、灾害事故赔偿损失等）也不应计入教育成本。因此，属于公立高校教育成本核算范畴的有教育费用、科研费用、行政管理费用、后勤保障费用。

（二）划分直接成本与间接成本及间接成本的归集与分配

1. 教育费用

将教育费用中各院系等教学单位发生的，如发放教师工资等人员经费以及办公费、印刷费、通信费、差旅费、专用材料、燃料、学生活动费等公用经费，直接计入该院系的教育成本；将教务处、研究生处统一管理的教改经费，学工部、校团委管理的大学生双创项目，图书馆、网络中心、实验测试中心等教辅部门发生的费用归集后，根据相应的成本动因将这些间接成本按比例分配计入各院系和专业。

2. 科研费用

公立高校纵向科研经费中教学研究类项目费用是直接教育成本；校内科研费用如校级课题、高层人才引进科研启动金、博士后启动金等属于公立高校事业经费内部指标划转，经费本质上归公立高校所有，该部分经费日常核算应与公立高校日常公共经费基本一致，可直接计入相关院系教育成本。横向项目和政府下达的各级纵向科研项目，经费具有专款专用和项目负责人专属性，项目经费使用年限通常在一年以上，因公立高校科研和教学密不可分，此类科研项目费用作为间接教育成本应按照比率（通常为30%）计入该项目所属院系。

3. 行政管理费用

指公立高校行政部门开展管理活动发生的费用，以及公立高校统一负担的诉讼费、中介费、印花税、房产税、车船税等，属于间接教育成本，通常按照学生的自然人数所占的比率分摊到各个院系专业。

4. 后勤保障费用

指公立高校支付的水电费、维修费、污水处理、物业管理费、绿化费、取暖用燃料费等，属于间接教育成本。其中部分费用若能分户准确计量，则直接计入相应院系相关专业；若不能分户计量，则按总费用根据谁受益谁分担原则，在行政和教学部门进行分配后，将计入教学部门的间接教育成本再依据专业特点、学生折合数及公房面积占有率综合确定分摊比率分配给各院系。

（三）区分直接计入当期成本的费用和分摊计入当期成本的费用

公立高校业务活动中计入教育成本的各项费用，按经济分类科目均包含人员费用、公用费用和资本性支出。当期发生的人员费用、公用费用应全额计入当期教育成本，资本性支出主要有房屋建筑物构建、基础设施建设、专用设备购置、软件专利购置，资本性支出所形成的固定资产折旧和无形资产摊销则应分期计入教育成本。

五、归集、分配和计算对象化的成本

杨莉（2017）首先借鉴品种法的思路，将各学院的学生视为不同品种分别开展生均成本的核算；核算出各年的生均成本后，借鉴分批法的思路，将各届的学生视为不同批次，分别核算毕业生成本。

（一）专业层面教育成本归集、分配和计算

1. 专业层面教育成本的归集

第一步：专业直接成本的归集。专业层面直接教育成本的归集，是对财务明细账中有关各学院的成本按照专业进行归集。专业直接成本是指能直接归入

本专业的成本，如专业课教师以及班主任的工资、本专业发生的印刷费及差旅费等公用支出、分发到本专业的奖助学金等。在对本专业教师的工资进行归集时，应考虑不同专业间教师互相提供教学及学院间相互提供教学须负担的成本，该部分成本的核算将在学院成本归集时进行详述。

进行成本归集时可分别按照教学成本和科研成本两部分进行归集，从而汇总为专业成本；也可按照各成本项目直接列示。归集教学成本和科研成本时分别根据财务明细账按照人员支出、公用支出、对个人和家庭补助支出以及折旧和摊销支出进行汇总。

综上所述，在归集为学院成本时可按下述两种方法进行归集：

（1）将本专业归集的教学成本与科研成本相加，从而求得本专业的成本。以教学成本的归集为例：

教学成本＝教学人员支出＋教学公用支出＋教学对个人和家庭补助支出＋教学折旧与摊销　　（A）

（2）按照公式（B）中各组成部分的计算方法，将其加总为专业成本。

人员支出＝教学人员支出＋科研人员支出　　（B）

专业成本＝人员支出＋公用支出＋对个人和家庭补助支出＋折旧与摊销　　（C）

第二步：学院间接成本的归集与分配。学院间接成本是指由本学院直接发生的、无法直接归集于某专业的、由本学院所有专业共同负担的成本。该部分成本归集时按照成本项目分别归集为学院成本；在各专业间分配时，能找到相关动因的，按照动因进行分配，无法找到相关动因或动因不明确的，按照标准学生人数进行分类。由于本学院内各专业的学科系数是类似的，因此，直接用标准学生人数进行分配即可。在分配学院间接成本时，对动因的选择应考虑以下因素：

（1）对于学院公共基础课，同一教师可能同时对若干个专业授课，而且同一门课程会存在各专业合并教学的现象，因此，应当以约当课时数为分配动因。

（2）对于学院的办公楼折旧，以各系的办公室所占面积为分配动因；对于本学院的行政办公室以及各系公用的办公室，以各系的标准学生人数为分配动因。

（3）对于实验用品费及实验楼折旧，应按照不同培养层次及大小班上课，将实验课折算为约当课时数，并以各系约当课时数为分配动因。

（4）对于课时的核算，考虑到不同培养层次的授课，对教师的授课程度有不同的需求，而且大班授课和小班授课，对教师的要求也不尽相同；此外，除了课堂上的授课，教师的课前备课以及学生论文的指导等工作在课时归集时均没有得到体现。因此，汇总课时数时，除了考虑教务处提供的课时数外，还应将教师的备课和论文指导按照约当产量法折算为约当课时数。具体方法如下：

一是对不同培养层次的授课课时，应赋予不同的系数。可依据约当学生人数计算的计算方法，将本科生的课时系数设为1，研究生的课时系数设为1.5，博士生的课时系数设为2。此外，公立高校普遍存在合班上课的情况，根据教师的工作量，可将单班教学的系数设为1，两个班合并的教学的系数设为1.5，三个班及其以上合并教学的系数设为2。

二是对于教师的备课工作的折算，应当区分为新开课程备课和已授课程备课。对于新开课程，由于教师需要进行全新的备课，可按照该课程对应的课时数作为约当课时数；对于已授课程，虽然教师仍需上课内容的更新等准备工作，但工作量小于新开课程，可按照该课程对应课时数的二分之一作为约当课时数。

三是对于论文的指导，可参照毕业实习的学分制，对学生的毕业论文赋予相应的学分，各教师对论文指导的约当课时数为相应的学分与该教师所指导的毕业生人数的乘积。

（5）对于毕业生，存在毕业实习、毕业论文指导及毕业答辩等支出。同一学院内由于学科相近，会存在导师重叠的现象，因此，对于毕业论文的指导费用，应将论文指导折算为约当课时数，然后作为分配动因。毕业生实习费和论文答辩费则以各系毕业生人数作为分配动因。同理，对于新生，存在招生费用和军训费用，应以各系的新生人数作为分配动因。

（6）对于行政人员的工资及其他学院间接费用，则以各系标准学生人数作为分配动因。

第三步：归集教辅中心成本、行政后勤管理成本。此部分教育成本的归集使用专业直接成本归集的方法，按照各成本项目进行归集，然后汇集为教辅中心成本、行政后勤管理成本。

2. 专业层面教育成本的分配

专业层面教育成本的初次分配需要区分两种不同的情况。对于信息中心、图书馆等可按照专业上机数、刷卡数等动因分配成本，直接计入该专业。对于无法直接计入某专业的教辅成本和行政后勤成本，均须采用两步走的方法：一是将教辅中心成本以及行政后勤管理成本分配至各学院；二是学院将分配的间接成本再分配至各专业。对教辅中心和行政管理部门教育成本的分配，本书将在学院层面教育成本的初次分配处进行详述，故此处不再赘述。

第四步：计算培养成本。将教辅中心的成本分配至各专业，须考虑是否有明确的动因可将该部分成本分配至各专业，如有，则分配时以各专业的相关动因作为分配标准直接将其分配至专业层面；否则按照两步走的方法逐步分配至各专业。

第五步：计算教育全成本。如同第四步的方法，将学校的行政后勤管理成本分配至各专业，并与本专业的培养成本相加，即可计算出本专业的教育全成本。

第六步：计算公立高校全成本。公立高校全成本为在教育全成本的基础上加上离退休支出；其中离退休支出包含直接离退休支出和间接离退休支出，直接离退休支出是指明细账中直接归集到本专业的离退休支出，间接离退休支出是学院离退休支出、教辅中心离退休支出、行政后勤管理部门离退休支出分配到本专业的离退休支出。学院层面离退休支出直接以各专业标准学生人数作为权重，教辅中心离退休支出以及行政后勤管理部门离退休支出采用两步走的方法。

3. 专业层面教育成本再分配

第七步：计算专业生均成本。通过将培养成本和教育全成本分别除以本专业的标准学生人数，即可获得本专业两个口径的生均培养成本。

此外，可借鉴企业成本计算中分批法的思路，归集各级学生的毕业生成本。通过上述专业层面教育成本的归集与分配可得出本学年各专业的生均教育成本，通过将各年级学生在培养周期内各学年的生均教育成本相加，即可获得该专业不同年级学生的毕业生成本。值得注意的是，除了按照正常教学周期按时毕业的学生人数，公立高校还会存在延期毕业和留级的学生。对该类学生应按照其在学校接受教育的实际学年进行毕业生成本结转。

（二）学院层面教育成本归集、分配和计算

核算学院层面的教育成本时，应当将各学院、教辅中心、行政部门、后

勤部门分别确定为责任中心进行成本归集。然后将教辅中心归集的成本按照相关动因分配至各学院，计算出培养成本；在此基础上，将行政部门和后勤部门归集的行政后勤管理成本按照相关动因分配至各学院，计算出教育全成本。

1. 学院层面教育成本的归集

第一步：归集学院成本。将本学院的各专业直接成本与学院间接成本相加即可得出学院成本。在学院成本核算过程中，须注意以下几点问题。

（1）以学院为责任中心进行成本归集时，须考虑责任中心间相互提供教学服务所占用的成本。对于学院之间相互提供教学服务较多的公立高校，如果不考虑相互提供教学服务所占用的成本，就会造成成本信息失真。在计量该部分成本时，可借鉴企业成本核算的交互分配法。由于教师授课均按课时计量，因此可将单位课时成本作为分配率，再根据教师对其他学院提供的课时数与分配率，在各学院之间进行交互分配。具体核算方法为：假设本月 A 学院共计 M 课时，归集的课时费为 H，其中对 B 学院提供了 N 课时，则 A 学院应当向 B 学院分配的成本。由此可推出本学院的成本为：

本学院的成本＝归集的本学院的直接费用－分配转出的课时费＋分配转入的课时费

对于课时的核算，遵照专业层面成本计算中课时系数法，对不同培养层次、不同上课人数的课时赋予相应的系数，从而折算出标准课时。

（2）在归集各学院的成本时，须考虑存货问题。公立高校目前尚未建立存货核算管理制度，每年期末，实验室均会存在大量实验材料，准确核算存货的价值也是目前公立高校教育成本核算面临的难题之一。

（3）对于能直接辨别为由某学院负担的固定资产折旧与无形资产摊销，可直接归集为某学院的成本，如学院单独使用的大楼；不能直接辨别为某学院负担，而是由几个学院共同负担的固定资产折旧与无形资产摊销，须先归集为间接成本，然后按照相关标准分摊至各学院。

第二步：归集各教辅中心、行政部门以及后勤部门的成本。方法同专业层面计算时教辅中心、行政后勤部门成本的归集。

2. 学院层面教育成本的分配

学院层面教育成本的分配包含初次分配与再分配，初次分配是将教辅中心成本以及行政后勤管理成本支出分配至各学院，计算出各学院的培养成本和教育全成本。再分配是将学院的上述两层次的成本总额按照标准学生人数分摊至各学生，求出对应的生均教育成本。

学院层面教育成本的初次分配在进行学院层面教育成本的初次分配时，均应遵循动因分配的原则，即能找到适合的分配动因的，按照动因进行分配；无法找到明确动因或动因不明确的，按照学科折算系数与标准人数相结合为权重进行分配。

第三步：将教辅中心成本分配至各学院，计算出各学院的培养成本。

将教辅中心成本分配至学院时，对分配动因的选择应考虑如下因素。

一是鉴于信息中心主要负责学生的上机事宜，因此，在将信息中心的成本分配至各学院时可将学生的上机机时数作为分配动因。此外，鉴于学生的上机课亦会存在合班教学的情况，不同的教学规模所需的机房大小不同，因此，可将不同上课规模的课时设定不同的系数，从而将上机时数折算为标准上机时数进行公共机房成本的分摊标准。

二是对于图书馆归集的成本的分配，可将线上图书馆与线下图书馆相结合。鉴于学生在登录线上图书馆时须按照学号进行登录，因此可将学生的登录人数作为分配动因；而对于线下的图书馆，目前很多公立高校都采取了刷卡进入的方式，而每位学生的一卡通均与自身的学号绑定，因此可将刷卡进入图书馆的学生人数作为分配动因。

三是对于档案馆等其他教辅部门，可将标准学生人数与学科折算系数相结合作为成本分配动因。

第四步：将行政后勤管理成本分配至各学院，计算出各学院的教育全成本。在将行政部门成本分摊至各学院时，对分配动因的选择应考虑如下因素。

一是由于人事处主要负责教职工的招聘工作，因此将人事处的成本分配至各学院时，可将各学院的教职工数作为分摊标准。

二是由于教务处负责学校的教学工作的开展、各学院课程的设立以及学生的选课等工作，因此将教务处的成本分配至各学院时，可将各学院开设的课程数作为分配标准。

三是由于研究生院和研究生工作部负责硕士生以及博士生的招生、教学以及毕业等工作，因此，将其成本分配至各学院时应以各学院研究生人数作为分配权重；同理，学生处负责本科生的各项工作，因此分配学生处的成本时应以各学院本科生人数作为分配标准。

四是在分摊后勤部门成本时，如果后勤部门能提供每栋教学楼的水电费费用、清洁费用、折旧费等，则可参照信息中心成本的分配方法。鉴于学生可在无教学安排的教学楼进行学习，也可按照重要性原则与成本效益原则将各栋教学楼的费用进行汇总，再按照各学院的标准学生数进行分配。后勤部门的其他成本可直接以学科系数以及标准学生人数相结合作为分配标准。

五是对于其他行政管理部门，可将标准学生人数与学科折算系数相结合作为成本分配动因。

第五步：将教辅中心离退休费用、行政后勤部门离退休费用采用学科系数法与标准人数法相结合的方式分配至各学院，再与本学院自身的离退休费用相加，共同构成公立高校全成本的组成部分。

3. 学院层面教育成本再分配

学院层面教育成本再分配是将学院两口径教育成本分摊至各个学生的过程，鉴于核算的是学院平均生均成本，因此，将本学院的标准学生人数作为分配标准即可获得本学院生均成本。

第六步：核算生均成本。

（三）学校层面教育成本归集、分配和计算

学校层面教育成本的核算，以学校作为核算主体，进行成本的归集与分配，真实地反映本校培养学生的成本，从而有助于学校对外提供成本核算报表，有助于信息使用者了解本校的学生成本。然而学校层面的教育成本仅能提供一个全校的平均数，无法反映不同学科学生的差异，较为粗糙。

1. 学校层面教育成本的归集

学校层面教育成本在核算时将学校整体作为核算中心，因此只须按照学校本年发生的相关数据进行如实填列。

第一步：归集学院成本。归集方法同学院层面教育成本归集中学院成本的计算。归集学院人员支出、公用支出、对个人和家庭补助支出之和以及各学院折旧和摊销之和。

第二步：归集教辅中心成本。具体方法亦同专业层面教育成本核算中教辅中心成本的归集，即按照成本构成项目分别进行汇总然后进行归集。

第三步：计算培养成本。

第四步：归集行政后勤管理成本。具体方法亦同专业层面教育成本核

算中行政后勤成本的归集，按照成本构成项目分别进行汇总，然后进行归集。

第五步：计算教育全成本。

第六步：归集离退休支出。分别根据高校明细账核算各学院、教辅中心、行政部门、后勤部门由学校负担的离退休支出，再归集为学校的离退休总额。

第七步：计算公立高校全成本。

2. 学校层面教育成本的分配

学校层面的教育成本核算的是学校平均教育成本，因此核算生均教育成本时，核算出该校的总体标准学生人数，然后去除各口径的教育成本即可。

第八步：计算标准学生人数。由于高等学校的学生包含了本科、硕士研究生、博士研究生等不同培养层次，因此，在计算标准学生人数时应对各培养层次的学生赋予不同的权重。根据监审办法的相关规定："本科、专科、第二学士学位、在职人员攻读博士和硕士学位、高等职业技术教育学生、成人脱产班学生、预科生、进修生为1，博士生为2，硕士生为1.5，来华留学生为3，函授、网络教育生为0.1，夜大等其他学生均为0.3"，可见，监审办法中也将成人教育中的学历教育学生与普通全日制教育学生共同进行核算。

标准学生人数 = 本科生等人数 ×1 + 博士生人数 ×2 + 硕士生人数 ×1.5 + 留学生人数 ×3 + 函授学生数 ×0.1 + 夜大学生人数 ×0.3

第九步：计算生均培养成本。

第十步：计算生均教育全成本。

第十一步：计算生均公立高校全成本。

六、编制公立高校成本报告与分析

成本计算出来后，可以根据成本的账簿记录和成本计算单编制成本报表，其中包括高等学校总成本报表、专业生均成本报表和学校生均成本报表等。其中，总成本报表是高等学校在报告期内编制的反映高等学校提供服务而发生的总成本的报表，利用总成本报表可以分析和考察高等学校的支出情况，对高等学校进行成本控制的总体情况进行评价。专业生均成本报表是学校在报告期内按照专业不同而分别编制的成本报表，利用此表可以按照成本项目分析和评价每个专业的成本的执行情况，可以将本学年的专业生均成本与历史先进水平进行比较，了解专业生均成本的变动情况。按照之前确定好的成本核算周期编制成本报告，全面反映单位成本核算情况，由于第九章专门讲述公立高校成本报表与成本分析，所以在此就不再赘述。

第二节 公立高校成本核算方法

根据《事业单位成本核算基本指引》的要求，单位应当根据成本信息需求，对具体的成本核算对象分别选择完全成本法或制造成本法进行成本核算。而公立高校的教育经费支出对于计算不同专业类别的生均成本而言，其间接费用的比重很大，对于流程管理的作用也要大于对核算结果的报告，特别适用于作业成本法的核算管理理念。而且无论最终的成本对象是类别、是专业，抑或是年级，都可以采用作业成本法来完成其核算过程。不仅如此，基于作业的成本归集还有利于学校后勤的社会化改革——成为作业外包与自营的比较基础。因此，本书的公立高校成本核算方法主要介绍三种，即完全成本法、制造成本法和作业成本法。

一、完全成本法

完全成本法，是指将单位所发生的全部耗费按照成本核算对象进行归集和分配，计算出总成本和单位成本的方法。成本核算对象为单位整体、主要业务活动的，可以采用完全成本法。

企业成本核算采用制造成本法，公立高校成本核算则实行完全成本法。企业产品成本核算采用制造成本法，产品成本中只包括与制造活动有关的直接材料、直接人工和间接性的制造费用，而与生产无直接关系的管理费用、财务费用、销售费用等期间费用则通过利润进行补偿，不计入产品的成本。而教育成本在核算时，首先将支出项目中那些与教育活动无关的项目，如离退休人员的支出以及后勤产业部门所发生的支出等予以剔除，然后将经过整理后的支出项目如各个学院的支出，计入教育直接成本。对于那些与提供教育服务密不可分的部门如公共基础部、校机关、图书馆等所发生的支出，则先计入间接成本，再按照一定的标准分配计入教育成本。这样计算出来的教育成本显然是完全成本。

二、制造成本法

制造成本法是一种传统的成本计算制度，是指只将与产品制造或业务活动有联系的费用计入成本核算对象，不将单位管理费用等向成本核算对象分配的方法。此方法适用于成本核算对象为公共服务或产品、项目、内部组织部门、业务团队的。制造成本法的理论关键在于如何确认产品的成本项目构成，按照企业存在的相关职能部门设置成本项目，存在如下问题：成本项目哪些应该作为产品成本的组成项目，哪些应作为期间成本的组成项目；与生产有关的职能部门相关的成本项目是不是所有成本内容都应进入产品生产成本，还是部分成本内容进入产品生产成本。这些问题也构成了今天制造成本法基本的理论问题。公立高校可以根据制造成本法的关键理论，首先确定成本的构成，其次确定成本核算的期间，然后对成本进行归集分配，最后计算公立高校不同学生类型成本。

三、作业成本法

作业成本法的费用归集和分类围绕作业展开，它是以成本对象消耗作业、作业消耗资源为理念的核算方法，作业成本法可弥补生均成本法难以科学分类核算教育成本的不足，能有效支持成本管理和绩效评价。在可行性方面，作业成本法主要适用于间接费用占比较大的情况，这符合公立高校教育成本的实际构成。作业成本法“作业消耗资源，产品消耗作业”的核心理念有助于将相关成本费用准确追踪到特定产出和成果上，这正是公立高校教育成本核算面临的关键任务。在数据的获取上，政府会计制度的改革将核算记录的范围扩展到“费用”要素，为获得更全面的成本信息打下了基础。

黄青山和郭瑞（2019）根据作业成本的核算逻辑，政府会计制度下作业成本法核算的基本流程包括如下几点。

（一）确定公立高校作业项目、建立作业中心

由于公立高校成本对象复杂，可以按照不同院系、不同培养层次分别核算，因此，以培养不同院系的学生作为核算对象（即教育服务的产品）为例进行作业认定。此处应该首先剔除与教育活动无关的作业，如退休人员工资、经营费用、资产处置费用、上缴上级费用和其他费用等不属于公立高校

教育成本，然后根据作业所耗费的资源是否能直接追溯到成本核算对象，将各作业分为直接作业与间接作业。基于本书的成本核算对象，各院系教育管理中直接耗费公立高校资源的作业可视为直接作业，而教学辅助管理、学生管理、行政管理及其他相关部门的作业视为间接作业。具体的分类如表 8－1 所示。

表 8－1　　公立高校作业中心明细表

类型	作业中心	作业项目
直接作业中心	院系教学作业中心	课堂教学、课程实验、实习等
	院系学生管理作业中心	院系的学生日常管理
	院系科研作业中心	对教学有促进作用的科研作业
间接作业中心	教学辅助作业中心	教务处、图书馆、网络中心等管理
	学生管理作业中心	招生、军训、学生综合管理等活动
	资源管理作业中心	水电、固定资产、无形资产管理等
	党政组织作业中心	组织宣传、党籍管理等
	行政管理作业中心	财务、人事、医疗等管理活动

其中，直接作业中心的成本可以直接归集到成本对象中，间接作业中心的成本相对于核算对象而言属于间接成本，应根据动因分配到有关对象中。在作业成本法下，应尽量将成本追溯到个别产品，减少成本分配引起的信息失真。

（二）确定资源项目、分析资源动因

公立高校教育活动消耗的资源按照经济内容可以分为人力资源、物力资源、资本性资源。人力资源主要指财务会计核算的人员经费，包括基本工资、津贴补贴、绩效工资、“五险一金”等，离退休人员经费与当期的学生培养活动无关，应该剔除；物力资源指商品和服务费用，主要包括办公费、印刷费、邮电费、取暖费、水费、电费、专用材料费、劳务费等；资本性资源包括固定资产、无形资产以及其他资本性资源等，在政府会计制度的规范下，资本性资源的消耗主要包括固定资产、无形资产的折旧、摊销。在按照政府会计准则完成资源项目的归集后，应对资源进行分配。属于产品专属耗费的资源只为特定产品服务，直接计入该产品；属于作业专属耗费的资源直接计入该作业；属于混合消耗的资源应按照资源动因分配到作业，如表 8－2 所示。

表 8－2　　资源项目及动因明细表

资源类别	资源项目	资源动因
工资福利支出	基本工资	标准教职工人数
	津贴补贴	标准教职工人数
	绩效工资	标准教职工人数
	五险一金	投保人数
	职业年金	参加人数
	其他工资福利支出	作业专属
商品服务支出	办公费	办公人数
	印刷费	作业专属
	邮电费	作业专属
	水电费	仪表测量数
	取暖费	仪表测量数
	物业管理费	专属作业
	差旅费	折合里程数
	维修（护）费	作业专属
	租赁费	作业专属
	会议费	参会人数
	培训费	参培人数
	专用材料费	教学课程学时
	专用燃料	教学课程学时
	劳务费	折合劳务量
	委托业务费	作业专属
	其他交通费	折合里程数
	其他商品和服务支出	作业专属
对个人家庭补助支出	奖助学金、学生困难补助	作业专属

计算公式：某作业耗费资源 = 资源动因分配率 × 所有作业对该资源耗费的总额；其中，资源动因分配率 = 某作业耗费的该资源动因量 ÷ 所有作业耗费的该资源动因量之和。

（三）将作业成本分配到成本核算对象

此步骤按照作业动因将作业成本分配至成本对象。作业动因的确定应充分考虑学校实际情况，找出作业与成本真正的因果关系，作业动因如表 8－3 所示。约当学生数的折算与前文一致。

表 8-3　　　　　　　　　作业中心及作业动因

作业中心	作业动因	作业中心	作业动因
院系教学作业中心	教学课时	学生管理作业中心	实际学生数
院系学生管理作业中心	约当学生数	党政组织作业中心	约当学生数
院系科研作业中心	约当学生数	资源管理作业中心	约当学生数
教学辅助作业中心	约当学生数	行政管理作业中心	实际学生数

某院系学生应承担的某项作业成本 = 耗用该作业的成本动因量 × 作业动因分配率；作业动因分配率 = 某作业中心的作业成本 ÷ 该作业中心可提供的作业量。最后将该院系学生应分配的所有作业成本汇总可得该院系的教育成本。

综上所述，完全成本法下计算的生均成本存在一定的不合理之处，难以科学合理地反映生均成本；制造成本法下计算的教育成本，仅反映与教育活动相关的成本；作业成本法下计算的总的成本与完全成本一致，核算过程中相比完全成本法区分了约当学生数和实际学生数，能够合理反映出生均教育成本。

第九章　公立高校成本报表编制与分析

第一节　公立高校成本报表的作用和种类

公立高校成本报表，是公立高校按照成本管理要求，依据公立高校业务成本和费用核算资料及其他有关资料编制，反映学校一定时期业务成本、期间费用等成本水平及构成情况的文件资料。根据《事业单位成本核算基本指引》，单位进行成本核算应当满足内部管理和外部管理的特定成本信息需求，成本报表作为公立高校成本核算信息披露的载体，主要需要满足公立高校成本信息需求，主要包括如下几点。

（1）成本控制。为满足该需求，公立高校应当完整、准确核算公立高校教学、科研主要业务的成本，揭示相关成本发生和形成过程，以便对影响成本的各种因素、条件施加影响或管控，将实际成本控制在预期目标内。

（2）确定生均成本。生均成本对于公立高校而言意义重大，生均成本既是相关拨款的重要依据，又是公立高校运营管理的重要依据。而公立高校成本报表就作为核算生均成本的重要工具，通过测算为制定相关价格或收费标准提供依据和参考。

（3）绩效评价。近几年来，一些部门和学者专家对教育部直属公立高校进行绩效评价。公立高校绩效评价是公立高校管理工作的发展趋势和必然需求，为满足该需求，公立高校应当设置与成本相关的绩效指标并加以准确核算，以便衡量单位整体和内部组织部门运行效率、核心业务实施效果、政策和项目资金使用效果。

一、公立高校成本报表的作用

（一）有利于为公立高校决策提供依据

公立高校成本报表所提供的成本和费用相关资料，可以全面反映公立高校运营管理消耗，是公立高校开展教学、科研和管理活动的反映，是公立高校开展成本、费用预测与决策，编制成本和费用计划，进行决策的重要依据。

（二）满足公立高校成本管理需求

公立高校通过开展成本报表分析，可以对影响公立高校成本指标和费用变动的因素和原因进行分析，挖掘公立高校教学科研行为、经营管理等方面节约费用支出和降低成本的潜力，有的放矢地采取相应成本控制措施，提升公立高校公共治理效率。

（三）对学校成本管理绩效进行评估和评价

成本数据是对公立高校教学、科研和管理活动情况的总结和反映，是公立高校内部治理质量评价的重要依据。通过分析成本报表，了解学校及所属二级单位的成本管理绩效，评估成本核算的合理性、可靠性等。

二、公立高校成本报表的种类

（一）反映公立高校主要业务情况成本情况的报表

该类报表主要反映公立高校开展主要核心业务，如本科教学、研究生教学等业务费用水平及其构成情况，并与计划水平、上一年实际水平、历史最好水平或公立高校同类服务先进水平比较，反映成本的变动情况和趋势。

（二）反映公立高校各类费用情况的报表

该类报表主要是反映公立高校一定时期内各类费用总额及构成情况，并与计划水平、上一年实际水平对比，反映各种费用支出的变动情况和变动趋势。属于此类成本报表的有业务活动费用明细表、管理费用明细表、经营费用明细表、资产处置费用明细表、上缴上级费用明细表、对附属单位补助费用明细表等。

（三）反映公立高校项目专项成本的报表

除上述两类一般性的成本报表外，有些公立高校还因为特殊目的编制专项成本报表。例如，公立高校专项经费管理需要编制专项成本报表，为了加强对某项科研项目的经费管理，编制该项科技项目成本报表。该类成本报表反映的内容可称为专项成本。该类成本是为了某类管理工作的要求进行专门统计、专门核算，并进行专门管理的。

公立高校成本报表属于内部报表，它的编报是为了满足公立高校管理层、相关部门、责任人对成本信息的需求，并不是强制需要编制的。因此，成本报表在报表种类、指标设计以及报送对象等方面是根据学校自身需求安排，具备较强的针对性和灵活性。为了满足公立高校成本管理的多方位需求，可以针对公立高校成本管理的重要环节、重要问题提供专门报告，可以区分机关部处、学院等所属二级单位，也可以按照专项经费提供专项成本报告。同时也可以按旬、月、周，甚至按日编报成本报表，深入分析成本变动原因，寻求降低成本的有效办法，同时可将成本指标与学校其他绩效评价指标有效联动，也可编制成本计划，对成本计划能否完成进行预测等。

第二节　公立高校成本报表的编制

一、成本报表的编制方法

公立高校成本报表有的是反映本期具体项目，如本期学生培养、科学研究、运营管理等某一项目的实际成本；有的是反映本期各类费用的实际发生额，还有的可能是反映实际成本或实际费用的累计数。为了考核和分析公立高校相关预算的执行情况，相关报表还会反映预算数和某些补充资料。

成本报表中的实际成本、费用，应根据相关明细账的实际发生额填列；累计实际成本、费用，应根据相关财务报表本期实际成本、费用加（负为减）上期报表的累计实际成本、费用计算填列；如果相关明细账中有期末累计实际成本、费用，可直接根据明细账相应数据填列。成本报表中计划数，应根据具体计划和预算数据填列。

二、公立高校业务成本报表的编制

公立高校业务成本报表是反映公立高校在成本报表的报告期内所组织的人才培养、科学研究等具体业务活动相应成本的成本报表，它可以从业务种类和成本项目两个维度进行编制和分析。第一类是按照业务种类编制公立高校成本报表，反映公立高校在报告期内完成相关人才培养、科学研究和社会服务等具体业务活动的成本情况。利用该表可以定期考核、分析公立高校主要业务成本情况、完成计划情况等，对公立高校相关业务成本工作从总体上进行评价，并为进一步分析指明方向。第二类按照具体成本项目编制公立高校成本报表，汇总反映公立高校在报告期内发生的全部业务成本和费用。利用该成本报表，可以考核和分析公立高校全部费用和成本计划完成情况，对公立高校成本工作从总体上进行评价，具体如下。

（一）业务种类维度

按照业务种类维度的成本报表，主要是指以公立高校某一项或者某一类具体业务类别的成本报表，如可以按照某一专项项目，某一专类培养项目，某一个专业、年级等归类核算。以某公立高校20××年12月全日制本科生为例，相关培养成本表如表9－1所示。

如表9－1所示，公立高校可将相关业务作为成本归集对象，计算出相应成本，还可以分析实际成本和计划成本的差异，分析变化原因。可以从具体业务项目入手，就实际情况、单位成本、本学期总成本、本年累计总成本等多个维度进行比较和分析，通过分析差异产生原因，找到问题根源和解决问题的方法。

（二）成本项目维度

成本项目维度不同于业务维度，该维度是从构成成本的具体项目着手，通过分析具体成本项目计划数和实际数的差异、变化等，对成本情况进行分析。以某公立高校20××年12月A科研项目为例，按照成本项目维度，如表9－2所示。

表 9－1　业务种类维度成本报表

单位：元

业务名称	计量单位	实际情况		单位成本				本学期总成本			本年累计总成本		
		本学期情况	本年累计	上年实际平均	本年计划	本学期实际	本年累计实际平均	按上年实际平均单位成本计算	按本年计划单位成本计算	本期实际	按上年实际平均单位成本计算	按本年计划单位成本计算	本年实际
		(1)	(2)	(3)	(4)	(5)＝(9)÷(1)	(6)＝(12)÷(2)	(7)＝(1)×(3)	(8)＝(1)×(4)	(9)	(10)＝(2)×(3)	(11)＝(2)×(4)	(12)
理科学生培养成本	人	1 000	3 000	2 000	1 500	1 800	2 000	2 000 000	1 500 000	1 800 000	6 000 000	4 500 000	6 000 000
文科学生培养成本	人	1 000	2 000	1 800	1 200	1 500	1 500	1 800 000	1 200 000	1 500 000	3 600 000	2 400 000	3 000 000
工科学生培养成本	人	500	1 000	3 000	3 200	3 000	3 200	1 500 000	1 600 000	1 500 000	3 000 000	3 200 000	3 200 000
医科学生培养成本	人	100	500	5 000	6 000	5 500	5 500	500 000	600 000	550 000	2 500 000	3 000 000	2 750 000
合计		2 600	6 500	11 800	11 900	11 800	12 200	5 800 000	4 900 000	5 350 000	15 100 000	13 100 000	14 950 000

表 9－2　　成本项目维度成本报表　　单位：元

成本项目（A科研项目）	本年计划数	本月实际数	本年累计实际数
直接材料	200 000	25 000	280 000
直接人工	300 000	32 000	260 000
制造费用	200 000	18 000	180 000
业务活动费用合计	700 000	75 000	720 000
加：未完成项目期初余额	100 000	1 200	90 000
减：未完成项目期末余额	50 000	200	30 000
业务成本合计	750 000	76 000	780 000

三、公立高校主要业务单位成本报表

从收支情况看，公立高校所开展业务纷繁复杂，种类多。公立高校主要业务是指公立高校经常发生，所占比重较大，能概括反映公立高校运营管理情况的业务。而公立高校主要业务单位成本报表是反映公立高校在报告期内主要业务的单位成本水平和构成情况的成本报表。该表按照主要业务情况分别编制。利用此表，可以按照成本项目分析和考核主要业务单位成本的计划执行情况；可以按照成本项目在同一个时间维度上进行对比（按年、学期等），了解单位成本的变动情况；可以分析和考核各种主要业务的技术指标执行情况，并进一步查实主要业务单位成本变动具体原因。举例如表 9－3 所示。

表 9－3　　公立高校主要业务单位成本表（20××年 12 月）

项目	历史先进水平 19××年	上年实际平均	本年计划	本月实际	本年累计实际平均
单位成本					
直接材料（元）	300	400	450	350	380
直接燃料和动力（元）	100	200	250	200	190
直接人工（元）	450	500	600	500	520
制造费用（元）	250	300	250	250	280
业务单位成本（元）	1 100	1 400	1 550	1 300	1 370
主要技术指标					
A 项目专利权（件）	500	430	440	435	440
B 项目专利权（件）	400	320	350	330	332

表9－3中各项数据填列方法如下。

（一）单位成本

历史先进水平：根据历史上该类业务成本最低年度成本表实际平均单位成本填列；

上年实际平均：根据上年度主要业务单位成本表累计实际平均单位成本填列；

本年计划：根据本年度成本计划填列；

本月实际：根据相关业务成本明细账等核算资料填列；

本年累计实际平均：根据相关业务成本明细账本年度业务总成本除以实际业务量计算填列。

表9－3相关数据应对应与学校相关成本明细账、各类成本报表数据彼此对应。

（二）主要技术指标

该类指标主要是成本管理指标的辅助核算指标，主要反映该类业务成本耗费所对应的业务数据情况，如专利件数、学生人数、材料数量、设备台套等，该类项目应根据业务技术资料填列。该类数据可以作为成本分析的辅助数据指标反映。

四、公立高校各种费用报表的编制

公立高校所发生各种费用是指学校组织教学、科研活动时，学校学院、部门为进行教学、科研活动所发生的业务活动费用、管理费用和经营费用等。编制上述相关费用的作用在于反映相关费用预算的执行情况，分析相关费用变动的原因以及对当期盈余的影响。

（一）业务活动费用明细表

业务活动费用是公立高校日常经常性开支费用，通过对公立高校业务活动费用进行比较分析，可以有效对费用进行控制。某公立高校A学院20××年12月业务活动费用明细表如表9－4所示。

表 9－4　某公立高校 A 学院 20×× 年 12 月业务活动费用明细表　单位：元

项目	本年计划数	上年同期实际数	本月实际数	本年累计实际数
工资福利	100 000	150 000	10 000	90 000
个人和家庭补助	200 000	250 000	20 000	200 000
商品和服务费用	200 000	250 000	20 000	150 000
固定资产折旧	150 000	150 000	10 000	200 000
无形资产摊销	100 000	100 000	10 000	100 000
对企业补助费用	20 000	250 000	2 000	20 000
合计	770 000	1 150 000	72 000	760 000

表 9－4 按照业务活动费用项目分别反映各项费用的本年计划数、上年同期实际数、本月实际数和本年累计实际数等。其中，本年计划数根据成本计划中业务活动费用计划填列；上年同期实际数根据上年同期业务活动费用明细表本月实际数填列；本月实际数根据业务活动费用总账所属各业务活动费用明细账的本月合计数汇总计算填列；本年累计实际数应根据相关业务活动费用明细账的本月末累计数汇总计算填列。

（二）管理费用和经营费用明细表

管理费用、经营费用明细表填列方法与业务活动费用明细表相同，相关明细表如表 9－5 所示。

表 9－5　某公立高校 A 学院 20×× 年 12 月管理和经营费用明细表　单位：元

项目	本年计划数	上年同期实际数	本月实际数	本年累计实际数
工资福利	200 000	300 000	10 000	150 000
个人和家庭补助	100 000	200 000	20 000	100 000
商品和服务费用	300 000	400 000	15 000	250 000
固定资产折旧	120 000	120 000	10 000	120 000
无形资产摊销	60 000	60 000	50 000	60 000
合计	780 000	1 080 000	105 000	6 800 000

如表 9－5 所示，可以对相应具体项目的本年计划数和本年累计实际数进行对比，分析差异原因，并能对未来成本管理方案提出建设性方案和建议。

第三节 公立高校成本分析

公立高校对学校内部经常性项目制定成本目标，并进行成本分析、控制和考核时，可选用标准成本法。公立高校应用标准成本法，可根据有关法规制度和定员定额标准，按照公立高校成本内容分类分项制定标准成本。公立高校对业务复杂、间接费用比重较大的项目进行成本核算、分析、控制和考核时，可选用作业成本法。

一、公立高校成本分析的一般程序和方法

（一）成本分析一般程序

成本分析一般程序可以概括为以下几个步骤。

1. 科学安排

要做好成本分析工作，首先需要明确成本分析目标、要求和范围，以及需要解决的问题。在此基础上，需要做好细致安排，科学拟订分析计划，对人员、工作分工、目标等做好安排，提高成本分析工作效率和工作质量。

2. 梳理资料

该步骤是科学进行成本分析，得出准确结论的前提。该步骤工作主要包括广泛收集与成本分析相关的各方面的资料，并认真进行审核、整理和筛选，去粗取精，去伪存真；同时，深入实际进行调查研究，掌握实际工作的具体情况。

3. 深入分析

根据所拟订的成本分析方案，在梳理资料的基础上，深入开展项目分析，对相应成本项目进行比较，确定各种差异，并查明形成差异的影响因素及其影响程度，以及应该重点解决的问题，为后续分析提供依据。

4. 查明原因

结合学校的内外部实际，研究学校具体开展教学、科研以及运营管理等方面的实际情况，对相关成本差异情况进行分析，查明影响成本相关各因素变动的具体原因，便于有的放矢地采取成本控制措施。

5. 评价报告

在上述工作的基础上，可以选取一定的评价指标，结合定量评价和定性评价，全面对学校成本管理的方法、效果进行评价，并通过各方面、各层次开展成本分析和全面、客观评价公立高校成本管理工作基础上，编写成本分析报告。相关成本分析报告还可以和绩效评价制度进行有机衔接。

（二）成本报表的数量分析方法

在具体工作实践中，常用的成本分析方法有以下几种。

1. 比较分析法

比较分析法是指通过选取一定指标，从数量上进行对比确定差异的一种分析方法。其主要作用在于揭示客观差距，为后续分析明确方向。开展比较分析时，相关基数根据分析目的不同而进行调整。实际工作中通常有以下三种形式。

（1）将成本实际情况指标与成本的计划或定额指标对比，分析成本计划或定额的完成情况，以及成本节约或超支原因。

（2）将本期实际成本指标与前期（包括上期、上年同期或历史最好水平等）实际成本指标对比，分析学校成本指标的变动情况和趋势，进一步揭示公立高校经营管理工作的改进情况。

（3）将本学校实际成本指标（或某项技术指标）与国内外同行业先进指标对比，可以在更大的范围内找出差距，明确发展方向，推动本学校进一步改进经营管理。

比较分析法只适用于同质指标的数量对比，运用该方法要注意指标的可比性。为了使进行对比的指标可比，可以根据实际情况将相关对比的指标进行必要的调整换算。如对比费用指标，可以先将随相关业务量变动而变化的费用计划指标按业务量增减幅度进行调整，然后与实际情况进行对比。与以前各期资料对比，可以都按不变数据（即按规定的某年数据）换算，或按物价、收费率等变动情况调整某类指标。

2. 比率分析法

比率分析法是指通过计算、对比和成本管理相关指标的比率并进行数量分析的一种方法。采用该方法，先须把对比的指标数据转换成相对数，求出相关比率，然后对比率进行对比分析。具体比率分析形式有以下三类。

（1）指标比率分析。将两个性质不同但存在一定关系的指标进行对比求出比率，然后将实际数与计划数进行对比分析。通过分析相应指标对应情况，深入分析学校经营管理情况。如将相关技术指标与反映教学、科研等公立高校事业发展成果指标进行对比，测算出投入产出比率，分析和比较经营管理耗费的经营管理效益。

（2）构成比率分析。构成比率是指某项经济指标的组成部分占总体比重。例如，将某项专项经费的各类成本项目与成本总额相比，计算所占成本比重，确定相应成本构成比率；此外，也可以比较不同时期成本构成比率，通过测算和分析不同时期业务成本构成的变动，分析学校经营管理不同时期的变化情况，了解学校改进业务流程、提升经营管理效率等对业务成本的影响。

（3）动态比率分析。动态比率分析也称趋势分析，是将不同时期同类指标数据对比求出比率进行对比分析，了解该项指标的增减速度和变动趋势，对学校在经营管理方面的成绩或不足进行评价。由于相关对比标准不同，可分为基期指数和环比指数两种，其计算公式如下：

$$\text{基期指数}=\frac{\text{分析期指标数额}}{\text{固定期指标数额}}$$

$$\text{环比指数}=\frac{\text{分析期指标数额}}{\text{前一期指标数额}}$$

如某公立高校 A 科研项目某年四个季度实际单位成本分别为第一季度 90 元、第二季度 95 元、第三季度 100 元、第四季度 105 元。若以第一季度为基期，按照基期指数对比方法，以该季度单位成本 90 元为基数，可以计算该年其他各季度 A 项目单位成本相关对比定基比率，测算情况如下：

$$\text{第二季度：}\frac{95}{90}\times 100\% = 105.56\%$$

$$\text{第三季度：}\frac{100}{90}\times 100\% = 111.11\%$$

$$\text{第四季度：}\frac{105}{90}\times 100\% = 116.67\%$$

通过上述测算可以得出，A 项目的单位成本逐季度稳步上升，学校在保证实现业务发展目标的前提下，需要考虑如何对成本进行科学、合理控制。

如果分别以上一个季度为基期，以环比指数进行分析，可以计算各季度环比比率如下：

第二季度比第一季度：$\frac{95}{90}\times100\%=105.56\%$

第三季度比第二季度：$\frac{100}{95}\times100\%=105.26\%$

第四季度比第三季度：$\frac{105}{100}\times100\%=105.00\%$

通过上述测算可以看出，A 项目的单位成本同样得出逐步稳定增加的结论，学校应该考虑出台成本控制相关措施。

3. 连环替代法

连环替代法是用来计算若干个彼此存在一定联系的因素对综合经济指标变动影响程度的分析方法。连环替代法的计算程序是：

（1）明确影响指标变动因素。

（2）按照一定原则对各影响因素的替换顺序进行排序。

（3）按照既定排序的因素替换顺序和各因素的基数计算指标的基数。

（4）逐次以各要素的实际数替换基数，每次替换后实际数保留；将每次替换后计算结果与前一次替换后计算结果对比，顺序计算出各因素的影响程度，其中有 n 个因素就替换 n 次。

（5）将各因素影响程度的代数和指标变动差异总额（分析对象）核对相符。

使用连环替代法计算确定各因素影响程度时，因素的替换顺序不同，同一因素对指标变动的影响程度也随之发生变化。因素的替换顺序非常关键。确定相关因素排列顺序的一般原则是：如果既有数量因素又有质量因素，应先分析数量因素变动，后分析质量因素变动影响；如果既有实物量因素又有价值量因素，先分析实物量因素变动的影响，后分析价值量因素变动影响。如果有若干个数量因素和质量因素，还应区分主次，先分析主要因素变动的影响，后分析次要因素变动影响。

4. 差额计算法

差额计算法是连环替代法的一种简化形式，和连环替代法存在一定联系。运用该办法，先要确定各因素实际数与计划数差异，然后按照各因素排序，计算出各因素变动的影响程度。差额计算法和连环替代法原理一致，但是较为简便，应用比较广泛，特别是在有两个影响因素的情况下更为适用。

除上述常见的数量分析方法外，其实还可以根据成本分析的目的和要求，采用分组法、指数法、图表法等其他数量分析方法，也可以综合采取若干种方法集合进行分析。

上述各类成本分析方法，仅仅是作为成本分析的实用工具，为后续进一步核实公立高校经营管理工作业绩提供依据和指引，而不能代替调查研究。要对成本管理工作整体情况进行合理评价，并据以提出切实有效的建议和措施来改进工作，还必须在采用上述分析方法进行分析的基础下，深入实际开展调查研究，得出科学结论。

二、公立高校业务成本计划完成情况分析

（一）按业务种类分析

按业务种类分析业务成本计划完成情况，既要通盘考虑系统分析学校相关业务成本整体完成情况，同时也要分析每一细类业务成本计划完成情况。通过分析可以对全部业务成本计划整体完成情况有系统性的掌握，也为后续进一步的分析提供指引和依据。根据表 9－1 相关数据，编制业务成本计划完成情况分析表，具体如表 9－6 所示。

表 9－6　本年累计全部业务成本计划完成情况分析表　单位：元

业务名称	计划总成本	实际总成本	实际比计划变化额	实际比计划变化率（%）
理科学生培养	4 500 000	6 000 000	1 500 000	33.33
文科学生培养	2 400 000	3 000 000	600 000	25
工科学生培养	3 200 000	3 200 000	0	0
医科学生培养	3 000 000	2 750 000	－250 000	－8.33
合计	13 100 000	14 950 000	1 850 000	14.12

根据表 9－6 相关数据：

本年累计业务成本实际比计划变化情况

＝实际总成本－计划总成本

＝14 950 000－13 100 000＝1 850 000（元）

$$\text{本年累计业务成本计划完成率}=\frac{\varepsilon(\text{各类业务实际单位成本}\times\text{实际业务量})}{\varepsilon(\text{各类业务计划单位成本}\times\text{实际业务量})}\times 100\%$$

$$=\frac{14\ 950\ 000}{13\ 100\ 000}\times 100\%=114.12\%$$

成本升降率 = 114.12% - 100% = 14.12%

根据上述，该学校本年学生培养业务累计实际总成本高于计划总成本 1 850 000 元，主要是理科学生培养实际比计划超支 1 500 000 元，文科学生培养实际比计划超支 600 000 元。

（二）按成本项目分析

如表 9-2 所示数据，公立高校 A 科研项目的直接材料本年累计实际数高于本年计划数，实际数高于计划数 80 000 元（280 000 - 200 000）。成本增加的原因是多方面的：一是单位成本的提升；二是业务量的变化。因为各类业务单位成本变动幅度不同，应当进一步结合涉及该公立高校 A 科研项目及其学校管理方面的明细资料进行分析，查明影响业务总成本变化的主要因素和因素变动的主要原因，对业务总成本增加是否合理进行评价。而就其直接材料、直接人工和制造费用的本年实际数和本年计划数相比，变动情况和幅度各不相同。分析时不仅需要对指标数据进行对比分析，还应进一步查明影响指标变动的因素和原因。对于各成本项目的费用，还可以计算构成比率，并在本年实际数、本月实际数和本年计划数之间进行对比分析。

根据表 9-2 数据，相关比率计算和分析情况如下：

1. 本年计划数构成比率

$$直接材料比率 = \frac{200\ 000}{700\ 000} \times 100\% = 28.57\%$$

$$直接人工比率 = \frac{300\ 000}{700\ 000} \times 100\% = 42.86\%$$

$$制造费用比率 = \frac{200\ 000}{700\ 000} \times 100\% = 28.57\%$$

2. 本月实际数构成比率

$$直接材料比率 = \frac{25\ 000}{75\ 000} \times 100\% = 33.33\%$$

$$直接人工比率 = \frac{32\ 000}{75\ 000} \times 100\% = 42.66\%$$

$$制造费用比率 = \frac{18\ 000}{75\ 000} \times 100\% = 24.01\%$$

3. 本年实际数构成比率

$$直接材料比率 = \frac{280\ 000}{720\ 000} \times 100\% = 38.89\%$$

$$直接人工比率 = \frac{260\ 000}{720\ 000} \times 100\% = 36.11\%$$

$$制造费用比率 = \frac{180\ 000}{720\ 000} \times 100\% = 25.00\%$$

从本年计划数和本年实际数构成比率对比来看，业务活动费用中直接材料比率大幅增加，而直接人工和制造费用构成比率有所下降。通过指标分析，只能了解指标变动的表面情况，由于指标变动受多种因素影响，因此分析时，还应结合调查了解情况和明细资料进一步查明原因，对合理性作出判断。

三、单位成本分析

分析单位成本的意义主要在于分析业务单位成本及其各个成本项目的变动情况，尤其是消耗定额执行情况；确定业务流程变动，以及有关技术经济指标变动对单位成本的影响，查明单位成本升降的具体原因。

单位成本分析主要需结合业务单位成本表、成本计划和消耗定额资料，以及反映技术经济指标的业务技术资料等进行系统分析。分析的程序一般是先检查业务本月（或本季度、本年度等）实际单位成本与计划水平、上年实际水平、历史最好水平进行比较的变动情况；然后，按成本项目分析其增减变动，查明单位成本变动的具体原因。

根据表 9－3 数据，编制 A 项目和 B 项目业务单位成本分析表，对相关成本情况进行分析，相关学校科研项目单位成本分析表如表 9－7 所示。

表 9－7　学校科研项目单位成本分析表　单位：元

成本项目	历史最好水平	上年实际平均	本年计划	本年累计实际平均	本月实际	差异			
						比历史最好水平	比上年实际平均	比本年计划	比本年累计实际平均
直接材料	300	400	450	380	350	+50	－50	－100	－30
直接燃料和动力	100	200	250	190	200	+100	0	－50	+10
直接人工	450	500	600	520	500	+50	0	－100	－20
制造费用	250	300	250	280	250	0	－50	0	－30
业务单位成本	1 100	1 400	1 550	1 370	1 300	+200	－100	－250	－70

（一）主要业务单位成本变动情况分析

从表 9－7 数据可知，学校科研项目本月实际单位成本比本年计划、上年平均和本年累计实际平均都降低了，但是比历史最好水平要高。从成本项目对比中可以看出，业务单位成本的降低主要在于直接材料、制造费用等方面的节约。从中可以看出，公立高校相关科研项目团队经过改进，开展科学研究流程得到改善，同时日常管理水平得到提高，效率提升，对应费用开支得到一定节约。但是，科学研究不同于生产制造行业，相应过程存在一定的偶然性，还需要根据具体情况进行相应成本分析。

（二）主要成本项目分析

业务单位成本的高低，与该学校主要业务一定时期的工作效率、工作流程和经营管理水平等密不可分。因此，紧密联系学校相关业务技术经济方面的资料，查明成本变动的具体原因，是开展单位成本项目分析的要点。

1. 直接材料分析

直接材料费用变动主要受学校原材料消耗数量和原材料价格两个因素的变动影响，其变动影响可用差额计算法计算。

原材料消耗数量变动的影响 =（实际单位耗用量 － 计划单位耗用量）× 原材料计划单价

原材料价格变动的影响 =（原材料实际单价 － 原材料计划单价）× 单位业务原材料实际耗用量

如某公立高校 A 项目直接材料费用分析具体如表 9－8 所示。

表 9－8　　A 项目直接材料费用分析表　　单位：元

原材料名称	计量单位	耗用量		单价		直接材料费用		差异	
		计划	实际	计划	实际	计划	实际	耗用量	费用
A	千克	25	20	14	15	350	300	－5	－50
减：废料回收价值						50	20		－30
合计						300	280		－20

从表 9－8 数据可知，由于原材料耗用量变动使 A 项目单位业务直接材料

费用降低。影响业务原材料消耗数量变少的原因较多，归纳起来主要有以下几个方面原因。

（1）业务流程改变。学校通过改进整体经营管理流程，提高效率，提高原材料利用率，节约原材料消耗，从而降低业务成本。原材料利用率是反映业务所消耗原材料有效利用程度的指标，计算公式为：

$$原材料利用率=\frac{完成业务有效重量}{投入原材料重量}\times 100\%$$

原材料利用率变动对业务单位成本直接材料费用的影响，相应计算公式为：

$$\begin{array}{c}原材料利用率变动对单位\\业务直接材料费用影响\end{array}=\left(1-\frac{变动前的原材料利用率}{变动后的原材料利用率}\right)\times\begin{array}{c}变动前单位产品\\直接材料费用\end{array}$$

（2）材料质量变化。实际耗用的原材料质量如高于计划，可能会节约材料消耗，但材料费用会增加；反之，如果质量低于计划要求，价格可能会有所降低，但会增加材料消耗量，增加工作时间。

（3）原材料代用或配料比例变化。在保障业务质量的前提下，采用廉价的代用材料，或者选用经济合理的技术配方，如在开展某项科研活动时，某项科研用试剂在要求时限内因故无法购买，而采用替代材料，可能会节约原材料消耗或降低原材料费用，同时也有可能会增加原材料消耗或提高原材料费用。计算方法如下：

原材料代用而形成的节约（或超支）=

（原使用原材料消耗量×该材料计划单价）-（替代材料消耗量×材料计划单价）

原材料配料比例变动对单位业务直接材料费用的影响=

单位业务实际耗用配料总量×（按实际配方计算的平均单价-按计划配方计算的平均单价）

（4）统筹使用变化。部分公立高校加强原材料利用统筹，可以将同样多的直接材料费用分配到更多的业务中，调剂余缺，减少材料浪费，提升材料使用效益，从而降低总体直接材料费用。

（5）废料数量和废料回收利用情况的变化。废料情况也会对单位成本数据有所影响。因此，相关人员工作态度、机械设备性能、材料管理绩效考核制度，都会对原材料消耗数量变化有所影响。

2. 直接人工费用分析

分析单位成本的工资费用，需要按照不同的工资制度和直接人工费用计入成本的方法进行。根据表9－7数据分析可知，该业务单位成本中的直接人工费用，本月实际数仅高于历史最好水平，和上年实际平均相当，低于本年计划和本年累计实际平均数据，整体人工成本控制尚可。

3. 制造费用分析

制造费用是开展多种业务的单位（部门）间接费用，需一定标准分配计入业务成本。一般情况下根据设备机时，或人工工时对间接费用进行分配，可以分析单位业务所耗时间和每小时制造费用变动的影响，后续再深入分析因素变动原因。

在对业务成本计划完成情况进行分析时，还需要注意以下问题：

（1）成本计划准确性。若成本计划不准确，就难以作为考核依据。尤其对于不可比业务，因以前年度未开展，缺乏完整可靠的成本资料作为编制计划依据。

（2）成本核算资料真实性。若成本计划准确，而成本核算资料不真实，也难以准确评价学校成本计划完成程度和成本耗费绩效。检查成本核算资料真实性情况，关键看业务费用的归集和分配是否严格遵守成本开支范围规定，是否正确划分了各期间、各业务等费用界限，有无任意调整成本的情形等。

（3）分清责任。为分清相应责任部门开展成本控制的主观努力和客观因素影响，明细权责，在评价学校成本工作时，应从实际成本中扣除客观因素影响，准确进行绩效评价。

四、公立高校期间费用分析

对各项期间费用，主要运用对比分析法和构成比率法进行分析。采用对比分析法时，可以利用费用报表所提供的资料，逐项进行数据间的比较，确定差异，并对造成差异原因进行分析，通过业务资料分析主要原因，并对提升相关工作效率提供依据。采用构成比率法时，可以计算某项费用占总费用的比率，在此基础上，将实际数与计划数、上年同期数等进行比较，分析费用构成变化，并从中发现可能存在的问题。因此，对相关业务费用差异情况进行情况分析的基础上，还须结合学校相应项目实际情况，查明影响各项费用变动的因素及影响程度，找出各项费用变动的具体原因。以某公立高校业务活动费用的年度分析为例，相关业务活动费用分析表如表 9－9 所示。

表 9－9　　业务活动费用分析表　　单位：元

项目	本年计划数	本年实际数	差异	差异率（%）
工资福利	500 000	550 000	+50 000	+10
个人和家庭补助	150 000	100 000	－50 000	－33.33
商品和服务费用	200 000	150 000	－50 000	－25
固定资产折旧	20 000	20 000	0	0
无形资产摊销	20 000	20 000	0	0
对企业补助费用	100 000	100 000	0	0
合计	990 000	940 000	－50 000	－5.05

分析各类费用项目的差异时，需要充分考虑项目支出的实际情况，不能简单地把一切超支都看成是不合理的，而把一切节约都看成是有利的。在进行费用项目分析时，需要注意以下四个方面问题。

（一）考虑业务量情况

对于变动性费用应结合相关费用特点，联系业务量的变化，计算相对的节约或超支，再开展分析和评价。如商品和服务费用等会随着业务量的变化而相应变化，对这些费用项目的分析和评价要与业务量的变化结合起来进行。如随着业务量增加，收入增加的同时，费用也会随之增长。

（二）考虑费用增长合理性问题

某些费用开支是必不可少的，例如，对于维护类费用项目，该类费用具备一定特殊性，如修理费、保险费等，该部分支出直接与劳动条件改善、安全管理等相关，不能简单认为越少越好，而应当结合实际情况评价开支的合理性。

（三）考虑费用增长必要性问题

对于发展类费用项目，该类费用开支具有一定的“投资”性质，从远期看，可能会对提升价值有一定促进作用，如教育培训经费、聘请专家费用等，实际上是对未来的投资，而不能简单地进行缩减，而是应根据公立高校发展规划、支出效果等，评价支出合理性。

（四）考虑费用相关性问题

部分费用和日常经营管理水平无关。如存货的盘亏和毁损，由于存货盘盈价值会冲减一部分盘亏和毁损，而存货盘盈本身也是学校经营管理不良或者核算上的差错形成的，并不是成本控制的业绩体现。

第三篇

公立医院成本核算篇

第十章　公立医院成本核算概述

第一节　公立医院成本核算的演进

我国对于医院成本核算的研究相较于国外开展较晚，虽然有学者已于1951年就提出有关成本性态和利润之间的关系，其中包含了医院成本核算的思想，但是当时并未引起足够重视。改革开放后，随着市场经济体系的引入和发展，财务管理特别是成本管理才逐渐进入公立医院管理的视野中。我国医院成本核算研究方法主要借鉴了企业成本管理的思想，根据研究任务及重点划分，其演进大致分为三个阶段。

一、第一阶段：医院成本核算的产生和概念的形成（1979—1992年）

改革开放后，我国经济体制由计划经济体制转变为社会主义市场经济体制，医院实行成本核算是适应社会主义市场经济体制的必然选择。1979年1月1日，时任卫生部长钱信忠发表了“卫生部门也要按照经济规律办事”和“运用经济手段管理卫生事业”的讲话。1979年4月，卫生部、财政部和国家劳动总局联合发布了《关于加强医院经济管理试点工作的意见的通知》，提出了“合理收费，节约支出”的原则，这算是我国医院成本核算工作的起源。同年7月，卫生部确定了医院实行“定额补助、经济核算、考核奖惩”制度。1981年，卫生部向国务院提出解决医院亏本问题的报告，请求制定统一的收费标准，并开展了定任务、定床位、定编制、定技术指标、对任务完成好科室给予奖励的“五定一奖”，开始对医院进行经济核算与考核。1985年，国家开始“运用经济手段管理卫生事业”，各地医院自主开展了科室成本核算，卫生行业成本核算研究工作也逐渐展开。

1985年，西安市第四医院成立了核算小组，配备专职人员和兼职核算员，科室核算方法主要参照了企业“制造成本法”。1987 年，上海复旦大学开展了上海市医院成本核算方法和应用研究；湖北医学院附一院总结了医疗辅助科室成本核算，辅助科室按部门划分为不同的班组，并按每个班组特点确定核算方法与内容。1988 年，部分院校教授开始对住院医疗成本按病种核算进行探索性研究。1990 年，北京医院管理研究所对美国疾病诊断相关分类法（DRGs）进行了介绍，提出“对美国医院的住院病人医疗费用补偿是个很大的改革”。作为一种费用控制的方法，DRGs 在国内日益受到重视。

二、第二阶段：医院成本核算体系形成（1993—1998 年）

1992 年 11 月，财政部颁布了《企业会计准则》，统一了企业会计核算标准，许多医院财务会计人员开始学习《企业会计准则》，探讨企业成本核算方法在医院的应用，医院成本核算迅速发展，宏观政策制定层面的研究目的集中在为医疗质量控制和医疗服务定价，微观管理层面的研究目的集中在结余核算和奖金发放。

（一）宏观政策层医院成本核算

1994 年，天津市医院系统工程研究所的马骏教授介绍了病种成本核算的方法：历史成本法和标准成本法，提出了病种 DRGs 的双项监控流程图，随后又提出病例组合中的病种/病例“四步”分型法，他的研究对于后来军队医院 DRGs 应用系统的开发有很大意义。1996 年，卫生部卫生服务成本测算中心成本核算研究组在 4 年期间（1996—1999 年）进行了医疗定价导向的成本测算与核算研究，取得了丰硕成果，对《医院会计制度》和《医疗服务项目成本分摊测算办法（试行）》的出台奠定了重要基础。

（二）微观管理层医院成本核算

1993 年以后，在院级成本核算基础上，许多医院积极开展科室成本核算工作，增加了成本意识，主要计算科室收支结余，并在收支结余的基础上按比例分配奖金，其计算的方法以统计为主，并非真正意义上的科室成本核算。1997 年，同济大学附属医院在全国率先探索性地开展了全成本核算，从此，各地公立医院陆续开始了各自的全成本核算之路。

三、第三阶段：医院全成本核算方法形成及应用（1999 年至今）

（一）医院全成本核算的方法形成

我国《医院财务制度》和《医院会计制度》从 1999 年 1 月 1 日实施后，规定了医院应实行成本核算，进行医疗成本和药品成本分别核算，并将成本费用分为直接费用与间接费用两类，对加强医院的财务管理和会计核算、规范医院的经济管理行为起到了重要的作用。但是，随着医院产权制度改革的不断深入，许多公立医院已逐步从过去单一的国家所有制转变成不同所有制性质的医院。因此，有待于对现行的《医院财务制度》和《医院会计制度》进行修改，不仅满足非营利性医疗机构财务管理和成本核算需要，还应为营利性医院提供辅助核算参考依据。

（二）科室成本核算的方法形成

医院科室成本核算起源于以奖金分配为目的，计算收支结余进行奖金分配。但没有统一的科室成本核算的制度和办法，各个医院自行制定核算办法。科室成本核算的方法各异，方法也很多，因此，全国出现了一些研究成本核算的学者和机构。目前，医院成本核算方法很多，但比较系统的介绍医院成本核算的方法有：卫生部成本测算中心的方法（1992—2002 年）；北京中医药大学的方法（2001—2002 年）；北京市卫生经济学会的方法（2001—2005 年）。它们的不同点主要是成本层级分摊方法和分摊的科室不一样，例如：卫生部成本核算中心的成本分摊是从医疗辅助科室开始，采用三级分摊法；而北京市卫生经济学会是从公用成本开始分摊，采用四级分摊法。从医院内部管理的目的来看，前者有利于确定责任中心，后者更利于全成本核算和为政府定价提供依据。

（三）项目成本核算的方法形成

我国医疗项目成本核算借鉴了企业成本会计的方法，从传统成本法转向了作业成本法。特别在 1999 年《医院财务制度》和《医院会计制度》颁布后，项目成本核算有了较大的发展。2001 年 8 月，由原国家计委、卫生部发布的《关于印发〈医疗服务项目成本分摊测算办法（试行）〉的通知》（计价格〔2001〕1560 号），确定医院医疗服务成本测算分为三个层次：医院成本测算、科室成本测算和服务项目成本测算。“将医院医疗部门分为直接成本科室和间接成本科室，并把间接成本科室的成本按照一定的分摊系数分摊到直接成本科室中去。直接成本科室为医疗技术和临床科室，间接成本科室为医疗辅助科室。”2002 年，北京中医药大学开展了中医医疗服务项目成本核算方法研究，提出成本分摊系数方法有：工作量分配法和操作时间分配法，并按年成本计算项目成本。由于当时各种核算没有实现信息化，统计工作量非常大，因此，这种方法仅适用于中医医疗服务项目的测算或个别西医项目的测算。2005 年，北京市卫生经济学会在全成本核算基础上，进行了项目成本核算，到 2006 年，按照医疗服务项目收费标准的核算达到了 1100 多个项目成本。

（四）病种成本核算的方法形成

我国医院普遍实行的按医疗服务项目收费制度，虽然具有操作简单、易于管理、满足病人服务需求、利于调动服务提供者积极性等优点，在一定时期内，它也促进了我国医疗卫生事业的发展。但这种收费制度存在着容易促使医疗机构提供过度医疗服务，导致医疗费用过快增长，不利于医院控制成本和提高管理绩效等弊端，造成“看病难、看病贵”现象。因此，按病种收费作为医疗服务的支付方式，成为医改的热点之一。对此，全国一些专家和学者首先对病种成本核算方法进行研究，提出了病种标准成本法，并按临床路径测算病种成本：病种成本 = 病种临床路径成本。其中，病种临床路径成本由一系列的项目成本组成。

2004 年，山东省济宁医学院附属医院在循证医学原则基础上，结合国内外病种付费方式的做法和理论成果，根据本院的实际情况，研究制订了以临床路径为基础的单病种最高限价医疗实施方案。2005 年，复旦大学公共卫生学院以临床路径为基础，进行了四类常见病的单病种成本测算，分别确定了优化临床路径和实际临床路径。

近年来，国家宏观经济政策要求公立医院建立健全成本核算与管理体系。2017 年 7 月，国务院办公厅印发《关于建立现代化医院管理制度的指导意见》，要求强化成本核算与控制，逐步实行医院全成本核算；2019 年，财政部颁布《事业单位成本核算基本指引》，明确提出成本核算的基本原则、基本方法及相关定义，在同年的政府会计制度中，同样对医院成本核算和管理作出明确要求。近年来，公立医院业务活动及资金资产管理日益复杂，收支规模不断扩大，经济运行压力不断加大，特别是2020年的新冠肺炎疫情给公立医院的经营带来了前所未有的影响和压力，对成本核算的精细化管理需求日益增加，亟须建立有效的成本核算管理工具和机制，满足内部成本控制、医疗服务定价、绩效评价等特定成本信息需求，促进管理模式从粗放式向精细化、规范化转变，优化资源配置，提高运营效率，保障公立医院健康、可持续发展，更好地满足人民群众的基本医疗卫生服务需求。2021年1月，国家卫健委正式发布了《公立医院成本核算规范》，从制度上明确和规范了公立医院成本核算的目的和适用范围、会计基础及原则、组织机构设置及职责、分类和核算方法、成本项目和分类、核算单元设置、核算报表体系、成本核算分析等。2021年7月，为进一步深化预算管理制度改革、建立政府成本核算指引体系、服务医药卫生体制改革、规范和提升医院成本核算工作，财政部发布了《事业单位成本核算具体指引——公立医院（征求意见稿）》（财办会〔2021〕14号），对病种、DRG成本的核算流程和方法等征求意见。

第二节　公立医院成本核算的特殊性

一、医疗服务具有无形性导致医院成本核算的复杂性

医疗服务不同于一般的行业，其成本除了物质投入外，还有极为重要的一部分投入是医生和护士的技能经验。医护人员的技能在整个医疗服务过程中是最为重要的一个方面。可以说，医疗服务具有很大的无形性。例如，患者去医院看病，医生为患者提供的服务就是其专业的知识经验，在此基础上才能为患者进行诊断。同时，由于医疗服务具有不确定性，每一项医学技术和服务的提供都会使病患在医疗服务的需求时间、应用程度和选择方式上产生差异；而且，病人的病情也不同于一般的产品，病情本身就千差万别，有的病人会出现一些并发症情况，这就会导致医院为患者提供医疗服务时具有相当大的复杂性。由此可见，由于医院提供服务和病人接受诊断的过程都是难以量化的，导致了医院成本核算的复杂性。

二、医疗服务的不确定性使医疗成本表现出多变性

由于医疗服务的不确定性和医疗技术的特点，使医疗成本表现出多变性。

医务人员是根据患者对医疗服务的需求时间、选择方式等的不同要求，提供不同的医疗服务，在这种情况下医疗服务成本势必产生差距。

对于不同的病人来说，即使得了同一种疾病，也不可能有完全相同的成本，这可能是因为患者病情严重程度、采取治疗方式的差异造成的。随着科技在不断发展进步，对患者的治疗方法也在不断发生变化，许多新技术得到应用，医用仪器设备也不断更新。高新技术的应用使医疗成本产生了变化，变化的幅度也越来越大。例如，临床上使用了一种新的技术，或者是使用的方式发生改变，都会使医疗成本的结构发生改变。因为提高效率使成本降低，或者是增加投入使成本上涨，导致医疗服务成本不断发生变化，致使其核算和分摊比企业成本核算更为困难，因此，医疗成本随着科技的进步越来越多地发生变化成为事实。

三、医疗服务定价和收费制度造成医疗收入和成本的不配比

我国现行医疗服务价格的定价相对偏低，有些医疗服务的价格甚至已经低于成本。一方面，目前的价格政策导致我国医疗服务价格与成本之间的不协调；另一方面，由于医院本身的医疗成本核算基础差，影响了医疗服务的按成本定价工作的开展，造成医疗项目收入和成本支出的不匹配。这不仅不利于调动广大医务人员的积极性，而且给医院内部控制带来了难度。

除此之外，我国的医疗服务采取的定价和收费制度都是按医疗服务项目进行的。即使不同患者患上同一种疾病，其成本都有可能出现极大的不同，这可能是由于不同的检查或治疗内容造成的，也可能是患者病情轻重不同造成的，过于细致地划分医疗服务项目，将会导致医疗项目的成本核算更加复杂，医疗收入与成本支出不易匹配，造成医疗项目成本难以核算和比较的后果。

四、医疗服务的垄断和竞争使医疗服务成本不易控制

医疗服务行业不同于一般行业，它有自己的特点，最重要的一点就是医疗服务的成本难以控制。由于信息的不对称，医生和护士拥有很强的专业性和垄断性，与此同时，患者就变得比较盲目被动。医疗服务需求弹性较小，其服务量并非由市场调节，是由供应方决定的，由于供方能够诱导需求，所以医疗服务并不符合一般的市场规律，有其自己的特点。目前，我国实行的是按服务项目定价、收费的办法，在这种情况下供方能够通过诱导需求，以增加服务项目

和扩大服务量为手段来弥补项目收入的减少。

我国的医疗服务价格由政府掌控，缺乏市场机制的调节，就会造成供方不断增加服务项目或扩大服务量。目前，医院为增强核心竞争力，十分重视新设备的引进和使用，在这种情况下如果不能选择适宜技术，不能进行科学的医疗成本核算，一旦医院管理者出现决策失误，不仅会造成医疗服务项目出现亏损，还会造成医疗服务总成本的失控和社会卫生资源利用的不合理。

第三节　公立医院成本核算的原则

医院全成本核算的总体原则是：直接成本直接计入，间接成本分摊计入，谁受益谁分摊。医院成本核算具有其特性，应当以权责发生制的财务会计数据为基础，并遵循相关性、可靠性、可比性、重要性、收支配比等原则。

一、相关性原则

医院选择成本核算对象、提供成本等信息，应当符合国家宏观经济管理的要求，满足医院进行预算管理、成本管理以及内部质量管理的需求。相关性包括成本信息的有用性和及时性。有用性要求医院成本核算为科学制定医疗服务价格和 DRG 付费提供依据，为医院内在管理提供准确的资料。及时性要求医院充分利用信息化手段，及时采集、处理成本数据，提供成本报表，使信息使用者及时掌握医院成本信息，并依据成本信息对医院的过去、现在及未来的情况作出评价、预测或者决策，促进医院高质量发展。

二、可靠性原则

医院应当以实际发生的交易或者事项为依据进行成本的确认、计量和报告，对符合确认和计量要求的各项成本要素如实客观反映，保证成本核算数据真实可靠、内容完整。为了保证会计信息的可靠性，所提供的成本信息应当与客观的经济事项相一致，不应人为地提高或降低成本，应以实际发生的资源耗费为依据，客观真实地反映医院的成本状况和经营成果。

三、可比性原则

不同医院、同一医院不同期间，对科室、医疗服务项目、病种及 DRG 等进行成本核算所采用的方法、程序和依据等应当保持一致，不得随意变更，确保成本信息相互可比，防止因各期采用的方法、程序和依据等发生变更，影响成本数据的客观性、可比性。如确有必要变更，则应当在财务报告中详细说明变更的原因，对医院财务收支、成本核算的影响等。其目的是：一方面，确保不同期间、不同核算方法成本数据的可比性，以提高成本信息的使用价值；另一方面，可以制约和防止医院通过会计方法和程序的变更，造成成本核算数据与实际相背离。

四、重要性原则

医院选择成本核算对象、进行成本核算应当区分重要程度，对于重要的成本核算对象和成本核算项目应当分别核算、分项反映，力求成本信息的精确。对于非重要的成本核算对象和成本项目，在不影响成本真实性的前提下，可以适当简化核算。这样既能不影响成本信息的客观真实，也符合成本效益原则。

五、收支配比原则

收支配比原则是指医院在进行成本核算时，依据“谁受益，谁负担”的原则，归集分配各项成本费用。直接费用与收入进行直接配比来确定本期损益；间接费用通过判断而采用适当合理的标准，在各个部门、项目、病种等之间进行分摊，最终用收支配比来确定盈余。

收支配比原则包括三个方面的内容：某会计期间的收入必须与该期间的成本费用相配比，即本会计期间内的总收入应与总的成本费用相配比，从而确定本期的盈余；各项收入必须与取得该项收入付出的成本费用相配比，这样才能确定取得的某类收入是否可抵偿其耗费；科室、项目、病种、DRG 等成本核算方法必须与对应的成本费用相配比，衡量和考核盈余。

第四节　公立医院成本核算的组织体系与职责划分

一、公立医院成本核算的组织体系及其相应的职责

（一）成本核算工作领导小组

成本核算工作领导小组由医院主要负责人担任组长，总会计师或分管财务

工作的副院长担任副组长，成员包括财务、医保、物价、运营管理、医务、药剂、护理、信息、人事、后勤、设备、资产、病案统计等相关职能部门负责人以及部分临床科室负责人。成本核算工作领导小组主要负责审议医院成本核算工作方案及相关制度，明确各部门职责，协调解决成本核算相关问题，组织开展相关核算，加强成本管控，制订相匹配的绩效考核方案，提升运营效率。

成立成本核算工作领导小组能够明确院领导和各部门职责，有效发挥成本管控的作用。成本核算涉及面广、工作量大、专业性强，需要医院投入大量的人力、物力和财力，需要相关部门紧密配合才能顺利完成。成本核算必须是“一把手工程”，院领导应该高度重视，在成本核算过程中给予相应的支持，组织相关部门完成成本核算工作，对成本核算过程中需要的相关资源进行协调，听取成本核算的结果，按照医院战略发展目标规划制定降低成本的措施并实行考核。成本核算工作领导小组在医院成本核算工作中起到了决定性的作用，为成本核算的成功实施扫清了障碍。

（二）承担成本核算具体工作的部门和人员

（1）成本核算部门。成本核算部门承担成本核算的具体职能，是开展成本核算的日常工作机构。医院应该根据规模和业务量大小设置成本核算岗位。成本核算部门的主要职责是：制订成本核算工作方案及相关工作制度等；确定成本核算对象和方法，开展成本核算；按照相关政府主管部门的规定定期编制、报送成本报表；开展成本分析，提出成本控制建议，为医院决策和运营管理提供支持和参考。

医院设置专职的成本核算人员完成成本数据的归集、分摊、核算以及成本报表编制、报送、分析等工作。成本核算人员必须采用科学合理的方法，投入大量的时间、处理复杂繁多的数据才能完成成本核算工作，因此成本核算部门的工作是医院成本工作的最核心部分，决定了成本核算是否能够取得最终的成果。

（2）兼职成本核算员。医院各部门均应当设立兼职成本核算员，按照成本核算的要求，及时、完整报送本部门成本核算相关数据，并确保数据的真实性和准确性，做好本部门成本管理和控制。

兼职成本核算员在成本核算部门和各业务部门之间搭建起有效的沟通桥梁，有利于将部门业务数据准确、及时地转化成成本核算信息。例如，核算部门成本时，需要兼职成本核算员辅助取得相关的业务数据，包括科室面积、住院床日、职工人数等作为部门成本归集或分摊的依据；在使用作业成本法核算项目成本和病种成本时，辅助提供成本核算对象的作业、作业开展的时间及消耗的资源等。

医院的成本核算涉及所有的部门，不论是临床还是行政后勤部门，都会在完成工作职责的同时产生成本，例如，临床部门在为患者进行检查、治疗、手术的过程中会产生人员成本、设备成本、耗材成本、药品成本等；行政后勤部门在完成相关管理和服务功能的同时会产生人员成本、办公成本等。由于全院的所有部门和职工都会产生成本，因此成本核算工作需要医院上下所有部门和全体职工的共同参与。这里说的参与并不是指每一名职工都要参与核算，而是说医院要广泛地进行宣传和动员，让每一名职工知晓医院正在进行成本核算工作、成本核算涵盖的内容以及如何进行考核，要让每一名职工都具有节约成本的意识，主动为医院降低成本。成本核算只有确立全员参与的原则，才能让所有人关心医院的成本，从行动上降低成本。

（三）各部门提供的成本数据信息资料

医院各部门在成本核算过程中应当提供的数据信息资料主要包括：

（1）财务部门：各部门应发工资总额；邮电费、差旅费等在财务部门直接报销并应当计入各部门的费用；门诊和住院医疗收入明细数据。

（2）人事薪酬部门：各部门人员信息、待遇标准（包括职工薪酬、社会保障等）、考勤和人员变动情况。

（3）医保部门：与医保相关的工作量和费用。

（4）后勤部门：各部门水、电、气等能源用量及费用；相关部门物业、保安、保洁、配送、维修、食堂、洗衣、污水处理等工作量和服务费用。

（5）资产管理部门：各部门卫生材料、低值易耗品等用量、存量和费用。

（6）物资管理部门：各部门卫生材料、低值易耗品等用量、存量和费用。

（7）药剂部门：各部门药品用量、存量和费用。

（8）供应室、血库、氧气站等部门：各部门实际领用或发生费用及内部服务工作量。

（9）病案统计部门：门诊、住院工作量，病案首页及成本核算相关数据。

（10）信息部门：负责医院成本核算系统的开发与完善，并确保其与相关信息系统之间信息的统一与衔接，协助提供其他成本相关数据。

（11）其他部门：其他与成本核算有关的数据。

成本核算需要大量的数据归集、分摊、计算，手工核算耗时、费力且容易发生错误，因此，强大的信息系统能够为成本核算提供有力的支持。在医院信息化建设初期，各部门之间的系统是碎片化的，没有建立起连接，形成了“信息孤岛”，只能由各部门手工提供相关的业务数据。然而时至今日，很多医院已建立起大数据一体化综合运营核算系统，实现了各部门数据的互联互通，数据同源并且可追溯。通过成本核算系统中的数据，能够直接联查至各业务部门发生的人员工资、领用物资、药品、设备折旧等信息，成本核算已经由事后的归集和分摊转变为事前的控制和事中的实时记录。信息系统能够实现的功能越强大，成本核算获取数据就能够越及时、全面和准确。此外，完善的成本核算系统能够自动生成成本核算报表并进行成本分析。信息技术为精准核算成本提供了保障，将成本从手工核算提升至数字化和智能化核算水平，是医院实现精细化管理的重要手段。

二、成本责任中心与责任成本

责任中心是责任会计的核算单位，即承担一定的经济责任，并享有一定权力的单位内部部门。责任中心包括成本责任中心、利润责任中心和投资责任中心。成本责任中心是指引起成本的支出并需要为该成本承担责任的内部单位。责任成本是以具体的责任单位（部门、单位和个人）为对象，以其承担的责任为范围所归集的成本。责任成本是成本责任中心的全部可控成本。医院必须为每一项支出都找到相匹配的成本责任中心，这样才能实现责、权、利统一。成本责任中心确定之后应该分析哪些是可控成本，哪些是不可控成本。此时须追溯该责任中心成本产生的来源，合理确定责任。凡是责任中心能够控制的各种耗费，都称为可控成本（责任成本），责任中心当期发生的各项可控成本之和就是它的责任成本。

费峰（2008）认为，“施行责任会计首先要完成各成本项目与各部门各岗位之间的挂靠定位，并由此形成清晰的，唯一的成本责任。然而将成本划分为可控和不可控并不能追溯医院发生的所有成本，这样划分的结果就是每个成本责任中心都有大量的不可控成本”。在医院科室成本中，这样的情况很多，比如耗材成本，是由使用的数量和单价共同决定的，使用的数量可以追溯到某一个临床科室，但使用的价格则是由采购部门决定的。维修成本，是由维修的次数和每次维修的费用决定的，维修的次数根据设备使用部门的使用强度等因素决定，而单次的维修费用则由负责维修的设备管理部门决定。类似这样的情况使得发生的成本无法确定唯一责任。卡普兰（2006）认为，“可控性原则看起来公平、很有吸引力，但实施起来有一定困难，经常会误导和超出预期。一个明显的问题就是运用可控性原则时，大多数部门的许多收入、成本是联合取得或发生的”。因此，将责任成本硬性地划分给唯一的科室并不能真正起到降低成本的作用，相反还会发生推诿扯皮的现象，造成不可控成本大量增加。

按照责任成本的概念，医院在科室层面上能够完全可控的成本较少，很多费用如人工费、运营费、折旧费等都属于不可控成本，而对于药品费、耗材费、维修费等，科室也能够实现部分控制，即只能对消耗量进行控制，无法控制价格。对于科室完全不可控的成本，应该由医院总体负责监测分析这些成本，按照自身的战略发展目标采取措施，降低成本。对于科室部分可控的成本，应该由该成本相关的科室共同讨论确定降低成本的途径。为了防止科室排斥不可控成本，应该让科室明白，医院采用的是全成本核算方法，科室的收入应该弥补其发生的全部可控成本和不可控成本，提高科室节约成本的意识。

三、成本管理与预算管理

成本管理虽然重要，但是如果在管理中只注重成本，不重视预算，也很难将成本真正管控住。《管理会计应用指引 804 号——行政事业单位》中明确了行政事业单位应遵循管理会计应用指引中预算管理和成本管理的一般要求。按照《管理会计应用指引第 200 号——预算管理》中的定义，预算管理是指企业以战略目标为导向，通过对未来一定期间内的经营活动和相应的财务结果进行全面预测和筹划，科学、合理配置企业各项财务和非财务资源，并对执行过程进行监督和分析，对执行结果进行评价和反馈，指导经营活动的改善和调整，进而推动实现企业战略目标的管理活动。《管理会计应用指引第 300 号——成本管理》中对成本管理的定义是企业营运过程中实施成本预测、成本决策、成本计划、成本核算、成本分析和成本考核等一系列管理活动的总称。通过两者的定义我们可以得出，预算管理和成本管理都是通过对单位拥有的资源进行科学的筹划、分配、执行、分析和考核等一系列的管理活动，从而实现提升单位管理效率，改善经营活动的结果，进而实现单位的战略目标。两者的区别在于，预算管理是从宏观上对单位资源进行计划，实现成本的总额控制，而成本管理是从微观上对单位的科室、项目、病种成本进行归集和分摊，分析成本增加或下降的原因。预算管理是成本管理的基础，只有将成本总额控制在一定范围内，才能实现单项成本的不断下降。试想一下，如果预算管理不到位，无预算、超预算的情况频繁发生，那么科室成本、项目成本以及病种成本也会出现失控的可能。因此，只有将两者紧密结合起来，宏观上控制预算，微观上分析、降低成本，才能使单位的成本管理真正发挥作用。

第十一章　公立医院成本项目的定义、范围与分类

第一节　公立医院成本项目的定义

公立医院成本项目是指公立医院为保障业务活动经营需要而发生的各种资源消耗，并按照一定的标准进行归集、核算和分配的反映成本构成的具体项目。

公立医院应当根据国家规定的成本核算口径设置成本项目，并对每个成本核算对象按照成本项目进行数据归集。其中，公立医院成本项目设置可以根据医院具体成本信息需求，按照成本经济用途、成本要素等设置。

公立医院成本项目设置应当与核算账户中的“加工物品”“业务活动费用”“单位管理费用”等科目的有关明细科目数据或辅助核算项目保持衔接，并确保与财务报表数据的同源性和一致性。

第二节　公立医院成本项目的内容

公立医院在医疗服务过程中，需要提供商品或劳务，在提供商品或劳务过程中也会发生各种耗费或支出。医院产生成本项目内容与提供服务或劳务有关，如在向患者提供医疗服务过程中消耗的药品、卫生材料费、固定资产折旧费和人工费用，在保障医疗服务过程中消耗的无形资产消耗支出，在为患者提供医疗服务过程中发生的医疗风险费用支出，以及保障医疗服务正常开展所消耗的水、电、气、物业管理费、办公用品消耗及差旅费、培训费等其他费用支出。所有这些成本费用均构成公立医院的成本项目内容，且这些成本项目的产

生均与提供诊疗服务的消耗、劳务的提供同时发生。医院应当根据“业务活动费用”“单位管理费用”会计科目下的相关明细科目归集获取各成本项目的费用。医院也可以根据需要在上述成本项目下设置明细项目或进行辅助核算。

一、人员费用

该成本项目应当根据工资福利费用和对个人、家庭的补助费用进行明细科目核算。工资福利费用包括：各项目工资、各种津贴、奖励性绩效、单位承担的各种保险费及职业年金等。对个人、家庭的补助费用包括：住房公积金、奖励金、探亲差旅、托儿管理费等。

二、卫生材料费

该成本项目应当根据商品和服务费用——专用材料费——卫生材料费明细科目核算。医院为开展医疗服务及其他活动而消耗的卫生材料，包括医用高值材料、低值卫生材料、血液及试剂等，按是否收费包括收费材料和不收费材料；按耗材使用包括植入耗材和非植入耗材；按库存管理包括一级库耗材和二级库耗材等；按使用用途包括血费、氧气费、放射材料、化验材料等。

三、药品费用

该成本项目应当根据商品和服务费用——专用材料费——药品费明细科目核算。医院为开展医疗服务而发生的药品支出，包括西药、中成药、中草药、蒙药等。按照药品存放地点包括药房药品和药库药品。

四、固定资产折旧费用

该成本项目应当根据固定资产折旧费明细科目核算。医院固定资产折旧费用指固定资产在一定使用期内的磨损价值，一般包括房屋折旧费、专用设备折旧费、通用设备折旧费、家具用具等。

五、无形资产摊销费

该成本项目应当根据无形资产摊销费明细科目核算。医院无形资产摊销费指其在一定时期的摊销价值。软件作为医院无形资产的重要组成部分，相应的摊销额也是占比金额较大。除了专项资金购置的无形资产，其摊销不计入相应使用科室或者受益对象成本外，其余由医院自筹资金购置的无形资产均需要按照受益对象进行归集，直接归集不了的，通过分摊的方法将成本计入每个受益对象。例如，手麻系统的应用局限于麻醉科室，所以摊销额直接可计入业务活动费用中的麻醉科室。如果医院存在多个麻醉科室，仍需要按照比例分摊计入各麻醉科室成本。HIS 信息系统供全院所有科室使用，所以成本先计入管理费用中的信息部门，月底分摊。再比如，人力资源系统、财务系统软件摊销费用分别应计入管理费用中的相应使用科室，然后随同管理费用的分摊而被分摊。

六、医疗风险基金

该成本项目应当根据计提专用基金——医疗风险基金明细科目核算。医院医疗风险基金是指按医疗收入总额和规定比例提取的医疗风险基金。医生高精尖技术实施，患者病情的复杂、多变性等因素，导致偶有医疗事故发生，为了让医患矛盾和解、让医生业务开展无后顾之忧，医院对医疗事故按照责任系数分担相应后果，并且医院承担部分由该基金支付。依据权责发生制原则，医院按照医疗业务收入的一定比例计提该基金，再用每个科室对医疗业务收入的贡献度作为基金分摊基数，对医疗风险基金进行分摊。

七、其他费用

该成本项目应当根据业务活动费用、单位管理费用科目除以上明细科目外其他明细科目核算。医院其他费用一般包括办公费、劳务费、水电费、邮寄费、电话费、取暖费、交通费、差旅费、维修费、会议费、招待费等。

该费用涉及面广，涉及内容多，为了满足成本核算的要求，可以按照项目、服务或者业务类型、支付对象等进行明细核算。可以直接计入业务活动的则直接计入，不可以直接计入的采用摊销方法计入。

第三节　医院成本项目核算的范围

医院成本项目核算的范围包括医疗业务成本核算范围、医疗成本核算范围、医疗全成本核算范围和医院全成本核算范围。

一、不属于医院成本核算的资源耗费

不属于成本核算对象的资源耗费，不计入该成本核算对象的成本。与开展医疗服务业务活动无关的费用，如经营费用、资产处置费用、上缴上级费用、对附属单位补助费、所得税费用等，以及不是直接为满足开展医疗服务业务活动需要所控制资产的折旧（摊销）费用，如公共基础设施折旧（摊销）费、保障性住房折旧费等，一般不计入成本。同时，根据《医院财务制度》的规定，以下支出不得计入成本范围：

（1）不属于医院成本核算范围的其他核算主体及经济活动发生的支出。例如，医院的受托代理资产，其委托方是医院外部主体，其拥有委托管理资产的控制权。在委托代理期间产生的成本或费用，如运输费、保管费、税费等不属于受托方的成本范围。

（2）为购置和建造固定资产、购入无形资产和其他资产的资本性支出。资本性支出不属于医院成本核算范围，当固定资产折旧或无形资产摊销时才是医院成本核算的范围。

（3）对外投资的支出。无论是何种形式的短期还是长期投资，其支出均不属于成本核算范围。

（4）各种罚款、赞助和捐赠支出。在“其他费用”中列支的罚没支出、捐赠支出等，与开展医疗服务业务活动无关，不属于成本核算范围。

（5）有经费来源的科研教学等项目开支。

（6）在各类基金中列支的费用。

（7）国家规定不得列入成本的支出。

二、医疗业务成本核算范围

（一）医疗业务成本的含义

医疗业务成本是指医院业务科室开展医疗服务业务活动自身发生的各种耗费，不包括医院行政及后勤管理部门的耗费，也不包括财政项目拨款经费和科教经费形成的各项费用。

（二）医疗业务成本核算范围

医疗业务成本核算医院临床服务类、医疗技术类、医疗辅助类科室开展医疗服务及其辅助活动所发生的人员经费、卫生材料费、药品费、固定资产折旧费、无形资产摊销费、提取医疗风险基金、其他费用七大类费用。其中，其他费用包括办公费、印刷费、水电费、邮寄费、维修费、取暖费、物业管理费、差旅费、会议费、培训费等。

医疗业务成本 = 临床服务类科室直接成本 + 医疗技术类科室直接成本 + 医疗辅助类科室直接成本 = 临床、医技、医辅类科室直接成本之和（人员经费 + 卫生材料费 + 药品费 + 固定资产折旧费 + 无形资产摊销费 + 提取医疗风险基金 + 其他费用）

公式中，医疗业务成本所罗列的临床、医技、医辅科室所发生的直接成本是医院开展医疗服务业务活动发生的各种耗费。

三、医疗成本核算范围

医疗成本是指医院为开展医疗服务业务活动，各业务科室和行政及后勤各部门自身发生的各种耗费，不包括财政项目拨款经费和科教经费形成的各项费用。

医疗成本 = 业务活动费用（不包括财政项目拨款经费、科教经费形成的各项费用）+ 单位管理费用（不包括财政项目拨款经费、科教经费形成的各项费用）= 医疗业务成本合计 + 行政后勤类科室直接成本（管理费用）= $\sum$ 临床服务类科室医疗成本

公式中，医疗成本所罗列的成本在医疗业务成本的基础上加上了医院行政后勤类科室发生的直接成本，从费用角度描述，医疗成本包括医院业务活动费用加医院管理费用两部分，其中这两部分费用中均不包括财政项目拨款经费和科教经费形成的各项费用。

医院成本范围可以根据成本信息需求进行调整。例如，为满足制定医疗服务项目价格、医保支付标准等需求，医疗成本也可以在医疗全成本基础上，按规定调减不符合有关法律法规规定的费用、有财政资金补偿的费用等。财政资金补偿的费用一般包括“业务活动费用”“单位管理费用”会计科目下通过“财政项目拨款经费”进行明细核算的费用。

四、医疗全成本核算范围

医疗全成本是指为开展医疗服务业务活动，医院各部门自身发生的各种耗

费，以及财政项目拨款形成的固定资产折旧和无形资产摊销费用。

$$医疗全成本=医疗成本+\begin{matrix}财政项目拨款形成的固定资产\\折旧和无形资产摊销费用\end{matrix}$$

公式中，医疗全成本所罗列的成本项目在医疗成本的基础上加上财政项目拨款形成固定资产折旧和无形资产摊销费用。一般来说，财政项目拨款购置的固定资产和无形资产用于医院的医疗行为，因此，其产生的折旧和摊销费用应计入医疗全成本核算范围。

五、医院全成本核算范围

医院全成本是指为开展医疗服务业务活动，医院各部门发生的所有耗费，即业务活动费用、单位管理费用、经营费用、资产处置费用、上缴上级费用、对附属单位补助费用、所得税费用、其他费用。

$$医院全成本=医疗全成本+\begin{matrix}科教项目拨款形成的固定资产\\折旧和无形资产摊销费用\end{matrix}$$

公式中，医院全成本所罗列的成本项目在医疗全成本的基础上加上科教项目拨款形成固定资产折旧和无形资产摊销费用。对于医院而言，科研和教学也是其重要的职能组成部分，从医院整体角度来说，科教项目拨款形成的成本项目应计入医院全成本。

从上述医疗业务成本、医疗成本、医疗全成本、医院全成本的形成过程可以看出，医院成本核算从医疗业务活动出发，逐级增加成本核算范围，以医院全成本为终点。梳理各类成本核算范围，能够为医院运营管理提供成本依据。

第四节　医院成本项目的分类

一、按成本归集方法的不同分类

医院成本分为直接成本和间接成本。

（一）直接成本

直接成本是指能确定由某一成本核算对象负担的费用，应按照所对应的成本项目类别，直接归集计入成本核算对象。

例如，各科室每次领用的物资，包括卫生材料、低值易耗品、其他材料、科室自用药品等，在出库领用时以该科室为归集对象，直接将领用金额归集为该科室的直接成本。

（二）间接成本

间接成本指不能直接归集计入成本核算对象的费用，应当选择合理的分配标准或方法分配计入各个成本核算对象。

从不同维度看，间接成本有两种情况：一种是费用的受益者涉及多个科室，例如，房屋折旧费、水费、电费、燃气费需要根据房屋面积、使用人数等作为分配依据，在共同使用的科室间进行分摊费用。另一种是医技科室成本、医辅科室成本、医院管理费用，对于临床服务类科室而言，就是间接成本。需要在每月月底按照分步摊销的方法，最终全部计入临床服务类科室成本。

（三）间接费用分配标准或方法

医院应当根据医疗服务业务特点，按照资源耗费方式确定合理的间接费用分配标准或方法。一般遵循因果关系和受益原则，将资源耗费根据资源耗费动因分项目追溯或分配至相关的成本核算对象，如根据工作量占比、耗用资源占比、收入占比等。同一成本核算对象的间接费用分配标准或方法一旦确定，各期间应当保持一致，不得随意变动。

二、按成本属性的不同分类

医院成本分为固定成本和变动成本。

（一）固定成本

固定成本指成本总额在一定时期和一定业务范围内，不受业务量增减变动影响而能保持不变的成本。

例如，医院每个科室人员经费、房屋折旧费就可以视为一定时期内的固定成本。如果一定时期内没有人员增减变动及薪资调整，没有变动办公场地，此类费用不会随着就医患者的数量增减变动而发生改变，故属于固定成本。另外，呼吸机等医疗设备折旧费用不会随着使用机器患者的数量增减变动而影响其当期折旧额，固定资产的折旧额只与折旧年限、折旧方法有关，与业务量无关，所以也属于固定成本。

（二）变动成本

变动成本指成本总额在一定时期和一定业务范围内，随着业务量的变动呈线性变动的成本。

例如，手术纱布消耗用量会随着手术量的增加而增大。输液器的使用量随着输液患者数量的增加而增大。切片、胶片等耗材也是随着检查数量的增加而增大。

三、按成本与资产的流动性关系的不同分类

医院成本分为经营性支出与资本性支出。

（一）经营性支出

经营性支出指某一会计年度内医院提供医疗服务过程中发生的人员经费、卫生材料费、药品费、提取医疗风险基金、其他费用等。

（二）资本性支出

资本性支出指医院取得的供长期使用的、其经济寿命将经历多个会计年度的固定资产和无形资产的成本，主要包括固定资产折旧和无形资产摊销。资本成本筹资渠道主要有政府投入、社会捐赠、医院自筹等。

四、按成本核算对象的不同分类

医院成本核算对象的确定应当满足不同的成本信息需求。通常情况下，医院为满足成本控制需求，可以以科室、诊次、床日、医疗服务项目、病种、DRG 作为成本核算对象；为满足医疗服务定价需求，可以将医疗服务项目、病种、DRG 作为成本核算对象；为满足内部绩效评价需求，可以将科室作为成本核算对象；为满足外部绩效评价需求，可以将医院整体、诊次、床日、医疗服务项目、病种、DRG 作为成本核算对象。

根据成本核算对象的不同分类，医院成本可分为科室成本、医疗服务项目成本、诊次成本、床日成本、病种成本、按疾病诊断相关分组成本等。医院应当核算科室、诊次、床日成本，具备条件的医院可以核算医疗服务项目、病

种、DRG 成本（见图 11－1）。

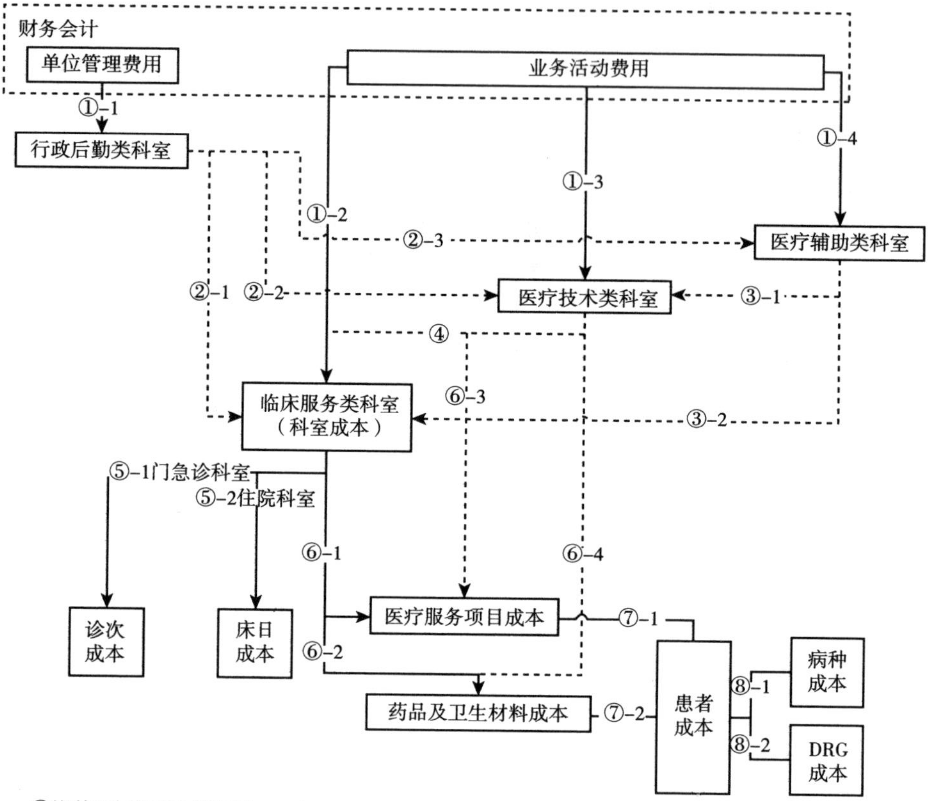

①按科室归集和分配费用。
②将行政及后勤管理部门归集的费用分配到辅助部门和业务部门。
③④将辅助部门归集的费用分配到业务部门。
⑤诊次、床日成本的核算。
⑥医疗服务项目成本核算，药品及卫生材料成本单列。
⑦患者成本的核算。
⑧病种、DRG成本的核算。

图 11－1　医院医疗活动有关成本核算对象关系示意图

资料来源：《事业单位成本核算具体指引——公立医院（征求意见稿）》（财办会〔2021〕14 号）。

注：

1. 该示意图中选择采用完全成本法进行核算。

2. 该示意图中单位管理费用选择先分配到业务部门和辅助部门，再随辅助部门的费用分配到业务部门。

3. 该示意图中病种、DRG 成本选择项目叠加法核算患者成本。

4. 该示意图中核算医疗服务项目成本、药品及卫生材料成本时（对应⑥－1 至⑥－4），无须将医疗技术类科室成本分配至临床服务类科室（对应④）。

（一）科室成本

指将医院医疗服务业务活动中所发生的各种耗费以科室为核算对象，归集、分配和核算各项支出计算的成本。

例如，消化科、儿科、手术麻醉科等承担的本科室发生的直接成本以及分摊至该科室的间接成本共同构成了本科室的成本数据。该成本数据可用于同质科室间的成本、往年同期本科室成本的比较，还可以用于绩效考核指标的衡量等。

（二）医疗服务项目成本

指医院以各地医疗服务价格主管部门和卫生健康行政部门、中医药主管部门等有关部门印发的医疗服务收费项目（不包括药品和可以单独收费的卫生材料）划分，各科室开展的医疗服务项目为核算对象，归集、分配和核算各项支出计算的成本。医疗服务项目，如重症监护、手术、静脉采血、特级护理等。使用该成本核算，可以用于医疗服务项目收费价格确定，也可以用于分析医疗收费价格与实际成本偏离度等。

归集成本举例（见表 11－1）。

表 11－1　　经皮冠状动脉球囊支架植入术项目成本表　　单位：元

成本名称	直接成本	间接成本	小计
一次性卫生材料	383.49		383.49
低值卫生材料		86.55	86.55
人员经费		368.13	368.13
固定资产折旧		2 469.62	2 469.62
其他间接费		218.31	218.31
合计	383.49	3 142.61	3 526.10

（三）诊次成本

指医院以诊次为核算对象，将科室成本进一步分摊到门急诊人次中计算的成本。以诊次为对象进行的核算，可以了解医疗机构门诊运营状况以及结合患者治愈率等指标分析医院救治能力，还可以横向、同级、同区域医疗机构进行比较，便于行政部门了解百姓就医费用情况等。

（四）床日成本

指医院以床日为核算对象，将科室成本进一步分摊到住院床日中，计算的成本。以床日为对象进行的核算，同样可以了解医疗机构住院运营状况以及结合患者治愈率等指标分析医院救治能力，还可以横向、同级、同区域医疗机构进行比较，便于行政部门了解百姓就医费用情况等。

（五）病种成本

指医院按照临床路径病种、医疗保险按病种付费病种等病种划分，以各病种为成本核算对象，按一定流程和方法归集、分配和核算各项支出计算的成本。病种成本按照复杂程度可以分为单病种成本、DRG/DIP 病组成本。病种成本还可分为直接病种成本、间接病种成本。直接病种成本又可细分为固定成本、变动成本。例如，直接病种成本中的固定成本包括入院各种基础的、一次性的必查项目成本。直接病种成本中的变动成本包括可以收费的卫生材料采购价格，药品采购价格，该病种必需的治疗项目成本，按天、按床位计算的间接费分摊额等。不能直接归属于某病种的间接成本，需要先进行归集，再进行分配至当期各费用受益病种数量中去。

例如，血尿常规、血脂、肝功、肾功等检查费用的成本，根据各医院各病种酌情作为必查项确定为固定成本。因人而异的、按次收费的呼吸机、血糖、血压等检查成本可以根据病种酌情确定为变动成本。病种不一样，同一检查项目有可能会在固定成本与变动成本间调整。

而 DRG 成本，是指医院按照医疗保险设置的疾病诊断相关分组（Diagnosis Related Groups，以下简称 DRG）划分，以各 DRG 为成本核算对象，按照一定流程和方法归集、分配相关支出，计算的病种成本。DRG 成本的核算目的是让业财融合、算管结合，为医院的经济运行提供方向。DRG 成本的核算需要财务人员在了解病历首页、了解业务流程的基础上区分各科室住院成本、药品成本、耗材成本，DRG 综合指数情况，从而有效开展病种核算。

第十二章　公立医院成本的归集与分摊

第一节　成本归集与分摊概述

医院在一定时期内发生的费用，从内容或性质上包括人员经费、卫生材料费、药品费、固定资产折旧费、无形资产摊销费、医疗风险基金、其他费用等，各项费用应按其受益对象和费用的性质，进行归集和分摊，从而确保真实反映核算对象的成本，并为医院成本管理与控制奠定基础。

一、成本归集的含义

成本归集，是指通过一定的归集方法以有序的方式，将成本归集到核算单元进行汇总的过程和结果。归集某类成本的聚集环节，称为成本归集点或成本集合。成本归集分两种情况，一种情况是为开展医疗服务活动而发生的能够直接计入的直接成本。比如，人员支出、直接耗材、药品成本等，按照实际耗用情况计入相关科室成本，科室有用水、用电记录的，水费、电费也直接计入相关科室成本。另一种情况为开展医疗服务活动而发生的，不能直接计入，需要按照一定原则和标准计算计入该科室的直接成本。科室无用水、用电记录时，水费按科室人员比例分配，电费按房屋面积或按仪器设备占用比例进行分配等。

二、成本分摊的含义

成本分摊，是指将归集的间接成本分配给成本对象的过程，也叫间接成本的分配或分派。进行成本分摊前，应将类似性质的成本归集在一起，称之为成本库。如医院将所有的水电费归集在水电费成本库中。成本对象是指可以将成本分别衡量的业务和单位，如单项医疗服务、病种或成本中心等。将成本库中的成本分摊至成本对象的过程，称为成本分摊。

三、成本归集与分摊的关系

成本归集和成本分摊是成本核算的两个核心内容，两者互为因果，成本归集的结果是成本分摊的基础，成本分摊的目的是将成本按照特定的成本对象进行归集。两者密切联系、相互影响，成本归集和分摊是保证成本核算质量的关键。要做到正确的成本归集和分摊，需要准确区分直接成本和间接成本。直接成本是可以直接归集或计算归集到核算对象的成本，间接成本是无法直接进行归集，需要通过合理的成本分配基础分摊至核算对象的成本。直接成本和间接成本也是处于辩证变化的过程中，随着成本对象的变化而发生变化。如后勤科室的成本对后勤科室来说属于直接成本，对临床科室来说则属于间接成本。

四、成本归集与分摊的要点

（一）搭建科学合理的成本管理组织架构

成本管理工作是全员参与的一项系统工程，需要从系统设置上统筹考虑，上下一盘棋才能有效推动成本管理工作有效开展和持续优化。首先，清晰的管理机构和人员配置从根源上保障了成本数据得到及时科学的收集、成本机制问题得到及时纠正和反馈，也从组织体系上保障了成本管理工作在医院发展战略中的重要地位。其次，明确的成本核算单元架构则保障了成本数据和收益中心的映射关系，进一步巩固了经济管理活动责任中心的责权利分配体制。

（二）打造专业化成本管理人才队伍

一是将专职的成本管理人员作为医院成本管理队伍的核心，负责总体牵头落实成本管理工作的计划、管控和监督。二是要在成本单元设置兼职成本管理员，对其提供及时、高效的业务指导，并实行集中统管。三是在“业财融合”的背景下，公立医院的财务人员不仅需要具备专业的财务管理知识，而且需要兼备基本的医疗知识，才能有助于进行成本数据的深层次挖掘，因此，医院亟须抓住业财融合大环境的机遇，加大对成本管理人员综合知识的培训力度。

（三）构建精细化的成本信息系统

医院成本管理工作具有覆盖面广、数据庞杂、环节众多、信息精度高等特点，对信息系统的构建要求非常严格，而医院普遍存在成本信息系统建设不够完善，成本系统与物资、人力资源、HIS、PACS、病案、财务等信息系统的集成化程度不够，无法实现数据的直接抓取、传递和共享，导致成本归集和分摊的人工工作量庞大，降低工作效率和数据的准确性。孤岛式的信息管理系统不能满足精益化成本核算管理的客观要求。因此，医院应当加快构建精细化的数字化采集、传输、储存的成本信息系统，将医院临床与经济两大数据中心有效融合，打破“信息孤岛”，提高信息网络对成本管理和质量控制能力，共享信息资源。医院成本信息系统还要与医保机构信息管理系统有效对接，实现信息的共享和实时传递，便于结算和监督。医院成本信息系统要对医院科室成本数据进行核算处理和有机集成，从而提高效率、降低消耗。同时，还可以利用信息化技术对医院业务及管理流程进行整合，优化流程，有效降低医院成本。

（四）探索适应管理要求的成本核算方法

不同的成本核算方法对最终呈现的成本数据影响巨大。而不同医院的医疗业务特点、组织架构、管理水平、信息化建设水平等客观情况决定了不同的成本管理要求和成本管控特点。各医院应在成本理论和规章制度的指导下，结合自身实际情况探索适应自身发展需求的成本核算方法。

（五）创造良好的运营管理环境

成本的归集与分摊是成本管理乃至公立医院运营管理的重要组成部分。应借助信息化技术手段打通信息壁垒，通过财务流程信息与业务流程信息的协同联动实现业财融合，为成本管理营造良好的运营管理环境，将成本粗放式管理向精细化管理方式过渡转变，最终实现公立医院整体的战略目标。

第二节　直接成本的归集与计算分配

直接成本的归集是指将医院各科室直接发生的成本直接计入该科室。直接成本的归集分为直接归集和计算归集两种方式。为开展医疗服务活动而发生的直接成本，按照实际耗用情况计入相关科室为直接归集；对于不能直接计入科室的直接成本，需要按照一定原则和标准计算分配到该科室，称为计算归集。

一、直接归集的成本

与成本核算对象消耗直接相关，且能直接得到准确消耗数据的成本数据应采用直接计入的方法进行归集。如明确为某科室服务发生的人员经费消耗，某科室、某门诊手术、某病种等直接耗费的卫生材料、药品费，固定资产折旧费、无形资产摊销费、计提专用基金费用、其他材料费、其他费用等能够依据真实的损耗状况直接列入有关核算对象的成本。

（一）直接归集的人员经费

按照各科室实际人员情况进行人员经费的归集，具体包括职工的各项工资福利性支出。

案例 12－1：某医院 20××年 5 月为各科室发放工资，工资表的部分数据见表 12－1。

表 12－1　　某医院 20××年 5 月工资表　　单位：元

科室大类	科室小类	基本工资	津贴补贴	奖金	伙食补助	加班补贴	购房补贴	应发合计
临床服务类科室	某内科	708 400	322 900	500 500	50 000	300 000	24 000	1 905 800
	某外科	78 711	35 878	55 611	5 556	33 333	2 667	211 756
	……	……	……	……	……	……	……	……
行政后勤类	院办	59 033	269 08	41 708	4 167	25 000	2 000	158 816
	人力部	39 356	17 939	27 806	2 778	16 667	1 333	105 879
	……	……	……	……	……	……	……	……
……	……	……	……	……	……	……	……	……

根据工资表对各科室的人员经费直接进行归集：

（1）某内科人员经费：1 905 800 元；

（2）某外科人员经费：211 756 元；

（3）院办人员经费：158 816 元；

（4）人力资源部人员经费：105 879 元。

（二）直接归集的卫生材料、药品费、其他材料费

按照各科室的实际消耗或者领用的费用直接列入相应成本中。

案例 12－2：某医院 20××年 5 月两科室耗用的药品费如表 12－2 所示。

表 12－2　　某医院 20××年 5 月药品费　　单位：元

科室	西药成本	中成药成本	草药成本	合计
某内科	8 767 250	4 581 560	3 030 630	16 379 440
某外科	7 580 540	3 052 580	2 650 200	13 283 320
……	……	……	……	……

根据各科室耗用的药品费，直接进行归集：

（1）某内科药品费：16 379 400 元；

（2）某外科药品费：13 283 320 元。

（三）直接归集的固定资产折旧费

按政府会计制度要求计提固定资产折旧。其中，房屋折旧按照各科室实际占用的面积比例间接归集折旧费。

案例 12－3：某医院 20××年 5 月对各科室的房屋建筑物计提折旧，部分数据如表 12－3 所示。

表 12－3　　某医院 20××年 5 月房屋建筑物折旧　　单位：元

科室	面积（平方米）	原值	本期折旧
某内科	68 920	306 482 690	410 892
某外科门诊	34 237	631 005 750	15 450
……	……	……	……

根据各科室房屋建筑物的折旧情况，直接进行归集：

（1）某内科折旧费：410 892 元；

（2）某外科折旧费：15 450 元。

（四）直接归集的无形资产摊销费

按政府会计制度要求计提无形资产摊销费。

案例 12－4：某医院 20××年 5 月对各科室的无形资产进行摊销，部分数据如表 12－4 所示。

表 12－4　　某医院 20××年 5 月无形资产摊销　　单位：元

科室	无形资产价值	本期摊销
某内科	1 160 500	8 900
某外科	1 260 800	9 200
……	……	……

根据各科室无形资产的摊销情况，直接进行归集：

（1）某内科摊销费：8 900 元；

（2）某外科摊销费：9 200 元。

（五）直接归集的计提专用基金

提取医疗风险基金时，可以采取两种方法：一是按照各科室的医疗收入比例进行分摊计提的专用基金；二是按照医院确定的各科室的医疗风险系数进行分摊计提的专用基金。科室医疗风险基金余额不应超过当年科室医疗收入的 0.3%。

案例 12－5：某医院 20××年×月按照各科室的医疗收入比例计提的专用基金，提取比例为 0.205%，部分数据如表 12－5 所示。

表 12－5　　科室提取风险基金　　单位：元

科室	提取风险基金
某内科	35 250
某外科	56 350
儿科	
儿科门诊	……
儿科住院	……
……	……
……	……

直接计入某内科的风险基金为 35 250 元。

（六）直接归集的其他费用

按照各科室实际发生的金额计入。

二、计算归集的成本

在医院日常运营中，存在归属于科室直接消耗但不能直接计入成本核算对象，须按照一定分配标准在医院多个成本核算对象之间进行分配，以最终归集到科室的直接成本，如医院房屋维修费、物业管理费、保洁与保安费用，场地租赁费、取暖费、科室未专门记录的水电费等，分配标准包括人员比例、房屋面积、仪器设备占用、工作量等。

（一）计算归集成本的分配原则

医院计算归集成本的分配原则应遵循相关性、权责发生制、实际成本计价、收支配比、一致性、重要性等原则。

1. 相关性原则

医院计算归集的直接成本数据应当与核算对象相关，符合医院成本管控目标，契合医院的预算管理、会计核算等财务工作的实际情况。这样才能为医院各级管理者和上级主管部门提供决策有用的成本信息。

2. 权责发生制原则

医院计算归集的直接成本应以权责发生制为依据。在进行成本归集时，对于已经发生的费用，如果其受益期包括不止一个会计期间，就应按其受益期进行分摊，不能全部列入当期成本；对于虽未发生但应由当期负担的费用，则必须先行计入当期成本中，待以后期间实际支出时，就不再列入成本。

3. 实际成本计价原则

医院计算归集的直接成本应按照实际成本计价，具有客观性，能相对科学合理地反映医院当期的运营效率。

4. 收支配比原则

医院计算归集的直接成本应当按照“谁受益、谁负担”的原则进行分配，使核算对象创造的各项收入与取得该项收入的耗费相配比。

5. 一致性原则

成本计算方法一经确定，没有特殊情况一般不予变动，以确保不同期间的成本资料可比、前后连贯、口径统一。因特殊情况需要改变原有的成本计算方法时，应在财务报告中加以说明。

6. 重要性原则

医院在计算归集直接成本的过程中，应对所有的成本类型按重要性程度进行区分，对于重点成本项目应单独核算、分项反映、力求精确；而对于次要成本项目，可以适当简化处理。按照重要性原则进行成本归集，是在成本效益的原则下，抓大放小、把控重点，减轻工作量的同时，提高工作效率。

（二）直接成本计算归集的方法

直接成本计算归集的分配方法主要有按人员系数分配、按服务量分配、按面积分配等，医院应结合自身实际情况和业务特点选择适合的计算归集方法。

1. 按人员系数分配

（1）水费的分配：无用水记录的科室计算归集的水费。

无用水记录的某科室计算归集的水费 =（医院水费总计 − 有用水记录的科室水费之和）$\times \frac{\text{该科室的人员数}}{\text{无用水记录的科室人员之和}}$

案例 12－6：某医院呼吸科门诊 15 人，全院职工 720 人，医院发生的水费为 2 510 750 元，其中手术室有单独水表，发生水费 100 120 元，手术室共 25 人，则呼吸门诊分配的水费为：

$$\frac{15}{720-25}\times(2\ 510\ 750-100\ 120)=52\ 027.99\text{（元）}$$

（2）办公费的分配：无法直接计入科室的办公费的分配。

$$\text{某科室办公费}=\text{无法直接计入科室的办公费之和}\times\frac{\text{该科室的人员数}}{\text{全院科室人员之和}}$$

案例 12－7：20××年，某医院不能直接计入科室的办公费为 92 520 元，全院职工 720 人，其中放射科共 20 人，则放射科应计算归集的办公费为：

$$\frac{20}{720}\times 92\ 520=2\ 570\text{（元）}$$

2. 按服务量分配

物业管理费的分配：

$$\text{某科室物业管理费}=\frac{\text{无法直接计入科室的}}{\text{物业管理费之和}}\times\frac{\text{该科室的服务量}}{\text{全院服务量之和}}$$

案例 12－8：20××年，某医院无法直接分摊的物业管理的服务量为 240 小时，全院物业管理费 12 000 元，其中放射科的服务量为 50 小时，则放射科应计算归集的物业管理费为：

$$\frac{50}{1\ 200}\times 12\ 000=500\text{（元）}$$

3. 按面积分配

（1）取暖费的分配：

$$某科室取暖费 = 全院电费之和 \times \frac{该科室的房屋面积}{全院取暖科室房屋面积之和}$$

（2）房屋建筑物折旧费：

$$某科室的房屋建筑物折旧费 = 该科室所在楼的折旧费 \times \frac{该科室的房屋面积}{所在楼的房屋面积之和}$$

（3）房屋维修维护费：

$$某科室的房屋维修维护费 = 该科室所在楼的维修费 \times \frac{该科室的房屋面积}{所在楼的房屋面积之和}$$

案例 12－9：某医院全院总面积为 50 620 平方米，其中放射科面积为 1 250 平方米，医院共发生的取暖费为 800 120 元，房屋建筑折旧费为 920 450 元，房屋设备维修费为 450 200 元，以取暖费为例，则放射科应分摊的取暖费为：

$$\frac{1\ 250}{50\ 620} \times 800\ 120 = 19\ 758\ （元）$$

4. 按人员系数和工作量组合分配

电费的分配：无用电记录的科室计算归集的电费。

$$无用电记录的某科室计算归集的电费 = （医院电费总计 - 有用电记录的科室电费之和） \times \frac{该科室的人员数 + 工作量}{无用电记录的科室人员数与工作量之和}$$

医院工作量可以依据实际情况确定，如实际占用总床日数、门急诊人次等。

案例 12－10：某医院全院职工 720 人，5 月医院的门急诊人次约为 7.5 万，其中某外科病区有职工 160 人，门急诊人次约为 1.2 万，医院发生的水费为 2 510 750 元；其中手术室有单独水表，发生水费 100 120 元，手术室共 25 人，则某外科病区的水费为：

$$\frac{1.2 + 0.016}{(720 - 25)/10\ 000 + 7.5} \times (2\ 510\ 750 - 100\ 120) = 387\ 254.92\ （元）$$

医院可以借助信息化技术手段进行成本归集，尽量减少手工操作，提高成本归集的准确性和工作效率。如利用医院能耗管控系统或者给每一个科室安装智能水表、电表等计量设备，不仅能够直接读取科室的水、电等用量，还能实时进行监测预警，这样可以将成本控制的重心前移，由事后分析转为事中控制。

第三节　间接成本的归集和分摊

间接成本的归集是指采用有条理的方式收集不能直接计入，需要按照既定规则分配计入的各项成本数据的过程，通常可通过业务信息系统、会计核算系统或职能科室报送的方式进行数据的采集。

间接成本的分摊是指，医院各类型科室发生的成本应本着相关性、成本效益关系及重要性等原则，逐步最终将归集的成本完全转移到临床科室的一种成本分摊方法。

一、间接成本分摊的方法

（一）直接分摊法

直接分摊法是指不考虑服务部门之间相互提供服务的成本，而是将各服务部门的成本分摊至运营部门。采用直接分摊法，由于各服务部门费用只是进行一次对外分配，计算简单易行，因其忽略服务部门之间的相互服务，当一个服务部门给其他一个或多个服务部门提供服务且金额较大时，直接分摊法没有计算服务部门之间的成本，造成成本不能如实反映。因此，这种分配方法只适用于服务部门内部相互间成本较低、忽略交互分摊也不会有太大影响的情况下。

案例 12－11：某医院按照直接分摊法将辅助科室的成本直接分摊至临床科室（见表 12－6）。

表 12－6　　某医院科室成本表　　单位：元

支出项目	合计	临床科室		辅助科室	
		内科	外科	消毒室	电工班
科室支出	5 400	1 200	2 400	1 000	800
消毒室	－1 000	500	500		
电工班	－800	300	500		
全成本合计	5 400	2 000	3 400		

以外科为例：

临床科室成本 =2 400（元）

消毒室成本 =500（元）

电工班成本 =500（元）

外科全成本 =2 400 +500 +500 =3 400（元）

（二）阶梯分摊法或顺序分摊法

阶梯分摊法也叫顺序分摊法或逐步分摊法。该方法除了考虑服务部门对运营部门提供的服务之外，同时将服务部门间相互提供的服务计算在内。所以，服务部门所耗费的成本不仅分摊到接受服务的运营部门，同时也分摊给接受其服务的其他服务部门，且分摊出去之后不再接受其他部门的成本分摊。因此，服务部门的成本分摊次序非常重要，通常是按照服务部门相互受益程度的大小排列顺序，从提供服务给其他部门服务量最大而接受服务量最小的开始，以此类推。虽然阶梯分摊法对比直接分摊法来说十分复杂，但其能够提供相对精确的运营数据。

案例 12 –12：某医院按照顺序分摊法将辅助科室的成本直接分摊至临床科室（见表 12 –7）。

表 12 –7　　某医院科室成本表　　单位：元

支出项目	合计	临床科室		辅助科室	
		内科	外科	消毒室	电工班
科室支出	5 400	1 200	2 400	1 000	800
电工班	–800	300	300	200	
小计				1 200	
消毒室	–1 200	500	700		
全成本合计	5 400	2 000	3 400		

以外科为例：

（1）电工班成本分摊至临床科室和消毒室：

内科分摊成本 =300（元）

外科分摊成本 =300（元）

消毒室分摊成本 =200（元）

（2）分摊后消毒室成本 =1 000 +200 =1 200（元）

消毒室分摊至外科成本 = 700（元）

（3）外科全成本 = 2 400 + 300 + 700 = 3 400（元）

（三）双重分摊法或交互分摊法

交互分摊法是指服务部门的成本分摊给其他服务部门之后，同时接受其他有关服务部门的成本分摊，进行反复多次分摊之后，完成的是第一次成本分摊。再采用直接分摊法将服务部门相互分摊后的成本直接分摊至运营部门以结束分摊。

这种分摊方法的步骤非常繁复，较少医院会采用。

二、三级成本分摊方法

公立医院全成本核算主要采用三级分摊的方法进行，方法如下。

（一）行政后勤类科室成本分摊（一级分摊）

将行政后勤类科室的管理费用向临床服务类、医疗技术类以及医疗辅助类进行分摊。行政后勤科室的管理费用依据人员比例分摊至各临床科室、医辅科室和医技科室。行政及后勤管理部门归集的费用一般采用参数分配法进行分配，参数可以选择人员数量、工作量等：

分配率 = 行政及后勤管理部门费用总额 ÷ 各科室分配参数之和（例如人员总数、工作量总数）

某科室应分配的行政及后勤管理部门费用 = 该科室分配参数 × 分配率

1. 核算科室（临床、医技、医辅科室）分摊的某项管理费用

$$= 当期该项管理费用的总额 \times \frac{该科室的职工人数}{全院职工人数 - 行政后勤职工人数}$$

案例 12 - 13：某医院总人数为 1 520 人，其中某外科病区有 120 人，行政后勤为 20 人，20 × × 年 × 月医院应分摊的人员经费类的管理费用总额为 150 000 元，则某外科病区应分摊的管理费用为：

$$\frac{120}{1\ 520 - 20} \times 150\ 000 = 12\ 000（元）$$

医院人员比例可以依据实际情况确定，如科室职工总人数、护士人员、医生人数等。

2. 核算科室（临床、医技、医辅科室）分摊医务处办公室的某项管理费用

$$=\begin{matrix}\text{当期该项医务处办公}\\\text{室管理费用的总额}\end{matrix}\times\frac{\text{该科室的职工人数(除护士外)}}{\text{全院职工人数(除护士外)}-\text{行政后勤职工人数(除护士外)}}$$

3. 核算科室（临床、医技、医辅科室）分摊护理部的某项管理费用

$$=\text{当期该项护理部管理费用的总额}\times\frac{\text{该科室的护士人数}}{\text{全院护士人数}}$$

（二）医疗辅助成本分摊（二级分摊）

医疗辅助部门按照各自科室的总工作量分摊成本，根据服务于不同的部门，将成本分摊到临床科室、医技科室。辅助部门的费用一般采用参数分配法进行分配，分摊参数可以采用收入比重、工作量比重、内部服务量比重等。

医院辅助部门之间互相提供服务、产品的，可以根据相互提供服务或产品的金额、差异以及医院实际核算条件选择直接分配法、顺序分配法、交互分配法等分配费用。在实际成本核算过程中一般采用顺序分配法，即按照受益多少的顺序分配费用，受益少的科室先分配，受益多的科室后分配，先分配的科室不负担后分配的科室的费用。当医疗辅助类、医疗技术类科室均为辅助部门时，应当先分配医疗辅助类科室的费用，后分配医疗技术类科室的费用。

1. 按照收入比重分摊

$$\begin{matrix}\text{某临床科室(或医技科室)}\\\text{分摊住院收费处的成本}\end{matrix}=\begin{matrix}\text{当期住院收费处的}\\\text{待摊总成本}\end{matrix}\times\frac{\text{该科室的住院医疗收入}}{\text{全院住院医疗收入}}$$

案例 12－14：20××年×月，某医院应分摊的住院收费处材料费为 12 000 万元，该院全院的住院收入为 9 800 万元，其中，某外科病区住院医疗收入为 750 万元，则某外科病区应分摊的住院收费处材料费为：

$$\frac{750}{9\ 800}\times 12\ 000=918.37\text{（元）}$$

2. 按照工作量分摊

$$\begin{matrix}\text{某临床科室(或医技科室)}\\\text{分摊门诊收费处的成本}\end{matrix}=\begin{matrix}\text{当期门诊收费处的}\\\text{待摊总成本}\end{matrix}\times\frac{\text{该科室的门急诊人次}}{\text{全院门急诊人次}}$$

案例 12－15：20××年×月，某医院应分摊的门急诊收费处材料费为

15 000 元，该院全院的门急诊人次约为 7.5 万，其中，某外科病区门急诊人次约为 1.2 万，则某外科病区应分摊的门急诊收费处材料费为：

$$\frac{1.2}{7.5}\times 15\ 000 = 2\ 400\ （元）$$

3. 按照内部服务量比重分摊

某临床科室（或医技科室）分摊洗衣房的成本

$$=当期洗衣房的待摊总成本\times\frac{洗衣房提供给该科室的服务量}{洗衣房提供给临床、医技科室的服务量总和}$$

案例 12－16：20××年×月，某医院应分摊的洗衣房费用为 160 000 元，洗衣房共为医院提供 240 万件的洗衣服务，其中，某外科病区的服务为 20 万件，则某外科病区应分摊的洗衣房费用为：

$$\frac{20}{240}\times 160\ 000 = 13\ 333.33\ （元）$$

4. 按照人员系数与工作量组合分摊

某临床科室（或医技科室）分摊门诊办公室的成本

$$=\begin{matrix}当期门诊办公室的\\待摊总成本\end{matrix}\times\frac{该科室的职工人数+门急诊人次}{临床、医技科室职工人数+全院门急诊人次}$$

案例 12－17：20××年×月，某医院应分摊的门急诊收费处办公费为 200 000 元，全院总职工为 720 人，门急诊人次约为 7.5 万；其中，某外科病区有职工 160 人，门急诊人次约为 1.2 万，则某外科病区应分摊的门急诊收费处办公费为：

$$\frac{1.2+0.016}{7.5+0.072}\times 200\ 000 = 32\ 118.33\ （元）$$

5. 按照物资供应关系分摊

某临床科室（或医技科室）分摊供应室的成本

$$=当期供应室的待摊总成本\times\frac{供应室提供给该科室的物资}{供应室提供给临床、医技科室的物资总和}$$

案例 12－18：20××年×月，某医院应分摊的消毒供应室费用为 180 000 元，消毒室共为医院提供的消毒件数 150 万件，其中某外科病区的件数为 8 万件，则某外科病区应分摊的消毒供应室费用为：

$$\frac{8}{150}\times 180\ 000 = 9\ 600\ （元）$$

（三）医疗技术成本分摊（三级分摊）

医技科室按照收入比重，根据医技科室提供服务的部门不同，将各医技科室的成本分摊到临床科室（见图 12－1）。

$$某临床科室分摊放射科的成本=\frac{当期放射科的}{待摊总成本}\times\frac{该临床科室的放射收入}{全院的放射收入}$$

案例 12－19：20××年×月，某医院应分摊的放射费为 750 000 元，该院全院的放射收入为 3 500 万元，其中某外科病区放射收入为 150 万元，则某外科病区应分摊的放射费：

$$\frac{150}{3\ 500}\times 750\ 000=32\ 142.86（元）$$

临床科室全成本＝归集后直接成本＋间接成本＝归集后直接成本＋分摊的管理成本＋分摊的医辅科室成本＋分摊的医技科室成本

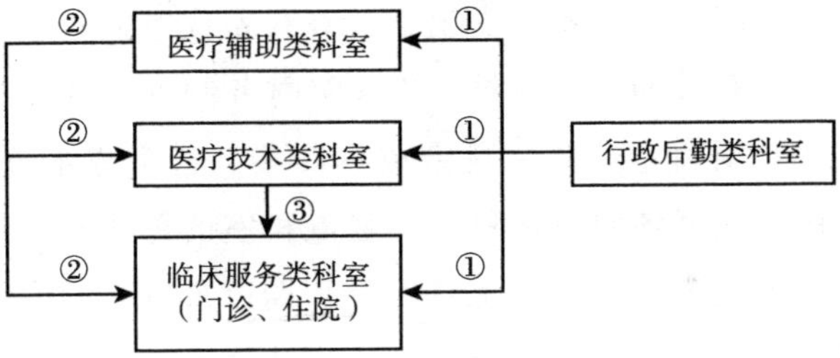

图 12－1　成本三级分摊流程图

由于各医院医疗服务类型不同、管理水平参差不齐，导致不同医院对成本管理工作的重视程度不同，成本核算的精细化水平不同，并在分摊方法、分摊参数的选择及数据口径上未统一。最终形成的成本分摊结果缺乏可比性，不利于不同医院的数据比较，影响上级管理部门对行业成本管理工作的监督。

医院全成本核算项目较多，分摊烦琐，并且与全院各部门业务息息相关，财务人员只有深入临床业务及后勤服务工作，深入了解业务工作流程及成本形成的机制，才能把握成本项目在业务过程中的产生动因、受益范围、作业原理和分配标准，最终才能更加准确地进行成本分摊。

第十三章　公立医院成本核算方法

第一节　科室成本核算

一、科室成本核算单元的设置

科室成本核算，是指将医院医疗服务活动中所发生的各种耗费，以科室为核算对象，归集、分配和核算各项支出，计算科室成本的过程。科室成本核算是医院长期以来行之有效的实务总结，《医院财务制度》《县级公立医院成本核算操作办法》等均对科室分类、科室成本归集、科室成本分摊等作了规定，并在医院广泛应用。根据各门急诊科室、住院科室的总成本，进一步计算单位成本得出的诊次成本、床日成本，也是医院长期以来重要的成本核算对象。此外，归集到科室的医疗活动成本，也是进一步计算医疗服务项目、病种、DRG等成本核算对象成本的基础。

科室成本核算的对象是按医院管理需要设置的各类科室（成本核算单元），因此，医院开展科室成本核算首先要规范设置成本核算单元。

（一）成本核算单元设置的原则

1. 核算单元人、财、物相对独立；

2. 能单独计量所有收入及归集各项费用；

3. 医院应根据自身实际情况，由医院设立的成本管理领导小组确定核算单元；

4. 医院设置的成本核算单元应满足医院成本管理的需要，并与财务部门的核算要求保持一致。

（二）成本核算单元的基本划分模式

1. 按服务性质将科室（成本核算单元）划分为临床服务类、医疗技术类、医疗辅助类、行政后勤类

（1）临床服务类核算单元。是指直接为病人提供医疗服务，并能体现最终医疗结果、完整反映医疗成本的核算单元，包括门诊类科室和住院类科室等。

（2）医疗技术类核算单元。是指既直接开展医疗活动，也为临床服务类科室及病人提供医疗技术服务或产品的核算单元，包括放射科、超声科、检验科、血库、手术室、麻醉科、实验室、临床营养科等。

（3）医疗辅助类核算单元。是指服务于临床服务类和医疗技术类科室，为其提供动力、生产、加工、消毒等辅助服务的核算单元，包括水电班组、锅炉房、洗衣房、设备维修班组、消毒供应室、病案室、门诊收费室、挂号室、住院结算中心、营养食堂等。

（4）行政后勤类核算单元。是指除临床服务类核算单元、医疗技术类核算单元和医疗辅助类核算单元之外从事行政后勤业务工作的核算单元，包括院办、党办、纪检、工会、宣传科、财务科、医务科、总务科、设备科、保卫科、基建科、科教科和职工食堂等。

以上四类核算单元的划分为医院成本核算单元的基本划分模式，其直接影响成本分摊的所有流程和环节，医院应统一科室（成本核算单元）设置和编码规则。临床服务类科室（核算单元）和医疗技术类科室（核算单元）应以《医疗机构诊疗科目名录》为基础，医疗辅助类（核算单元）和行政后勤类科室（核算单元）由各地卫生健康行政部门统一规定。

2. 成本核算单元划分的具体处理

按基本划分模式可将大部分科室（成本核算单元）直接划分为临床服务类、医疗技术类、医疗辅助类、行政后勤类，但也有部分科室情况比较特殊，须具体分析后再进行划分归类。

（1）对临床科室中含有医技或医辅性质的实验室、检查室等，应按以下情况分别进行处理：如果该实验室、检查室等仅为所属科室服务，则不作为单独的成本核算单元，其成本直接计入其所属科室；如果该实验室、检查室等为多个科室服务，则应按其性质划归医技或医辅的独立成本核算单元。

（2）临床与医技交叉的边缘学科，如介入科、放疗科、核医学科等，有些医院此类科室仅单纯用于治疗或手术，可划分为医疗技术类核算单元，但有些医院却设立为既可收住院病人又可为其他科室的病人进行治疗或手术，如何划分呢？应以在实践中产生门诊（诊次）和住院（占用床日）工作量为标准进行界定。

（3）各临床、医技、医辅科室下设的办公室不作为单独的行政管理类成本核算单元，其成本直接计入其所属科室。

（4）医院中独立核算的法人单位不应列入医院科室成本核算范围。

（三）成本核算单元的其他划分模式

根据不同医院成本核算的需要，成本核算单元还可以有其他的划分模式。例如，按其服务对象可分为直接成本核算单元和间接成本核算单元。

（1）直接成本核算单元。是直接为病人提供医疗服务的部门，即通过本部门的医疗服务能够取得相应收入的医疗部门。在确定直接成本核算单元时，要结合核算的目标而定。

（2）间接成本核算单元。是为直接成本核算单元提供医疗技术性服务以及行政管理、后勤保障性服务的部门。

此外，医院应当根据成本核算单元，按照直接开展业务活动、为业务部门提供服务或产品的标准，对业务部门与辅助部门进行划分。例如，计算诊次、床日成本时，提供门急诊、住院服务的临床服务类科室属于业务部门，医疗技术类科室属于辅助部门；计算医疗服务项目成本时，提供医疗服务项目的临床服务类科室和医疗技术类科室均属于业务部门。

二、科室成本核算的内容

科室成本核算内容主要是核算科室医疗业务成本、科室单位管理费用和科室医疗成本。

1. 科室医疗业务成本

是指医院业务科室开展医疗服务业务活动自身发生的各种耗费，不包括医院行政及后勤管理部门的耗费，也不包括财政项目拨款经费和科教经费形成的各项费用。

科室（临床服务类科室、医疗技术类科室和医疗辅助类科室）医疗业务成本＝人员经费＋卫生材料费＋药品费＋固定资产折旧费＋无形资产摊销费＋提取医疗风险基金＋其他费用

全院医疗业务成本＝临床服务类科室直接成本＋医疗技术类科室直接成本＋医疗辅助类科室直接成本＝临床、医技、医辅类科室直接成本之和

科室成本项目核算内容应当与政府会计准则中“业务活动费用”“单位管理费用”等科目的有关明细科目数据保持衔接，因此，医院在进行科室成本核算时应设置人员经费、卫生材料费、药品费、固定资产折旧费、无形资产摊销费、提取医疗风险基金、其他费用等成本核算明细项目。

人员经费是指医院业务科室发生的工资福利支出、对个人和家庭的补助支出。根据《政府收支分类科目》中的分类科目，人员经费的明细科目包括：基本工资、津贴补贴、奖金、社会保障费、伙食补助费、绩效工资、住房公积金、其他工资福利支出。

卫生材料费是指医院业务科室发生的卫生材料耗费，明细科目包括：血库材料、医用气体、影像材料、化验材料和其他卫生材料。

药品费是指医院业务科室发生的药品耗费，明细科目包括：西药、中成药和中药饮片。

其他费用明细科目包括：办公费、印刷费、咨询费、手续费、水费、电费、邮电费、取暖费、物业管理费、差旅费、因公出国（境）费、维修（护）费、租赁费、会议费、培训费、公务接待费、劳务费、其他商品和服务支出等。

2. 科室单位管理费用

是指医院行政及后勤管理部门为组织、管理医疗、科研、教学业务活动所发生的各项费用，包括医院行政及后勤管理部门发生的工资福利费用、商品和服务费用、资产折旧（摊销）费等费用，以及医院统一负担的离退休人员经费、工会经费等。

医院应在“单位管理费用”科目下设置工资福利费用、商品和服务费用、对个人和家庭的补助费用、固定资产折旧费、无形资产摊销费等明细科目，并按照具体科室进行明细核算。

3. 科室医疗成本

是指医院为开展医疗服务业务活动，各业务科室和行政及后勤各部门自身发生的各种耗费，不包括财政项目拨款经费和科教经费形成的各项费用。

科室医疗成本 = 科室业务活动费用 + 分摊的单位管理费用

全院医疗成本 = 医疗业务成本合计 + 行政后勤类科室直接成本（单位管理费用）= $\sum$ 临床服务类科室医疗成本

三、科室成本的分类及核算流程

（一）科室成本的分类

按《医院财务制度》的规定，医院进行科室成本核算时，通常将科室的成本分为直接成本和间接成本两类。

科室总成本 = 科室直接成本 + 科室间接成本

1. 科室直接成本

科室直接成本是科室为开展医疗服务活动而发生的能够直接计入或采用一定方法计算后直接计入科室的各种支出，包括人员经费、卫生材料费、药品费、固定资产折旧费、无形资产摊销费、其他医疗费用中可以直接计入科室的费用。它们的特点是不需要进行分摊，在发生时可以直接计入或计算计入有关成本核算对象。

2. 科室间接成本

科室间接成本是为开展医疗服务活动而发生的不能直接计入核算单元成本，医院需要根据业务特点、重要性、可操作性等因素，选择合理的分配方法将科室间接费用分摊计入的各项支出。其特点是需要先在有关费用账户中进行费用的归集，然后按照规定的标准和方法分配到有关成本核算对象。间接费用分配方法一般遵循因果关系和受益原则，将资源耗费根据资源耗费动因进行分配。

（二）科室成本核算的流程

1. 第一步：归集直接成本

各成本核算单元先通过直接计入或计算计入的方式进行医疗业务和管理支出耗费归集，形成科室直接成本。

科室直接成本的归集过程如下。

（1）确认支持标的作业的成本、费用资源（指一定时期内为了提供医疗服务而发生的成本、费用项目)。

(2) 为这些资源估计单价(根据原始记录或从进货上取得)。

(3) 估计标的所消耗的各种资源的数量(一般来自信息系统或管理部门的统计)。

(4) 把消耗资源的单价和标的所消耗的数量相乘。

(5) 汇总所有直接计入或计算后计入的成本以获得该标的的直接成本。

2. 第二步：间接成本分摊结转

按照分项逐级分步结转成本的三级分摊方法，依次对行政后勤类科室耗费、医疗辅助类科室耗费、医疗技术类科室耗费进行分摊结转，形成临床服务科室成本(医疗成本)。

四、医院科室成本核算方法：完全成本法

完全成本法是指将医院所发生的全部资源耗费按照科室(成本核算单元)进行归集、分配和核算，计算出总成本和单位成本的方法，一般用于满足医疗服务定价、外部绩效评价等需求。完全成本法是从价值补偿角度计算成本的，不论是直接成本或间接成本都计入科室成本，反映科室的全部耗费。通过完全成本法核算，能够客观反映医院各种成本产生与形成的过程，充分显示科室成本来源与构成情况，为医院进行资源配置与使用提供相应的量化数据支持，在提高资源利用率、减少资源浪费等方面发挥导向作用。

(一) 直接成本的归集

医疗服务业务发生的全部成本费用应当按照成本项目归集到科室(成本核算单元)，科室各项直接成本的采集，通过“业务活动费用”“单位管理费用”等会计科目，按照成本项目归集实际发生的各种费用，据此计算确定各科室(成本核算单元)的成本，能够直接计入的成本费用，直接计入相关科室。不能直接计入的成本费用，通过计算计入相关科室，然后汇总所有直接计入和计算计入的成本以获得该科室的直接成本。

1. 直接计入成本

直接计入成本是指在会计核算中能够直接归集到科室(成本核算单元)，形成医疗业务成本或单位管理费用的各项费用，包括：人员经费、卫生材料费、药品费、固定资产折旧费、无形资产摊销费(可以直接计入的部分)、提

取医疗风险基金以及其他费用（可以直接计入的部分费用）。

（1）科室人员经费的计入方法。医院的人力资源分布情况直接影响人员经费在不同科室（成本核算单元）之间的分配，因而需要对人力资源角色进行明细和动态的管理，根据会计分期和权责发生制原则，按支出明细项目采集到担任相应角色的人员。其中，工资津贴、绩效工资按计提发放项目采集到个人；社会保障缴费按养老、医疗保险等采集到个人，住房公积金按实际发生数采集到个人。

（2）科室卫生材料费的计入方法。卫生材料费应当根据重要性和实耗实销原则，在科室建立卫生材料二级库房进行核算，可按计价收费与非计价收费、可计量与不可计量、高值与低值、植入人体与非植入人体、门诊与住院、一次性使用与可循环使用等因素对卫生材料进行分类核算，优先选择个别计价法，即按单品种卫生材料采购成本与二级库房实际用量归集各科室的卫生材料费用。科室领用到二级库房而未消耗的卫生材料，视同库存管理，不计入成本。

（3）科室药品费的计入方法。以“临床开单、药房发药”信息为基础，可根据需要分别按计价收费与非计价收费、西药、中成药与中草药、门诊用药与住院用药、医保病人与非医保病人等因素对药品进行分类核算，优先选择个别计价法，采集各会计期间单品种药品的采购成本后进行汇总核算。

（4）科室固定资产折旧费的计入方法。一般由医院财务部门按会计期间、固定资产类别和品种将固定资产折旧核算到每一个科室，其中，房屋折旧按科室实际占用房屋面积计提折旧，设备类固定资产按核算科室实际使用的固定资产计提折旧。

（5）无形资产摊销费（可以直接计入的部分）的计入方法。医院无形资产应当自取得当月起，在预计使用年限内采用年限平均法分期平均摊销，按受益科室确认无形资产摊销费用。可以直接计入的无形资产摊销费是指该无形资产仅归该科室单独使用，每月摊销费直接归集到使用科室。

（6）提取医疗风险基金计入方法。以临床、医技科室当期医疗收入的一定比例计提。

（7）其他费用（可以直接计入的部分）计入方法。按照权责发生制原则，从业务发生源头，按成本核算单元进行采集。

A. 房屋、设备维修费：常规维修费用按科室（房屋、设备实际占用科室）实际发生数记录，比如医院聘请某公司维修医院的一批病床，须根据维修病床所在科室的实际发生数据为依据计算维修费；设备维保费用按维保期间分期计入（如符合大型修缮标准的固定资产维修支出则需要增加固定资产原值，按月计提折旧）。

B. 水、电、气等费用：有计量设施并实际计量的，按核算科室实际水、电、气用量计算确认费用。

C. 办公费、印刷费、手续费等：按实际发生的办公性费用直接计入或按领用记录计量计入。

D. 卫生材料以外其他低值易耗品：按领用记录计量计入，对成本影响较大的低值易耗品可分期计入成本。

E. 其他：按核算科室的实际消耗量直接计入成本。

2. 计算分配计入成本

计算分配计入成本是指由于计量条件所限无法直接计入各科室（成本核算单元）或为分清责任主体不应直接计入管理费用，而需要采用比例系数的方式分配计入的直接成本。医院应根据重要性和可操作性等原则，将需要计算计入的直接成本按照确定的标准进行分配，计算计入相关科室（成本核算单元）。对于能源消耗比较集中、占比较大的科室（简称大用户），医院可先计算其成本，在剔除“大用户”成本的基础上，再采用人员、面积比例等作为分配参数，分配计入其他科室（成本核算单元）。

（1）计算分配计入的方法。常用的计算分配计入的方法有：按人员比例分配计算、按业务量比例分配计算、按科室收入比例分配计算、按占用资产比例分配计算、按占用面积比例分配计算、按定额分配计算、大用户剥离法等。

A. 按人员比例分配计算公式：某相关科室应负担的成本费用 = 某项成本费用 × 某科室人数/相关科室人员数之和。

B. 按业务量比例分配计算公式：某相关科室应负担的成本费用 = 某项成本费用 × 某科室业务量/相关科室业务量之和。

C. 按科室收入比例分配计算公式：某相关科室应负担的成本费用 = 某项成本费用 × 某科室收入/相关科室收入之和。

D. 按占用资产比例分配计算公式：某相关科室应负担的成本费用 = 某项成本费用 × 某科室资产占用额/相关科室资产占用之和。

E. 按占用面积比例分配计算公式：某相关科室应负担的成本费用 = 某项成本费用 × 某科室实际占用面积/相关科室占用面积之和。

F. 按定额分配计算公式：某相关科室应负担的成本费用 = 某科室相关业务的总量 × 单位定额。

G. “大用户”剥离分配法是指针对一些医院公摊费用（如煤、水、电、气）消耗比较大的科室，接受成本分配的比例应与其他科室不同：如该科室单独安装计量设施，该项成本可按计量直接计入此类科室，计算计入时该项成本不再向此类科室分配；如未单独安装计量设施，可参考功率和平均工作量等以定额形式将成本直接计入此类科室，计算计入时该项成本不再向此类科室分配。

（2）须计算分配计入的成本。

A. 科室人员经费（一人多岗情况）。对于医院一人多岗的情况，必须整理出全院的多重角色人员，再根据其实际工作量情况（参考工时等标准）将其人员经费计算分配到相应的成本核算单元，比如，某医院外科主任同时又兼任医务科长，其工资、劳务费等人员经费须根据其在外科和医务科的工作量比例计算分配到外科或医务科。

B. 无形资产摊销费（须分配计入部分）。某项无形资产由多个科室共用，每月产生的无形资产摊销费须采用人员、病床数量或面积比例等作为分配参数，计算计入相关科室。

C. 其他费用（须分配计入部分）。水、电、气等费用：科室无实际计量的，可按照核算科室占用面积比例或收入比例等参数计算确认。其他：须采用一定方法计算后计入费用，例如，物业管理费可以按照占用面积比例分配，洗涤、交通费用可以按照实际工作量比例分配，计算取得各成本核算科室的成本。

（二）间接成本的分摊

各类科室（成本核算单元）发生的间接成本应当本着相关性、成本效益关系与重要性等原则，采用阶梯分摊法，按照分项逐级分步结转的方法进行三级分摊，最终将所有成本转移到临床服务类科室。间接费用分配标准或方法一般遵循因果关系和受益原则，将资源耗费根据资源耗费动因分项目追溯或分配至相关的成本核算对象，如根据工作量占比、耗用资源占比、收入占比等。同一成本核算对象的间接费用分配标准或方法一旦确定，各期间应当保持一致，不得随意变动。

间接费用分摊的具体步骤：

1. 一级分摊：行政后勤类科室的费用分摊

将行政后勤类科室的费用按人员比例向临床科室、医技科室和医辅科室分摊，并实行分项结转。

例如，核算科室（临床、医技、医辅科室）分摊的某行政后勤科室的费用 = 该科室职工人数/除行政后勤类外全院职工人数 × 当期行政后勤科室各项总费用。

2. 二级分摊：医辅科室成本分摊

将医辅科室成本向临床科室和医技科室分摊，并实行分项结转，分摊参数可采用收入比重、工作量比重、占用面积比例等。

（1）按收入比重分摊（适用于门诊挂号收费、住院结算室等成本分摊）：某临床科室（或医技科室）分摊的某医辅科室成本 = 该科室医疗收入/全院总医疗收入 × 当期某医辅科室各项总成本。

（2）按工作量比重分摊（适用于门诊挂号收费、住院结算、洗衣、消毒等保障部门以及病案部门等科室的成本分摊）：某临床科室（或医技科室）分摊的某医辅科室成本 = 该科室消耗工作量（或医疗工作量）/某医辅科室待分摊的工作总量 × 当期某医辅科室各项总成本。

（3）按占用面积比例分摊：某临床科室（或医技科室）分摊的某医辅科室成本 = 该科室实际占用建筑面积/全院临床、医技科室建筑总面积 × 当期某医辅科室各项总成本。

3. 三级分摊：医技科室成本分摊

将医技科室成本向临床科室分摊，分摊参数采用收入比重，分摊后形成门诊、住院临床科室的医疗成本。

某临床科室分摊的某医技科室成本 = 该临床科室确认的某医技科室收入（按开单科室归集）/某医技科室总收入 × 当期医技科室各项总成本

全部分摊后，满足如下平衡关系：

单位医疗成本 = 临床服务类科室直接成本 + 医疗技术类科室直接成本 + 医疗辅助类科室直接成本 + 行政后勤类科室直接成本 = $\sum$ 临床服务类科室医疗成本

行政后勤类科室直接成本 = 单位管理费用

（三）科室成本核算中各项数据的采集方法

1. 对外服务计量

门诊人次：可按就诊日期、挂号类别（普通、专家）、专科等进行明细统计，一般应将工作量采集到医生个人。

住院占用床日：可按住院日期、病区、专科等进行明细统计。

处方量：可按病人、专科、医生、门诊、住院、病区、药房等统计处方张数和处方记录数。

手术工作量：可按手术日期、病人、病区、医生、手术参与人员、手术占台时间等进行明细统计。

大型医用设备检查工作量：可按日期、专科、病区、病人、设备编号、检查项目、技师等进行明细统计。

2. 对内服务计量

对洗涤、保洁、维修等服务，可按提供服务的科室、接受服务的核算单元、服务日期、服务项目等进行明细统计。

3. 收入数据计量

医疗服务收入：按照权责发生制原则，根据核算单元的开单与执行进行采集计量。具体可按门诊与住院、临床医生、护理与医技执行单元、医保病人与非医保病人、医疗服务项目等采集医疗服务收入数据。

卫生材料收入：按照权责发生制原则，根据核算单元的开单与执行进行采集计量。具体可按门诊与住院、临床医生、护理与医技执行单元、医保病人与非医保病人、医疗服务项目等采集计价卫生材料的收入数据。

药品收入：按权责发生制原则，根据核算单元的开单与执行进行采集计量。具体可按药品品规、门诊与住院、临床医生、护理与医技执行单元、医保病人与非医保病人、医疗服务项目等采集药品的收入数据。

（四）完全成本法核算后科室成本的计算结果

医疗辅助类科室完全成本 = 医疗辅助类科室直接成本 + 分摊行政后勤类科室成本

医疗技术类科室完全成本 = 医疗技术类科室直接成本 + 分摊行政后勤类科室成本 + 分摊医疗辅助类科室成本

医疗临床类科室完全成本 = 医疗临床类科室直接成本 + 分摊行政后勤类科室成本 + 分摊医疗辅助类科室成本 + 医疗技术类科室成本

第二节　诊次与床日成本核算

将行政后勤类科室（仅限完全成本法）、医疗技术类科室、医疗辅助类科室的费用全部归集、分配到临床服务类科室后，即为临床服务类科室成本。临床服务类科室成本可以进一步分为门急诊科室成本、住院科室成本。

一、诊次成本核算

（一）诊次成本核算的内涵

诊次成本核算是指以诊次为核算对象，将某临床门急诊科室成本按科室诊疗人次进行分摊，计算出平均每一诊次成本的过程。以全院临床门急诊科室成本，按全院总门急诊人次求平均，即为全院平均诊次成本。

科室成本二级分摊以后，可以进行诊次成本的核算。

（二）诊次成本的分类及计算方法

1. 临床科室平均诊次成本

某临床科室平均诊次成本 = 某临床科室门诊总成本/该科室门急诊总人次

2. 全院平均诊次成本

全院平均诊次成本 = $\sum$ 全院各临床科室门诊总成本/全院门急诊总人次

二、床日成本核算

（一）床日成本核算的内涵

床日成本核算是指以床日为核算对象，将某临床住院科室成本按核算单元实际占用床日进行分摊，计算出平均每一床日成本的过程。以全院临床住院科室成本，按全院实际占用总床日数求平均，即为全院平均实际占用床日成本。

科室成本二级分摊以后，可以进行床日成本的核算。

（二）床日成本的分类及计算方法

1. 临床科室平均床日成本

某临床科室实际占用床日成本＝某临床科室住院总成本/该科室住院病人实际占用床日总数

2. 全院平均床日成本

全院平均实际占用床日成本＝$\sum$ 全院各临床科室住院总成本/全院住院病人实际占用床日总数

第三节　医疗服务项目成本核算

一、医疗服务项目成本核算对象

公立医院服务项目成本核算是以各科室开展的医疗服务项目为对象，归集和分摊各项支出，计算出各项目单位成本的过程。医疗服务项目成本核算对象是指各地医疗服务价格行政管理部门和卫生健康行政部门统一认定的医疗服务收费项目，不包括可以单独收费的药品和卫生材料。

医疗服务项目成本核算主要服务于制定医疗服务价格。目前，医院收费的医疗服务项目按照国家发展改革委、卫生健康委、中医药局制定的《全国医疗服务价格项目规范》执行，各地根据项目测算成本制定和调整相关项目价格。相应地，三部委于2001年印发了《医疗服务项目成本分摊测算办法（试行）》，规范医院、科室和服务项目成本测算规范医疗服务项目成本核算，有助于更准确地反映医疗服务项目的实际成本，为科学合理地制定医疗服务价格提供依据。

某科室医疗服务项目总成本计算公式如下：

某科室医疗服务项目总成本＝该科室总成本－药品成本－单独收费的卫生材料成本

需要注意的是，对于多个科室开展的同一类医疗服务项目，应将各科室该医疗服务项目成本按其操作数量进行加权平均，得出该医疗服务项目的院内平均成本。

此外，各地应统一医疗服务项目名称和编码规则，参照政府会计制度规定的医疗收入进行分类，同时按照卫生信息统计“病案首页”收费类别进行分类，并与《国家医疗服务价格项目规范（2012 年版）》相衔接。

公立医院开展医疗服务项目的科室（核算单元）为临床服务类科室和医疗技术类科室；原则上不包括特需服务科室、体检科室、药剂科室以及只为本院职工服务的科室。医院应规范医疗服务项目收费分类。

二、医疗服务项目成本的分类

根据医疗服务项目成本核算的需要，将医院医疗部门分为直接成本科室和间接成本科室，并把间接成本科室的成本按照一定的分摊系数分摊到直接成本科室中去。直接成本科室为医疗技术和临床科室，间接成本科室为医疗辅助科室。核算医疗服务项目成本应以临床服务类和医疗技术类科室（核算单元）二级分摊成本核算为基础，以两类科室（核算单元）开展的医疗服务项目作为核算对象进行成本归集和分配。

三、医疗服务项目成本核算的方法

医疗服务项目成本核算应采用完全成本法。完全成本法是指将医疗服务项目所发生的全部耗费按照成本核算对象进行归集和分配，计算出项目总成本和单位成本的方法。医院可结合实际选择适当的核算方法。医疗服务项目成本在剔除同一期间内的药品费、单独收费材料成本以及不参与医疗服务项目核算的科室成本之后，作为本期医疗服务项目成本之和（见图 13－1）。

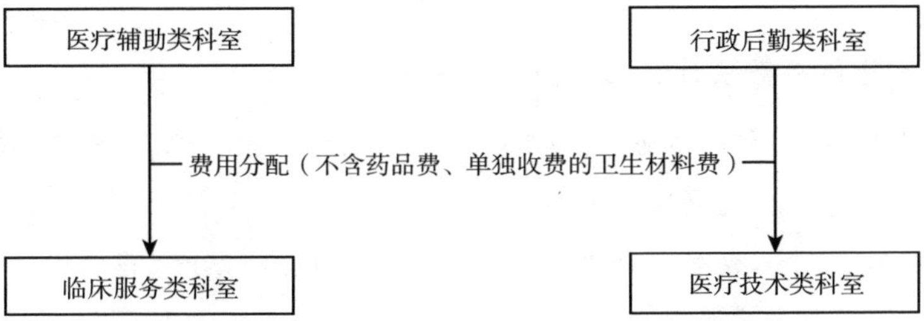

图 13－1　医疗服务项目成本归集（完全成本法）

资料来源：《事业单位成本核算具体指引——公立医院（征求意见稿）》（财办会〔2021〕14 号）。

核算结果遵循以下逻辑关系：$\sum$ 医疗服务项目成本 = $\sum$ 临床服务类科室成本、医疗技术类科室成本（二级分摊后成本）－ $\sum$ 药品费－ $\sum$ 单独收费卫生材料成本。

将科室归集的医疗服务项目总成本分配到各医疗服务项目，应当根据医院实际核算条件从下列方法中选择适宜的分配方法。

（一）成本比例系数法（参数分配法）

成本比例系数法（参数分配法）是将归集到各科室（核算单元）的成本，通过设定某一种分配比例参数，将科室（核算单元）的成本最终分配到医疗服务项目的计算方法。参数可以选择医疗服务项目的收入、操作时间、工作量等。

成本比例系数法的计算公式如下：

分配率 = 某科室医疗服务项目总成本 ÷ 该科室医疗服务项目分配参数之和（例如收入总数、操作时间总数、工作量总数）

某医疗服务项目的总成本 = 该医疗服务项目分配参数 × 分配率

具备核算条件的医院，可以按照成本项目分别采用不同的参数进行分配（见图 13－2）。

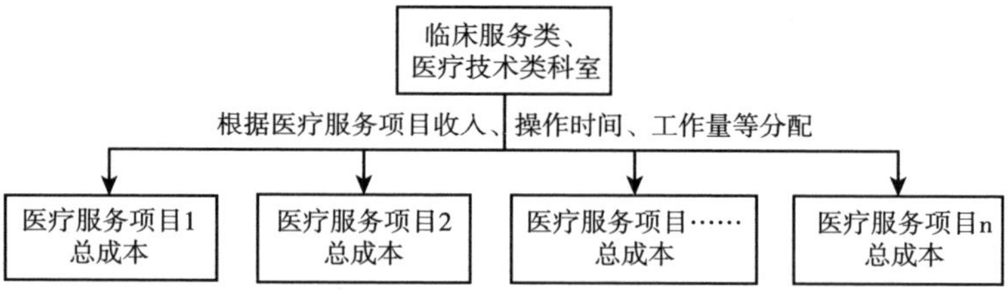

图 13－2　医疗服务项目成本分配（参数分配法）

资料来源：《事业单位成本核算具体指引——公立医院（征求意见稿）》（财办会〔2021〕14 号）。

1. 成本比例系数法计算项目成本的分类

（1）将收入比例作为成本比例系数计算项目成本，即以各医疗服务项目收入占科室总收入的比例，作为分配科室成本到各医疗服务项目的系数，完成临床类和医技类科室成本向其提供的医疗服务项目进行分配的过程。

临床类（或医技类科室）某医疗服务项目总成本 = 该项目医疗收入 ÷（科室医疗总收入－单独收费卫生材料收入－药品收入）×（二级分摊后的科室总成本－药品费－单独收费卫生材料成本）

某科室医疗服务项目单位成本＝该项目总成本÷该项目工作量

（2）将项目类标准成本比例作为成本比例系数核算项目成本，即以各项目所属类的标准成本占科室总类标准成本的比例，作为分摊科室成本到各医疗服务项目的系数，完成临床类和医技类科室成本向其提供的医疗服务项目进行分配的过程。项目类和科室总类的标准成本可以参照《国家医疗服务价格项目规范（2012年版）》制定。

临床科室（或医技科室）某医疗服务项目总成本＝该项目所属类的标准成本÷科室项目总类的标准成本×（二级分摊后的科室总成本－药品成本－卫生材料成本）

某科室医疗服务项目单位成本＝该项目总成本÷该项目工作量

2. 成本比例系数法核算项目成本的流程

（1）分摊系数的核算。

按收入比例计算的分摊系数＝该医疗服务项目医疗收入÷（科室医疗总收入－单独收费卫生材料收入－药品收入）

按项目类标准成本比例计算的分摊系数＝该项目类标准成本÷科室项目总类标准成本

（2）医疗服务项目成本构成核算。

人员经费：

人员经费＝分摊系数×二级分摊后的科室人员经费

卫生材料费：

不单独收费卫生材料费＝分摊系数×二级分摊后的科室不单独收费卫生材料费

固定资产折旧费：

固定资产折旧费＝分摊系数×二级分摊后的科室固定资产折旧费

无形资产摊销费：

无形资产摊销费＝分摊系数×二级分摊后的科室无形资产摊销费

提取医疗风险基金：

提取医疗风险基金＝分摊系数×二级分摊后的科室提取医疗风险基金

其他费用：

其他费用＝分摊系数×二级分摊后的科室其他费用

（3）医疗服务项目成本汇总核算。

科室医疗服务项目总成本＝人员经费＋卫生材料费＋固定资产折旧费＋无

形资产摊销费＋提取医疗风险基金＋其他费用

某科室医疗服务项目单位成本＝该项目总成本÷该项目工作量

院级项目成本的计算可参照此方法核算。

（二）作业成本法

作业成本法是一种通过对所有作业活动进行追踪动态反映，计量作业和成本对象的成本，评价作业业绩和资源的利用情况的成本计算和管理方法。它以作业为中心，以成本动因为间接费用的分摊依据，其指导思想是“服务消耗作业，作业消耗资源”。作业成本法不仅提升了成本核算的准确性，有效解决了传统成本核算方法中责任不清的问题，还能够为上级部门对医疗服务价格的制定提供依据。另外，该方法也可以为医保 DRG 支付政策改革方面提供重要的参考。对于公立医院来说，作业是指在医疗服务过程中具有相对独立意义的重要活动和行为，医疗服务提供过程中的各个工序或环节，例如诊疗、手术（消毒、探查）、护理等行为都可以视为作业。

使用该方法时，直接费用直接计入医疗服务项目，间接费用应首先根据资源动因分配到有关作业计算出作业成本，然后再将作业成本根据作业动因分配到医疗服务项目成本。

成本动因是对导致成本发生的事项或活动的度量，成本动因按不同形成阶段可区分为资源动因和作业动因。其中，资源动因是衡量资源消耗量与作业之间关系的某种计量标准，是将资源成本分配到作业中的依据；作业动因计量某一成本对象耗用了多少作业量，是将作业成本最终分配到医疗服务项目中的依据（见图 13－3）。

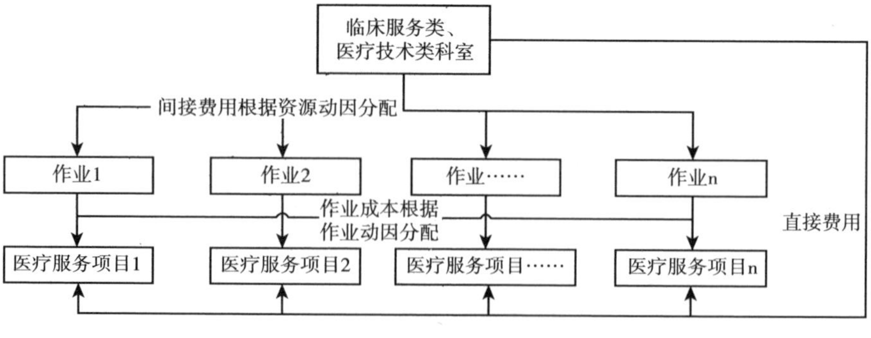

图 13－3　医疗服务项目成本分配（作业成本法）

资料来源：《事业单位成本核算具体指引——公立医院（征求意见稿）》（财办会〔2021〕14 号）。

1. 作业成本法核算项目成本的分类

（1）直接成本。直接成本应直接计入或计算计入医疗服务项目成本。为医疗服务项目活动而直接发生的各项成本费用，无论能否直接计量都作为直接成本计入该医疗服务项目。

直接成本分为直接归集成本与计算计入成本。直接归集成本是指在核算过程中能够直接且唯一归集到某一个医疗服务项目，形成医疗服务项目直接成本的费用。计算计入成本是指在核算过程中能够直接归集到多个医疗服务项目，通过一定的计算计入方式形成医疗服务项目直接成本的费用。

（2）间接成本。间接成本一般采用参数分配法分配到有关成本，资源动因、作业动因参数可以选择人员数量、房屋面积、工作量、工时、医疗服务项目技术难度等，进而计算作业成本，然后再将作业成本根据作业动因分配到医疗服务项目成本。

（3）作业分类。依据医院的医疗业务流程和财务数据，划分出医疗服务过程中具有相对独立意义的重要活动和行为，形成不同的作业，产生医院统一、规范的作业库。不同作业之间应相对独立、不得重复。划分作业可采用访谈、小组座谈、会议讨论等方法。

根据不同类型科室的业务特点，临床服务类科室分为门诊和住院两大类；医技类科室按照业务特点分为手术类、检验类、放射类、检查类、麻醉类等等。在此基础上，结合具体执行的医疗服务项目划分作业。涉及多个科室共同完成的某个医疗服务项目的，可设置“协作”作业，以实现医疗服务项目成本在多个科室间的分配。其中，医疗服务项目执行科室不设置作业项目，为执行科室提供相关医疗服务的其他科室可增设“协作”作业。

2. 作业成本法核算项目成本的流程

（1）作业成本核算方法。进行医疗服务项目活动而发生的各项间接成本，按照资源动因将其分配至受益的作业。资源动因主要包括人员数量、房屋面积、工作量和工时。开展医疗服务项目成本核算可以结合医院具体情况选择使用成本分配方案，如按人员数量或工作量等分配计入科室作业。

（2）项目成本核算方法。按照医疗服务项目消耗作业的原则，采用作业动因将作业成本分配至受益的医疗服务项目。作业动因主要包括人员数量、房屋面积、工作量、工时以及医疗服务项目风险程度。开展医疗服务项目成本核算可以结合医院具体情况选择使用按照工时或工作量分配计入医疗服务项目。

(3) 科室医疗服务项目成本。根据科室(核算单元)某一医疗服务项目直接成本和间接成本分别按不同成本项目进行汇总，形成科室医疗服务项目成本。如:

医疗服务项目人员经费 = 项目直接人员成本 + 项目作业人员成本

科室医疗服务项目总成本 = 人员经费 + 卫生材料费 + 固定资产折旧费 + 无形资产摊销费 + 提取医疗风险基金 + 其他费用

某科室医疗服务项目单位成本 = 该项目总成本 ÷ 该项目工作量

院级医疗服务项目成本按照加权平均的算法计算得出某一医疗服务项目院级单位成本。

(三) 当量系数法

当量系数法是遴选典型的医疗服务项目作为代表项目，将其成本当量系数定为“1”作为标准当量，其他项目与代表项目进行单次操作资源耗费的比较，进而确定每个项目的成本当量值，再根据各项目成本当量总值计算出各项目成本的计算方法。当量系数法可以简化医疗服务项目成本的计算(见图 13 - 4)。

当量系数法的计算公式如下:

某医疗服务项目成本当量总值 = 该医疗服务项目成本当量值 × 该项目操作数量

当量系数的单位成本 = 某科室医疗服务项目总成本 ÷ 该科室医疗服务项目的成本当量总值

某医疗服务项目单位成本 = 当量系数的单位成本 × 该项目的成本当量值

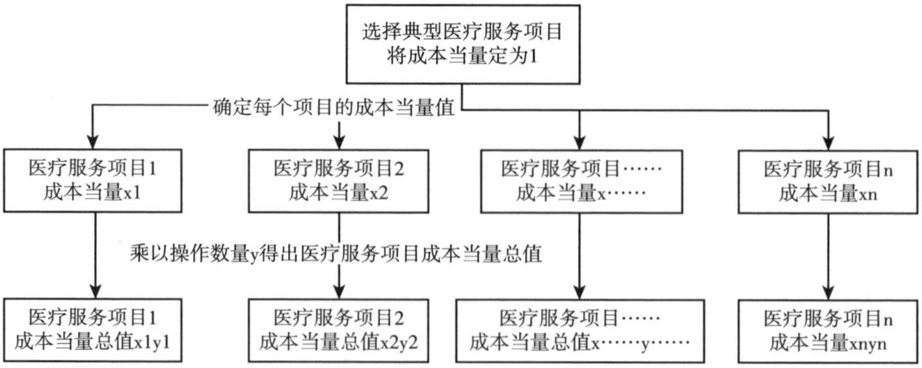

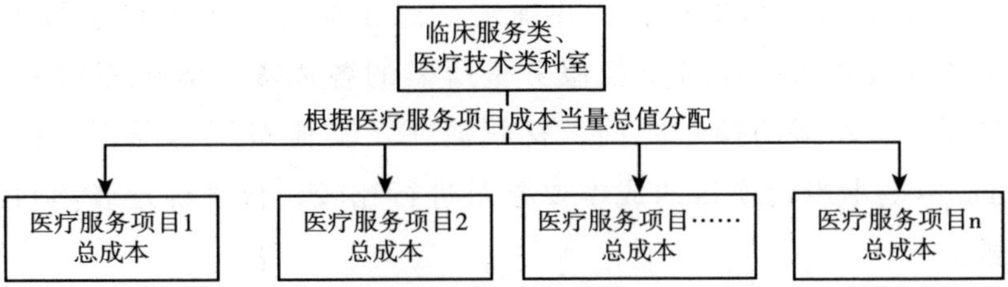

图 13－4　医疗服务项目成本分配（当量系数法）

资料来源：《事业单位成本核算具体指引——公立医院（征求意见稿）》（财办会〔2021〕14 号）。

1. 当量系数法核算项目成本的分类

（1）综合成本当量系数法。先通过成本分析确定各医疗服务项目的单位综合成本当量系数，然后采用一定的方法计算出单位成本当量系数承担的成本额，乘以某项目的成本当量系数，即可计算出该项目的单位成本和总成本。

综合成本当量系数法简单粗放，但在各服务项目的成本结构（即各项成本占总成本的比重）差异较大的情况下，项目成本的准确性会较差。因此，综合成本当量系数法一般应用于医疗服务项目品种较多且各项目的成本结构类似的科室。

（2）分项成本当量系数法。医院可以采用按主要成本项目分别确定成本当量系数的办法，分别评定相关成本的当量系数，如人员成本当量系数、材料成本当量系数、折旧成本当量系数、其他成本当量系数。

分项成本当量系数法按不同的成本项目分别确定成本当量系数，考虑到各医疗服务项目成本结构的差异，准确性比综合法高，但须分项确定成本当量系数，工作量较大。一般适用于医疗服务项目品种较少且各项目成本结构差异较大的科室。

（3）作业成本法基础上的成本当量法。作业成本法基础上的成本当量法按不同的作业分别确定各医疗服务项目成本当量系数，考虑了各医疗服务项目对作业的消耗水平。由于对同一项作业而言，各服务项目有一致的成本动因（成本动因的单一性），因此成本当量系数更容易测算，测定结果也更合理、准确。一般适用于作业流程比较明确且作业成本可以单独计量的科室。一般情况下，医院应尽可能使用作业成本当量法来计算医疗服务项目成本。

2. 当量系数法核算项目成本的流程

（1）确定科室内各医疗服务项目的成本当量系数。首先，遴选典型的医疗服务项目作为基本当量项目，并确定该医疗项目成本当量系数为1；其次，根据为完成各医疗项目单位服务量所需的各成本要素数量（占用的人力、房屋设备，所需的操作时间、材料消耗及其他费用情况，消耗的作业等），与成本基本当量项目的成本要素量进行比较，分别确定各项目的成本当量系数。

（2）计算该科室成本当量系数的单位成本。

成本当量系数的单位成本 = 该科室当期总成本 ÷ 科室项目成本当量总值

（3）计算项目总成本和单位成本。

某项目单位成本 = 成本当量系数的单位成本 × 该项目成本当量系数

某项目总成本 = 该项目单位成本 × 该项目本期服务量

第四节　病种成本核算

一、病种成本核算的内涵

病种成本核算是指将诊疗过程中实际发生的各种耗费，以病种作为成本核算对象，对各成本项目进行归集、分配，计算特定病种的总成本和单位成本的方法。

病种是运用特定和系统的方法，将各种疾病统一归纳，并赋予定义。病种一般参照特定的分组系统进行定义，目前较为系统和通用的病种分类为国际疾病分类（International Classification of Diseases，ICD）。在标准分类的情况下，还应对所有病种的诊疗行为和消耗进行标准化。

病种和DRG成本核算主要服务于制定医保支付标准。《国务院办公厅关于进一步深化基本医疗保险支付方式改革的指导意见》（国办发〔2017〕55号）提出："2017年起，进一步加强医保基金预算管理，全面推行以按病种付费为主的多元复合式医保支付方式。各地要选择一定数量的病种实施按病种付费，国家选择部分地区开展按疾病诊断相关分组（DRGs）付费试点，鼓励各地完善按人头、按床日等多种付费方式。"规范病种和DRG成本核算，有助于准确反映病种和DRG的实际成本，为确定包括医保基金和个人付费在内的收费、付费标准提供依据，促进医院控制医疗成本。

病种成本项目按照经济性质划分支出和费用，在会计核算科目的基础上，按照其分类，合理设置，一般应设置人员工资福利费用、商品和服务费用、对个人和家庭的补助费用、固定资产折旧费、无形资产摊销费和提取医疗风险基金费等。按照重要性原则，病种成本项目可将商品和服务费用分为药品费、卫生材料费和其他商品和服务费用。

为便于进行病种成本的横向和纵向对比，病种成本项目设置应相对稳定，同时还与科室成本、项目成本保持一致。

二、病种成本核算的意义

（一）控制病种成本

医院通过完整、准确、系统地核算病种成本，能揭示各病种成本的发生和形成过程，通过影响或管控各病种成本的构成因素，将各病种实际成本控制在预期目标内。

（二）确定病种收（付）费

医疗服务作为公共服务产品，提供方应当按照科学的方法，准确地核算其实际成本，以便为政府定价机构、有关单位制定相关价格或收费标准提供依据和参考。

（三）实施绩效评价的依据

医院通过设置与病种成本相关的绩效指标，并加以准确核算，以便衡量医院和科室及各成本中心的运行效率和成本控制措施的实施效果，开展病种成本考核是促进医疗机构加强内部管理的重要手段和措施。

三、病种成本核算的基本原则

（一）相关性原则

医院应以各病种为成本核算对象，充分但不限于利用计算机信息，向各病种归集其直接消耗的药品、卫生材料及其他可直接计入各病种的成本；系统地统计病种对各项资源的耗用情况，合理确定成本分摊分配系数，向各病种分配无法直接计入各病种成本的成本，如工资和福利费用、固定资产折旧费、无形资产摊销费、其他商品和服务费用等；采用合理的方法，将管理费用分摊至各病种成本。为使用者提供翔实的成本信息，帮助其依据成本信息作出正确的评价和合理的决策。

（二）可靠性原则

病种成本核算应以实际发生的经济业务或事项，进行准确的会计核算，在此基础上开展病种成本核算，病种成本信息应与会计核算信息保持一致，做到核算依据真实可靠、核算内容全面完整。

（三）适应性原则

病种成本核算应当以适应决策者的一般和特定需求为出发点，适应业务数据和系统的特点，构建成本项目的采集和加工系统。

（四）及时性原则

病种成本核算应当注重信息的时效性，在收集、传递、处理、报告成本信息等环节加强时效管理，帮助信息使用者及时调整成本管控措施和收费政策。

（五）可比性原则

病种成本核算应在不同期间、同行业不同单位采用一致的方法和依据，其核算对象即病种也应保持一致，使成本信息相互可比。

（六）重要性原则

在病种成本核算中应根据重要程度选择适当的常见病种作为成本核算对象；根据重要程度选择成本项目。对于重要的病种和成本项目应当力求信息的精确，其他非重要的可以适度简化。

四、病种成本核算的流程

（一）选择适当的核算病种

应在开展病种成本核算前，开展统计分析，分析历年来医院诊疗病种，并根据病种的发生频率，确定需要纳入核算的病种；并发症较多、偶发性的病例，在各病种间无法合理确定资源消耗比例的，可以合并核算。

（二）确定适当的成本项目

病种成本项目一般应与会计核算经济科目保持一致。在实际核算过程中，保证满足成本信息需求的前提下，对经济科目进行适度简化和归并，减少核算过程中的数据计算量，如设置人员工资福利费用、药品费、卫生材料费、其他商品和服务费用（商品和服务费用扣除专用材料费，如药品费和卫生材料费）、对个人和家庭的补助费用、固定资产折旧费、无形资产摊销费和提取医疗风险基金费等。

（三）明确成本相关信息的来源

随着医院的信息化程度的提高，成本信息相关的财务信息不仅在会计核算系统中存在，其他与业务相关的工作量以及成本与病种间的相关性的财务信息，更多地存在医院信息管理系统，如 HIS 系统等业务系统中。因此，在开展病种成本核算的过程中，需要不断从会计核算系统和医院信息管理系统中分析数据，并明确收集成本相关信息的来源和加工方式。

（四）制定成本的归集与分配

在分析信息来源与病种成本的相关性的基础上，将与病种直接相关的成本计入病种成本，相关性不显著的要按照成本形成的动因，将成本按照动因合理分配到各病种成本中。

（五）编制清晰的核算报告

病种成本核算结果需要编制数据全面、逻辑严密、构成合理的书面报告，便于信息使用者正确理解报告内容，作出及时正确的决策。病种成本报告的使用者包括与病种相关的诊疗组、病区、学科和医院相关管理部门等。

五、病种成本核算的方法

（一）项目成本叠加法

项目成本叠加法是以医疗服务项目成本为基本单位核算病种成本的方法。

第一步，确定所有医疗服务项目、药品、卫生材料等成本项目和核算成本的病种，其中，医疗服务项目按照是否可以收费划分，可分为包括收费项目和不收费项目；按照提供服务的科室性质不同，可分为医疗、医技和医辅类项目。

第二步，分析具体病例与成本项目和病种间的内在联系。

第三步，将所有可以直接归集到某病种的可收费或不可收费的药品费和卫生材料费等成本项目，计入该病种成本。

第四步，以医疗服务项目耗用各项间接成本的强度为依据，分配各项无法直接归集到病种的间接成本，核算出各医疗服务项目的单位间接成本，无法直接归集到病种的成本包括工资和福利费用、公用消耗性的卫生材料费、固定资产折旧费、无形资产摊销费、其他商品和服务费用等。

第五步，将所有医疗服务项目的成本归集到相应的病种成本。

第六步，统计同期已完成诊疗活动的病种数量，从而获得各病种的单位成本。

（二）病种归集分配法

第一步，确定核算成本的病种。

第二步，以病种为单位确定标准化的诊疗活动。

第三步，将所有可以直接归集到某病种的可收费或不可收费的药品费和卫生材料费等成本项目，计入该病种成本。

第四步，以病种耗用各项间接成本的强度为依据，分配各项无法直接归集到病种的间接成本，核算出各医疗服务项目的单位间接成本，无法直接归集到病种的成本包括工资和福利费用、公用消耗性的卫生材料费、固定资产折旧费、无形资产摊销费、其他商品和服务费用等。

第五步，统计同期已完成诊疗活动的病种数量，从而获得各病种的单位成本。

无论项目成本叠加法，还是病种归集分配法，均受到期末在院患者数量、治疗进度、难度等因素的影响，得到准确的病种成本是很困难的，但延长成本测算期间或计算多个期间的平均病种成本，取得的病种成本较为可信。另外，受到医学复杂性的影响，具有并发症、综合征等患者，分摊间接成本的过程中难以确定其消耗成本的强度，同一类病人不同并发症消耗的医疗资源往往很难确定，仍需要不断完善方法。

第五节　DRG 成本核算

一、DRG 成本核算概述

（一）DRG 成本核算的内涵

随着医疗改革进入深水期，药品加成模式、“以药补医”补偿机制已被破除，医疗器械加价也受到限制。按病种付费等一系列政策的出台，使公立医院亟须从规模扩张型转向质量效益型、从粗放管理转向精细管理、从注重医院发展建设转向注重扩大分配，以此来提升医疗质量、提高医疗服务效率、改善医务人员待遇。因此，为适应愈发严峻的医疗行业现状，公立医院迫切需要提升成本核算管理水平。而医保付费模式改革是我国医改政策的重要组成部分，也是医疗改革的关键点。2015 年，国务院办公厅印发《关于城市公立医院综合改革试点的指导意见》（国办发〔2015〕38 号），提出加强医院财务会计管理，强化成本核算与控制，深化医保支付方式改革，鼓励推行按疾病诊断相关分组付费方式。《国务院办公厅关于进一步深化基本医疗保险支付方式改革的指导意见》（国办发〔2017〕55 号）对下一步全面推进医保支付方式改革作出部署，明确指出，要开展按疾病诊断相关分组（DRG）付费试点。《国务院办公厅关于建立现代医院管理制度的指导意见》（国办发〔2017〕67 号）提出，医院要强化成本核算与控制，逐步实行全成本核算。2020 年，以按疾病相关诊断分组（DRG）付费为主多种付费方式在全国范围内试点运行，医院从传统的项目付费方式转向 DRGS 付费，这是我国医保支付制度重大变革，必将对医院成本管理产生重大影响。由按项目付费后付制向按病种打包付费的预付制改革在我国已是大势所趋，DRG 的广泛应用证明了它在住院医疗服务补偿方面具备一定的优越性。

DRG 是按照疾病诊断相关分组，即根据国际疾病分类标准（ICD－10），按照年龄、疾病诊断、合并症、并发症、治疗方式、病症严重程度及转归等主要相关因素，将患者纳入若干诊断组。DRG 综合考虑了临床过程、资源消耗及个体差异，并将不同病例按照临床过程同质、资源消耗相近的原则，对不同的疾病进行分类。DGR 能够将所有指标量化，用数字进行对比，优劣更加直观，同时量化后的指标不仅适用于院内比较，还适用于不同医院之间比较。DRG 主要指标涉及 RW（疾病组权重）、CMCDRG 总量、CMI（病例组合指数）、DRG 组数、疑难病例指数、低风险死亡率等。

DRG 成本核算是基于 DRG 病例组合，对医院在一定期间内提供医疗服务产生的全部费用，采用合理的方法归集和分类，费用被分摊进每一个 DRG 病组。DRG 成本核算具体由医疗服务项目、药品及单收费材料成本构成。

（二）DRG 成本核算的意义

1. 有助于医院构建全方位、全过程、全覆盖的预算管理模式

在公立医院要过紧日子的背景下，公立医院必须关注其事业收入的质量和结构，关注医院收入的绝对值。据此，公立医院要进一步强化内部预算管理力度，通过逐步建立与 DRG 支付相匹配的预算管理制度来推动整个医院的预算管理从科室向 DRG 病组进行转变。推行医疗保险按 DGR 付费，建立“结余留用、超支承担”的激励约束机制，从数量付费向质量付费转变。DRG 能够有效激发医院加强预算管理内生动力，促使公立医院从“重预算、轻执行、弱评价”向“事前有计划、事中有监控、事后有评价”转变，推动构建全方位、全过程、全覆盖的预算管理模式。

2. 有助于医院加强精细化的成本管控工作

基于 DRG 支付方式的基本逻辑，收治特定的患者和治疗方式，医院得到的医保收入是一定的，想要增加医疗服务盈余，必定要从精细化管理下的成本降低着手，不断向集约型精细化管理模式发展。在纵向管理上，要从医院、科室、诊疗项目、病人、设备等对象上细化管理；在横向管理上，要从各流程、各环节上入手，为医院管理层提供更为科学的量化数据，在进行成本控制和效益分析时能清醒地作出决策，促使决策科学化，选择最优方案，从而实现资源的优化配置和资本运行的高效管理。

3. 有助于医院提升医疗服务质量

DRG 通过统一的疾病诊断分类来制定付费标准，医院为了能获得额外收入，会减少不必要的医疗支出、缩短住院时长、加快床位周转、减少药品耗材支出、注重药品和耗材的性价比、主动节约成本，从而规范自身的医疗行为。同时，通过对不同治疗组的分析对比可以改进治疗方案，提高医疗服务质量。

（三）DRG 与 DIP 的区别

按病种分值付费（Diagnosis - Intervention Packet，DIP）是以历史数据为基础，依据现实匹配关系对每个病例的“疾病诊断 + 治疗方式”进行穷举与聚类，将稳定住院病种进行组合，根据各病种费用均值、技术难度等与某基准病种的比例关系确定相应的病种点数，再结合点数单价及各医疗机构开展的总点数计算出支付总金额，是医保向医疗机构进行支付的方法。《国家医疗保障局办公室关于印发按病种分值付费（DIP）医疗保障经办管理规程（试行）的通知》（医保办发〔2021〕27 号）对 DIP 的业务内容、协议管理、信息系统建设与数据采集、预算管理、病种分值确定、审核结算、稽核检查、考核评价、协商谈判与争议处理等作出了明确要求。

DRG 和 DIP 的异同点如下。

1. DRG 和 DIP 的相同点

（1）两者都是针对住院病人的分类。DRG 和 DIP 都是按照一定的原则对住院病人进行分类，除特殊病例外，原则上基本覆盖全部住院病人。DRG 和 DIP 都属于病例组合（case - mix）的类型，即病人分类体系的一种。从用途上看，DRG 和 DIP 都可用于定价、付费、预算分配、绩效考核等领域。在广义上看，DRG 付费和 DIP 付费都属于病种打包支付，都属于按结果支付的范畴。

（2）两者的数据来源和数据标准基本相同。在测算付费标准时，DRG 和 DIP 都是根据历史数据进行测算，数据均来自医保结算清单、住院服务明细或住院病案首页。两者的数据标准都是基于《关于印发医疗保障标准化工作指导意见的通知》（医保发〔2019〕39 号）发布的医保疾病诊断、手术操作分类与代码、医疗服务项目分类与代码、医保药品分类与代码、医保医用耗材分类与代码四项编码标准，以及《国家医疗保障局办公室关于印发医疗保障基金结算清单填写规范的通知》（医保办发〔2020〕20 号）。

（3）两者都是对医保基金有效分配和对医院精细化管理的基础工具。DRG 和 DIP 付费改革能够降低医保基金运行风险，提高医保基金运行效率，显著改善现有病案填报质量。由于加大了医疗行为的透明度，医疗机构、医保和行政主管部门对医疗机构的评估和监管的深度和广度都得到提升，未来相关部门可以更精准地出台相关改革政策，医院自身也可更好地进行精细化管理。

2. DRG 和 DIP 的不同点

（1）付费设计立足点不同。DRG 侧重以病例组合为单位，体现对医疗机构规范“同病同操作”病例诊疗路径的导向作用，发挥医保支付的激励约束作用。

DIP 侧重以病种组合为单位，根据各级医疗机构的功能定位，通过不同病种赋予分值的大小差异，体现对治疗方式和合理成本的导向作用。

（2）分组原理不同。DRG 的分组从粗到细，强调以临床经验为基础，从疾病诊断大类出发，按诊断和治疗方式区隔成不同病例组合，“多病一组”或“多操作一组”，组间差异较大。

DIP 的分组从细到粗，强调对临床客观真实数据的统计分析，按疾病与治疗方式的共性特征分组，“一病一操作一组”，组内差异较小。

（3）费率和点值有差别。DRG 付费支付标准的计算分别为相对权重和费率的测算：各 DRG 付费标准 = 当年 DRG 费率 × 各 DRG 调整后权重，其中当年 DRG 费率 = 当年预测住院总费用/预测 DRG 总权重。

DIP 支付标准的测算分为病种分值与点值测算：DIP 的病组支付标准 = DIP 病种分值 × 结算点值，其中 DIP 病种分值 = 某病种组合平均医药费用/所有出院病例平均医药费用。

（四）DRG 成本核算的要点

当前，我国的公立医院缺乏以病种或者 DRG 为核算对象的成本核算，缺少病种或者 DRG 成本信息，难以满足医保付费制度改革的需要；成本核算数据精确度较差、科室名称混乱、人员信息更新不及时、间接成本分摊缺乏科学标准等问题的存在，导致目前的成本数据实用性较差；此外，由于科室成本核算对象只到达科室层面，在医疗行为缺乏标准化操作的情况下，难以从成本角度对员工进行绩效考核。因此，公立医院目前急须加强成本的精细化管理，进一步细化或者增加成本核算对象，将成本核算和个人绩效考核挂钩，增加医院经济效益。做好 DRG 成本核算需要关注以下几点。

1. 建立监管医院服务的成本和质量的信息系统

通过对 DRG 数据分析评价，对病种开展成本分析，可以为医院管理工作提供支持。医院需要将 HIS、电子病历（EMR）、LIS、RIS 等系统进行串联，构成内部业务闭环，同时打通与医院运营管理相关的 OA 办公平台、物资管理系统、设备管理系统、财务管理系统，使软件系统互相兼容、数据口径统一，避免出现“信息孤岛”现象。只有业务数据采集得更及时、更准确，各环节的管控盲点全部清除，才能获得更真实、准确的成本数据，为DRG病种成本核算提供数据支撑。内部各信息系统互相打通后，还要做好信息系统使用的培训工作。DRG数据收集的关键点是要准确输入疾病分类编码（ICD－10）和手术操作编码（ICD－9－CM－3），要求临床医生在输入电子病历时必须规范，完整地填写并发症及诊断说明等相关内容，否则就会影响数据质量。因此，医院要在完善信息化平台建设的同时经常培训病种成本核算知识，并在规范医疗过程的基础上强化标准成本管理，才能保证相关工作的顺利开展。

2. 建立并完善绩效考核机制

将预算管理与成本管理有机结合，建立并完善绩效考核机制。医院只有实行全面预算管理，才能保证正常运行。预算管理部门要结合医院的长期发展规划与短期工作要求，制订出相应的业务预算以及资本预算，并定期做好预算执行监督与分析工作，结合成本管理，为医院的各项经济活动提供参考根据和数据支撑，进而提升医院的整体经济效益。虽然公立医院具有公益性特征，但是在医院的长远发展过程中，特别是实行DRG支付方式后，更需要科学合理地完善绩效考核机制，只有重视医院成本管理，才能实现持续发展。

3. 树立成本意识，实现成本管理的全员参与

DRG支付方式下，医院成本管理成为一种全院、全员和全过程的管理。成本是医院职工在从事医教研活动中发生的，实际成本的高低取决于每一个员工的行为和努力，因此成本管理也是对人的管理。首先，要使员工充分认识成本管理的重要性，成本不仅关系到医院的可持续发展，也与员工的薪酬福利及发展密切相关；同时，在管理上要以人为本，注重成本文化建设，引导员工参与成本管理，自觉地提高自身的成本意识，形成良好的习惯，有效控制成本。

二、DRG成本核算的流程

（一）基础数据维护

1. 病案首页：病案首页数据，包括病案号、住院号、出院时间、住院费用、主诊断和主手术等关键信息。

2. 收费明细：病历的收费明细数据，包括开单科室、执行科室、收费项目、收费类别和金额等信息。

3. 病例分组：DRG 入组数据，包括 DRG 编码、DRG 名称、权重等信息。

4. 项目成本数据：项目成本实际成本数据和目标成本数据。

5. 病组项目组合：DRG 分组病组项目组合。

（二）核算模型建立

1. 确定 DRG 核算期间：定义核算方案的起止时间，起止时间应与病人的出院时间相对应。

2. 筛选病历：根据病案首页中相关信息，对参与核算的病历进行筛选。

3. 核算病人病历成本：依据成本核算方法及病人收费明细核算病人病历成本，如医疗项目收费及成本、单收费材料和药品收费及成本等。

4. 核算科室 DRG 成本：依据 DRG 核算方法，核算科室 DRG 成本，如医疗成本、医疗全成本、医院全成本等。一般科室级 DRG 成本核算采用项目叠加法。

（1）科室级 DRG 总成本 = $\sum$ 科室该 DRG 组出院病例成本。

（2）科室级 DRG 单位成本 = $\sum$ 科室 DRG 出院病例成本/病例数。

计算公式如下：科室 DRG 单位成本 = 某科室某 DRG 组 $\sum$ 病例成本/病例数

5. 核算院级 DRG 成本：依据院级 DRG 核算方法，核算院级 DRG 成本，如医疗成本、医疗全成本、医院全成本等。一般院级 DRG 成本核算采用加权平均法。

（1）院级 DRG 总成本 = $\sum$ 全院该 DRG 组出院病例成本。

（2）院级 DRG 单位成本 = $\sum$ 院级该 DRG 组出院病例成本/病例数。

计算公式如下：院级 DRG 单位成本 = 全院 DRG 组 $\sum$ 病例成本/病例数

（三）DRG 成本计算方法

DRG 成本核算有两种方法：一是历史成本法，通过 DRG 病例分组的医疗成本的回顾调查，进行 DRG 成本核算；二是标准成本法，对每个 DRG 病组按病例分型制订规范化的诊疗技术方案，再根据诊疗方案所需医疗服务项目的标准成本核算病种医疗成本。

DRG 成本核算方法较多应用历史成本法，对于现有数据库中部分病组数据缺失问题或已制定标准临床路径病种，用标准成本法计算。

1. 历史成本法

历史成本法下，使用以往科室大量样本数据统计分析，在归集项目成本的基础上，设置合适分摊系数将间接成本分配至各类病种，生成 DRG 成本。

其计算公式如下：

某 DRG 组成本 = $\sum$（各项医疗项目工作量 × 各项医疗项目单位成本 + 药品成本 + 单收费材料成本）

某 DRG 组单位成本 = 该 DRG 组总成本/该病种出院人数

其中，各项医疗项目工作量可从医院财务信息系统中提取，单位医疗项目成本参照具体核算结果。

2. 标准成本法

标准成本法下，针对不同类别病种，医院须制定统一标准、规范化诊疗方案，在此基础上依据临床路径涉及项目标准成本归集 DRG 成本。其计算公式如下：

某 DRG 组标准成本 = $\sum$ 临床路径下医疗项目工作量 × 单位成本 + $\sum$ 药品成本 + $\sum$ 单收费材料成本

其中，各项医疗项目工作量可从医院规定的临床路径项目中提取，单位医疗项目成本参照具体核算结果。

此外，目前国际上主流的病种成本核算方式包括三种：自下而上法（Bottom - up Costing）、自上而下法（Top - down Costing）、费用成本转化法（Cost - to - charge Method）。

1. 自下而上法

自下而上法先将间接成本中心分摊到直接成本中心，再根据患者治疗期间的实际服务量自下而上进行分摊，以此求出患者每种类型的医疗服务的实际成本，最后汇总出各类医疗服务成本的总成本，进而求得每组的权重。这种方法对核算的要求非常精细化，对医院的信息系统以及临床路径的标准化依赖性较强，工作量巨大。

2. 自上而下法

自上而下法要求在科室全成本核算二级分摊的基础上，将病患在诊疗过程中发生的各类病房、手术麻醉、ICU 等服务项目成本，与医技开展的检查、检验、治疗等服务项目成本（以及单独收费药品和材料成本），根据一定的规则直接分摊至病人，充分利用了现有的流程制度和核算成果。但由于该方法简化了分摊过程，仅从成本角度开展核算，因此其结果对医院的成本管理提升没有很大的参考价值。

3. 费用成本转化法

在确定服务单元的基础上，将各个服务单元发生的费用与实际成本进行比较，确定各服务单元的成本费用率，推算出医院全部患者成本，再根据各病种组中每个服务单元的成本费用发生情况计算出其平均成本。相比于自上而下法和自下而上法，费用成本转化法简单、易行，有很强的操作性，同时核算结果又能为医院内部管理提升和实行按病种付费改革提供参考根据。

三、患者成本的分配方法

病种/DRG 成本的核算的基本步骤都包括将业务部门归集的费用，采用合理的分配方法分配到患者，计算每名住院患者的成本，再将患者按照国家有关疾病分类标准归入相应的病种/DRG 组，然后将某病种/DRG 组出院患者的成本进行加总，得出该病种/DRG 组总成本，最后对各病种/DRG 组患者总成本求平均，即为各病种/DRG 组单位成本。因此，在计算病种/DRG 成本时，都需要计算每名住院患者的成本。

将业务部门归集的费用分配到各患者，应当根据医院实际核算条件从下列方法中选择适宜的分配方法（见图 13－5）。

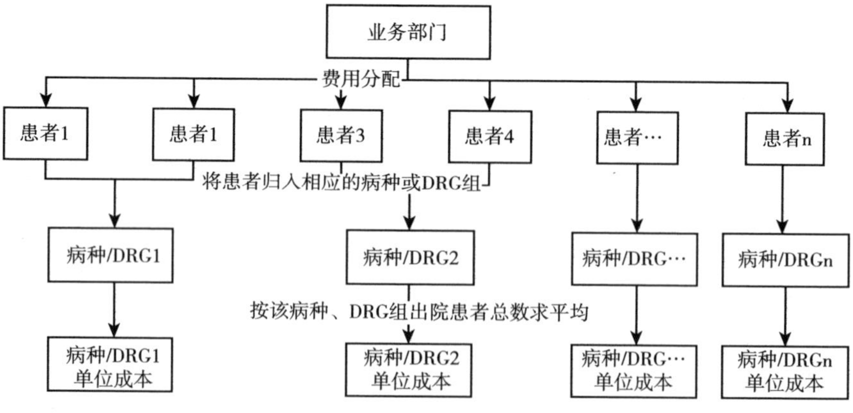

图 13－5　病种、DRG 成本核算流程

资料来源：《事业单位成本核算具体指引——公立医院（征求意见稿）》（财办会〔2021〕14 号）。

（一）项目叠加法

使用该方法时，应当根据出院患者的收费明细，将其实际耗用的医疗服务项目成本、药品成本、单独收费的卫生材料成本进行加总，得出该患者的成本。

某患者成本 = $\sum$（该患者某医疗服务项目工作量 × 该医疗服务项目单位成本）+ $\sum$ 药品成本 + $\sum$ 单独收费的卫生材料成本

医疗保障管理部门制定病种、DRG 医保支付标准时，应当基于病种、DRG 的临床路径使用该方法。临床路径是指针对某一疾病建立的一套标准化治疗模式与治疗程序（见图 13－6）。

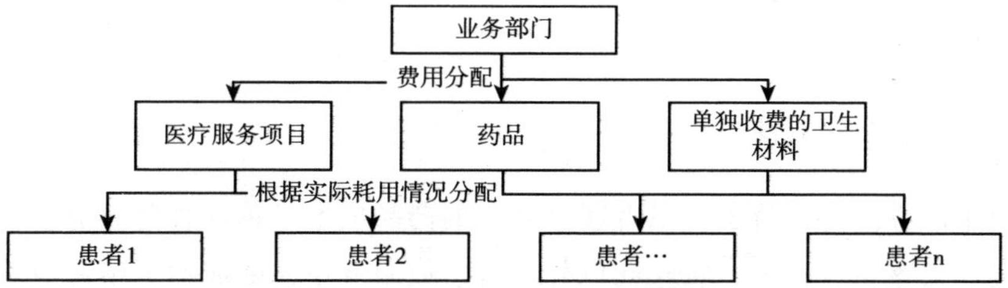

图 13－6　患者成本分配（项目叠加法）

资料来源：《事业单位成本核算具体指引——公立医院（征求意见稿）》（财办会〔2021〕14 号）。

（二）服务单元叠加法

医院在不具备核算医疗服务项目成本条件时，可以采用服务单元叠加法。使用该方法时，医院应当按照为患者提供的医疗服务内容类别设置服务单元，先将业务部门归集的费用归集至服务单元，再将费用从服务单元分配到患者，具体步骤如下（见图 13－7）。

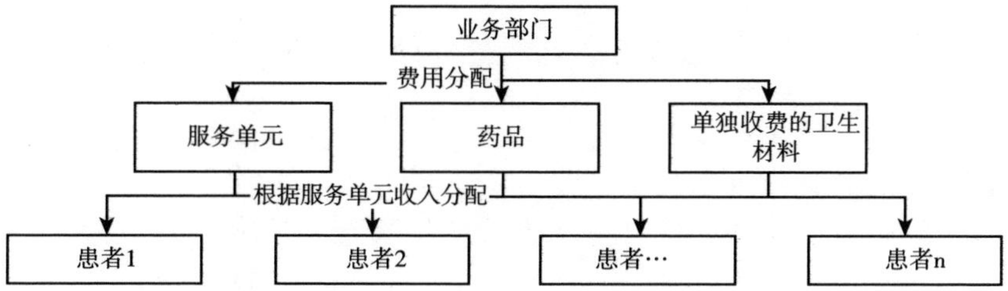

图 13－7　患者成本分配（服务单元叠加法）

资料来源：《事业单位成本核算具体指引——公立医院（征求意见稿）》（财办会〔2021〕14 号）。

1. 将业务部门归集的费用分配至各服务单元，服务单元一般包括病房、病理、检验、影像、诊断、治疗、麻醉，手术等，服务单元的划分取决于核算的精细程度。分配方法可参照医疗服务项目成本核算相关方法。

2. 将服务单元成本分配至出院患者，一般采用从患者取得的收入作为分配参数进行分配。

某患者应分配的某服务单元成本 = 该服务单元从该患者取得的收入 × 分配率

分配率 = 服务单元成本总额 ÷ 服务单元收入总额

3. 将出院患者相关服务单元的成本、药品成本、单独收费的卫生材料成本进行加总，得出该患者的成本。

某患者成本 = $\sum$ 该患者某服务单元成本 + $\sum$ 药品成本 + $\sum$ 单独收费的卫生材料成本

（三）参数分配法

使用该方法时，将出院患者实际耗用的药品成本、单独收费的卫生材料成本直接计入该患者成本，将除此以外的科室或服务单元的成本采用参数分配法分配到患者成本，参数可以选择患者的住院天数、诊疗时间等（见图 13 -8）。

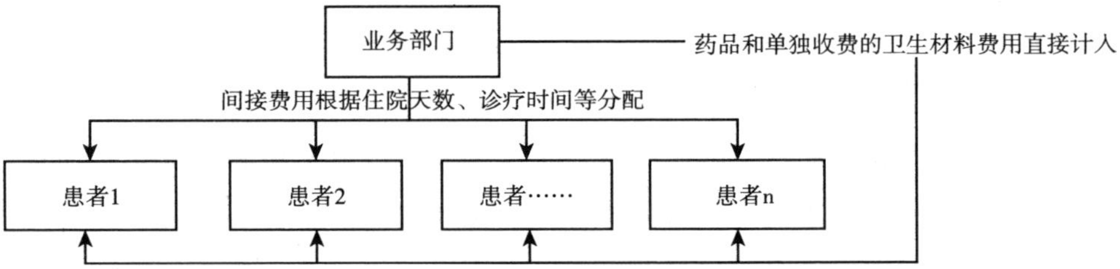

图 13 -8　患者成本分配（参数分配法）

资料来源：《事业单位成本核算具体指引——公立医院（征求意见稿）》（财办会〔2021〕14 号）。

第十四章　公立医院成本报表编制与分析

第一节　公立医院成本报表编制

一、医院成本报表概述

随着医疗卫生体制改革的不断深入，医院成本核算、分析及管理工作变得越来越重要。一方面，在卫生资源有限的情况下，医院需要依靠技术进步、科学管理和结构调整，降低成本，提高效率，向社会提供更多、更好的卫生服务；另一方面，科学的成本核算与分析结果也是制定合理的医疗收费标准的重要依据。

为了促进医院加强成本核算与控制，便于医院行政管理部门等相关方面了解、评价、监督医院的成本管理工作，并为国家研究、制定医疗收费标准及医疗改革政策提供依据，按现行制度规定，医院应当在编报财务报告时，应当在财务情况说明书中对医院的成本核算与控制情况作出说明，并附送成本报表。

医院成本核算报表是指反映医院一定时期成本状况的总结性书面文件，是医院成本核算成果的重要表现形式，旨在为报告使用者提供医院成本信息。

成本核算报表所提供的成本信息应与医院管理需要相关，医院的成本信息需求包括但不限于以下方面：成本控制，即加强运营管理，促使医院合理控制医疗活动成本、优化资源配置、提升管理水平；医疗服务定价，即提供成本补偿依据，为政府有关部门科学合理地制定医疗服务价格、医保支付标准等提供成本依据和参考；绩效评价即夯实绩效管理基础，为衡量医院整体和内部各部门的运行效率、核心业务实施效果、政策项目资金实施效益等提供成本信息。通过报表提供的信息，对医院经营状况的现状和未来进行反映和预测，为医院管理层决策提供可选择的量化方案。

此外，成本核算报表一般分为月报和年报，均应当在规定的报告期内完成，由单位负责人和主管会计工作的负责人、会计机构负责人（会计主管人员）签名并盖章，并上报到医院成本管理领导小组、卫生健康主管部门和财政部门。成本核算报表也可以按使用者不同可以分为对内报告和对外报告。对内报告指医院为满足单位内部运营管理需要而编制的报告，对外报告指医院按相关政府主管部门等外部部门单位要求报送的报告。

二、医院成本报表体系

医院成本报表体系主要由格式化成本报表和个性化成本报表组成。格式化成本报表主要包括医院各科室直接成本表（表 14－1）、医院临床服务类科室全成本表（表 14－2）、医院临床服务类科室全成本构成分析表（表 14－3）、医疗全成本核算表（表 14－4）、医院全成本核算表（表 14－5）组成，反映科室、诊次与床日、医疗、医院成本情况；个性化成本报表包括医疗服务项目成本报表、病种（DRG）成本报表等。

（一）格式化成本报表

1. 医院各科室直接成本表

表 14－1 反映了临床服务类科室、医疗技术类科室、医疗辅助类科室三类科室直接成本组成的医疗业务成本及管理费用，各科室直接成本及管理费用数据，可直接从会计核算系统（科室辅助核算）或成本核算系统取得。

表 14－1　　医院各科室直接成本表

编制单位：××医院　　20××年×月　　单位：元

科室 成本项目	人员经费（1）	卫生材料费（2）	药品费（3）	固定资产折旧（4）	无形资产摊销（5）	提取医疗风险基金（6）	其他费用（7）	合计（8）=（1）+（2）+…+（7）
某内科								
某内科门诊								
某内科病区								
某外科								

续表

科室 成本项目	人员经费(1)	卫生材料费(2)	药品费(3)	固定资产折旧(4)	无形资产摊销(5)	提取医疗风险基金(6)	其他费用(7)	合计(8)=(1)+(2)+…+(7)
某外科门诊								
某外科病区								
……								
临床服务类科室小计								
放射科								
超声科								
药剂科								
……								
医疗技术类科室小计								
供应室								
病案室								
……								
医疗辅助类科室小计								
医疗业务成本合计								
管理费用								
本月总计								

注：

（1）本表反映管理费用和医疗技术、辅助类科室成本分摊至临床服务类科室成本前各科室直接成本情况。

（2）医疗业务成本合计＝临床服务类科室成本小计＋医疗技术类科室成本小计＋医疗辅助类科室成本小计。

（3）本月总计＝医疗业务成本合计＋管理费用。

2. 医院临床服务类科室全成本表

表14－2反映了医院将管理费用、医疗辅助类和医疗技术类科室直接成本逐步分摊转移到临床服务类科室成本后各临床服务类科室的全成本情况，即临床服务类科室全成本包括科室直接成本和分摊转移的间接成本。表14－2根据医院各科室直接成本表（表14－1）及各级成本明细表编制。

表 14－2　　　　　　医院临床服务类科室全成本表

编制单位：××医院　　　　　　20××年×月　　　　　　单位：元

项目	人员经费（1）			卫生材料费（2）			药品费（3）			固定资产折旧（4）		
	直接成本	间接成本	全成本	直接成本	间接成本	全成本	直接成本	间接成本	全成本	直接成本	间接成本	全成本
某内科												
……												
科室全成本合计												

项目	无形资产摊销（5）			提取医疗风险基金（6）			其他费用（7）			合计（8）=(1)+(2)+(3)+(4)+(5)+(6)+(7)		
	直接成本	间接成本	全成本	直接成本	间接成本	全成本	直接成本	间接成本	全成本	直接成本	间接成本	全成本
某内科												
……												
科室全成本合计												

注：

（1）本表反映医院根据《医院财务制度》规定的原则和程序，将管理费用、医疗辅助类科室直接成本、医疗技术类科室直接成本逐步分摊转移到临床服务类科室后，各临床服务类科室的全成本情况。即：临床服务类科室全成本包括科室直接成本和分摊转移的间接成本。

（2）表中的“直接成本”反映间接成本分摊前各临床服务类科室发生的直接成本金额。

（3）表中的“间接成本”反映将管理费用、医疗辅助类科室直接成本、医疗技术类科室直接成本按规定的原则和程序分摊转移至各临床服务类科室的间接成本金额。

3. 医院临床服务类科室全成本构成分析表

表 14－3 用于对医院临床服务类科室全成本要素及其构成进行分析与监测。表 14－3 根据医院临床服务类科室全成本（表 14－2）分析填列。

表 14－3　　　　　　医院临床服务类科室全成本构成分析表

编制单位：××医院　　　　　　20××年×月　　　　　　单位：元

科室名称 / 成本项目	某内科门诊		……		各临床服务类科室合计	
	金额	%			金额	%
人员经费						
卫生材料						
药品费						
固定资产折旧						

续表

科室名称 成本项目	某内科门诊		……		各临床服务类科室合计	
	金额	%			金额	%
无形资产摊销						
提取医疗风险基金						
其他费用						
科室全成本合计						
科室收入						
收入－成本						
诊次成本						
床日成本						

注：

（1）本表用于对医院临床服务类科室全成本要素及其结构进行分析与监测。百分比为某一临床科室服务类科室不同成本项目的构成比，用于分析各临床服务类科室的成本结构，确定各科室内部成本管理的重点成本项目。科室全成本包括临床服务类科室直接成本和分摊转移的间接成本。

（2）人员经费＝（某一临床服务类科室人员经费金额/该科室全成本合计）×100%

人员经费金额合计＝各临床服务类科室人员经费之和

人员经费合计＝（各临床服务类科室人员经费之和/各临床服务类科室全成本合计）×100%

（3）诊次和床日成本核算是以诊次、床日为核算对象，将科室成本进一步分摊到门诊急诊人次、住院床日中，计算出诊次成本、床日成本。

4. 医疗全成本核算

表 14－4 用于反映包含财政补助资金的情形下医院及其科室的成本结构、成本消耗情况。表 14－4 根据医院各科室直接成本表（表 14－1）及各科室财政资金形成的固定资产折旧和无形资产摊销填列。

表 14－4　　医疗全成本核算

编制单位：××医院　　20××年×月　　单位：元

项目	人员经费 (1)	卫生材料费 (2)	药品费 (3)	固定资产折旧 (4)	无形资产摊销 (5)	提取医疗风险基金 (6)	其他费用 (7)	财政补助资金形成		合计 (10)＝(1)＋(2)＋(3)＋(4)＋(5)＋(6)＋(7)＋(8)＋(9)
								固定资产折旧 (8)	无形资产摊销 (9)	
某内科										
某内科门诊										
某内科病区										

续表

项目	人员经费(1)	卫生材料费(2)	药品费(3)	固定资产折旧(4)	无形资产摊销(5)	提取医疗风险基金(6)	其他费用(7)	财政补助资金形成		合计(10)=(1)+(2)+(3)+(4)+(5)+(6)+(7)+(8)+(9)
								固定资产折旧(8)	无形资产摊销(9)	
……										
临床服务类科室小计										
放射科										
超声科										
……										
医疗技术类科室小计										
供应室										
病案室										
……										
医疗辅助类科室小计										
医疗业务成本合计										
管理费用										
本月合计										

注：

（1）本表反映包含财政补助资金的情形下医院及其科室的成本结构、成本消耗情况。

（2）医疗业务成本合计＝临床服务类科室成本小计＋医疗技术类科室成本小计＋医疗辅助类科室成本小计

（3）本月合计＝医疗业务成本合计＋管理费用

5. 医院全成本核算表

表14－5用于反映全部包含科教项目资金的情形下医院总的成本结构和成本消耗情况。

表 14－5　　**医院全成本核算表**　　单位：元

编制单位：××医院　　20××年×月

项目	人员经费（1）	卫生材料费（2）	药品费（3）	固定资产折旧（4）	无形资产摊销（5）	提取医疗风险基金（6）	其他费用（7）	财政补助资金形成		科教项目资金形成		合计（12）=（1）+（2）+（3）+（4）+（5）+（6）+（7）+（8）+（9）+（10）+（11）
								固定资产折旧（8）	无形资产摊销（9）	固定资产折旧（10）	无形资产摊销（11）	
某内科												
某内科门诊												
某内科病区												
……												
临床服务类科室小计												
放射科												
超声科												
……												
医疗技术类科室小计												
供应室												
病案室												
……												
医疗辅助类科室小计												
医疗业务成本合计												
管理费用												
本月总计												

注：

（1）本表反映包含科教项目资金的情形下医院总的成本结构和成本消耗情况。

（2）医疗业务成本合计＝临床服务类科室成本小计＋医疗技术类科室成本小计＋医疗辅助类科室成本小计。

（3）本月总计＝医疗业务成本合计＋管理费用。

（二）个性化成本报表

1. 医疗服务项目成本报表（见表14－6）

表14－6　　医疗服务项目成本报表

项目代码	项目名称	工作量	收费标准	单位成本	单位收益	成本收益率	项目总收入	项目总成本	项目总收益
		(1)	(2)	(3)	(4)	(5)＝(4)/(3)	(6)	(7)	(8)＝(6)－(7)

2. 病种（DRG）成本报表（见表14－7）

表14－7　　病种（DRG）成本报表

序号	DRG编码	DRG名称	病例数	权重	平均住院日	例均费用	例均成本	例均收益	成本收益率
1						(1)	(2)	(3)＝(1)－(2)	(4)＝(3)/(2)
2									
3									
4									
5									
6									
7									
8									
9									

三、成本报表编制方法

（一）医院各科室直接成本表的编制方法

医院各科室直接成本表的各栏目应根据“业务活动费用”“单位管理费用”科目所属明细科目的记录直接或分析填列。

“人员经费”项目应当根据“工资福利费用”和“对个人和家庭的补助费用”明细科目的本期发生额分析填列；“卫生材料费”项目应当根据“商品和服务费用——专用材料费——卫生材料费”明细科目的本期发生额分析填列；“药品费”项目应当根据“商品和服务费用——专用材料费——药品费”明细科目的本期发生额分析填列；“固定资产折旧费”项目应当根据“固定资产折旧费”明细科目的本期发生额分析填列；“无形资产摊销费”项目应当根据“无形资产摊销费”明细科目的本期发生额分析填列；“提取医疗风险基金”项目应当根据“计提专用基金——医疗风险基金”明细科目的本期发生额分析填列；“其他费用”应当根据“业务活动费用”“单位管理费用”科目除以上明细科目外其他明细科目的本期发生额分析填列。

医疗业务成本合计 = 临床服务类科室成本小计 + 医疗技术类科室成本小计 + 医疗辅助类科室成本小计

本月总计 = 医疗业务成本合计 + 管理费用

（二）医院临床服务类科室全成本表的编制方法

医院临床服务类科室全成本表中的“直接成本”栏应当根据“业务活动费用”“单位管理费用”科目及其所属明细科目记录直接或分析填列。该栏目金额应当与“医院各科室直接成本表”中对应栏目金额保持一致。

表中“间接成本”栏应当根据《医院财务制度》规定的方法计算填列。

表中“全成本”栏应当根据本表中“直接成本”栏金额和“间接成本”栏金额合计数填列。

（三）医院临床服务类科室全成本构成分析表编制方法

在医院临床服务类科室全成本构成分析表中，各项目应当依据医院临床服务类科室全成本表的数据计算填列。其中，诊次成本、床日成本应当根据《医院财务制度》计算填列。

医院临床服务类科室全成本构成分析表用于对医院临床服务类科室全成本要素及其结构进行分析与监测。“##”为某一临床服务类科室不同成本项目的构成比，用于分析各临床服务类科室的成本结构，确定各科室内部成本管理的重点成本项目。

例：人员经费 =（某一临床服务类科室人员经费金额 ÷ 该科室全成本合计）×100%

人员经费金额合计 = 各临床服务类科室人员经费之和

人员经费合计 =（各临床服务类科室人员经费之和 ÷ 各临床服务类科室全成本合计）×100%

（四）医疗全成本核算表编制方法

本表根据医院各科室直接成本表及各科室财政资金形成的固定资产折旧和无形资产摊销填列。

（五）医院全成本核算表编制方法

本表根据医疗全成本核算表及医院各科室科教资金形成的固定资产折旧和无形资产摊销填列。

（六）医疗服务项目成本报表编制方法

依据医疗服务项目成本核算（如作业成本法），以临床服务类和医疗技术类科室的全成本核算为基础，剔除单独收费材料成本、药品成本后，以其开展的医疗服务项目为对象，根据成本费用归集、分配的过程，划分直接成本和间接成本；直接成本直接计入或计算计入医疗服务项目成本；间接成本首先根据资源动因分配至有关作业，计算作业成本，然后再将作业成本根据作业动因分配到医疗服务项目成本，汇总后得出某一医疗服务项目成本（见图 14－1）。

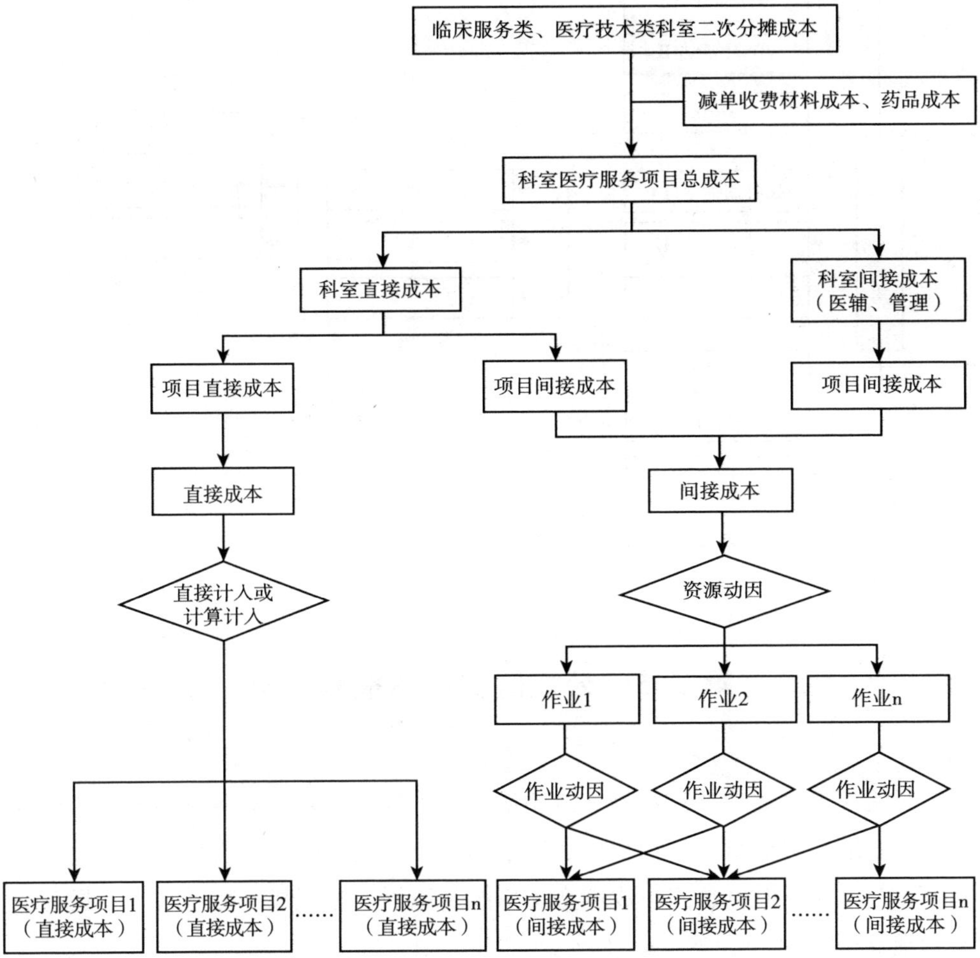

图 14－1　医疗服务项目成本报表编制方法

（七）病种（DRG）成本核算报表编制方法

以病种（含 DRG 病组）为核算对象，按照一定流程和方法归集相关费用计算病种成本的过程。核算方法（如作业成本法）是将为治疗某一病种所消耗的医疗项目成本、药品成本及单独收费材料成本进行叠加，计算公式：病种（DRG）成本 = $\sum$ 医疗项目成本 + $\sum$ 单收费材料成本 + $\sum$ 药品成本（见图 14－2）。

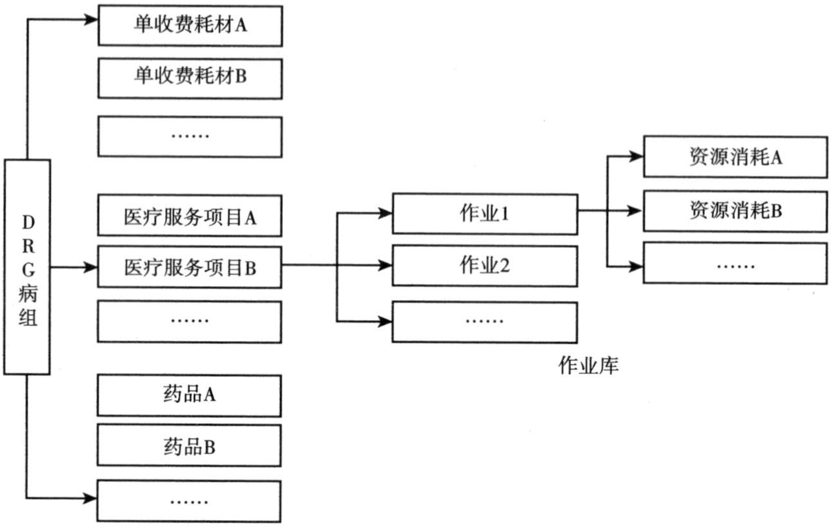

图 14－2　病种（DRG）成本核算报表编制方法

第二节　公立医院成本报表分析

医院应根据成本核算结果，定期编制成本分析报告，对照目标成本或标准成本，采取趋势分析、结构分析、本量利分析、比较分析、指标分析、成本管理分析等方法及时分析实际成本变动情况及原因，把握成本变动规律，提高成本管理效率。

一、趋势分析法

针对医院和科室的收入、成本相关指标，通过对若干个连续期间的报告资料进行相关指标的对比分析，确定其增减变动的方向、数额或幅度，以掌握有关成本数据的变动趋势发现异常的变动，说明报告资料的变化过程及其发展趋势。典型的趋势分析是将本期成本数据与上期成本数据进行比较，更为复杂的趋势分析则涉及多个期间的比较。

在具体运用趋势分析法时，一般有两种分析的方法。

1. 绝对数趋势分析

通过编制连续数期的报表，并将有关数字并行排列，比较相同指标的金额或数据变动幅度，以此来说明其发展变化。

2. 相对数的趋势分析

会计报表中有许多重要的百分比指标，如成本收益率指标等。可采用环比动态比率、定期动态比率、环比动态指标分析等方法。

二、结构分析法

结构分析法是指对成本中各组成部分及其对比关系变动规律的分析。它通常采用计算成本中各组成部分占总成本比率的方法，用以分析医院成本的内部结构特征和合理性。

结构分析法可以分析医院或科室的人员经费、卫生材料费、药品费、固定资产折旧、无形资产摊销、提取医疗风险基金等成本要素占医疗成本的比重；各核算科室成本占医院总成本的比重，以及直接成本、间接成本占总成本的比重。管理费用占总成本的比重等，找出影响成本的重要因素及其关键控制点，为成本控制及管理提供依据。

三、本量利分析法

本量利分析又称盈亏平衡分析，研究医院如何确定保本点和有关因素变动对其保本点的影响。保本点是指医院收入和成本相等的运营状态。结余等于零的业务量即为保本点的业务量（盈亏临界点业务量）。如图 14－3 所示。

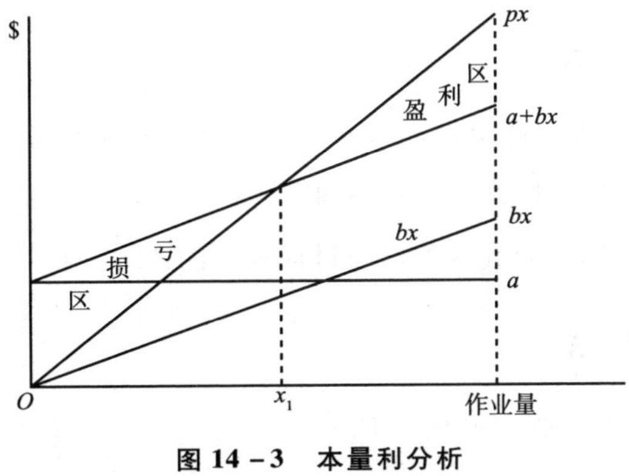

图 14－3　本量利分析

1. 固定成本（a）是指成本总额在一定时期和一定业务量范围内，不受业务量增减变动影响而能保持不变的成本。

2. 变动成本（bx）是指那些成本的总发生额在相关范围内随着业务量的

变动大呈线性变动的成本。

医院应结合医疗服务特点和成本性态，分析成本变动与业务量之间的依存关系科学划分固定成本和变动成本，并根据实际情况及时调整。

3. 保本点（x）是指达到保本状态时的业务量的总称。即在该业务量水平收入正好等于全部成本；超过这个业务量水平，就有盈利：反之，低于这个业务量水平，就会发生亏损。

4. 单位边际贡献 = 单位收费水平 − 单位变动成本

5. 结余 = 医院收入 − 变动成本 − 固定成本

门诊结金 = 门诊医疗收入 − 门诊变动成本 − 门诊固定成本

住院结余 = 任院医疗收入 − 住院变动成本 − 住院固定成本

当结余等于零时，此时的业务量即为保本点的业务量。

6. 保本点业务量 = 固定成本/单位边际贡献 = 固定成本/(单位收费水平 − 单位变动成本)

7. 保本点业务收入 = 保本点业务量 × 单位收费水平

变动成本率也称为补偿率，是变动成本在收入中所占的百分率（bx/px）。

医院通过对保本点的计算，反映出业务量、成本间的互动关系，用以确定保证医院正常有序发展所达到的保本点业务量和保本收入总额，进一步确定所必需的目标业务量和目标收入总额，同时固定成本和变动成本的改变也会影响医院的运营发展。

四、比较分析法

医院应根据实际需要确定目标成本，并采用历史最好水平、历史同期水平、同类医院平均水平、同类科室平均水平、预算目标、定额目标等，计算医院（科室、项目）会计期间的成本数据与目标成本的差异，找出产生差异的因素。

五、指标分析法

医院应当健全成本分析的指标体系，通过对指标的构成分析、比较分析、趋势分析，反映医院的总体运营状况，医疗管理和费用控制的情况和医院经营的成果，体现医院的补偿能力和未来的发展能力。这些指标包括：

1. 业务量指标：包括门诊人次、住院人次、手术人次等指标。

2. 效率指标：包括百元收入药品、卫生材料消耗、平均住院日、病床使用率等指标。

3. 运营能力指标：包括收入增长率、设备使用率、收支结余率等指标。

4. 收益能力指标：包括人均收支结余、成本收益率、平均每床收益等指标。

5. 均次费用指标：包括每门诊人次收费、每门诊人次支出、门诊收入成本率、每住院人次收费、每住院人次支出、住院收入成本率等指标。

6. 结构指标：包括人员经费支出比率、公用经费支出比率、管理费用率、药品、卫生材料支出率、药品收入占医疗收入比重等指标。

7. 发展能力指标：包括总资产增长率、净资产增长率、固定资产净值率等指标。

六、成本管理分析法

成本管理分析，是通过门诊收入成本率、住院收入成本率、百元收入药品、卫生材料消耗等指标反映医院提供医疗服务过程中的成本管理水平。

1. 每门诊人次收入 = 门诊收入/门诊人次

2. 每门诊人次成本 = 门诊成本/门诊人次

3. 门诊收入成本率 = 每门诊人次成本/每门诊人次收入 ×100%

4. 每住院人次收入 = 住院收入/出院人次

5. 每住院人次成本 = 住院成本/出院人次

6. 住院收入成本率 = 每住院人次成本/每住院人次收入 ×100%

7. 百元收入药品、卫生材料消耗 = 药品、卫生材料消耗/(医疗收入 + 其他收入) ×100%

门诊收入成本率反映医院每门诊收入耗费的成本水平；住院收入成本率反映医院每住院病人收入耗费的成本水平；百元收入药品、卫生材料消耗反映医院的药品、卫生材料消耗程度，以及医院药品、卫生材料的管理水平。

成本分析方法如图 14 -4 所示。

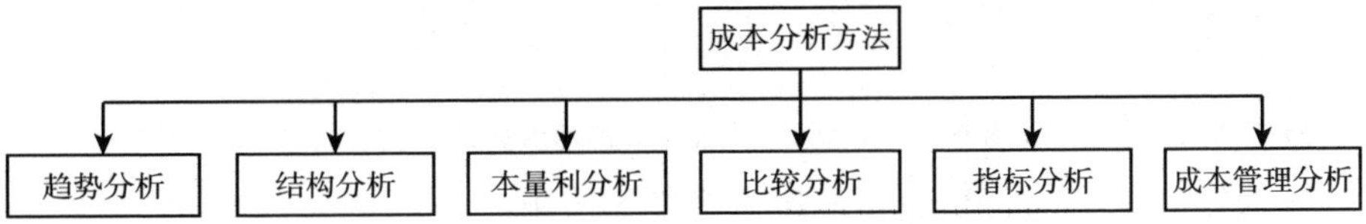

图 14 -4　成本分析方法

典型案例一：项目成本核算案例——作业成本法

某医院功能检查科提供“电子胃镜检查”“电子肠镜检查”医疗服务项目。为了能够向患者提供以上医疗服务，科室需要配备工作人员、占用办公场所、领用卫生材料以及配置仪器设备等，这些资源的耗费形成了科室成本。科室还设计了向患者提供服务的工作流程，如登记、检查、出报告等。现以作业成本法为例，核算“电子胃镜检查”“电子肠镜检查”医疗服务项目成本。

核算工作为五个步骤。

第一步：采集基础数据；

第二步：确定核算范围；

第三步：建立医疗服务项目核算模型；

第四步：科室项目成本计算及数据校验；

第五步：院级项目成本计算。

以下为核算工作的详细步骤。

第一步：采集基础数据

数据采集期间：按月/按季/按年。本例假定为2018年1—12月。

（一）收入数据：收费项目数据，来源于HIS系统（见图14－5）

年月	医疗服务项目	开单科室	执行科室	计量单位	单价（元）	金额（元）
201801	电子胃镜检查	内科门诊	功能检查科	1 000	250	250 000
201802	电子胃镜检查	内一病房	功能检查科	200	250	50 000
201804	电子肠镜检查	心内一病房	功能检查科	500	300	150 000

图14－5 收入数据

注：

（1）开单科室：开具收费项目的科室。

（2）执行科室：医疗服务项目实际完成科室，是项目成本核算的关键信息，直接影响核算结果。

（3）项目成本核算系统根据开单和执行科室是否一致，判断此医疗服务项目是否可能存在协作关系。

（4）计量单位：医疗服务项目开展数量，非常重要的动因参数。

（5）单价：根据金额与单价，用于校验项目数量是否准确。

（6）金额：数据核对依据，原则上要求与会计、科室成本数据保持一致。

（二）材料成本：物资领用明细，来源于物资系统（见图 14－6）

领用年月	物资分类	物资名称	数量	金额（元）	是否单独收费	领用科室
201801	其他卫生材料	胃镜润滑胶浆	120	7 920	否	功能检查科
201802	其他卫生材料	盐	5	550	否	功能检查科
201803	其他卫生材料	多酶清洗剂	5	6 500	否	功能检查科
201804	其他卫生材料	一次性注射器	500	500	是	功能检查科

图 14－6　材料成本

注：

（1）物资分类：根据物资分类与成本项目的对照关系，确定此类物资应计入的成本项目，是实现按成本项目逐项核对的基础。

（2）物资名称：具体的物资名词称谓，区分是否属于同一物资的关键信息。

（3）数量：医院内部物资领用单位，可用于成本同期对比。

（4）金额：物资数据核对依据，原则上与会计、科室成本数据保持一致。首先核对物资总成本，再按科室、按成本项目逐项核对。

（5）是否单独收费：判断此物资是否可以单独收费，单收费材料不参与项目成本核算。

（6）领用科室：物资领用科室，是物资数据能够按科室核对、计算的前提条件。

（三）固定资产折旧和无形资产摊销数据，来源于资产软件系统（见图 14－7）

核算期间	设备分类	设备名称	规格	原值（元）	年折旧额（元）	使用科室	资金来源
201801	专用设备	胃镜单镜天助内窥镜图文影像系统	……	432 000	43 200	功能检查科	自有资金
201802	专用设备	超声清洗机	……	18 000	3 600	功能检查科	自有资金
201804	专用设备	医用高压水枪	……	4 800	960	功能检查科	自有资金

图 14－7　固定资产折旧和无形资产摊销数据

注：

（1）设备分类：根据设备分类与成本项目的对照关系，确定此类设备应计入的成本项目，是实现按成本项目逐项核对的基础。

（2）设备名称：具体的设备名词称谓，区分是否属于同一设备的关键信息。

（3）规格、原值：科室调研作业填报时，易于查找、核对实物。

（4）年折旧额：固定资产折旧数据核对依据，原则上与会计、科室成本数据保持一致。首先核对固定资产折旧成本总成本，再按科室、按成本项目逐项核对。

（5）使用科室：固定资产所属科室，是折旧金额数据能够按科室核对的前提条件。

（6）资金来源：是指获得资金的渠道，包括自由资金、财政资金、科研资金，便于后续不同级次成本计算。

（四）人员支出数据，来源于工资软件系统（见图 14－8）

年月	姓名	职称	所在科室	基本工资（元）	岗位工资（元）	……	应发工资（元）
201801	曹婵	主治医师	功能检查科	3 000	4 916	……	7 916
201802	曹婵	主治医师	功能检查科	3 000	4 916	……	7 916
……	……	……	……	……	……	……	
合计	曹婵	主治医师	功能检查科	36 000	48 000		84 000
201801	贾丽	护师	功能检查科	1 920	3 600	……	5 520
201802	贾丽	护师	功能检查科	1 920	3 600	……	5 520
……	……	……	……	……	……	……	
合计	贾丽	护师	功能检查科	22 950	43 200		66 150

图 14－8　人员支出数据

注：

1. 职称：医务人员的专业技术职称，科室作业模型中直接人力成本的体现。

2. 所在科室：人员归属科室。

3. 基本工资、岗位工资……应发工资：确定工资项应计入的成本项目，是工资核对的数据基础，原则要求与会计、科室成本数据保持一致。

第二步：确定核算范围

（一）确定科室核算范围：本案例的核算科室为功能检查科，调取科室成本核算数据（见图 14－9）

成本项目	总成本（元）	科室直接成本（元）	医辅分摊成本（元）	管理分摊成本（元）
人力成本	204 000	161 150	20 000	22 850
药品成本	1 000	1 000	0	0
卫生材料成本	15 500	15 470	10	20
固定资产折旧成本	48 495	48 410	40	45
房屋成本	225	200	10	15
专用设备成本	47 760	47 760	0	0
一般设备成本	510	450	30	30
其他设备成本	0	0	0	0
无形资产摊销成本	210	0	210	0
提取医疗风险基金成本	8 000	8 000	0	0
其他成本	6 000	4 000	1 000	1 000
合计	283 205	238 030	21 260	23 915

图 14－9　科室成本核算数据

注：通过第一步基础数据采集，可知此科室存在 500 单收费材料。

（二）科室成本基础上，剔除药品成本；材料数据采集基础上，剔除单收费材料成本（见图 14－10）

成本项目	总成本（元）	科室直接成本（元）	医辅分摊成本（元）	管理分摊成本（元）
人力成本	204 000	161 150	20 000	22 850
药品成本	0	0	0	0
卫生材料成本	15 000	14 970	10	20
固定资产折旧成本	48 495	48 410	40	45
房屋成本	225	200	10	15
专用设备成本	47 760	47 760	0	0
一般设备成本	510	450	30	30
其他设备成本	0	0	0	0
无形资产摊销成本	210	0	210	0
提取医疗风险基金成本	8 000	8 000	0	0
其他成本	6 000	4 000	1 000	1 000
合计	281 705	236 530	21 260	23 915

图 14－10　处理后数据

（三）确定医疗服务项目范围："电子胃镜检查""电子肠镜检查"。

确定医疗服务项目范围为"电子胃镜检查""电子肠镜检查"。

第三步：建立医疗服务项目核算模型

通过调研医院临床、医技科室医疗业务流程，在此基础上按照医疗服务过程中具有相对独立意义的重要活动和行为划分作业，从而产生医院统一、规范的作业库。各作业之间应相对独立、不得重复，并取得成本动因参数。划分作业时，可采用访谈、小组座谈、会议讨论等方式确定。在确定成本动因方面，理论上成本动因涉及的数据应具有信息化系统支撑，以便于后期成本数据的精确计算。

（一）划分作业

在本案例中通过对功能检查科的调研，根据科室人员类型、工作流程、日常工作范围及工作内容，将功能检查科的作业划分为：登记、检查、出报告。

（二）获取动因参数

在科室调研时，还需要采集各医疗服务项目的人员消耗情况、物资消耗情况、设备消耗情况以及科室各人员的作业耗时比和作业面积数据。直接成本计算计入、间接成本计算作业成本、作业成本计算项目成本需要的参数，均在此过程取得。

项目人员消耗情况见图 14-11。

科室	项目名称	作业	职称	操作人数	操作时间
功能检查科	电子胃镜检查	登记	护师	1	3
功能检查科	电子胃镜检查	检查	主治医师	1	20
功能检查科	电子胃镜检查	检查	护师	1	20
功能检查科	电子胃镜检查	出报告	主治医师	1	5
功能检查科	电子肠镜检查	登记	护师	1	3
功能检查科	电子肠镜检查	检查	主治医师	1	30
功能检查科	电子肠镜检查	检查	护师	1	30
功能检查科	电子肠镜检查	出报告	主治医师	1	5

图 14-11　项目人员消耗情况

科室人员作业耗时比见图 14-12。

科室	职称	作业	耗时比
功能检查科	护士	登记	15%
功能检查科	护士	检查	85%
功能检查科	主治医师	检查	65%
功能检查科	主治医师	出报告	35%

图 14-12　科室人员作业耗时比

科室人员作业面积表见图 14-13。

科室	科室总面积（平方米）	作业	面积（平方米）
功能检查科	45	登记	5
功能检查科	46	检查	30
功能检查科	47	出报告	10

图 14-13　科室人员作业面积表

项目物资消耗情况见图 14－14。

科室	项目名称	物资分类	物资名称	单位用量
功能检查科	电子胃镜检查	其他卫生材料	胃镜润滑胶浆	1
功能检查科	电子胃镜检查	其他卫生材料	盐	1
功能检查科	电子胃镜检查	其他卫生材料	多酶清洗剂	1
功能检查科	电子肠镜检查	其他卫生材料	多酶清洗剂	2

图 14－14　项目物资消耗情况

项目设备消耗情况见图 14－15。

科室	项目名称	设备分类	设备名称	占用时间（分钟）
功能检查科	电子胃镜检查	专用设备	胃镜单镜天助内窥镜图文	5
功能检查科	电子胃镜检查	专用设备	超声波清洗机	5
功能检查科	电子肠镜检查	专用设备	超声波清洗机	4
功能检查科	电子肠镜检查	专用设备	医用高压水枪	10

图 14－15　项目设备消耗情况

第四步：科室项目成本计算及数据校验

直接成本是为进行医疗服务项目活动而直接发生的各项成本费用。包括人力成本、卫生材料费、固定资产折旧费和无形资产摊销费等，通过直接计入或计算计入的方法计入对应的医疗服务项目中（见图 14－16）。

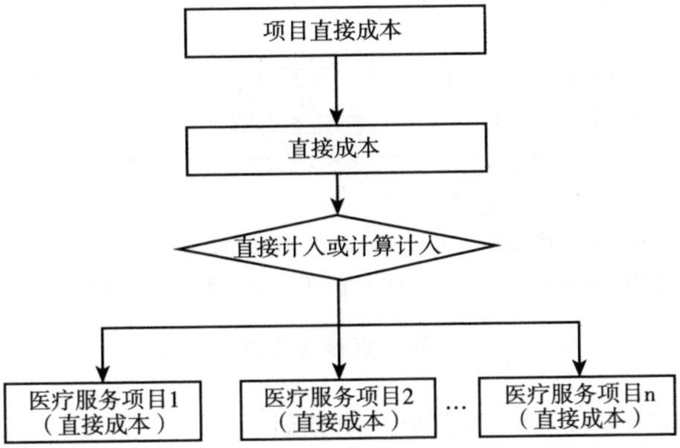

图 14－16　直接成本计算步骤

通过第三步调研，部分科室直接成本可直接计入或计算计入项目直接成本；部分科室直接成本无法直接计入，须与医辅分摊成本、管理分摊成本组成间接成本处理（见图 14－17）。

成本项目	总成本	科室直接成本		医辅成本	管理成本
	项目总成本	项目直接成本	项目间接成本	项目间接成本	
人力成本	204 000	150 150	11 000	20 000	22 850
卫生材料成本	15 000	14 970	0	10	20
固定资产折旧成本	48 495	47 760	650	40	45
房屋成本	225	0	200	10	15
专用设备成本	47 760	47 760	0	0	0
一般设备成本	510	0	450	30	30
其他设备成本	0	0	0	0	0
无形资产摊销成本	210	0	0	210	0
提取医疗风险基金成本	8 000	0	8 000	0	0
其他成本	6 000	0	4 000	1 000	1 000
合计	281 705	212 880	23 650	21 260	23 915

图 14－17　直接成本计算

1. 直接人力成本计算：结合第三步调研数据（见图 14－18）。

$$\text{职称每分钟人力成本}=\frac{\text{职称总人力成本}}{\text{职称总时间}}$$

$$\text{某一医疗服务项目人力成本}=\sum \text{职称操作时间}\times\text{职称每分钟人力成本}$$

本案例中：

功能检查科主治医师每分钟人力成本 $=\frac{84\ 000}{1\ 200\times25+500\times35}=1.77$ 元/每分钟

功能检查科护师每分钟人力成本 $=\frac{66\ 150}{1\ 200\times23+500\times33}=1.5$ 元/每分钟

↓

电子胃镜检查的人力成本：1 200 ×（1.77 × 25+1.5 × 23）=94 452.63元

电子肠镜检查的人力成本：500 ×（1.77 × 35+1.5 × 33）=55 697.37元

图 14－18　直接人力成本计算

2. 直接材料成本计算：结合第三步调研数据（见图 14－19）。

本案例中：
（1）“胃镜胃镜润滑胶浆”只用于电子胃镜检查，成本7 920元全部计入该项目中；
（2）“盐”只用于电子胃镜检查，成本550元全部计入该项目中；
（3）“多酶清洗剂”同时用于电子胃镜检查和电子肠镜检查，需通过计算计入的方式（参数：工作量×单位用量）将其成本6 500元计入以下两个项目中。
①“多酶清洗剂”用于电子胃镜检查的成本为：$6\,500\times\frac{1\,200\times1}{1\,200\times1+500\times2}=3\,545$（元）
②“多酶清洗剂”用于电子肠镜检查的成本为：$6\,500\times\frac{500\times2}{1\,200\times1+500\times2}=2\,955$（元）

科室	物资名称	项目名称	计入成本（元）
功能检查科	胃镜润滑胶浆	电子胃镜检查	7 920
功能检查科	盐	电子胃镜检查	550
功能检查科	多酶清洗剂	电子胃镜检查	3 545
功能检查科	多酶清洗剂	电子肠镜检查	2 955

图 14－19　直接材料成本计算

3. 直接固定资产折旧和无形资产摊销成本计算：结合第三步调研数据（见图 14－20）。

本案例中：
（1）“胃镜单镜天助内窥镜图文”只用于电子胃镜检查，成本43 200元全部计入该项目中；
（2）“医用高压水枪”只用于电子肠镜检查，成本960元全部计入该项目中；
（3）“超声波清洗机”同时用于电子胃镜检查和电子肠镜检查，需通过计算计入的方式（参数：工作量×占用时间）将其成本3 600元计入以下两个项目中。
①“超声波清洗机”用于电子胃镜检查的成本为：$3\,600\times\frac{1\,200\times5}{1\,200\times5+500\times4}=2\,700$（元）
②“超声波清洗机”用于电子肠镜检查的成本为：$3\,600\times\frac{500\times5}{1\,200\times5+500\times4}=900$（元）

科室	资产名称	项目名称	计入成本（元）
功能检查科	胃镜单镜天助内窥镜图文	电子胃镜检查	43 200
功能检查科	医用高压水枪	电子肠镜检查	960
功能检查科	超声波清洗机	电子胃镜检查	2 700
功能检查科	超声波清洗机	电子肠镜检查	900

图 14－20　直接固定资产折旧和无形资产摊销成本计算

（一）直接成本计算结果（见图 14－21）

执行科室	医疗服务项目	数量	直接成本	间接成本	单位成本
功能检查科	电子胃镜检查	1 200	152 367.63		
功能检查科	电子肠镜检查	500	60 512.37		

图 14－21　直接成本计算结果（单位：元）

（二）间接成本计算：将间接成本按照资源动因分配计入各作业；将作业成本按照作业动因分配计入各项目（见图 14－22）

成本项目	总成本	科室直接成本		医辅分摊成本	管理分摊成本
	项目总成本	项目直接成本	项目间接成本	项目间接成本	
人力成本	204 000	150 150	11 000	20 000	22 850
卫生材料成本	15 000	14 970	0	10	20
固定资产折旧成本	48 495	47 760	650	40	45
房屋成本	225	0	200	10	15
专用设备成本	47 760	47 760	0	0	0
一般设备成本	510	0	450	30	30
其他设备成本	0	0	0	0	0
无形资产摊销成本	210	0	0	210	0
提取医疗风险基金成本	8 000	0	8 000	0	0
其他成本	6 000	0	4 000	1 000	1 000
合计	281 705	212 880	23 650	21 260	23 915

图 14－22　间接成本计算（单位：元）

间接成本按照资源动因分配计入各作业（见图 14－23）：

成本项目	间接成本	资源动因	登记		检查		出报告	
			动因值	成本	动因值	成本	动因值	成本
人力成本	53 850	人数	$\frac{0.15}{0.15+0.85+0.65+0.35}$	4 038.75	$\frac{1.5}{2}$	40 387.5	$\frac{0.35}{2}$	9 423.75
卫生材料成本	30	工作量	$\frac{1\ 700}{1\ 700+1\ 700+1\ 700}$	10	$\frac{1\ 700}{5\ 100}$	10	$\frac{1\ 700}{5\ 100}$	10
固定资产折旧成本	735	—	—	74.5	—	528	—	132.5
房屋成本	225	作业面积	$\frac{5}{5+30+10}$	25	$\frac{30}{45}$	150	$\frac{10}{45}$	50
专业设备成本	0	工时	—	0	—	0	—	0
一般设备成本	510	工时	$\frac{1\ 200\times3+500\times3}{5\ 100+39\ 000+8\ 500}$	49.5	$\frac{1\ 200\times20+500\times30}{52\ 600}$	378	$\frac{1\ 200\times5+500\times5}{32\ 600}$	82.5
其他设备成本	0	工时	—	0	—	0	—	0
无形资产摊销成本	210	工作量	$\frac{1\ 700}{1\ 700+1\ 700+1\ 700}$	70	$\frac{1\ 700}{5\ 100}$	70	$\frac{1\ 700}{5\ 100}$	70
提取医疗风险基金成本	8 000	人数	$\frac{0.15}{0.15+0.85+0.65+0.35}$	600	$\frac{1.5}{2}$	6 000	$\frac{0.35}{2}$	1 400
其他成本	6 000	工作量	$\frac{1\ 700}{1\ 700+1\ 700+1\ 700}$	2 000	$\frac{1\ 700}{5\ 100}$	2 000	$\frac{1\ 700}{5\ 100}$	2 000
合计	68 825			6 793.25		48 995.5		13 036.25

图 14－23　间接成本按照资源动因分配计入各作业（单位：元）

作业成本按照作业动因分配计入各项目。以“登记”作业为例，检查、出报告作业同理计算（见图 14－24）。

作业	成本项目		作业成本	作业动因	项目	动因参数	项目成本
登记	人力成本		4 038.75	工时	电子胃镜检查	$\frac{1\,200\times 3}{1\,200\times 3+500\times 3}$	2 850.88
					电子肠镜检查	$\frac{500\times 3}{1\,200\times 3+500\times 3}$	1 187.87
	材料成本		10	工作量	电子胃镜检查	$\frac{1\,200}{1\,200+500}$	7
					电子肠镜检查	$\frac{500}{1\,200+500}$	3
	固定资产折旧成本	房屋	25	工时	电子胃镜检查	$\frac{1\,200\times 3}{1\,200\times 3+500\times 3}$	17.6
					电子肠镜检查	$\frac{500\times 3}{1\,200\times 3+500\times 3}$	7.4
		一般设备	59.5	工时	电子胃镜检查	$\frac{1\,200\times 3}{1\,200\times 3+500\times 3}$	35
					电子肠镜检查	$\frac{500\times 3}{1\,200\times 3+500\times 3}$	14.5
	无形资产摊销成本		70	工作量	电子胃镜检查	$\frac{1\,200}{1\,200+500}$	49
					电子肠镜检查	$\frac{500}{1\,200+500}$	21
	提取医疗风险基金成本		600	工作量	电子胃镜检查	$\frac{1\,200}{1\,200+500}$	423.5
					电子肠镜检查	$\frac{500}{1\,200+500}$	176.5
	其他成本		2 000	工作量	电子胃镜检查	$\frac{1\,200}{1\,200+500}$	1 412
					电子肠镜检查	$\frac{500}{1\,200+500}$	588

图 14－24　作业成本按照作业动因分配计入各项目（单位：元）

（三）间接成本计算结果（见图 14－25）

执行科室	医疗服务项目	数量	直接成本	间接成本	单位成本
功能检查科	电子胃镜检查	1 200		45 765.23	
功能检查科	电子肠镜检查	500		23 059.77	

图 14－25　间接成本计算结果（单位：元）

（四）项目成本计算结果（见图 14－26）

执行科室	医疗服务项目	数量	直接成本	间接成本	项目成本
功能检查科	电子胃镜检查	1 200	152 367.63	45 765.23	198 132.9
功能检查科	电子肠镜检查	500	60 512.37	23 059.77	83 572.14

图 14－26　项目成本计算结果（单位：元）

（五）数据校验、计算项目单位成本（见图 14－27）

执行科室	医疗服务项目	数量	直接成本	间接成本	项目成本	单位成本
功能检查科	电子胃镜检查	1 200	152 367.63	45 765.23	198 132.9	165.11
功能检查科	电子肠镜检查	500	60 512.37	23 059.77	83 572.14	167.14
合计					281 705	

成本项目	总成本	科室直接成本	医辅分摊成本	管理分摊成本
人力成本	204 000	161 150	20 000	22 850
药品成本	0	0	0	0
卫生材料成本	15 000	14 970	10	20
固定资产折旧成本	48 495	48 410	40	45
房屋成本	225	200	10	15
专用设备成本	47 760	47 760	0	0
一般设备成本	510	450	30	30
其他设备成本	0	0	0	0
无形资产摊销成本	210	0	210	0
提取医疗风险基金成本	8 000	8 000	0	0
其他成本	6 000	4 000	1 000	1 000
合计	281 705	236 530	21 260	23 915

图 14－27　数据校验、计算项目单位成本（单位：元）

第五步：院级项目成本计算

计算院级医疗服务项目成本：按照加权平均的算法计算得出某一医疗服务项目院级单位成本（见图 14－28）。

$$\text{某项目院级单位成本}=\frac{\text{科室 1 开展医疗服务项目成本}\times\text{工作数量}+\text{科室 2 开展医疗服务项目成本}\times\text{工作数量}\cdots\cdots}{\text{科室 1 工作数量}+\text{科室 2 工作数量}\cdots\cdots}$$

图 14－28　计算院级医疗服务项目成本

典型案例二：某公立医院 DRG 成本核算典型案例

本章采用案例的形式介绍 DRG 成本核算的过程。案例医院是西南地区部属三级甲等妇儿专科医院，是集医、教、研、预防保健和人才培养为一体的大学附属医院。医院现开放编制床位 1 580 张，有 22 个临床科室和 6 个医技科室，诊治水平处于国内领先水平。

本章 DRG 成本核算采用的方法是“成本费用比法”，可以分成两个核算步骤：第一步进行科室成本核算，在科室成本的基础上，第二步进行 DRG 成本核算。

一、科室成本核算

科室成本核算分为科室成本归集和科室成分摊两方面内容。

（一）科室成本归集

科室成本的归集就是将医院发生的各项费用归集到各个科室的成本类别里面，包括人员经费、药品费、卫生材料费、固定资产折旧、无形资产摊销、提取医疗风险基金以及其他费用。

人员经费：根据会计分期和权责发生制原则，按成本明细项目采集到担任相应角色的人员，按核算单元对全院人员进行定位，将员工发生的各项人员经费直接计入该成本责任中心的成本。其中，工资津贴、绩效工资按计提发放项目采集到个人；社会保障缴费按养老、医疗保险等项目采集到个人；住房公积金按实际发生数采集到个人。如果医院门诊无法细分到下一级核算单元（如内科、外科、妇产科、儿科等），其门诊人员费用须依据收益情况摊销至各科室。

药品费：以“临床开单、药房发药”信息为基础，按门诊用药、住院用药等对药品进行分类核算，根据实际消耗药品，依据医院药品管理条件，选择个别计价、先进先出或加权平均等方法中的一种方法并保持不变，采集开单科室的药品成本。

卫生材料费：应当根据重要性原则，建立二级库房卫生材料管理制度，高值耗材应当使用个别计价法，按单品种卫生材料采购成本和二级库房实际用量归集各科室的卫生材料成本。对于未列入医院二级库房卫生材料管理范围的材料，按各科室消耗的材料费用直接计入其成本；对于列入二级库房卫生材料管理范围的、领用而未消耗的材料，视同库存材料管理，不计入成本。

固定资产折旧：医院应当按照规定的固定资产分类标准和折旧年限建立固定资产管理制度，以固定资产原值为基础，按会计期间、固定资产类别和品种将固定资产折旧核算到每一个成本核算单元，不考虑预计净残值。其中，房屋类固定资产按核算科室的面积计提折旧；设备类固定资产按核算科室使用的固定资产计提折旧。

无形资产摊销：医院无形资产应当自取得当月起，在预计使用年限内采用年限平均法分期平均摊销，按受益科室确认无形资产摊销费用。

提取医疗风险基金：以临床、医技科室当期开单医疗收入的1‰—3‰计提。

其他费用：

（1）房屋、设备维修费：常规维修费用按科室（房屋、设备实际占用科室）实际发生数记录，直接计入该科室成本；设备维保费用按维保期间分期计入（符合大型修缮标准的固定资产维修支出增加固定资产原值，计提折旧）。

（2）水、电、气费：应遵循重要性原则，能够直接计量到相应的核算责任中心的，按照实际发生数，据实核算成本；无法单独计量的，以人员、面积或床位比例作为参数向全院其余科室进行分配。

（3）办公费、印刷费：按实际发生的办公性质的费用直接计入或按领用记录计量计入。

（4）其他：按核算科室的实际消耗量直接或采用一定方法计算后计入费用。例如，物业管理费、取暖费等可以按照占用面积计算得出各核算科室的费用。

科室成本归集过程中，对于不具备工作量统计条件且服务于全院科室的费用消耗（如交通费等），可统一按人员比例计算计入各核算科室成本。

（二）科室成本分摊

科室成本分摊是在归集医院各科室直接成本的基础上，对间接成本依据各个科室相关性、成本效益关系等原则，进行分摊。医院成本分摊共分为三级：行政后勤类科室成本向临床、医技和医辅类科室按对应项目进行分摊为一级分摊；医辅类科室成本向临床和医技类科室按对应项目进行分摊为二级分摊；医技类科室成本向临床类科室按对应项目进行分摊为三级分摊（如图14－29所示）。

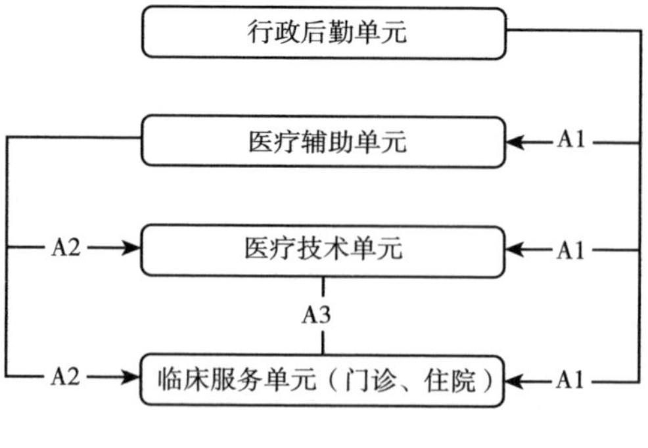

图14－29　科室成本分摊步骤

注：A1为一级分摊、A2为二级分摊、A3为三级分摊。

本章的DRG成本核算需要对收集到的科室直接成本进行一级、二级分摊，一级分摊以人员占比作为分摊系数。二级分摊根据医疗辅助科室与临床、医技科室的关系选择适宜的分摊参数（工作量占比、收入占比等）进行分摊。具体分摊步骤如下。

1. 一级分摊：行政后勤类成本分摊

将行政后勤类核算单元的费用按人员比例向临床服务类、医疗技术类和医疗辅助类核算单元分摊，并实行分项结转，医疗机构按照明细科目分项结转到对应的科目编号或名称上，没有对应的科目编号和科目名称，应对应到上一级科目编码和科目名称上。案例医院一级分摊参数见表14-8。

表14-8　一级分摊信息

待分摊科室成本	接收成本科室	分摊参数
行政后勤科室	医辅、医技、临床科室	人员比例

2. 二级分摊：医疗辅助类成本分摊

将医疗辅助类核算单元的成本（包括直接计入医疗辅助类的成本和行政后勤类分摊部分）向临床服务和医疗技术类核算单元分摊（分摊参数采用工作量比重、收入比重、面积比重、人员比例等），并实行分项结转。医院按照明细科目分项结转到对应的科目编号或名称上，没有对应上的科目编号和科目名称应对应到上一级科目编码和科目名称上。案例医院二级分摊参数见表14-9。

表14-9　二级分摊信息

待分摊成本科室（医辅科室）	接收成本科室（医技、临床科室）	分摊参数
临床教研室	临床科室	人员比例
医务部	医技、临床科室	人员比例
门诊办公室	门诊科室	人员比例
门诊咨询	门诊科室	门诊人次
护理部	住院科室	出院人数
病案管理科	住院科室	出院人数
营养膳食中心	医技、临床科室	人员比例
门诊收费室	门诊科室	门急诊人次数

续表

待分摊成本科室（医辅科室）	接收成本科室（医技、临床科室）	分摊参数
住院结算处	住院科室	出院人数
病员中心	住院科室	入院人数
其他	医技、临床科室	人员比例

经二级分摊后，案例医技、临床科室成本见表 14－10。

表 14－10　　案例医院医技、临床科室成本　　单位：万元

年份	项目	人员经费	卫生材料费	药品费	固定资产折旧	无形资产摊销	提取风险基金	其他费用
2017	直接成本	62 618.26	28 721.43	40 574.10	3 048.52	17.89	252.94	3 124.73
	一级分摊	8 338.53	3 824.68	5 403.03	405.96	2.38	33.68	416.10
	二级分摊	3 584.09	1 643.93	2 322.35	174.49	1.02	14.48	178.85
	合计	74 540.88	34 190.04	48 299.48	3 628.97	21.29	301.10	3 719.68

二、DRG 成本核算

（一）成本费用比法的介绍

本次 DRG 成本核算采用费用成本转化法，即成本费用比法。成本费用比法假设医院各个成本中心的成本与费用的比值固定，通过医院每年的成本报表和收入明细就可以获得各成本中心的成本费用比（Cost－to－charge ratio，CCR），利用这个比值将患者各类型医疗费用转变为成本。成本费用比法是国际上一种自上而下的成本核算方法，被广泛应用于美国医院。2005 年，美国医保支付咨询委员会（MedPAC）建议美国医疗保险和医疗救助中心（CMS）采用费用成本转化法来计算 DRG 相对权重。国家卫生计生委卫生发展研究中心首先引入国内，探讨了成本费用比法在国内医院应用的流程。

医院各服务核算单元 CCR，指医院每类型医疗服务的成本费用比，反应各类医疗服务的定价情况。医院各医疗服务单元的成本来自医院住院、医技科室的科室成本汇总，费用来自医院所有患者的电子结算清单，疾病信息来自住院病案首页。

费用成本转化法以服务核算单元为桥梁，将结算报表中的收费项目与临床

科室、医技科室进行匹配，构建了成本与费用的对接关系。需要注意的是，药品单元的成本除了包括药剂科室、药剂办、药库、制剂室等医药管理相关科室的医疗全成本外，还包括各住院科室的药品成本。耗材单元的成本除了包括器械科的医疗全成本外，还包括各住院科室的耗材成本（见表 14 – 11）。

表 14 – 11　　　　服务核算单元对应表

收费项目	服务单元	临床、医技科室成本
床位费、护理费等项目	（1）病房单元	住院科室（除手术室住院、麻醉住院，并剔除药品费、卫生材料费、其他费用）
病理类项目，如病理检查等	（2）病理单元	病理科成本
实验类项目，如检验、输血等	（3）实验单元	实验类成本，如检验科成本、输血科成本等
影像类项目，如超声、放射等	（4）影像单元	放射科成本、B 超室成本
诊断类项目，如胃镜、肠镜等	（5）诊断单元	诊断类成本，如胃镜室、产前诊断中心等
治疗类项目，如高压氧舱治疗、血液透析等	（6）治疗单元	治疗类成本，如血透室、高压氧治疗中心成本
手术项目、麻醉类项目	（7）手术麻醉单元	手术科、麻醉科住院成本
药品收入	（8）药品单元	住院科室的药品成本
		药剂科成本
卫生材料收入	（9）耗材单元	住院科室的耗材成本

（二）计算各服务核算单元 CCR

服务单元成本数据：医技科室成本须根据门诊、住院收入比例，扣除相应门诊部分的成本。根据服务核算单元对应表，将临床、医技科室成本进行汇总，获得了医院各服务核算单元的总成本。

服务单元收入数据：将医院所有患者来自电子结算清单中收费项目根据服务核算单元对应表进行汇总，就获得了医院各服务核算单元的总费用。

医院各服务核算单元的总成本与总费用的比值，即医院各服务核算单元的 CCR。

$$\text{各服务核算单元的 CCR}=\frac{\text{服务单元成本数据}}{\text{服务单元收入数据}}$$

2017 年案例医院服务核算单元 CCR 值见表 14 – 12。

表 14－12　　2017 年案例医院服务核算单元 CCR 列表

年份	病房单元	病理单元	实验单元	影像单元	诊断单元	治疗单元	手术单元	药品单元	耗材单元
2017	2.88	0.41	0.38	0.51	0.58	1.66	0.92	1.33	1.56

（三）选取 DRG 核算对象

本章以代码为 ES10“小儿呼吸系统感染/炎症”DRG 组为例，进行 DRG 成本核算。按照 DRG 入组规则，以代码为 ES10“小儿呼吸系统感染/炎症”的 DRG 组，筛选原则为：主要诊断是 J18.003“支气管肺炎（小叶性肺炎）”，患者年龄小于 17 岁，没有外科手术，没有合并症与并发症。因此，按照以上原则筛选案例医院 2017 年的小儿呼吸系统感染/炎症病人。

筛选病人病例数共计 1 163 条，经过剔除极端值病例后，病例数分别为 1 151 条，占总病例数的 98.96%。

（四）计算病人成本

根据计算求得的各服务核算单元 CCR，可将电子结算清单中各收费项目的费用转化为成本，将每个患者的所有成本相加，即得到病人成本。

计算公式：

$$病人成本 = \sum\left(\begin{matrix}病人电子结算清单\\各收费项目费用\end{matrix} \times \begin{matrix}该收费项目对应服务\\核算单元的 CCR\end{matrix}\right)$$

$$= 12\ 812\ 206.87（元）$$

（五）计算 DRG 成本

计算公式：

$$DRG 成本 = \frac{\sum 该 DRG 病人成本}{该 DRG 病人总例数} = \frac{12\ 812\ 206.87}{1\ 151} = 11\ 131.37（元）$$

将筛选出的样本 DRG 的所有病人成本求平均值，即可计算得到样本 DRG 的平均成本。计算得到“小儿呼吸系统感染/炎症”DRG 成本为 11 131.37 元。

第四篇

科学事业单位成本核算篇

第十五章　科学事业单位成本核算概述

第一节　科学事业单位成本核算含义与意义

一、科学事业单位成本核算的含义

科学事业单位是指由政府出资设立，主要从事自然科学研究、社会科学研究、综合科学研究或科学技术普及活动等其他科技事业的事业单位，其主要职责是向国家和社会提供公共科技供给和服务。从行政隶属关系来看，科学事业单位分属中央政府和地方各级政府；在资金供给方面，地方科学事业单位主要由地方财政提供支持，同时也可直接参与国家级科研项目。从所属行业来看，科学事业单位覆盖工业、信息、农业、林业、气象、医疗等行业。

科学事业单位是实施创新驱动发展战略、建设创新型国家的重要力量，是科学技术普及活动的主要力量。在当前加快实施创新驱动发展战略、加快建设创新型国家的背景下，科学事业单位收入不断增长，研发投入也不断增加。在此背景下，科学事业单位必须注重资金使用效益，“少花钱，多办事”是科学事业单位必须要坚持的重要原则。但目前科学事业单位存在资金需求大于供给的问题，因此，不断优化科学事业单位财务管理，对提高科研资金使用效率意义重大。加强成本核算与管理是优化科学事业单位财务管理的重要环节，也是优化科研资源配置、提升单位运营效率、促进科技成果转化和有效实施预算绩效评价等的基础保障。

科学事业单位成本是指科学事业单位运营中所发生的对象化资源耗费，其成本核算是指实现科学事业发展目标过程中实际发生的各种资源耗费按特定的成本核算对象和成本项目进行归集、分配，计算确定各成本核算对象的总成本、单位成本等，并向内、外部信息使用者提供成本信息的活动，包括科研活动成本、“四技”活动成本、科研试制品成本或科普活动成本等。管理者可以根据不同的核算对象与成本控制需求，进行分项目、分部门、分产品的个体成本核算，科学事业单位根据实际情况也可以对单位整体进行成本核算。

二、科学事业单位成本核算的意义

党的十九届五中全会提出“坚持创新在我国现代化建设全局中的核心地位，把科技自立自强作为国家发展的战略支撑”，并将其摆在各项规划任务的首位进行专章部署。这是以习近平同志为核心的党中央站在历史新高度、从战略全局出发作出的重大战略决策，具有重大而深远的意义。在加快实施创新驱动发展战略的背景下，我国全社会 R&D 经费（全社会研究与试验发展经费）连年增长，财政科研投入连年增长，作为科学研究主力军的科学事业单位业务蓬勃发展，科研资金也得到较快增长。科研资金的安全、有效使用已成为社会关注的热点问题，但目前管理决策中缺乏有效的成本信息支撑。因此，推进科学事业单位成本核算对政府部门优化科技资源配置、单位优化管理提升运营效率、其他利益相关者了解单位科学事业单位业务开展和成本开支情况有着重要意义。

（一）有利于政府更精准地进行科技资源投入

科研产品兼具公共产品和私人产品的属性，由政府设立的科学技术事业单位主要从事科研公共产品的研究与开发工作，这一特点决定了其无法通过收入实现成本的完全补偿，其可持续发展离不开政府财政拨款。近年来，随着创新驱动发展战略的实施，政府部门对科学事业单位的投入总量得到较快增长，但普遍认为仍存在一些结构性问题。在深挖这些结构性问题时，由于缺少财务信息的有力支撑，很难对其进行分析整改。

开展成本核算，可以改变过去只重视算账、报账的模式。成本核算能够更清楚地反映科学事业单位的成本补偿情况与成本结构，有利于引导政府更精准地进行科技资源投入，促进科学事业单位的可持续发展。张明喜（2014）从我国财政科技经费分配体制、投入结果、使用方式、经费监管、绩效考核等方面进行分析，提出要理顺政府与科研机构、科研活动与其他经济活动之间的关系，加强科研项目会计核算。开展成本核算有利于政府部门根据科学事业单位成本补偿情况，合理确定稳定性支持与竞争性支持的比例、合理确定科研项目的资助规模、建立科研项目间接成本补偿与实际成本发生的挂钩机制等。

（二）有利于优化单位内部管理

科学事业单位加强成本管理可以立足于单位整体利益，实施统筹化管理，对单位的资源、经费进行合理化配置，提升资源利用率，有效提升科研单位的可持续发展能力。开展成本核算工作，辅以成本分析，并在此基础上对内部资金配置的经济性与合理性进行不断的总结和改良，以便及时向管理层反馈成本管理相关信息，为科学决策提供更多会计信息的支撑。单位通过完善会计核算体系可以真实、准确地反映单位资金运动情况，及时编制会计报表，帮助单位领导掌握财务状况、成本费用情况，实现成本的事前和事中控制，有利于优化管理，增强单位自身的综合竞争力。尤其是与经济责任相结合的成本核算能够更加清楚地反映经济责任的完成情况，实现科学的绩效评价，促进管理水平的不断提高。

（三）有利于规范科研活动支出

科学事业单位通过开展成本核算和管理，完善单位收支管理体系，有利于确保科研经费支出的规范性。开展科研活动成本核算有利于单位规范直接发生成本的归集，有利于规范直接分配成本的分配方法与流程，避免成本归集的随意行为。开展科研项目成本核算有利于更为准确地界定不同科研项目支出，为科研项目开展绩效评价奠定基础。历史成本信息可为后续类似科研项目科学的预算编制提供客观依据。同时，加强预算执行环节管控能够防止预算执行偏离预期目标。加强对成本费用执行情况的分析，可以避免不合规支出和无效支出，减少低效支出，为科研活动顺利开展提供资金保障。

此外，近年来随着科研资金管理“放管服”改革的不断深化，科研资金使用的合规性水平整体越来越好，但违规使用科研资金的情况仍未彻底得到杜绝。例如，未按规定范围和标准开支资金、转移套取财政资金问题。加强科学事业单位成本核算有助于对科研资金的使用情况进行全过程管理，通过对科研资金使用“真实性、相关性、合理性”的审核把关，能够有效防范违规问题的发生发展。

（四）有利于利益相关者了解单位公共职责履行

科学事业单位存在明显的委托—代理关系，但由于公众所有者缺位和单位公开信息有限等原因，绝大多数科学事业单位目前难以建立类似现代企业中构建的完善的法人治理结构。再加上科学事业单位缺少职业管理者，政府主管部门委托人角色不到位，对科学事业单位领导人的授权不够清晰，科学事业单位难以对其单位领导人实施有效的监督管理。因此，科学事业单位及其代理人道德风险和逆向选择问题，以及非理性、非市场化的财务行为的产生是难以规避的难题。

科学事业单位应当向委托人等利益相关者报告其受托责任履行情况。然而，在未开展成本核算前，科学事业单位仅能报告花钱的“果”，难以报告花钱的“效”。因此，科学事业单位组织开展成本核算、编制成本报表有利于委托人、社会公众等利益相关者更加全面了解科学事业单位业务开展情况。成本报告可以在决算报告和财务报告基础上，提供更多关于科学事业单位主要科技活动和实际投入的信息，该信息有利于利益相关者对其履行职责情况进行监督，有利于降低单位及其代理人的道德风险和产生逆向选择问题的风险。

第二节　科学事业单位成本核算发展历程与现状

一、科学事业单位成本核算历史沿革

我国事业单位成本核算一直处于倡导和探索阶段，成本核算逐步引入科学事业单位会计核算体系之中，主要分为三个阶段。

（一）成本核算概念引入阶段（1988—2011 年）

1988 年，国家科委、财政部印发了《关于科研单位实行经济核算制的通知》，要求科研单位必须建立符合科研单位科技经济活动特点的经济核算制，同时印发了《科研单位实行经济核算制的若干规定》，明确了成本核算范围、核算方式，该文件是一个较为系统的科研课题成本核算文件。1996 年，财政部出台的《事业单位财务规则》，其中第十八条明确：“事业单位可以根据开展业务活动及其他活动的实际需要，实行内部成本核算办法。”1997 年，财政部出台的《科学事业单位财务制度》明确规定：“为加强支出管理，主要从事应用开发研究和科技服务的科学事业单位，以及其他有条件的单位，可根据专业业务及其辅助活动、生产经营活动以及经济管理的实际需要，实行内部成本费用管理办法。”这两项规章制度为事业单位引入了成本核算的概念。2002 年，《国务院办公厅转发科技部等部门关于国家科研计划实施课题制管理规定

的通知》将成本核算引入课题管理，明确课题资助方式分为成本补偿式和定额补助式，虽然课题经费管理按直接费用和间接费用进行管理，但由于会计核算的局限性，这种成本核算管理很粗放，成本补偿式资助方式一直未实现与成本挂钩。

（二）科学事业单位成本核算探索阶段（2012—2018 年）

2012 年，财政部《事业单位财务规则》第二十四条明确要求："事业单位应当加强经济核算，可以根据开展业务活动及其他活动的实际需要，实行内部成本核算办法。"同年，财政部《科学事业单位财务制度》明确要求"具备条件的科学事业单位应当按照财务主管部门和财政部门的要求或者根据业务发展需要，以科研项目为基本核算对象实施内部成本费用管理"。修订后的事业单位财务规则和科学事业单位财务制度把企业常用的经济核算引入事业单位财务管理，事业单位开始树立经济核算观念、成本费用意识和投入产出意识，开始根据开展业务活动及其他活动的实际需要，实行内部成本核算。但在此阶段，科学事业单位实行的内部成本费用管理与企业实行的成本费用管理存在着显著区别，主要体现为：

第一，核算的目的不同。事业单位的主要目的是增强单位成本意识，加强内部管理，提高资金使用效益，而企业的成本核算则是对生产经营全过程进行核算，目的是促进企业提升盈利能力。

第二，核算的范围和内容不同。科学事业单位的成本核算是不完全的成本核算，核算内容没有企业全面、完整。

第三，核算的方法不同。与企业相比，彼时科学事业单位实行的是以"收付实现制"为主的核算基础，各种成本费用的界限不够清晰，计算分配方法也不够科学，因此其成本核算不够规范、准确、完整。

（三）科学规范的全面成本核算阶段（2019 年至今）

2019 年，政府会计准则制度在行政事业单位正式全面实施，科学事业单位会计核算全面实行权责发生制，明确了固定资产折旧、无形资产摊销、费用计提等成本管理内容，为实施真正意义上的成本核算奠定了基础。2019 年 12 月，财政部印发了《事业单位成本核算基本指引》，对事业单位成本核算进行顶层设计，指出了事业单位实施成本核算的思路和方向，有利于科学事业单位树立成本效益的理念，科学配置科技资源，合理制定定额标准等。未来，相关部门将发布带有行业特征的《科学事业单位成本核算指引》，这又为科学事业单位结合行业特点推行成本核算提供了指南和指导思想。

二、科学事业单位成本核算面临的新形势

目前，科学事业单位成本核算进展与国家实行全面预算绩效管理和深化科研资金管理改革的要求相比仍有一定差距。由于缺乏统一的成本核算指引，成本管理动力不足，只有极少数科学事业单位实施了成本核算，已经实施成本核算的单位的成本核算也是各不相同、标准不一。为适应全面预算绩效管理和深化科研资金管理改革的需要，科学事业单位实施成本核算面临着新要求。

（一）科技创新的迫切要求对成本管理提出高要求

开展成本核算和成本管理，在此基础上不断优化科研资金管理是建设创新型国家和提升财政科研资金使用效率的重要保障，是调动科研人员积极性的重要手段。创新驱动发展战略是党的十八大确定的重要发展战略之一，是将科技创新作为提高社会生产力和综合国力的战略支撑，必须摆在国家发展全局的核心位置。2016 年全国科技创新大会提出建设世界科技强国三步走的目标。党的十九大提出加快建设创新型国家和世界科技强国的要求。当前，国际政治经济格局发生深刻变革，新一轮科技革命和产业变革加速演进，全球科技创新进入空前密集活跃期，科学研究、技术创新和产业范式正在发生重大变革。国际贸易斗争与科技竞争相互交织、不断升级，演进成科技、人才、创新能力的博弈。目前，科研资金管理改革取得了一定成效，受到了科研单位和科研人员的认可，但科研资金管理现状与紧迫的科技创新形势的要求还存在一定差距，不能完全满足加快建设创新型国家和建设科技强国的要求。国务院《关于优化科研管理提升科研绩效若干措施的通知》（国发〔2018〕25 号）提出开展科研机构分类支持试点举措，包括对从事基础前沿研究、公益性研究、应用技术研究开发等不同类型的科研机构实施差别化的经费保障机制，结合科研机构职责定位，完善稳定支持和竞争性经费支持相协调的保障机制；对基础前沿研究类机构，加大经常性经费等稳定支持力度，适当提高人员经费补助标准，保障合理的薪酬待遇，使科研人员潜心长期从事基础研究。这些改革举措的落地需要借助有效的成本核算支撑。

（二）全面实施预算绩效评价对成本核算提出新要求

《中共中央国务院关于全面实施预算绩效管理的意见》（2018 年）提出，应从运行成本等方面衡量部门和单位整体及核心业务实施效果，从成本等方面综合衡量政策和项目预算资金使用效果，绩效目标应包括成本指标。科学事业单位作为国家科技创新的主力军，既有着单位的机构运行成本，同时承担着大量的科研项目。为满足绩效评价要求，应打牢成本基础，准确反映单位、内部研究室、课题组、科研项目等的实际成本，提高绩效评价的准确性，为完善绩效管理体系做好支撑；同时，合理评价投入产出效益。这些措施将有助于科学地服务项目投资、资产购置等决策事项，引导财政及市场资金配置到成本效益较高的领域。

（三）推进科研项目成本补偿机制改革离不开成本核算

围绕深化我国科研经费管理改革，国内不少专家学者提出了以科研创新主体及创新活动的全成本核算为标准，建立科研成本补偿机制。全成本核算是成本核算的一种方法，强调对核算对象的运行成本进行全要素和全过程核算，即要求：一是与经济活动相关的全部支出，包括直接支出和相关管理费用及资源耗费、人工成本等，都应计入成本；二是核算过程要贯穿所有经济活动的始终，活动前期准备及验收结尾等都要纳入核算范围。与传统成本核算模式相比，全成本核算涵盖了核算对象所有的成本要素及所有行为活动过程，其涉及面广、适用性好，能够运用于科研的流程化、项目化和过程化管理，是一种较为准确全面的经费管理办法。科研单位开展全成本核算，把人力成本纳入核算范围，可以协助解决科研项目支出“见物不见人”的问题，还可以为合理补偿单位支撑保障成本提供测算依据，促进资源的有效配置，有利于成果转化政策的落地执行。例如，《中华人民共和国科技成果转化法》（2015 年修订）规定：“对完成、转化职务科技成果作出重要贡献的人员给予奖励和报酬与转让净收入挂钩”，科技成果转让成本是计算净收入的必要条件。

第三节　科学事业单位成本核算的特点及成本核算对象

一、科学事业单位成本核算的特点

科学事业单位成本核算困难，且问题由来已久。李生贺（2016）概括指出，科学事业单位成本管理中存在以下四个问题：一是成本费用核算的意识不够；二是成本核算制度不完善；三是成本核算流程不合理，未进行成本分析；四是成本核算内容不规范。杨辉如（2017）提出，我国科研事业单位成本管理中存在缺乏成本管理意识、管理制度不完善、人员结构臃肿、成本管理难度大等问题。

为加强科学事业单位成本管理、提升科研单位资金管理效果，不少学者积极建言献策。左红、沈杰（2012）提出，采用全成本核算以加强事业单位财务管理，以课题小组为核算单元，对科研项目全过程耗用进行归集分配，但有效的成本归集分配方法仍在探索中。陈友发（2011）在对农业科研单位成本核算问题进行研究时提出，增设成本核算辅助明细账，规范成本费用和事业支出核算界限，按照重要性原则对科研项目进行分品种、分批次成本核算等方法。戚家勇（2015）在研究科研单位全成本核算方法时指出，科研项目直接费用采用“相关性原则”归集到项目，间接费用如房租、物业、水电等可按照“谁受益、谁承担”原则通过合理标准分摊到不同项目。辛海波（2015）提出，可通过项目全生命周期成本分解、从项目特征入手识别作业内容、以作业中心为核心进行资源成本归集等步骤对科研单位间接成本费用进行分配。

学者们对科研单位具体成本核算方法的探讨提出了诸多建议，但大多数研究人员分析原因仅从成本管理意识、成本管理机制着眼，本书观点认为，前述观点虽然揭示了科学事业单位成本核算难原因，但均属于表层原因，科学事业单位成本核算推进困难，主要有以下几方面深层次原因。

（一）单位缺乏对重要经济活动成本核算的外在动力

科研项目经济活动是科学事业单位的重要经济活动，但目前科学事业单位所获科研资金未与成本信息挂钩，单位缺乏对科研项目成本准确核算的外在强制与动力。纵向科研项目是科学事业单位获取科研资金的主要渠道，承担国家纵向科研项目是科学事业单位的重要任务，目前国家对科学事业单位科研项目发生的成本补偿采取定额资助或限额资助模式，并未与实际成本发生挂钩，这也导致单位缺乏动力对科研项目间接成本进行准确成本核算。

（二）单位对成本信息的内在需求不强

科学事业单位类型多样，单位对成本信息内在需求总体不强。科学事业单位主要由科研院所和科普活动事业单位组成，科研院所一般又分为四类：技术开发型科研单位、基础研究类型科研单位、社会公益事业及社会服务性质的科研单位、多种类型的科研单位。各类科学事业单位的主营业务不同，资金运行的状态及形式也各有区别。一部分科学事业单位（主要是技术开发型科研单位）由单纯科研事业型向科研经营型转化，其业务活动主要是科技产品的再生产过程的资金运动形式，而另一些单位（如基础研究类型科研单位和科技管理单位等）的资金运动则仍以财政预算收支形态为主，其提供的公共科技“产品”不以成本为定价基础，也无社会行业平均成本约束。基于以上原因，成本核算的内生动力差距很大。纵观科学事业单位成本核算演进历程，以技术开发型为主的科研院所为满足产品或服务定价的需求，不同程度地开展了成本核算，其中部分已陆续转制为企业，而基础研究和公益性科研院所基本无产品或服务对外定价需求，加之资金多由财政供给，单位优化资源配置的动力不足，实行成本核算的较少。科学事业单位提供的公益技术服务或公共科研产品品种繁多、批量较小，在信息化支撑不足的条件下，开展成本核算有难度。不同于医院和高校等其他行业事业单位的公共服务具有批量化、大宗化的特点，科学事业单位提供的公益技术服务多为个性化服务，提供的科研试制品往往也具有定制化、个性化的特点，不同服务或产品的成本发生也各不相同。

（三）准确开展成本核算客观有难度

科学事业单位提供的科普活动、公益技术服务或公共科研产品与成本费用发生的对应关系较弱，提升成本核算的准确性有难度。科学事业单位一般以研究所（室）、课题组或平台（实验室、工程中心、野外台站）为基本业务单元，以承担国家财政资金支持的课题或社会其他单位委托的课题为主要创新活动的手段，以论文、专利、非专利技术和科研试制品等为主要成果体现形式。由于科研产出具有滞后性、不确定性等特点，科学事业单位提供的公益技术服务或公共科研产品与成本费用发生的对应关系较弱，一项成果的产出可能是几个课题共同作用的结果，且各课题对成果产出的贡献度难以量化衡量，这也是科学事业单位成本核算内生动力不足的重要原因。

二、科学事业单位成本核算对象

科学事业单位的类型和业务侧重点不同，单位对成本核算的管理要求也不尽相同，根据科学事业单位的业务分类和内部组织结构，一般可以分为以下四种成本核算对象，单位可根据单位实际情况选择一种或多种核算对象进行成本核算。

（一）内部业务单元

考虑科学事业单位成本核算的现状和成本信息的客观需求，科学事业单位为加强和改进内部管理，可以将内部组织部门或业务团队等内部业务单元作为核算对象，例如，单位内部的研究室、实验室、中试车间（即化工企业生产或开发工艺非成熟的产品的车间）、生产经营部门等。相应成本信息作为衡量内部组织部门运行效率、核心业务实施效果的依据。图 15 - 1 所示的研究部门、国家重点实验室、系统重点实验室、单位自有实验室及科技支撑中心均为内部业务单元。

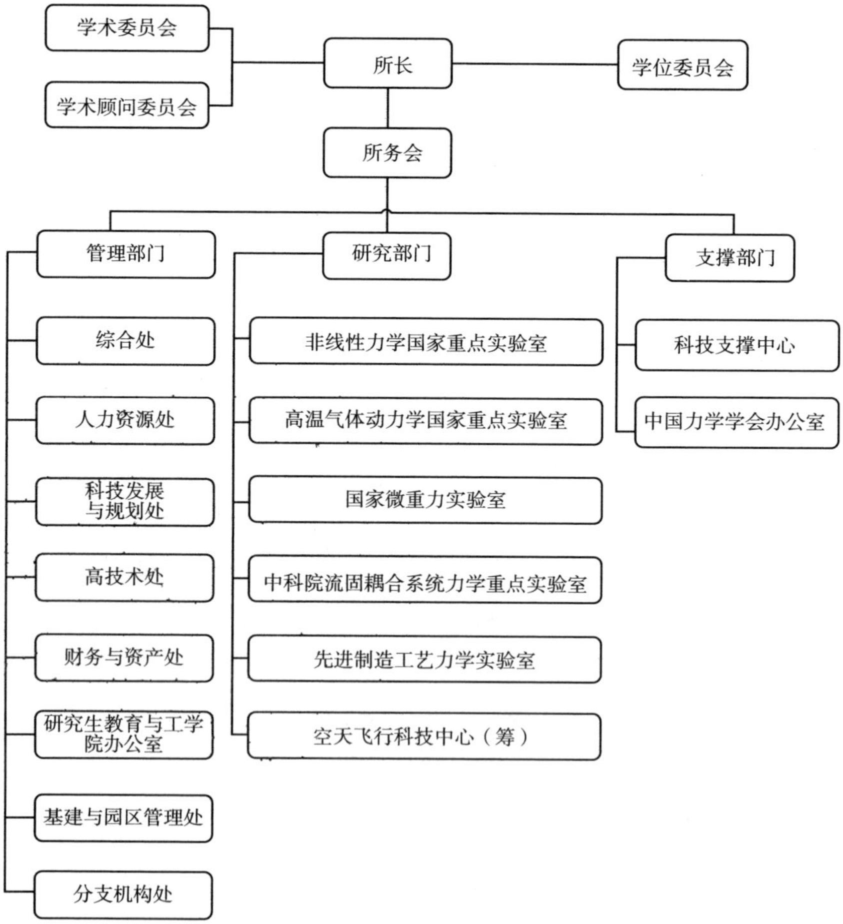

图 15 - 1　科研院所典型组织架构

（二）科研项目

科研项目是科学事业单位科研活动的主要载体，科研项目的经济活动是科学事业单位经济活动的重要组成部分。通常科学事业单位将科研项目分为纵向项目和横向项目。纵向项目是对国家（地方）科技计划资助项目（课题）的简称，横向项目是科学事业单位向社会提供科研服务的重要体现。

以中央政府资助科技计划为例，包括国家自然科学基金、国家重点研发计划、重大科技专项、技术创新引导专项基金和基地与人才专项等五类。自然科学基金资助科研科技人员的基础研究和科学前沿探索、支持人才和团队建设；重大科技专项布局事关未来国家长远发展的重大科技；国家重点研发计划针对各领域突出的共性关键、社会公益的技术问题，从重点基础研究和共性关键技术的研究，一直到产品的研发以及成果的推广，形成一个研发的链条，事关经济和社会发展；技术创新引导专项基金，支持企业技术创新，特别是大众创业、万众创新，中小企业发展、科技孵化器方面的发展；人才基地的计划，包括国家实验室、国家重点实验室、工程中心以及各类人才计划。地方政府部门的科技计划设置与此类似。

通常纵向科研项目均有资金支出单独核算的要求，因此单位承担的各项科研任务，即项目是科学事业单位的重要成本核算对象。需要说明的是，政府部门对纵向科研项目的资助额度与本书所指的科研项目成本有着明显区别，通常科研项目成本内涵要远大于政府资助。社会委托的横向科研课题，科学事业单位为保证获取合理利润，横向科研课题的成本应控制在委托报价之内，其相关成本信息是对外提供科研服务报价的重要依据。

（三）四技服务

面向市场开展技术开发、技术转让、技术咨询、技术服务等服务业务（简称“四技服务”），虽然不是科学事业单位的“专利”，但也是科学事业单位科技活动面向经济主战场的重要体现。以科学事业单位可以承担的四技服务合同作为成本核算对象，相应成本信息作为成本控制和对外服务报价的重要参考依据。而科学事业单位开展的其他技术培训、科普活动等开展成本核算时，可比照进行。

（四）试制、经营产品

开展产品试制是促进科学事业单位科技成果转化的重要途径，做好试制、经营产品成本核算是部分技术开发型事业单位的重要职责。具有此类业务的单位可以将试制的各种产品和生产批量产品作为成本核算的对象，相应成本信息可作为成本控制和对外产品报价的重要参考依据。

第四节　科学事业单位成本核算的原则

科学事业单位成本核算的原则同事业单位成本核算的相关性原则、可靠性原则、适应性原则、及时性原则、可比性原则、重要性原则一致，但结合自身特点又有具体体现，其重点和难点在于把握好重要性原则、相关性原则和可比性原则。

一、重要性原则

科学事业单位科研项目数量众多、大小不一，对外提供“四技”服务也面临合同体量差异较大的情况。同时，科学事业单位成本核算基础薄弱、相关人员成本意识较弱，在推行成本核算过程中，需要取得单位领导、科研人员的理解与支持，推行成本核算应以激发创新活力为导向，不宜分散科研人员的科研精力和时间。因此，把握好重要性原则至关重要。

科学事业单位选择成本核算对象、进行成本核算应当区分重要程度，对于重要的成本核算对象和成本项目应当力求成本信息的精确，对于非重要的成本核算对象和成本项目可以适当简化核算。

二、相关性原则

通常认为，相关性主要包括有用性与及时性，科学事业单位选择成本核算对象、归集分配成本、提供成本信息应当与满足成本信息需求相关，与单位负责人、科研管理部门和科研人员充分沟通，提供的成本信息应有助于使用者作出评价或决策。

科学事业单位科研项目的周期通常远大于会计核算的年度、月度周期，同一课题组不同科研项目支出的边界并非泾渭分明。贯彻好相关性原则是科学事业单位组织开展成本核算的难点。

三、可比性原则

可比性原则是指同一单位不同期间、相同行业不同单位，对相同或相似的成本核算对象进行成本核算所采用的方法和依据等应当保持一致，确保成本信息相互可比。同一科学事业单位的不同期间、同类科学事业单位间成本相互可比，既是科学事业单位成本核算的原则，更是成本核算的目的所在。同一科学事业单位不同期间的成本按历史成本计量，就会存在较大的差异性。如有些科学事业单位历史悠久，房屋建筑物等不动产的成本在不同历史时期存在显著的差异。对图书文献类资产有的纳入固定资产，有的未纳入固定资产，还有的按名义价值入账，大型仪器设备在不同单位的利用率存在差异，这些都会对折旧费用产生重大影响。因此，细化科学事业单位财务管理制度是实现成本核算可比性的基础。

第五节　科学事业单位成本核算的组织与职责划分

一、成本核算工作组织和成本责任中心

（一）成本核算工作组织

成本核算是科学事业单位精细化管理的基础，设立成本核算组织机构是开展成本核算的必要手段。建立成本核算组织机构，要与单位的业务特点和规模相协调，要适应成本核算工作的内容和目的，要有利于基础成本工作的开展。

1. 成本核算领导小组

科学事业单位应成立由一把手挂帅的成本核算领导小组，成员由财务、人事、后勤、信息、科研管理等相关科室部门负责人组成。主要职能是制定单位成本核算工作制度，明确各部门的工作职责，确定成本核算对象及范围，制定成本分析及考核评价体系等。

2. 成本核算办公室

在成本核算领导小组下设成本核算办公室，应由财务部门负责组织落实成本核算相关工作。主要职责是制定成本核算实施细则，归集相关成本数据进行成本核算，进行成本核算业务培训和工作指导，编制成本报表，开展成本分析，提出成本控制建议。

3. 成本归口管理部门

根据成本责任制度，科学事业单位的其他部门都应对成本承担一定的责

任，例如，设备管理部门负责制定设备利用定额，提高设备完好率和使用率，降低修理成本，减少维护保养费用。后勤部门负责水、电、气、暖消耗定额的制定和管理，保证满足科研生产需要的前提下，努力控制能源消耗。研究室负责编制和落实科研计划进度，组织均衡开展研究，制定资金使用和控制消耗。

（二）成本责任中心

成本责任中心也可称为成本核算单元，单位可依据核算对象、核算目的等进行成本责任中心的设定划分。每个成本责任中心能够单独计量收入，归集各项费用。科学事业单位的成本责任中心一般可以分为科学研究中心、科研实验（试制）中心、科研辅助中心、行政后勤中心等。成本核算中心属于成本核算基础单位，通过成本中心的管理和控制，可以满足成本项目归集、分配和核算，同时实现成本控制、绩效管理、产品定价等不同的管理需求。

二、成本核算准备工作

（一）建立物资和设备的管理制度

科学事业单位的科研材料物资及仪器设备是科学研究的基础保障，建立物资和设备的管理制度，是正确计算成本的必要条件，也是加强科学事业单位财务管理的重要前提。物资管理要做好采购、收发、领退和盘点工作，并做到计量准确，既要保证科研生产需要，又要防止积压，减少浪费，确保成本核算准确无误、真实可靠。为了反映成本的全貌，提高房屋和仪器设备的使用效率，以利于固定资产的保值增值，应建立固定资产的折旧制度，对各项目组之间可实行有偿租赁或转让，改变科研单位房屋及仪器设备配置苦乐不均和“大而全”“小而全”的状况，避免重复购置，充分发挥现有房屋和仪器设备的作用，提高固定资产的利用率。

（二）建立内部结算制度

科学事业单位内部存在着复杂的经济活动和结算关系。如附属工厂承担的内部加工试制任务，汽车队、水电管理部门、各实验室等辅助部门提供的劳务、技术服务，各研究室、各课题组相互之间提供的技术服务都存在着内部结算关系。科研单位内部结算，一般可采取两种方式：一种是实行内部计价收费。服务部门根据批准的内部收费价格及提供的服务工作量，确定收费数额，直接向被服务对象计价收费。依据收费凭证，被服务对象直接进入成本。采取这种方式取费，成本计算比较准确，能防止责任不清和相互扯皮的现象，但工作量较大。另一种是实行按比例分摊结算，服务部门难以确定被服务对象的收益工作量和价值量，宜采用合理的比例在受益对象间分配所消耗的费用。这种结算方式有一定的假定性，使核算成本不那么准确。采用这种方式结算，其难点是如何选择合理的分配标准。

本书建议科学事业单位内部建立内部结算制度，要制定可行的内部结算价格和内部结算方式。例如，内转测试化验加工费、内转水电费等。同时，确定经济合理的定额标准，例如，固定资产使用定额。内部结算制度有利于贯彻执行成本责任制，正确考核各责任中心的业绩，也有助于简化和减少成本核算工作。

（三）建立内部统计制度

成本会计的一项重要工作是对各项发生的费用进行数据处理，原始记录就是提供成本计算数据的主要方式，它要按照规定的格式，对业务活动中的具体事实所做的最初记载。因此，单位要健全原始记录制度，统一规定原始记录的格式、内容、填制方法、传递程序，并相应嵌入单位的信息化系统流程。

原始记录是科研经济活动的原始资料，是成本核算和成本管理的依据。一切活劳动和物化劳动的耗费与转移都要有真实的原始记录，原始记录不实就会造成“假账真算”，导致会计信息失实。科学事业单位的类型、规模、性质不同，所需的原始记录以及传递程序也不相同，要建立哪些原始记录，应由财会部门会同有关部门共同研究确定。要对原始记录的填写、登记、传递、审核、保管工作都作出明确规定，以便及时地为课题项目成本核算和成本管理提供正确的原始资料。

第十六章　科学事业单位成本项目、范围与分类

第一节　科学事业单位成本项目的设置

一、科学事业单位费用要素和成本项目

费用要素和成本项目是对各种费用所做的两种基本的分类。理顺费用和成本的关系，是成本项目设置的前提和基础。

（一）费用要素

科学事业单位的费用是指单位在业务活动及其他活动中，为完成各项活动或实现一定目标而发生资金耗费和损失。

费用在业务活动中可分为活动对象消耗的费用、活动手段消耗的费用和劳动消耗的费用，前两类为物化劳动耗费，后一类为劳动耗费。这种按费用的经济内容或性质不同所做的分类，在会计上称为费用要素。同样，这三类耗费也构成了科学事业单位的三大费用要素，企业的费用要素一般指生产费用按照经济内容的分类，指在生产过程中消耗了多少活劳动、消耗了哪些物化劳动，凡为生产产品和提供劳务而开支的货币资金以及消耗的各项实物资产，均成为费用要素。

以制造企业为例，其生产费用一般可分为以下几项要素费用：外购材料、外购燃料、外购动力、职工薪酬、折旧费、其他支出。企业以盈利为目的，费用要素主要指生产过程的费用，而科学事业单位的主要功能是提供公共服务的非营利性组织，因此，费用要素不同于企业，含义要比企业宽泛，包含单位发生的全部费用。同时，科学事业单位业务活动主要围绕科研、生产和经营活动

开展，为了具体反映科学事业单位费用要素的构成及其水平，同时也为了和政府收支分类相统一，在此基础上可以进一步将这三大类费用具体分为工资福利费用、材料费用、燃动费用、办公费、咨询费、邮电费、取暖费、物业管理费、差旅费、因公出国费用、维修（护）费、租赁费、会议费、培训费、公务接待费、委托业务费、工会经费、公务用车运行维护费、其他交通费用、税金及附加费用、折旧费用、摊销费用、提取基金等费用要素。值得注意的是科学事业单位是以智力劳动为主体的知识密集型组织，专业人才是事业单位的主要人员构成，利用科技知识为社会各方面提供服务是其基本的社会职能，随着科技进步和发展，活劳动消耗占有越来越重要的地位。

（二）成本项目

成本项目是指将归集到成本核算对象的成本按照一定标准划分的反映成本构成的具体项目。单位可以根据具体成本信息需求，按照成本经济用途、成本要素等设置成本项目。

科学事业单位的主要经济活动是围绕科学研究、技术服务、产品试制生产等科研活动开展，根据经济活动内容划分不同的费用要素，反映科学事业单位在一定时期内发生了哪些费用、金额是多少，并不能说明它们与核算对象之间的关系。为了具体反映费用要素与各核算对象之间的关系，费用要素还应进一步划分为若干项目，将归集到各成本核算对象的费用按照一定标准划分的反映成本构成的具体项目，即成本项目。例如，同样是工资福利费用，有的是科研人员工资，而有的是科研辅助部门或管理人员工资。再如，同样是材料费用支出，有的用于科研试制，而有的用于设备的维修等其他用途。因此，为了便于单位计算科研、试制、技术服务、生产及核算单元的成本，有必要将费用要素归纳分类为若干成本项目，用来归集成本核算对象的费用支出。

（三）费用要素与成本项目的关系

成本发生的目的，与费用有些类似，是为了获取一项资产或是一项劳务而付出的代价，成本只是一个衡量工具，成本的发生，资源实质上并没有消失，只是从资源转化为了产成品等，而发生费用，资源意味着消失。费用要素与成本项目间的区别主要表现在如下几个方面。

1. 分类的标准不同

这是两者最根本的区别。费用要素的分类标准只是经济内容，而不论用途；成本项目的分类标准只是经济用途，而不论内容。即所谓费用要素就是指具有相同经济内容的各不同用途的耗费之和，而成本项目是指具有相同经济用途的各不同内容的业务活动耗费之和。正因为费用要素与成本项目的分类标准不同，因此，也导致了两者间的对应关系有时变得错综复杂：同一费用要素，可能有多种经济用途，从而与多个成本项目相对应；同一成本项目，也许包含了多种不同的费用内容，从而又与多个费用要素相对应。

2. 费用所属的时期不同

费用要素只反映本期发生的费用，而成本项目可能包括本期和以前几个时期发生的费用。即费用要素反映的费用具有时期性的特征，而成本项目反映的费用具有对象性的要求。

3. 作用不同

按照经济用途分类的成本项目，能够反映出费用与产品（项目）的关系，揭示成本的构成内容，便于进一步分析费用支出的合理性和结构水平，为挖掘单位降低成本的潜力创造了有利条件；按经济内容分类的费用，有助于了解整个单位（项目）业务活动中物化劳动和活劳动的耗费情况。

二、科学事业单位成本项目设置

（一）成本项目设置原则

科学事业单位的运行中，科学研究、科技开发、试生产制造、成果转化、采购和营销是直接创造价值环节，资源管理、质量安全管理、计划财务管理、企业文化、服务保障是辅助创造价值的环节，各项活动相互联系、相互制约组成单位的价值链，价值链上的所有部门都是成本的参与者。成本项目即为衡量核算对象的不同环节成本费用的归集构成。

一般来说，制造企业的产品成本可以分为劳动对象的消耗、劳动力的消耗和劳动资料的消耗，分别设置“直接材料”“直接人工”和“制造费用”成本项目。但对于科学事业单位，业务活动形式多样，提供的产品既有有形的科研产品，也有无形的技术产品，其成本构成大多为劳动力的消耗和劳动资料的消耗，因此成本核算的需求各不相同。科学事业单位应该根据成本信息需求设置成本项目，并按照核算的成本对象，将费用归集、分配到成本项目。科学事业单位应围绕科研活动等主要经济业务设置成本项目，并且根据《事业单位成本核算基本指引》（以下简称《指引》）所述，单位成本项目的设置，应当与政府会计准则制度中“加工物品”“库存物品”“研发支出”“业务活动费用”“单位管理费用”等科目的明细科目保持协调，也可以根据需要在成本项目下设置进一步的明细项目或进行辅助核算。《指引》中还规定成本项目可以根据具体成本信息需求，按照成本经济用途、成本要素等设置成本项目。

成本项目的设置可以根据核算对象及业务类型进行调整。单位在设置成本项目时，要依据相关性和重要性原则（张莹，2020），考虑费用在管理上有无单独反映、控制和考核的需求，费用在成本中所占比重的大小等因素。例如，某科研单位业务活动所发生的燃料动力较多，可根据管理需求专设“燃料动力”成本项目。如某科研单位主要以人工成本为主，科研材料发生的比较少，也可以将科研材料合并到其他费用成本项目中。

（二）成本项目的具体划分方式

科学事业单位行业多，成本核算对象类型多，为方便成本归集和分析，成本项目设置可以根据不同的核算对象进行划分。按照政府会计制度要求，事业单位在财务会计的相关科目下设置成本项目进行核算，一般来说可以在“加工物品”“研发支出”科目下按照成本费用计入方式设置成本项目，在“业务活动费用”“单位管理费用”“经营费用”下按照经济用途设置成本项目。

1. 按照计入成本费用的方式划分

（1）直接费用。是指单位在科研、生产过程中耗用的直接材料、支付的直接人员费用及其他直接支出所发生的费用，如直接耗用的材料、燃料动力、包装物、外购半成品等；直接人员的工资、津贴等；其他直接支出包括直接从事科研、生产等活动的加工费、燃动费等直接业务费等。直接费用对象化的直接计入，非对象化的需要计算计入。

直接费用直接计入科研课题（项目）和产品等成本中，详细划分如下：

直接人员费包括科学事业单位发生的工资及津补贴、社会保险费用、住房公积金、福利费（含辞退福利）、工会经费和职工教育经费，以及发生的劳务派遣费及临时用工薪酬支出等。

直接材料包括科研和生产过程中实际耗用的原材料、辅助材料、化学试剂、外购件、备用备件、低值易耗品等。

其他直接费用包括科研和生产过程中发生的会议费、差旅费、学术交流计算测试费、资料费、印刷费、评审费、咨询费、设计费、燃动费、外协费等各项直接发生的支出。

（2）间接费用。是指业务部门及其他部门等为组织和服务支撑科研生产经营等活动所发生的费用，如科研服务管理人员的人员费、业务费等。间接费用需要按照受益原则，选择合理的分配方法和分配标准，分配计入。

2. 按照经济用途划分

成本费用按照经济用途划分为：人员经费、科研材料、固定资产折旧、无形资产摊销、提取科技成果转化基金、其他费用。

（1）人员经费。指科学事业单位发生的薪酬劳务支出，包括工资及津补贴、社会保险费用、住房公积金、福利费（含辞退福利）、工会经费和职工教育经费，以及发生的劳务派遣费及临时用工薪酬支出等。随着科技领域的深化改革，重物轻人的现象逐步转变，科技管理相关政策对人员越来越重视，不断提高人员绩效比例，增加劳务费开支范围，构建符合科研规律的科研管理体系。成本项目设置人员经费，通过对人员经费的归集和分配，有利于单位及时准确掌握人员结构，发挥各类人员的作用，调整不合理的人力资源配置。

（2）科研材料。指科学事业单位耗用的各种原材料、试剂、辅助材料、低值易耗品等的采购及运输、装卸、整理等费用。科学事业单位主要的业务是科学研究，绝大部分类型的研究离不开科研材料，科研材料是科学事业单位成本管理的重要组成部分，同时科研材料种类多、用量大，容易造成浪费。成本项目设置科研材料，通过对材料的成本归集和管理，可以起到降低成本、节约财政资金的作用。

（3）固定资产折旧。指科学事业单位按照规定，对使用的房屋构筑物、设备、家具等计提的折旧费用。与其他事业单位相比，科学事业单位除拥有一般性固定资产外，还有相当数量的专用仪器设备和实验室。这部分设备与单位研究领域、学科专业密切相关，且具有大型、精密、技术先进、价值高的特点。一些大型精密仪器和大型的科研的运行维护费用也较大。科学事业单位的基础设施和仪器设备投入资金较大，在科研经费投入中占比较高，国家提倡大型仪器设备共享、升级改造、租赁等方式以减少重复购置。因此，成本项目设置固定资产折旧，合理归集和分配折旧费用进入成本管理，有利于单位高效配置固定资产，减少重复投入，降低研发成本。

（4）无形资产摊销。指科学事业单位按照规定，对使用的软件、专利权、非专利技术、土地使用权等资产进行摊销的费用。科学事业单位具有知识密集型和技术密集型的特点，专利、非专利技术、大型软件等无形资产的价值对科学事业单位的影响越来越明显。而实际工作中单位往往容易忽视科技成果等无形资产的价值管理。成本项目设置无形资产摊销，合理归集和分配摊销费用，有利于无形资产的有效利用、保护和科学定价。

（5）提取科技成果转化基金。指科学事业单位按照事业收入的一定比例和经营收支结余的一定比例提取的基金。科技成果是科学事业单位基本的、重要的产品形态，加速科技成果转化是科技面向经济建设服务、加快实施创新驱动发展战略的重要内容，是科学事业单位特有的资金来源渠道。提取科技成果转化基金可以有效缓解国家财政和单位资金的压力，建立稳定的科技成果转化和推广的资金来源渠道。根据《科学事业单位财务制度》（财教〔2014〕10号）规定，计提科技成果转化基金有两种渠道，一是从事业收入中按规定的比例提取（不超过收入的10%），二是从经营结余中按规定的比例提取（经营结余的10%）。其中，从事业收入提取的科技成果转化基金计入业务活动费用，参与成本费用的核算。经营结余提取的基金计入本年盈余分配科目，不参与成本费用的核算，因此成本归集的科技成果转化基金只包括事业收入提取的部分。成本项目设置科技成果转化基金，合理归集和分配基金，有利于单位在使用这些科技成果转化基金前，对拟投入的项目进行科学论证，规避重大风险，减少资金损失。

（6）其他费用。指除以上费用不能列入以上各项的其他费用要素。包括测试化验加工费、燃料动力费、差旅会议业务费等其他业务费用。

A. 测试化验加工费。指科学事业单位委托其他单位进行检验、测试、化验及加工等发生的费用。科研项目研究及产品开发等活动中测试化验加工费在成本支出中占有一定的比例，实施过程中包括委托外单位完成和通过内部机构完成两种方式。其中一些大型科研院所的实验室、中试中心等支撑部门承担着大量的测试工作，其内部结算的标准、管理方式对于成本核算和管理尤为重要。因此，科研院所实验室、中试中心等部门应该开展内部常规性测试分析范围、资格认证及对内对外收费标准、结算流程等业务（吴优、何苏，2019），以规范测试化验加工管理。合理归集分配测试化验加工费是科学事业单位成本核算的重要环节，该项费用占比重的业务可以单独作为一项成本项目。

B. 燃料动力费。指科学事业单位使用的仪器设备、专用科学装置等运行发生的水、电、气、燃料消耗费用等。科学事业单位在科学研究、生产试制、野外科考活动中发生大量的燃料动力消耗。这部分消耗是单位变动成本的重要组成部分。合理归集和分配燃动费，制定定额标准并明确责任主体，可以成为单位节约能耗、降低成本的有力途径。

C. 差旅会议等其他业务费。指科学事业单位开展相关业务活动所发生的差旅费、会议费、国际合作交流费、办公费、咨询费等业务费用。单位发生的差旅等业务费用一般情况下可以直接归集到相应的核算对象。

D. 其他费用。主要由各单位发生的基本运行费用组成，单位可以根据重要性原则，将其他费用中在业务活动中占比多的费用单独作为成本项目进行归集核算。

（三）科学事业单位成本项目的设置

成本项目一般可以根据不同的成本核算对象，设置不同类型的成本项目。

1. 成本核算对象为物品的，根据政府会计制度规定，成本通过“加工物品”科目核算。该科目用于核算科学事业单位自制或委托外单位加工的各种物品的实际成本，也包括未完成的测绘、地质勘查、设计成果的实际成本。本科目应设置自制物品、委托加工物品两个一级明细科目。在自制物品一级明细科目下设置“直接材料、直接人工、其他直接费用”等直接费用；对于自制物品发生的间接费用，应当在本科目“自制物品”一级明细科目下单独设置“间接费用”二级明细科目予以归集。期末，在按照一定的分配标准和方法，分配计入有关物品的成本。

2. 成本核算对象为业务活动类型、服务、项目、内部组织部门等为核算对象的，根据政府会计制度规定，成本通过“业务活动费用”“单位管理费用”科目核算，归集能够直接计入业务活动、单位管理活动或采用一定方法计算后计入的费用。

（1）内部业务单元的成本项目设置。研究室、业务部、课题组、实验基地、中试车间等是科学事业单位的基本科研组织机构，是按照学科组织起来的有机整体，由于科学事业单位科学研究的多元化，经常是同一个部门同时承担着多个专业相近的项目，支出在不同项目间进行分配。每个部门都有预算投入经费及仪器设备等基础条件的投入，这些成本费用很难区分每个项目的成本，因此以内部核算单元为核算对象，有利于提高资金的使用效益。内部核算单元的成本项目设置一般包括人员经费、科研材料、固定资产折旧、无形资产摊销、其他费用。这里的其他费用可以根据费用占比原则进行单独列示，例如，该科学事业单位的燃动费及测试化验加工费占比大，可以单独设置燃料动力费和测试化验加工费。

（2）科研项目及四技服务的成本项目设置。科学事业单位业务活动的主要内容是科研项目，包括各级政府资助的科研项目（纵向项目）及接受委托的四技服务等项目（横向项目）。纵向科研项目主要包括国家、省（部）、厅（市）、县等各级政府资助的各类科技计划项目，主要有国家重点研发计划项目、国家科技重大专项项目、国家自然科学基金项目、国家基地和人才项目、技术创新引导专项（基金）、国家社科基金、各省市等科技计划项目、各行业科研项目等。横向科研项目指科学事业单位与各类企事业单位或民间组织等签订的技术开发、技术咨询、技术转让、技术服务、技术培训、技术交流等项目。

科研项目的成本项目设置需要根据科研项目的研究内容来确定，一般来说，纵向科研项目需要设置人员经费、科研材料、固定资产折旧、无形资产摊销、其他费用。如果研究内容没有科研材料发生，则可以不设置科研材料项目；横向科研项目由于可以提取科技成果转化基金，则需要增设“提取科技成果转化基金”项目。

（3）科研试制产品及经营产品的成本项目设置。一般来说，应用研究和产品开发类科学事业单位以科研试制产品或经营产品为主要业务活动，产品的成本核算尤为重要。科研试制产品的成本项目设置按照经济用途可以包括人员经费、科研材料、固定资产折旧、无形资产摊销、科技成果转化基金、其他费用。同时，成本核算对象为物品及自行研发的，成本项目可以根据政府会计制度按成本项目计入方式直接在加工物品、研发支出科目下设置为直接人员、直接材料、其他直接费用、间接费用。

第二节　科学事业单位成本开支范围

一、科学事业单位成本开支范围的界定

成本开支范围是由国家依据单位业务活动过程中所发生费用的不同性质，根据成本的内容和加强经济核算的要求，对计入产品成本的支出所作的统一规

定。根据事业单位会计准则的有关规定，应当根据各项费用的经济内容和经济核算的要求以及国家规定将各项费用计入产品成本。科学事业单位遵循的是政府会计准则，规范成本开支范围的界定是必不可少的。

对于科学事业单位的成本开支范围通常是用于科学事业单位日常业务活动所产生的开支。对于科学事业单位的成本费用主要是指科学事业单位在从事科学研究、科技开发、经济管理等各项活动中发生的各项耗费。

（一）成本开支范围的含义

从理论上说，产品成本应是产品价值中的前两个部分，即物化劳动的转移价值（c）和劳动者为自己劳动所创造的价值（v）。事业单位指引中规定的成本是指在费用发生的过程中，能够按照一定的核算对象归集分配的费用，是构成产品的支出，属于对象化的费用。但在实际工作中，对于独立核算的企业来说，要以生产经营过程中的收入来弥补支出，补偿生产经营中的资金耗费，把某些不构成产品成本的支出，也列入成本（如废品损失、财产保险费用），这就是产品成本的实际内容，一般将其称为成本开支范围。同样，对于科学事业单位的成本开支范围也是以成本的经济内涵为基础，同时考虑国家的财经管理政策和单位的核算要求而制定。

（二）成本开支范围的界定原则

成本开支范围是根据科学事业单位在业务活动中发生的各种费用的不同性质，依据成本的内涵、核算对象以及加强财务管理的要求来确定。一般根据“谁受益，谁分担”的原则来界定。科学事业单位发生的费用是多样的，而这些不同用途的费用应由不同的渠道开支。例如，单位为研发产品所发生的费用应列入产品成本，单位进行基本建设及购置固定资产等资本性支出、同单位业务活动无关的捐赠、罚款、投资等费用的支出，不能列入产品成本。另外，要根据不同成本核算对象确定开支范围，同该对象直接或间接相关的耗费，通过归集分配计入成本。不属于成本核算对象的耗费，不计入该核算对象的成本，例如成本核算对象为科学研究项目，与该研究无关的资产处理费用、上缴上级费用等，不计入该科学研究项目的成本。

（三）不同核算对象成本开支范围界定

为了进一步加强对单位履职情况、绩效评价及业务活动的管理，科学事业单位按照确定的成本核算对象和所属期间进行成本费用核算。核算对象不同，成本开支范围的界定也不同。如果以科学事业单位整体为核算对象，则当期发生的全部收益性费用为成本开支范围；如果以内部核算单元为成本核算对象，则该核算单元当期发生的直接收益性费用及为该核算单元服务分摊的间接费用为其成本开支范围；如果以科研项目为成本核算对象，则该项目任务期内发生的直接费用及为该项目分摊的间接费用为其成本开支范围。

二、成本开支范围正确界定的基础要求

（一）正确划分计入某成本对象的直接费用和间接费用

成本核算对象在业务活动过程中，要发生各种耗费，包括人工、材料、动力、折旧等。这些耗费有的可以确认为该核算对象所消耗，可以直接计入成本中，称为直接费用；有的分不清耗费对象，需要通过归集和一定方法分配后方可计入成本中，称为间接费用。

科学事业单位提供的技术服务或研发试制的产品不止一种，为了正确计算各种服务（产品）的成本，分析和考核成本计划或绩效的执行情况，必须将应计入本期服务（产品）成本的费用在各种服务（产品）之间进行正确的划分。凡属于某种服务（产品）单独发生、能够直接计入该种服务（产品）的费用，均应直接计入成本；凡属于几种服务（产品）共同发生、不能直接计入该种服务（产品）的费用，应采用适当的分配方法，分配计入成本。例如，科学事业单位公用实验室的房屋、设备等实验资源的耗用，需要按照一定的方法分配计入不同的核算对象。

（二）正确划分各期的费用界限

2019 年，政府会计准则制度在行政事业单位正式全面实施，行政事业单位会计核算全面实行权责发生制，由于科学事业单位的业务活动比较复杂，科研活动周期跨度从几个月到几年不等，以前实行的收付实现制则无法真实反映成本费用和当期收支配比，进而无法确保成本核算的准确性。为了按期分析和考核科学事业单位业务的执行情况和结果，需要正确划分各期间的费用界限。单位应该贯彻权责发生制原则，核算待摊费用和预提费用，本期发生的费用都应在本期全部入账，不能将部分延至下期入账计算。本期支付，但属于本期及以后各期受益的费用，应作为待摊费用，在各期合理分摊。本期虽未支付，但

本期已经受益，应由本期负担的费用，应作为预提费用，计入本期成本。例如，按照权责发生制原则，实际领用并耗费的科研材料计入核算对象的成本，否则视同库存物品，不计入成本。

（三）正确划分已完工项目（产品）的费用和在研项目（产品）的费用

科学事业单位在批量试制研发产品及经营产品时，要合理区分完工产品和未完工产品的成本。期末计算产品成本时，如果某种产品已全部完工，该项产品的各项成本项目费用之和就是该产品的完工成本；如果某产品均未完工，这种产品的各项成本项目费用之和就是该产品的期末在产品成本；如果某种产品既有完工产品，又有在产品，则应将这种产品的各项成本项目费用，采用适当的分配方法在完工产品与期末在产品之间进行分配，分别计算完工产品和期末在产品成本。

三、成本项目开支范围界定的注意事项

国家关于事业单位各项资金的使用范围、成本标准、定员定额情况等，都有相关的规定。科学事业单位要严格执行国家的财政财务制度和成本范围、标准，科学事业单位要建立健全必要的成本管控制度标准，分清各种成本的界限，按照批准的预算和经费范围办理审批手续。同时要贯彻落实国家关于科技经费管理改革的相关政策，放管结合，遵循科研规律。

（一）严格遵守费用开支标准

费用开支标准是对某些费用支出的金额、比例所作出的规定。如固定资产和低值易耗品的划分、成果转化基金的提取、差旅会议等费用的支出等，都应该根据国家规定的标准开支。科学事业单位严格遵守国家规定的费用开支标准，为统一成本核算内容、规范成本补偿标准、保持成本开支的可比性提供依据和保障。

（二）正确确定财产物资的计价方法

财产物资是科学事业单位开展各项业务活动的物质基础，其价值会随着科学事业单位的各项业务活动的进行而转移到相应活动的成本或费用中，因而财产物资和价值的计价和结转方法，是影响成本核算正确性的重要因素。财产物

资的计价方法包含多个方面，要确定固定资产原值的计算方法、折旧方法、固定资产和低值易耗品的划分标准、材料成本的组成内容、材料核算的方法、低值易耗品和包装物的摊销方法。为了正确计算成本，对于财产物资的计价和价值结转，应采用合理并较为简便的方法，国家有统一规定的，应采用国家统一规定的方法，没有统一规定的要在标准范围内自行规定。各种方法一经确定，应保持相对稳定，以保证成本信息的可比性。

（三）严格区分资金来源和要求

根据国家对事业单位的分类，科学事业单位分为财政补助和经费自理两种类型。资金来源主要有财政资金、社会资金和自有资金。财政资金投入一般分为四类：国家科技计划经费、科研机构运行经费、科研基本业务费、科研条件建设经费。社会资金投入的主要形式为科研项目委托和科技成果转化。自有资金主要是部分科学事业单位通过科技产品、科技服务等获得的收益以及提取的专用基金。同时由于科学事业单位以科研业务为主，科研专项资金占比较多。专项资金渠道不同，资金性质比较复杂，既有财政资金，又有非财政专项资金，管理要求不尽相同。因此事业单位要根据不同成本费用的界定，按照相应的标准区分开来，按规定的用途使用。

（四）改革和创新科技经费使用和管理方式

党中央国务院高度重视科技经费的管理，逐步完善科技经费管理体系，在制度设计和政策制定中努力贯彻落实以人为本、遵循规律、“放管服”结合、政策落实落地等理念，不断改革和创新科研经费使用和管理方式，促进形成充满活力的科技管理和运行机制，不断深化改革激发广大科研人员的积极性（徐王宝，2018）。在 2016 年中共中央办公厅、国务院办公厅印发的《关于进一步完善中央财政科研项目资金管理等政策的若干意见》（中办发〔2016〕50 号）中，提出了一系列管理改革措施，其中有提高间接费用比例，并且不设绩效支出限制；改进了结余资金管理规定；明确了科研院所可以根据科研需要，按照实事求是、精简高效、厉行节约等原则制定会议费和差旅费标准及管理办法；在 2018 年印发的《国务院关于优化科研管理提升科研绩效若干措施的通知》（国发〔2018〕25 号）中，提出了赋予科研单位科研项目经费管理使用自主权，预算调剂进一步下放，对于接受企业或社会组织委托取得的项目经费，纳入单位财务统一管理，由项目承担单位按照委托方要求或合同约定管理使用；加大承担国家关键领域核心技术攻关任务科研人员的薪酬激励；科研经费包干制试点等相关政策。科学事业单位在成本费用开支范围标准的制定和执行中要贯彻落实国家相关政策，确保各项政策落地实施。

第三节 科学事业单位成本的分类

为了适应成本计算、成本控制和绩效管理的需要，正确进行成本归集，进一步降低成本的途径，制定单位成本标准，根据科学事业单位的业务活动，成本可按不同标准加以分类。

一、按照经济用途分类

成本按经济用途可分为人员经费、科研材料、固定资产折旧费、无形资产摊销费、计提科技成果转化基金、其他费用。

人员经费指科学事业单位发生的薪酬劳务支出，包括工资及津补贴、社会保险费用、住房公积金、福利费（含辞退福利）、工会经费和职工教育经费，以及发生的劳务派遣费及临时用工薪酬支出等。科研材料指科学事业单位耗用的各种原材料、试剂、辅助材料、低值易耗品等的采购及运输、装卸、整理等费用。固定资产折旧指科学事业单位按照规定，对使用的房屋构筑物、设备、家具等计提的折旧费用。无形资产摊销指科学事业单位按照规定，对使用的软件、专利权、非专利技术、土地使用权等资产进行摊销的费用。提取科技成果转化基金指科学事业单位按照事业收入的一定比例和经营收支结余的一定比例提取的基金。其他费用指除以上费用不能列入以上各项的其他费用要素。包括测试化验加工费、燃料动力费、差旅会议业务费等其他业务费用。

二、按成本发生计入方式分类

按成本发生计入方式分类是指按照成本的因果关系和受益原则，采用某种经济可行的方式将成本分配至各成本对象的可能性进行分类。

（一）直接成本

直接成本是指与某一核算对象之间具有直接联系、能够经济而又方便地直接计入该核算对象的成本。指能确定由某一成本核算对象负担的费用，应当按照所对应的成本项目类别，直接计入成本核算对象。例如，科学事业单位同一期间内仅服务于同一科研项目的人员经费、材料等耗费，直接归集计入该科研项目的成本。

（二）间接成本

间接成本是指与某一核算对象没有直接联系或者虽然有联系但不能经济而又方便地计入各核算对象的成本。指不能直接计入成本核算对象的费用，应当选择合理的分配标准或方法分配计入各个成本核算对象。例如，科学事业单位同一期间内服务于多个科研项目的人员经费、材料等耗费，须经过一定方法分配计入不同的科研项目成本。

将成本划分为直接成本、间接成本，对于正确计算产品成本十分重要。凡是直接成本必须根据原始凭证直接计入该种产品的成本，对于间接成本则要选择合理的分配标准和方法分配给相关产品。分配标准是否恰当，将直接影响成本的正确性。两者的区分，可以使成本计算更加准确、便捷。

三、按成本性态分类

成本的发生额与业务量之间的相互关系称为成本性态，依据性态可以把成本分为固定成本和变动成本。科学事业单位的实验室、设备等基础设施投入大，人员经费和科研材料等投入多。区分固定成本和变动成本，有助于判断科学事业单位成本结构对单位业务活动成果的影响，进而进行科学有效的资源配置。区分固定成本和变动成本。可以系统地进行成本分析，对于寻求降低成本途径具有重要作用，助于有的放矢地进行成本控制。

（一）固定成本

固定成本是指在一定时期和一定业务量范围内，成本总额不随着作业量、业务量变动而发生变动的成本，如固定资产的折旧费、人员的基本经费。固定成本通常包括约束性固定成本和酌量性固定成本。

1. 约束性固定成本

为维持科学事业单位正常工作而必须开支的成本，如房屋及科研设备的折旧、管理人员的工资等。这类成本的数额一经确定，不能轻易加以改变，因而具有相当程度的约束性。

2. 酌量性固定成本

科学事业单位在会计年度开始前，根据研究项目、生产经营、财力等情况确定的计划期间的预算额而形成的固定成本，如自主开展的研发投入、科研设施租赁费、培训费等。

（二）变动成本

变动成本是指在一定时期和一定业务量范围内，成本总额随着业务量变动而呈正比例变动的成本，如科研材料费、水电费的消耗等。

根据变动成本发生的原因可将变动成本分为两类。一类是技术性变动成本，另一类是酌量性变动成本。

1. 技术性变动成本

技术性变动成本是指单位成本由技术因素决定而总成本随着消耗量的变动而成正比例变动的成本，通常表现为科研业务活动的直接物耗成本、委托加工成本。

2. 酌量性变动成本

酌量性变动成本是指可由科学事业单位决策加以改变的变动成本，如科研业务临时聘用的劳务费、差旅会议费。

四、按照成本控制责任分类

为了区分成本责任，科学事业单位根据各成本责任中心的权限大小、管控范围等各有不同，可分为可控成本和不可控成本，目的是区分承担成本责任主体。成本中心要对自己可控的成本负责，不可控成本不应成为成本中心业绩考核的内容。

（一）可控成本

可控成本是指能为某个责任单位或个人通过一定的方法、手段所制约的成本。可控制成本具体有三个条件：第一，责任单位或个人能够有办法了解成本升降的原因；第二，责任单位或个人有办法对所发生的耗费加以计量；第三，责任单位或个人有能力对所发生耗费加以调节和控制。

（二）不可控成本

不可控成本是指不能为某个责任单位或个人的行为所制约的成本。一般来说，一切成本均可控制，但受一定时间、条件的限制。对某一单位来说，有的成本不能控制。

（三）成本的可控性具有相对性

成本的可控性具有一定的相对性，它与成本发生的空间范围有关。某个责任单位不可控制的成本，往往对另一个单位来讲是可控的；下一级责任单位不可控制的成本，对于上一级责任单位来讲往往是可控的。

可控成本的相对性还与成本发生的时间范围有关。一般来讲，较高层次的成本责任中心具有更多的成本控制能力，其具有的可控成本就不是较低层次的成本责任中心的可控成本。

例如，某科研院所将成本责任中心分为科研管理部门成本责任中心、研究室成本责任中心、实验基地成本责任中心。实验基地发生的外聘人员工资、水电费、材料费消耗属于实验基地成本责任中心可控成本，而由单位投入的固定资产折旧、管理人员经费属于该中心的不可控成本，同时对于科研管理部门成本责任中心则属于可控成本。

除了上述分类方法外，还有其他的成本费用的分类标准，如按成本归集对象分类、按成本核算口径和结果分类等。不同的分类方法适用于不同的管理需要。

第十七章　科学事业单位成本归集与分配

第一节　科学事业单位成本归集与分配的主要内容

科学事业单位成本归集与分配是按照确定的成本核算对象和成本项目将其相关成本数据进行归集与分配。按照《政府会计制度——行政事业单位会计科目和报表》相关规定，在遵循权责发生制原则的财务会计制度下，将费用类科目和部分资产类科目下的数据进行归集与分配。费用类科目一般设置“业务活动费用”“单位管理费用”等一级会计科目来归集成本核算对象实际发生的各类费用，再设置明细科目归集直接费用和分配间接费用。直接费用科目是在成本发生时，能够直接归集到确定成本核算对象中的，如科研项目任务开展过程中发生的直接费用。而间接费用科目要进行分配，马笑飞（2020）提出对“间接费用”科目下的费用进行分配的方法：对不能直接归集到部门、项目的成本信息（即间接费用），分析成本动因，选择一定的标准（如部门人员数等）和适合的方法将间接费用分配到部门、各个项目中。一般情况下，人员费用、资产折旧摊销费用、水电费等成本项目不能直接归集到部门、项目，主要是因为部门承担的项目多，一人可能同时参与几个项目。笔者认为，科学事业单位间接成本分配，先统一归集到某部门下的整体成本，然后进行二次分配，再分配到某明细成本核算对象下。间接费用分配标准一般遵循因果关系和受益原则，将成本耗费分配至相关的成本核算对象中，一般运用人员工时、人员工作量、实验室占用面积、收入占比等分配方法。

根据《事业单位成本核算基本指引》（财会〔2019〕25 号）的规定，不属于成本核算对象的耗费，可以不计入该成本核算对象的成本。成本核算对象为业务活动类型的，与科学事业单位开展业务活动耗费无关的费用，如资产处置费用、上缴上级费用、对附属单位补助费用等，一般不计入成本。

成本核算对象为单位整体的，科学事业单位负有管理维护职责，但并非为满足其自身开展业务活动需要所控制资产的折旧（摊销）费用，如公共基础设施折旧（摊销）费、保障性住房折旧费等，一般不计入成本。

后面会按照成本费用要素逐一分析不同特点的费用要素如何进行归集与分配，主要分为人员费用、科研材料费、固定资产折旧费、无形资产摊销费、其他费用。

第二节 人员费用的归集与分配

一、人员费用的范围

科学事业单位人员构成主要包括在职在编人员、离退休人员、非在职在编人员三类。其中，在职在编人员按照所属部门分工，一般可分为科研业务人员、职能管理人员、支撑保障人员。非在职在编人员按照身份类别，一般可分为合同制聘用职工、进站博士后职工、统招和联合培养的研究生、项目聘请的高层次人才、临时聘用的劳务人员等。因此，按照上述构成，科学事业单位相应发生在职在编人员费用、离退休人员费用和非在职在编人员费用三类人员费用。在职在编人员费用指工资福利支出，离退休人员费用指对个人和家庭补助支出。非在职在编人员费用包括合同制聘用人员费用、进站博士后人员费用、研究生人员费用、项目聘用高层次人才、临时聘用劳务人员费用（见表 17－1）。

表 17－1　　人员费用分类表（参考年度部门决算报表和政府预算支出经济分类科目）

一级分类	二级分类	科目
在职在编人员费用	工资福利支出	基本工资、津补贴、绩效工资、社会保障缴费、医疗费、住房公积金、其他工资福利支出等
离退休人员费用	对个人和家庭补助支出	离休费、退休费、退职退役费、抚恤金、医疗费、奖励金、其他对个人和家庭补助支出等
非在职在编人员费用	合同制聘用人员费用	合同约定工资、社会保障缴费、住房公积金等
	进站博士后人员费用	合同约定工资、社会保障缴费、住房公积金等
	研究生人员费用	明确标准的研究生助研津贴
	项目聘用高层次人才	协议约定的劳务报酬
	临时聘用劳务人员费用	协议约定的劳务报酬

二、人员费用的归集与分配

（一）人员费用数据的采集

1. 在职在编人员费用数据采集到个人，按所在部门进行初步归集，可大致分为科研部门人员费用、管理人员费用、支撑平台人员费用等，具体以单位内部组织机构为准。

归集清楚人员归属部门后，对人员工时进一步翔实记录，包括工时耗用、投入成本核算对象的工时耗用等。

2. 离退休人员费用数据采集合并为整体，计入管理人员费用。

3. 非在职在编人员费用数据采集可按对应聘用部门/项目人员费用合并为整体，可计入科研部门人员费用、管理人员费用和支撑平台人员费用。

（二）人员费用的归集与分配

1. 直接归集入成本核算对象。按照人员工时、工作量归属情况，能直接归属某一成本核算对象的则构成直接成本，直接归集入成本核算对象中。如科研业务人员工时、工作量只归属科研业务部门，则可作为科研业务部门这一成本核算对象的直接成本计入；若其专职工作于某一科研项目，则可进一步将其人员费用直接计入科研项目成本核算对象中。管理人员费用和支撑保障人员费用一般按其职责分工，直接计入管理成本和支撑平台成本中。

2. 间接分配至成本核算对象。这种情况一般科研人员承担多个项目，其人员成本无法直接归集至科研项目作为成本核算对象中，则需要运用一定的方法，分配至具体科研项目中，本书简要分析人工工时法：对于承担多个科研项目的科研业务人员费用，在归集到科研业务部门成本基础上需要运用一定的方法分配至科研项目中。人工工时分配法是指以人工工时比例为标准分配人员费用成本。计算公式为：人工工时比例 = 所耗用人工工时 ÷ 人工总工时

某科研项目人员成本额 = 科研人员费用总成本 × 人工工时比例

案例 17 – 1：根据科研人员归属科研团队情况，已归集某科研团队人员总成本 100 万元，该科研团队在成本核算周期内承担了 5 个科研项目，需要将 100 万元科研人员成本间接分配至 A 科研项目成本中。

人工工时法：该科研团队科研人员总工时为 300 天，投入 A 科研项目耗用 70 天，得出人工工时比例 = 70 ÷ 300 = 0.23，A 科研项目科研人员成本 = 100 ×

0.23 = 23 万元。

从上例可见，科学事业单位要准确核算人员成本，需对人工工时进行精准详细的统计，每日工时、投入具体科研项目的工时均需详细记录，在此翔实记录基础上运用人工工时法分配人员成本。

第三节　科研材料费的归集与分配

一、科研材料费的范围

《国家重点研发计划项目资金管理办法》（财科教〔2016〕113 号）规定，科研材料费是指科研消耗的各种原材料、辅助材料等低值易耗品的采购及运输、装卸、整理等费用。按照采购与领用消耗是否分离，划分为直采直耗型科研材料费、采购消耗分离型科研材料费。

直采直耗型科研材料费，是指采购入库时直接领用出库，即采购成本和耗用成本相等，直接用采购成本计入耗用成本中。

采购消耗分离型科研材料费，是指采购入库后并未直接领用出库，存在分批次领用出库的过程，即采购成本不能等同于耗用成本，计算耗用成本时需要选择一种成本计算方法。

二、科研材料费的归集与分配

（一）科研材料费数据的采集

直采直耗型科研材料费按照采购成本采集数据，即直接采集财务账面材料费用发生额数据。

采购消耗分离型科研材料费应由科学事业单位内设物资/库房部门信息采集数据，记录采购单价、数量，登记账面原值。没有条件单独设置物资/库房部门的，可由科研材料费实际验收部门做好库存物资数据登记。

（二）科研材料费的归集与分配

1. 直接计入成本核算对象。根据科研材料费数据采集情况，直采直耗型科研材料费直接计入对应的成本核算对象中。采购消耗分离型科研材料费按照单一消耗对象直接计入对应的成本核算对象中。

2. 间接分配至成本核算对象。一般针对采购消耗分离型科研材料费且消耗对象不单一的情况，间接分配至成本核算对象中。分配过程较复杂：第一步是确定科研材料费成本，第二步是分配至成本核算对象中。

第一步确定科研材料费成本。选定一种核算方法，对领用的科研材料费成本予以确定。本书第十八章会做专题阐述，此处不再赘述。

第二步将确定的科研材料费成本分配至成本核算对象中。可采用科研材料耗用比例分配法。

科研材料耗用比例分配法是指计算出科研材料耗用比例，然后总成本乘以归属成本核算对象的科研材料耗用比例，从而得出分摊的间接科研材料成本。计算公式：

科研材料费耗用比例 = 成本核素对象耗用的材料数量 ÷ 总领用的材料数量

某一成本核算对象科研材料费分配成本 = 耗用的科研材料费总成本 × 科研材料费耗用比例

案例 17 –2：采购消耗分离型科研材料费情况

科学事业单位内某一科研团队采购若干批次科研材料，材料入库手续和价格数量等成本数据记录均完备。其开展科研项目任务领用材料一批，根据入库登记和分批法核算得出领用总成本为 20 万元共计 100 个试剂盒，该批次科研材料用于支撑 2 个科研项目任务开展，按照科研人员记录，A 科研项目耗用 20 个试剂盒。运用科研材料耗用比例分配法，科研材料费耗用比例 = 20 ÷ 100 = 0. 2，A 科研项目科研材料费分配成本 = 20 × 0. 2 = 4 万元。

第四节　固定资产折旧费的归集与分配

一、固定资产折旧费的范围

（一）固定资产

固定资产是指科学事业单位为满足自身开展业务活动或其他活动需要而控制的，使用年限超过 1 年（不含 1 年）、单位价值在规定标准以上，并在使用过程中基本保持原有物质形态的资产，一般包括房屋及构筑物、专用设备、通用设备等。根据《政府会计准则第3号——固定资产》的规定，单位价值虽未达到规定标准，但是使用年限超过1年（不含1年）的大批同类物资，如图书、家具、用具、装具等，应当确认为固定资产。科学事业单位中，主要的固定资产是科研实验楼、科研仪器设备等科研固定资产，以及行政管理的办公楼和办公设备等。

（二）固定资产折旧

固定资产折旧，是指在固定资产的预计使用年限内，按照确定的方法对应计的折旧额进行系统分摊。根据《政府会计准则第3号——固定资产》的规定，固定资产应计的折旧额为其成本，计提固定资产折旧时不考虑预计净残值。

按照《科学事业单位财务制度》规定，一般采用平均年限法或者工作量法计提的折旧计入费用。不计提折旧费用的固定资产包括文物和陈列品、动植物、图书、档案、单独计价入账的土地、以名义金额计量的固定资产。

综上所述，折旧费结合固定资产分类可分为房屋及构筑物折旧费、专用设备折旧费、通用设备折旧费、家具用具折旧费。结合科研事业单位行业特点，可调整为科研仪器设备折旧费、办公仪器设备折旧费、房屋构筑物折旧费、家具用具折旧费。

二、固定资产折旧费的归集与分配

（一）固定资产折旧费数据的采集

固定资产折旧费应由单位资产管理部门登记固定资产类别、数量、原值和使用部门，按照《关于执行〈科学事业单位财务制度〉有关问题的通知》（财教〔2014〕10号）中有关固定资产折旧年限的规定，一般按照平均年限法计算折旧费（见表17－2）。

表17－2　　固定资产折旧年限

固定资产分类名称	折旧年限（年）	备注
一、房屋及构筑物		
1. 业务用房		
钢结构、钢筋混凝土结构	50	

续表

固定资产分类名称	折旧年限（年）	备注
砖混结构、砖木结构	30	
2. 房屋附属设施	8	围墙、停车设施等
3. 构筑物	8	池、罐、槽、塔等
二、通用设备		
1. 计算机设备及软件	5	计算机、网络设备、终端设备、存储设备等
2. 办公设备	5	电话机、传真机、摄像机、刻录机等
3. 车辆	8—10	载货汽车、牵引汽车、乘用车、专用车辆等
4. 机械设备	10—15	锅炉、液压机械、金属加工设备、泵、风机、气体压缩机、气体分离及液化设备、分离及干燥设备等
5. 电气设备	5—10	电机、变压器、电源设备、生活用电器等
6. 雷达、无线电和卫星导航设备	10—15	
7. 通信设备、广播、电视、电影设备	5—10	
8. 仪器仪表、电子和通信测量仪器、计量标准器具及量具、衡器	5	
9. 其他通用设备	5	
三、专用设备		
1. 探矿、采矿、选矿和造块设备、石油天然气开采专用设备、石油和化学工业专用设备、炼焦和金属冶炼轧制设备	10—15	
2. 电力工业专用设备、核工业专用设备、航空航天工业专用设备	20—30	
3. 非金属矿物制品工业专用设备	10—20	
4. 工程机械、农业和林业机械、木材采集和加工设备、食品加工专用设备、饮料加工设备、烟草加工设备、粮油作物和饲料加工设备、纺织设备、缝纫、服饰、制革和毛皮加工设备、化学药品和中药专用设备、邮政专用设备	10—15	

续表

固定资产分类名称	折旧年限（年）	备注
5. 造纸和印刷机械、安全生产设备、环境污染防治设备、水工机械、铁路运输设备、水上交通运输设备、航空器及其配套设备	10—20	
6. 医疗设备、电工、电子专用生产设备、专用仪器仪表	5—10	
7. 公安专用设备、文艺设备、体育设备、娱乐设备	5—15	
8. 其他专用设备	5—15	
四、家具、用具、装具	10—15	椅凳类、沙发类、柜类、架类等

资料来源：《关于执行〈科学事业单位财务制度〉有关问题的通知（财教〔2014〕10号）》。

（二）固定资产折旧费的归集与分配

1. 科研仪器设备折旧费的归集与分配。按照“谁受益、谁承担”的原则。科研仪器设备单一使用对象直接计入对应成本核算对象。科研仪器设备对应多个使用对象的可间接分配至成本核算对象，可运用设备使用时间比例法。设备使用时间比例分配法是指计算出设备使用时间比例，然后总成本乘以归属成本核算对象的设备使用时间比例，从而得出分摊的科研仪器设备折旧成本。

2. 办公仪器设备折旧费的归集与分配。按照“谁受益、谁承担”的原则。办公设备一般对应具体使用部门、使用人，可直接计入对应成本核算对象。

3. 房屋构筑物折旧费的归集与分配。按照“谁受益、谁承担”的原则。房屋构筑物单一受益对象直接计入对应成本核算对象。房屋构筑物对应多个受益对象的可间接分配至成本核算对象，可运用使用面积比例分配法。房屋使用面积比例分配法是指计算出房屋使用面积比例，然后总成本乘以归属成本核算对象的房屋使用面积比例，从而得出分摊的房屋构筑物折旧成本。计算公式：

房屋使用面积比例 = 成本核算对象占用的房屋面积 ÷ 房屋总面积

某一成本核算对象房屋折旧费分配成本 = 房屋折旧费总成本 × 房屋使用面积比例

4. 家具用具折旧费的归集与分配。按照“谁受益、谁承担”的原则。家具用具单一使用对象的直接计入对应成本核算对象。家具用具对应多个使用对象的可间接分配至成本核算对象，可运用使用量比例法。家具用具使用量比例分配法是指计算出家具用具使用比例，然后总成本乘以归属成本核算对象的家具用具使用量比例，从而得出分摊的家具用具折旧成本。计算公式：

家具用具使用量比例 = 成本核算对象使用的家具使用量 ÷ 家具总使用量

某一成本核算对象家具用具折旧费分配成本 = 家具用具折旧费总成本 × 家具用具使用量比例

案例 17 - 3：科研仪器设备折旧费的归集与分配

科学事业单位某一科研团队直接使用科研仪器设备 10 台，资产部门均记载了详细资产台账，折旧费用均按仪器设备分类记录。其中，甲科研仪器设备仅为开展 A 科研项目研究使用，其折旧费用 1 万元，直接归集为 A 科研项目固定资产折旧成本。另外，乙科研仪器设备用于开展 A 科研项目和 B 科研项目研究使用，根据仪器设备使用时间记录，100 小时用于 A 项目，150 小时用于 B 项目。乙科研仪器设备折旧费为 5 万元，运用设备使用时间比例分配法，设备使用时间比例 = 100 ÷ 250 = 0.4，A 科研项目耗费仪器设备折旧成本 = 5 × 0.4 = 2（万元）。

案例 17 - 4：房屋构筑物折旧费的分配

科学事业单位一栋实验大楼，其建筑面积为 800 平方米，供 A 和 B 科研团队，以及职能管理部门使用，其使用面积分别为 300 平方米、250 平方米、250 平方米。该大楼折旧费用为 20 万元，则分配给 A 科研团队的房屋折旧成本为：房屋使用面积比例 = 300 ÷ 800 = 0.375，A 科研团队的房屋折旧费分配成本 = 20 × 0.375 = 7.5（万元）。

第五节　无形资产摊销费的归集与分配

一、无形资产摊销费的范围

（一）无形资产

根据《政府会计准则第 4 号——无形资产》，无形资产是科学事业单位控制的、没有实物形态的、可辨认非货币性资产，如专利权、商标权、著作权、土地使用权、非专利技术等。结合科学事业单位实际，无形资产一般为专利权、著作权、土地使用权，数量最多的无形资产主要为专利权。

科学事业单位无形资产主体为专利权，但专利权价值认定成本是无形资产核算的难点。分析其原因主要有以下两点：一是部分专利的产生源于科研项目成果和绩效目标考核的要求，但其成为科研项目成果后并不能真正为单位带来资金流入，甚至连带来资金流入的潜力都不具备，实际上不具备资产属性，因此往往不会纳入无形资产核算，即使纳入后也没有具体的使用对象。二是部分专利具备使用价值，即能为单位带来资金流入或者具备其潜力的专利，按其资产属性应计入无形资产核算，但其价值较难确定。具备潜力的专利往往是由多个科研项目长期积累形成，并且其成本也已分摊至科研项目中，对于研发支出难以形成成本，进而无法确定无形资产的成本。本书分析成本核算，其前提是资产类科目已经明确价值，并进行正常摊销，因此以下分析将对无形资产摊销成本归集与分配进行，不再前溯至无形资产价值确认。

（二）无形资产摊销

无形资产摊销是指在无形资产使用年限内，按照确定的方法对其进行系统分摊。根据上文所述，按照科学事业单位无形资产主体构成，无形资产摊销主要分为专利权摊销和著作权摊销，土地使用权不做摊销。

二、无形资产摊销费的归集与分配

（一）无形资产摊销费的数据采集

无形资产摊销费应由单位资产管理部门登记无形资产类别、数量、原值等，按照《关于执行〈科学事业单位财务制度〉有关问题的通知》（财教〔2014〕10 号）中有关无形资产折旧年限的规定，一般按照年限平均法计算摊销费。

摊销年限的处理有三种方式：一是法律规定了有效年限的，按照法律规定的有效年限作为摊销年限。二是法律没有规定有效年限的，按照相关合同或单位申请书中的受益年限作为摊销年限。三是法律没有规定有效年限，相关合同或单位申请书也没有规定受益年限的，按照不少于 10 年的期限摊销。

（二）无形资产摊销费的归集与分配

科学事业单位专利权和著作权形成一般分为以下几种方式：外购、委托开发（视同外购）、自行研究开发、接受捐赠、无偿调入等。从价值确认和使用用途上看，可以分为两大类：外购方式和研究开发形成。

1. 外购形成专利权和著作权等无形资产摊销费，按照“谁受益、谁承担”的原则，可根据使用对象直接计入对应成本核算对象。若涉及多个受益对象的，分配计入对应成本核算对象，可运用收入比例法分配。收入比例法是指计算不同受益对象的收入比例，然后总成本乘以归属受益对象的收入比例，从而得出分摊的外购无形资产摊销成本。计算公式：

收入比例 = 成本核素对象对应的事业收入 ÷ 事业收入总额

某一成本核算对象无形资产摊销分配成本 = 无形资产摊销费总成本 × 对应的收入比例

2. 开发形成专利权和著作权等无形资产摊销费，按照“谁受益、谁承担”的原则，一般开发形成的无形资产都有预定用途，可根据开发目标对象直接计入对应成本核算对象。

案例 17 - 5：无形资产摊销分配至多个受益对象的情况

科学事业单位某一科研团队使用无形资产的摊销费用 20 万元，用于 A 和 B 两个产品生产，A 产品销售收入 50 万元，B 产品销售收入 50 万元，按收入比例法分摊无形资产摊销成本：收入比例 = 50 ÷ 100 = 0.5，A 产品耗用无形资产摊销成本 = 20 × 0.5 = 10（万元）。

第六节　其他费用的归集与分配

一、其他费用的范围

根据科学事业单位费用构成，除了前述分别阐述的费用外，还主要有测试化验加工费、会议费、差旅费、因公出国费、委托业务费、印刷费、邮电费、租赁费、水费、电费、暖气费、燃气费、物业管理费等费用。

二、其他费用的归集与分配

（一）直接计入的费用

测试化验加工费、会议费、差旅费、因公出国费、委托业务费、印刷费、邮电费、租赁费等可以按照发生额直接计入对应成本核算对象。一般可直接归集到科学事业单位内部部门、科研项目、四技项目和试制产品中。

（二）公共运行费用

水费、电费、暖气费、燃气费、物业管理费等费用具有公共运行属性，会涉及多个受益对象，一般分配计入对应成本核算对象。

水、电、暖气费等可单独计量的，直接计入对应成本核算对象。

水、电、暖气、物业管理费等无法单独计量的，分配计入成本核算对象，可运用使用面积比例法或者人员数量比例分配法。

使用面积比例法是指计算出成本核算对象使用房屋面积比例，总成本乘以归属成本核算对象的使用面积比例，从而得出分摊的水电暖气物业管理费成本。计算公式：

使用面积比例 = 成本核算对象使用房屋面积 ÷ 房屋总面积

某一成本核算对象水电暖气物业管理费分配成本 = 水电暖气物业管理费总成本 × 对应使用面积比例

人员数量比例法是指计算出成本核算对象人员数量比例，总成本乘以归属成本核算对象的人员数量比例，从而得出分摊的水电暖气物业管理费成本。计算公式：

人员数量比例 = 成本核算对象对应的人员数量 ÷ 总人数

某一成本核算对象水电暖气物业管理费分配成本 = 水电暖气物业管理费总成本 × 人员数量比例

案例 17－6：电费间接费用分配情况

科学事业单位某实验楼全年电费 10 万元，总耗电面积 800 平方米，A 科研团队使用面积 300 平方米，计算该团队电费分配：使用面积比例 = 300 ÷ 800 = 0.375，A 科研团队分配电费成本 = 10 × 0.375 = 3.75（万元）。

第十八章　科学事业单位成本核算方法

第一节　成本核算方法概述

一、总体核算方法与思路

《事业单位成本核算基本指引》提道："单位应当根据成本信息需求，对具体的成本核算对象分别选择完全成本法或制造成本法进行成本核算。"《事业单位成本核算基本指引》对成本核算方法进行了定义：完全成本法，是指将单位所发生的全部耗费按照成本核算对象进行归集和分配，计算出总成本和单位成本的方法。制造成本法，是指只将与产品制造或业务活动有联系的费用计入成本核算对象，不将单位管理费用等向成本核算对象分配的方法。

完全成本法和制造成本法的区别主要在于成本归集和分配计入时是否将单位发生的所有成本全部计入，前者是要将管理成本等完全分配计入的方法，后者是只将与对象直接关联的费用计入成本而管理费用不计入成本的方法。

后续章节将按不同成本核算对象分别阐述成本核算方法，总体思路为：第一步，以科研单位内部业务核算单元为成本核算对象归集成本，将单位整体成本归集分配至所有内部业务核算单元中。第二步，结合科学事业单位行业特点，分别阐述科研项目、四技项目和科研试制产品的成本核算方法，原则上采取完全成本法，一方面将直接关联的成本归集，另一方面也将管理成本等分配计入，形成完整的项目、产品总成本。

二、物资耗材具体核算方法

财产物资是科学事业单位开展各项业务活动的物质基础，其价值会跟随业务活动的进行转移到对应的成本核算对象中，因而物资成本的核算方法直接关系到成本归集的准确性、科学性。目前，在企业中已较为成熟的物资成本的核算方法有先进先出法、加权平均法、后进先出法等，科学事业单位可以参考使用这些方法以用于科研材料费成本价值确定。物资成本在会计核算上是将资产类下“库存材料”科目结转至费用类下“专用材料费”科目下，通过部门、项目辅助核算，归集和分配至成本核算对象中。

（一）直接耗用

耗用的试剂耗材已明确价值的，即耗用的试剂耗材不存在累计进货的问题，直接能确定耗用价值，直接确定即可。这与前章分析的直采直耗型科研材料费相同，即购置的科研材料直接领用，适用于单一成本核算对象或多个成本核算对象，可以根据购置成本确定科研材料费成本，直接归集或分配至成本核算对象中。

（二）计算耗用

这种方法适用于前章分析的采购消耗分离型科研材料，即采购的科研材料不直接领用，验收入库后根据科研任务、试制产品需要分批次领用，因此须通过一定的方法来计算耗用试剂耗材的成本价值。参考我国《企业会计准则》和新存货准则规定：“各种存货发出时，企业可以根据实际情况，选择使用先进先出法、加权平均法、个别计价法等方法确定发出存货的实际成本。”科学事业单位存在大量科研材料费经济业务，可以借鉴企业准则来确定成本。

1. 先进先出法

先进先出法是假定先收到的存货先发出或先收到的存货先耗用，并根据这种假定的存货流转次序对发出存货和期末存货进行计价的一种方法。采用这种方法，先购入的存货成本在后购入存货成本之前转出，据此确定发出存货和期末存货的成本。

以上是企业会计准则的相关规定，结合科学事业单位实际，具体方法可梳理为：购置科研材料验收入库时，逐笔登记入库材料的数量、单价和金额；领用科研材料时，按照先进先出的原则逐笔登记材料的发出成本和结存金额。

这种方法需要以强大的库存物资管理为基础，对于科研材料业务较多、规模较大的科研事业单位而言，工作量较大，对物资管理部门管理水平要求较高。

2. 加权平均法

加权平均法是根据期初存货结余和本期收入存货的数量及进价成本，期末一次计算存货的本月加权平均单价，作为计算本期发出存货成本和期末结存价值的单价，以求得本期发出存货成本和结存存货价值的一种方法。

以上是企业会计准则的相关规定，结合科学事业单位实际，具体方法可梳理为：购置科研材料验收入库时，逐笔登记入库材料的数量、单价和金额；按照成本核算周期，一般可以设定一个自然月，按照加权平均方法计算出本月科研材料费单价；领用时，以计算出的加权平均单价乘以领用数量，得出领用材料费的成本。

3. 个别计价法

个别计价法是以每次（批）收入存货的实际成本作为计算各该次（批）发出存货成本的依据，即：每次（批）存货发出成本 = 该次（批）存货发出数量 × 该次（批）存货实际收入的单位成本。个别计价法亦称个别认定法、具体辨认法、分批实际法，采用这一方法是假设存货具体项目的实物流转与成本流转相一致，按照各种存货逐一辨认各批发出存货和期末存货所属的购进批别或生产批别，分别按其购入或生产时所确定的单位成本计算各批发出存货和期末存货成本的方法。在这种方法下，是把每一种存货的实际成本作为计算发出存货成本和期末存货成本的基础。

以上是企业会计准则的相关规定，结合科学事业单位实际，具体方法可梳理为：购置科研材料验收入库，对其数量、单价、金额进行详细记载，领用时直接领用该批次材料，则直接按其购置成本确定价值。这种方法适用于每批次科研材料界限清晰、没有混用的情况。当然，这种方法对成本的计算比较准确。

综上所述，物资耗材成本的核算方法各有利弊，各有适用情形，科学事业单位应结合自身情况选择适合自身的核算方法。无论使用何种核算方法，科学事业单位都应建立健全物资耗材入库管理制度。验收入库时的数据记录是物资耗材成本核算的重要前提条件，没有翔实精准的入库数据记录，就没有科学准确的成本核算。

三、科研试制产品运用的核算方法

《事业单位成本核算基本指引》提道：“成本核算对象为公共服务或产品

的，可以合理选择品种法、分批法、分步法等方法进行成本核算。”作为科学事业单位，科研试制产品成本核算，可以合理选择三种方法进行成本核算。一般在“库存物品”和“加工物品”两个会计科目下进行成本核算。

（一）品种法

品种法是以产品品种作为成本计算对象的一种成本计算方法。品种法适合于大批大量、单步骤生产情况。其成本计算对象为产品品种，以“品种”为对象开设生产成本明细账、成本计算单，以“品种”为对象归集和分配费用。

科学事业单位在应用品种法时，可以在“加工物品”科目下按照品种设置辅助账，以品种为对象归集和分配直接费用和间接费用，最终形成以“品种”为对象的科研试制产品全成本。

（二）分批法

分批法是以产品批别作为成本计算对象的一种成本计算方法。分批法适合于单件、小批生产、按照客户订单组织生产情况。以“批号”“批次”为成本计算对象开设生产成本明细账、成本计算单，以“批次”为对象归集和分配费用。

科学事业单位在应用分批法时，可以在“加工物品”科目下按照批次设置辅助账，以批次为对象归集和分配直接费用和间接费用，最终形成以“批次”为对象的科研试制产品全成本。

（三）分步法

分步法是以产品生产阶段、“步骤”作为成本计算对象，计算成本的一种方法。分步法适用于大批大量多步骤多阶段生产；管理上要求按照生产阶段、步骤、车间计算成本等。分步法成本核算一般有如下要点：按照“步”作为成本计算对象、归集费用、计算成本，期末往往存在本期完工产品、期末在产品，需要采用一定的方法分配成本。该方法在科学事业单位使用不多。分步法一般适用于工业生产企业，科学事业单位科研试制产品多数生产规模达不到，且做不到按照生产步骤来归集和分配成本这样精细化管理的程度，因此本书只对该方法做简要介绍，不作为实际成本核算方法运用。

第二节 内部业务单元的成本核算

一、内部业务单元

内部业务单元是指建立在科学事业单位内部组织机构基础上，结合成本核算对象需求设置的部门。一般可分为业务部门和管理部门，业务部门可细分为科研业务部门、支撑业务部门。科研业务部门是指从事科研主体业务的部门，如科研团队、研究组、研究中心等。支撑业务部门是指从事平台管理、支撑保障的部门，如检验测试中心、仪器管理平台、试验基地等，具有为科研主体业务提供支撑服务且独立核算的部门。管理部门是指从事单位职能管理业务的部门，包括办公室、人事、科研管理、财务、后勤等。

二、内部业务单元的成本核算

（一）科研业务部门的成本核算

科研业务部门的成本核算可区分为直接费用归集和间接费用分配两部分。

1. 直接费用在财务会计下的业务活动费用科目通过部门辅助核算方式归集，将直接费用归集到科研业务部门下。一般包括人员费用、直接发生的其他费用、直接使用的科研仪器设备折旧费用、无形资产摊销等费用。

（1）直接人员费用归集。按照在职在编职工、合同制聘用职工、研究生、博士后、临时聘用劳务人员归属部门，直接将不同类型人员费用归集到所属科研业务部门，形成该科研业务部门的直接人员成本。

（2）直接科研材料费归集。一是比较简单的直采直耗型科研材料费，领用材料时直接将采购成本归集到对应科研业务部门下，形成该科研业务部门的直接材料费成本。二是较复杂的采购消耗分离型科研材料费，采购时统一归集到“库存物资”科目下，领用时按照选定的存货价值确定方法得出领用物资成本，并按照使用部门直接归集，形成该科研业务部门的直接材料费成本。

（3）直接科研仪器设备折旧和无形资产摊销费归集。由资产部门记录科研业务部门直接使用的科研仪器设备和无形资产情况，得出对应的折旧费和摊销费，并按照使用部门直接归集，形成该科研业务部门的直接资产耗用成本。

（4）直接其他费用归集。科研业务部门直接列支的费用，主要包括测试化验加工费、会议费、差旅费、因公出国费、委托业务费、印刷费、邮电费等，发生时直接归集到使用部门中，形成该科研业务部门的其他直接成本。

2. 间接费用是管理费用中发生的应间接分配到科研业务部门的成本，主要包括公共房屋折旧费用、科技成果转化基金、水电暖费用、物业管理费等带有科学事业单位公共运行成本性质的费用。可按照合理标准和方法分配计入。

（1）房屋折旧费用可按房屋使用面积系数分配计入。

某科研业务部门分摊房屋折旧费用＝该科研业务部门使用房屋面积数÷单位房屋总面积×科研单位整体房屋折旧费用

（2）科技成果转化基金可按事业收入系数分配计入。

某科研业务部门分摊科技成果转化基金费用＝该科研业务部门事业收入（扣除专项资金外的事业收入）÷科研单位整体事业收入（扣除专项资金外的事业收入）×科研单位科技成果转化基金费用

（3）水电暖费用（无法单独计量）、物业管理费可按房屋使用面积系数分配计入。

某科研业务部门分摊水电费用＝该科研业务部门使用房屋面积数÷单位房屋总面积×科研单位水电费用总消耗

某科研业务部门分摊暖气物业费用＝该科研业务部门房屋使用面积÷科研单位房屋总面积×科研单位暖气物业费用

（二）支撑业务部门的成本核算

支撑业务部门的成本核算可区分为直接费用归集和间接费用分配两部分。

1. 直接费用在财务会计下的业务活动费用科目通过部门辅助核算方式归集，将直接费用归集到支撑业务部门下。一般包括人员费用、直接发生的其他费用、直接使用的科研仪器设备折旧费用、无形资产摊销等费用。

（1）直接人员费用归集。按照在职在编职工、合同制聘用职工、研究生、博士后、临时聘用劳务人员归属部门，直接将不同类型人员费用归集到所属支撑业务部门，形成该支撑业务部门的直接人员成本。

（2）直接科研材料费归集。一是比较简单的直采直耗型科研材料费，领用材料时直接将采购成本归集到对应支撑业务部门下，形成该支撑业务部门的直接材料费成本。二是较复杂的采购消耗分离型科研材料费，采购时统一归集到“库存物资”科目下，领用时按照选定的存货价值确定方法得出领用物资成本，并按照使用部门直接归集，形成该支撑业务部门的直接材料费成本。

（3）直接科研仪器设备折旧和无形资产摊销费归集。由资产部门记录支撑业务部门直接使用的科研仪器设备和无形资产情况，得出对应的折旧费和摊销费，并按照使用部门直接归集，形成该支撑业务部门的直接资产耗用成本。

（4）直接其他费用归集。支撑业务部门直接列支的费用，主要包括测试化验加工费、会议费、差旅费、因公出国费、委托业务费、印刷费、邮电费等，发生时直接归集到使用部门中，形成该支撑业务部门的其他直接成本。

2. 间接费用是管理费用中发生的应间接分配到支撑业务部门的成本，主要包括房屋折旧费用、水电暖费用、物业管理费等带有科学事业单位公共运行成本性质的费用。可按照合理标准和方法分配计入。分配计入可参照面积系数、人数系数等方法。

（1）房屋折旧费用可按房屋使用面积系数分配计入。

某支撑业务部门分摊房屋折旧费用 = 该支撑业务部门使用房屋面积数 ÷ 单位房屋总面积 × 科研单位整体房屋折旧费用

（2）科技成果转化基金可按事业收入系数分配计入。

某支撑业务部门分摊科技成果转化基金费用 = 该支撑业务部门事业收入（扣除专项资金外的事业收入）÷ 科研单位整体事业收入（扣除专项资金外的事业收入）× 科研单位科技成果转化基金费用

（3）水电暖费用（无法单独计量）、物业管理费可按房屋使用面积系数分配计入。

某支撑业务部门分摊水电费用 = 该支撑业务部门使用房屋面积数 ÷ 单位房屋总面积 × 科研单位水电费用总消耗

某支撑业务部门分摊暖气物业费用 = 该支撑业务部门房屋使用面积 ÷ 科研单位房屋总面积 × 科研单位暖气物业费用

3. 支撑业务部门成本中的房屋折旧费用、水电暖物业等运行费用也存在直接归集的可能性，如试验基地相对独立，其使用的固定资产、水电暖运行费用均可单独计量，其费用可直接归集入成本。

（三）管理部门的成本核算

管理部门的成本可直接通过单位管理费用科目归集形成管理部门成本，房屋折旧费用、水电暖费用、物业管理费等（带有科学事业单位公共运行成本性质的费用）间接费用分配给科研业务部门和支撑业务部门后，剩余部分直接归集为管理部门成本。

管理部门内部可细分具体部门的履职管理成本，可分为直接费用和间接费用两部分。

1. 直接费用

某管理部门直接发生的人员费用、办公费、会议费、培训费、差旅费、委托业务费、印刷费等，直接归集入成本中，账务处理列支为管理费用。科学事业单位还可根据内部精细化管理需求，在“管理费用”科目下设置综合处、科研处、人事处、财务处等不同管理部门辅助核算，以便进一步核算出不同管理部门的成本。

（1）直接人员费用归集。按照在职在编职工、合同制聘用职工、临时聘用劳务人员归属管理部门，直接将不同类型人员费用归集到所属管理部门中，账务处理列支为管理费用，形成该管理部门的直接人员成本。

（2）直接办公用品归集。一是比较简单的直采直耗型办公用品，领用时直接将采购成本归集到对应管理部门下，形成该管理部门的直接材料费成本。二是较复杂的采购消耗分离型，部分科学事业单位办公用品纳入验收入库管理，在采购办公用品时统一归集到“库存物资”科目下，领用时按照选定的存货价值确定方法得出领用物资成本，并按照使用部门直接归集，形成该管理部门的办公耗材成本。

（3）直接其他费用归集。管理部门直接列支的费用，主要包括会议费、差旅费、因公出国费、委托业务费、印刷费、邮电费、交通费等，发生时直接归集到使用部门中，形成该管理部门的其他直接成本。

2. 间接费用

科学事业单位整体发生的水电暖费、固定资产折旧、无形资产摊销、物业管理费等，发生时先归集到管理费用中，再按照分配系统法分配到科研业务部门和支撑业务部门的间接费用成本中，分配完毕，剩余的部分作为管理部门间接费用保留，形成管理部门成本。

第三节　科研项目的成本核算

一、科研项目的成本构成

科研项目是科学事业单位科研活动的主要载体，科研项目的经济活动是科学事业单位经济活动的重要组成部分。通常科学事业单位将科研项目分为纵向项目和横向项目。纵向项目是对国家（地方）科技计划资助项目（课题）的简称，横向项目是科学事业单位向社会提供科研服务的重要体现。

科研项目的成本是指项目在研究与开发过程中所发生的所有直接费用和间接费用，主要由科研业务部门成本中的相关成本构成，同时将支撑业务部门成本和管理部门成本按照合理标准和方法二级分摊计入。开展科研项目的成本核算有利于政府部门根据科学事业单位成本补偿情况，合理确定稳定性支持与竞争性支持的比例、合理确定科研项目的资助规模、建立科研项目间接成本补偿与实际成本发生的挂钩机制等。

二、科研项目的成本核算

（一）直接费用归集

科研项目成本中的直接费用，可通过业务活动费用科目设置项目辅助账归集，即科研业务部门成本中可与科研项目直接相关的科研材料费、测试化验加工费、出版文献、专家咨询费、人员费、差旅费、会议费、国际交流费用等归集至科研项目成本中。

本书主要对科研材料费和人员费进行单独说明。其他费用科目一般界限较清晰，可以根据费用发生用途直接归集到科研项目成本中。

（1）科研材料费直接归集。按照直采直耗型科研材料和采购消耗分离型科研材料，选定价值确定方法后计算出领用科研材料成本，在将确定好的科研材料费成本归集到科研项目时，可区分两种情况：一是领用出的科研材料明确专项用于某一科研项目中，则可将该科研材料费成本直接归集到科研项目中。二是领用出的科研材料费用于多个科研项目，则根据记录耗用量分配至对应科研项目中，形成科研项目的科研材料直接成本。

(2) 科研人员费直接归集。按照科研人员工作分工，也可区分为两种情况：一是科研人员（包括在职在编人员、博士后、合同聘用人员、研究生、临时聘用人员等）专职工作于某一科研项目，则人员费用直接归集至科研项目中，形成科研项目直接人员成本。二是科研人员（范畴同上）承担多个科研项目，实际工作过程中这种情况较多，则人员费用按照一定系数法分配至科研项目中，一般可通过人工工时法将人员费用在多个科研项目中分配，形成科研项目人员成本。

(二) 间接费用分配

1. 科研业务部门成本无法直接归集到某科研项目中的，主要包括人员费用、科研仪器设备折旧费、水电暖物业费用等。可按照人员工时系数和项目经费收入系数法二级分摊计入。

某科研项目分摊科研业务部门人员费用 = 某科研项目耗用人工工时/所属科研业务部门人员总工时 × 科研业务部门人员费用

某科研项目分摊相关间接费用 = 某科研项目经费收入/所属科研业务部门总收入 × 科研业务部门科研仪器设备折旧费(水、电、暖气、物业费用)

2. 支撑业务部门成本二级分摊计入某科研项目。支撑业务部门为科研项目任务完成提供相应支撑保障的，应将其成本分摊至科研项目中。本书认为，在科学事业单位中，支撑业务部门成本分摊较适用内部成本定价方式进行分摊，既实现了成本补偿又方便操作。第一步，归集支撑业务部门总成本，根据支撑业务部门业务量测算出单位成本；第二步，记录好科研项目所消耗支撑业务数量，乘以单位成本，得出支撑业务成本应分配至科研项目的间接成本。

具体如下：

(1) 科研项目执行中在科学事业单位内部检测中心/仪器平台中心进行测试化验加工的情况。

某科研项目分摊内部检测中心成本 = 检测中心单位成本 × 某科研项目发生检测次数(时长)

检测中心单位成本 = 检测中心成本/全年检测总次数(总时长)，或者以内部定价方式确定检测中心单位成本

(2) 科研项目执行中在科学事业单位内部试验基地进行试验的情况。

某科研项目分摊内部试验基地成本 = 试验基地单位成本 × 某科研项目试验面积

试验基地单位成本 = 试验基地总成本/试验基地总面积，或者以内部定价方式确定试验基地单位成本

（3）其他支撑业务部门，参照内部检测中心和试验基地成本分摊方法，根据测算出单位成本以及科研项目耗用数量，计算出分配至科研项目的间接成本。

3. 在制造成本法下，上述成本构成了科研项目总成本。但如果在完全成本法下，还须将管理部门其他成本分配至科研项目成本中。按照财政部印发的《事业单位成本核算基本指引》规定，成本核算对象为项目时，可采用制造成本法，即不将单位管理费用等向成本核算对象分配的方法。本书对完全成本法下以科研项目作为成本核算对象的间接成本分配方法进行延伸研究。管理部门成本中资产折旧摊销费、水电暖物业管理费已按照间接成本分配至科研项目中，其他管理成本也可分配计入科研项目成本中，如管理人员费用、管理公用经费等，属于科学事业单位成本范围的费用项目，可运用收入系数法进行间接分配。

收入系数 = 科研项目经费收入 ÷ 科学事业单位总收入

某科研项目分摊管理部门成本 = 科研项目收入系数 × 管理部门其他业务成本

第四节　四技项目的成本核算

一、四技项目的成本构成

四技项目在科学事业单位除科研项目外，是另一重要业务活动，主要包括技术转让、技术咨询、技术服务、技术开发、技术交流、技术培训、科普活动等项目。由于科研业务部门主体开展四技项目，因此其成本主要由科研业务部门成本中相关成本构成，同时将支撑业务部门成本和管理部门成本按照合理标准和方法二级分摊计入。

二、四技项目的成本核算

如前所述，四技项目同科研项目成本范畴较为相似，因此成本核算方法参照科研项目，包括直接费用的归集和间接费用的分配，归集方式和分配方法参照科研项目。

同时，四技项目成本核算中涉及科技成果转化基金成本分摊，可通过某四技项目收入占科学事业单位提取科技成果转化基金事业收入的比重系数进行分配计入，其成本核算信息可作为控制成本、报价的依据。

第五节　科研试制产品的成本核算

一、科研试制产品的成本构成

科研试制产品主要包括直接以科研试制的各种产品和生产批量产品等，其成本主要包括科研试制产品过程中发生的直接人工、直接材料、其他直接费用以及间接费用。

科学事业单位根据科研试制产品特点，选择分批法或品种法确定科研试制产品的明细成本核算对象。

（1）分批法。对于单件、小批量生产的科研试制产品，可以作为明细成本核算对象，在“加工物资”科目下设置批次辅助账，区分不同批次科研试制产品成本。

（2）品种法。对于科研试制产品品种可区分的，可以作为明细成本核算对象，在“加工物资”科目下设置品种辅助账，区分不同品种科研试制产品成本。

二、科研试制产品的成本核算

（一）科研试制在产品的成本归集

按照政府会计制度规定，科研试制在产品的成本主要通过“加工物品——自制物品”会计科目归集，下设“直接材料”“直接人工”“其他直接费用”“间接费用”等科目。

1. 直接费用

直接费用主要包括直接材料、直接人工（专门从事科研试制产品的人员费用）、其他直接费用等。其发生时直接归集到相应科目中，计入科研试制产品成本。

（1）直接材料费归集。按照直采直耗型科研材料和采购消耗分离型科研材料，选定价值确定方法后计算出领用试制产品材料成本，在将确定好的材料费成本归集到试制产品时，可区分两种情况：一是领用出的材料明确专项用于某批次或某品种试制产品中，则可将该材料费成本直接归集到明细试制产品中。二是领用出的科研材料费用于多批次或多品种的试制产品，则根据记录耗用量分配至对应产品中，形成试制产品的材料费直接成本。

（2）人员费直接归集。按照科研人员工作分工，也可区分为两种情况：一是科研人员（包括在职在编人员、博士后、合同聘用人员、研究生、临时聘用人员等）专职工作于某批次或某品种试制产品，则人员费用直接归集至试制产品中，形成试制产品的直接人员成本。二是科研人员（范畴同上）承担多个试制产品，则人员费用按照一定系数法分配，一般可通过人工工时法将人员费用在多个项目中分配，形成试制产品的人员成本。

（3）直接科研仪器设备折旧和无形资产摊销费归集。由资产部门记录试制产品部门直接使用的科研仪器设备和无形资产情况，得出对应的折旧费和摊销费，并按照使用部门直接归集，形成该试制产品的直接资产耗用成本。如果存在要在不同试制产品之间分配的情况，可以按照产品产量系数法进行分配，将试制产品产量占总产量的比例作为系数，分配资产耗用费用。

（4）直接其他费用归集。生产试制产品直接列支的费用，主要包括测试化验加工费、会议费、差旅费、因公出国费、委托业务费、印刷费、邮电费等，发生时直接归集到试制产品中，形成该试制产品的其他直接成本。

2. 间接费用

间接费用主要指为科研试制产品发生的人员费用分配、水电暖物业管理费用分配、支撑业务费用分配等。本书研究前提为科研试制产品主要由科研业务部门开展相关任务，因此可将已分配至科研业务部门的成本二次分配至科研试制产品中。

（1）人员费用分配。科学事业单位如果没有专门从事科研试制产品的人员，但此类人员一般都在科研业务部门中，则可以将科研业务部门的人员成本分配计入科研试制产品成本中。

科研试制产品应分摊的人员费用＝科研业务部门中从事科研试制产品人员工时/总人员工时×科研业务部门人员费用

（2）水电暖物业费用分摊。可将已分配到科研业务部门的水电暖物业费用二次分配到科研试制产品成本中。科研业务部门二次分配可运用收入系数法分配。

收入系数 = 科研试制产品收入 ÷ 科研业务部门内部事业收入

科研试制产品应分摊的水电暖物业费用 = 科研试制产品收入系数 × 科研业务部门的水电暖物业费用

（3）支撑业务部门间接分配。这主要看支撑业务部门是否为科研试制产品提供相关支撑服务，若提供，应将支撑业务部门成本二级分摊计入科研试制产品成本中，仍按照内部定价方式分配支撑业务成本。

（4）管理成本分配。在制造成本法下，上述成本就构成了试制产品总成本。但如果在完全成本法下，还须将管理部门其他成本分配至科研项目成本中。按照财政部印发的《事业单位成本核算基本指引》的规定，成本核算对象为产品时，可采用制造成本法，即不将单位管理费用等向成本核算对象分配的方法。本书对完全成本法下以试制产品作为成本核算对象的间接成本分配方法进行延伸研究。管理部门成本中资产折旧摊销费、水电暖物业管理费已按照间接成本分配至试制产品中，其他管理成本也可分配计入，如管理人员费用、管理公用经费等，属于科学事业单位成本范围的费用项目，可运用收入系数法进行间接分配。

收入系数 = 试制产品收入 ÷ 科学事业单位总事业收入

某试制产品分配管理部门成本 = 科研项目收入系数 × 管理部门其他业务成本

（二）科研试制完工产品的成本归集

已经制造完成并验收入库的科研试制产品，按照所归集的在产品成本结转至“库存物品”科目中，形成完工试制产品总成本。

第十九章　科学事业单位成本报表编制与分析

第一节　科学事业单位成本报表编制的必要性和类别

一、科学事业单位成本报表编制的必要性

科学事业单位成本报表能够清晰准确地反映科学事业单位在一段时间内各类成本的构成、花费、流动情况，属于一种为科学事业单位成本管理决策提供服务的内部报表，能够帮助管理者清晰了解一段时间内单位的成本管控情况。因此，科学事业单位成本报表是考核科研部门、支撑部门等成本核算单元的重要途径，是能够有效考核成本计划执行情况的方法之一，也是单位会计报表的重要组成部分。

成本报表的编制主要是根据成本资料以及其他资料进行的，对科学事业单位成本核算单元某一时间段中成本、各项支出费用以及构成情况进行反映与监督。编制成本报表是科学事业单位对成本的执行进行分析和控制的基础。科学事业单位在编制成本报表的时候，对完整性、真实性以及及时性有严格要求，从而保证成本报表内容与相关数据的真实性与完整性。

成本报表可以辅助相关人员审查科学事业单位成本核算是否真实可靠，也可以作为支撑部门收费、降低成本支出的重要参考，为成本分析和控制提供有力的依据。同时，各项成本报表和现金流量表、财政补助收支情况表、资产负债表、收入费用总表构成完整的报表体系，使得我国科学事业单位的报表体系更加全面和完善，也方便了公众对科学事业单位财务管理及成本核算的监督。

二、科学事业单位成本报表的类别

按照科学事业单位的核算对象，科学事业单位成本报表包括单位成本报

表、内部业务单元成本报表、科研项目成本报表、科研产品成本报表等。按照成本要素，科学事业单位成本报表又可以分为直接成本报表、间接成本报表和费用报表。

这些报表从不同层面和角度科学地反映了科学事业单位成本费用支出情况。

（一）反映科学事业单位成本情况的报表

该类报表主要反映科学事业单位以单位整体为对象进行成本核算的情况，包括开展各项业务活动的费用支出，如人员成本、科研材料成本、固定资产成本、无形资产成本等业务费用水平及其构成情况。成本核算对象为单位整体、主要业务活动的，可以采用完全成本法。

单位成本报表是科学事业单位在报告期内编制的反映单位开展科学研究活动及其支撑服务活动而发生的总成本的报表。单位成本报表可以分析科研活动及其支撑服务活动的各项支出情况，可以分析单位科研业务、支撑业务和教学活动等各项成本情况及变动，对单位进行成本控制的总体情况进行评价。

（二）反映科学事业单位内部业务单元成本情况的报表

该类报表主要反映科学事业单位以内部业务单元为对象进行成本核算的情况，包括归集到内部业务单元的人员成本、科研材料成本、固定资产成本、无形资产成本等业务费用水平及其构成情况。内部业务单元包括内部组织部门、业务团队等，例如实验室、测试平台、编辑部、PI 团队等。

内部业务单元成本报表是科学事业单位在报告期内编制的反映内部业务单元开展科学研究活动及其支撑服务活动而发生的总成本的报表。内部业务单元报表可以分析每个业务单元的支出情况和成本变动，科学事业单位可以对依据内部业务单元成本报表进行成本控制和考核评价。

（三）反映科学事业单位科研项目成本情况的报表

为了加强对科研项目经费管理，科学事业单位可以编制项目成本报表，反映归集到某一项科研项目的人员成本、科研材料成本、固定资产成本、无形资产成本等业务费用水平及其构成情况。

科研项目成本报表是科学事业单位在报告期内编制的反映围绕特定目标开

展科研活动而发生的总成本的报表。科研项目成本报表可以分析单个科研项目的支出构成和成本情况。科技部、自然科学基金委、中科院等科研项目管理单位可以依据科研项目成本报表评价科学事业单位科研项目实施情况和绩效，核定科学事业单位的间接成本比例；科学事业单位可以依据科研项目成本报表对承担科研项目的项目负责人和团队进行考核评价。

（四）反映科学事业单位四技项目成本情况的报表

为了加强对科研项目经费的管理，科学事业单位可以编制四技项目成本报表，反映归集到技术转让、技术咨询、技术服务、技术开发等科研活动的人员成本、科研材料成本、固定资产成本、无形资产成本等业务费用水平及其构成情况。

科研四技项目成本报表是科学事业单位在报告期内编制的反映围绕特定目标开展技术转让、技术咨询、技术服务、技术开发等科研活动的成本报表。科研项目成本报表可以分析单个四技项目的支出构成和成本情况。科学事业单位可以对依据四技项目成本报表对承担科研项目的项目负责人和团队进行考核评价，对技术转让价格进行议价。

（五）反映科学事业单位产品成本情况的报表

该类报表主要反映科学事业单位以公共服务和产品为对象进行成本核算的情况，包括提供公共服务和产品的人员成本、科研材料成本、固定资产成本、无形资产成本等业务费用水平及其构成情况。

科研产品成本报表是科学事业单位在报告期内编制的反映研制、试制产品的成本报表。科研产品成本报表可以分析某种科研产品的成本情况。科学事业单位可以对依据科研产品成本报表对承担科研项目的项目负责人和团队进行考核评价，对科研产品价格进行议价。

（六）反映科学事业单位费用情况的报表

该类报表主要是反映科学事业单位一定时期内各类费用总额及构成情况。此类成本报表的有管理费用明细表、资产处置费用明细表、上缴上级费用明细表、对附属单位补助费用明细表等。

单位费用情况报表是科学事业单位在报告期内编制的反映单位管理费用、资产处置费用等各项费用的报表。科学事业单位可以依据单位费用情况报表对各项费用支出水平的高低进行评价和控制，分析原因，从而改进管理降低费用水平。

第二节　科学事业单位主要成本报表

从收支情况看，科学事业单位以开展科学研究和技术服务为主。科学事业单位主要成本报表是反映单位在报告期内主要业务的单位成本水平和构成情况的成本报表。不同类型的科学事业单位采用的成本核算对象和方法不同，因此适用的成本报表也不相同。

科学事业单位应当结合实际情况，编制相应的成本报表。本节主要阐述的各种类型的科学事业单位成本报表，包括单位成本报表、内部业务单位成本报表、科研项目成本报表、产品成本报表和费用报表等。

一、科学事业单位成本报表

以单位整体和主要业务活动为核算对象的科学事业单位，应当准确区分不计入成本的费用，然后编制单位成本报表，清楚明晰地反映单位总成本。

（一）以单位整体为核算对象的成本报表

单位在编制成本报表时，首先需要区分对象化的费用和不计入成本的费用，然后对照成本项目进行归集。成本报表能够清晰地反映出成本内容和构成比例（见表 19 – 1）。

表 19 – 1　　科学事业单位成本报表（一）

编制部门：________　　　　编制时间：______年____月

序号	成本项目	金额（万元）	占比
1	人员费用		
2	科研材料费		
3	测试化验加工费		
4	会议差旅出国费		
5	委托业务费		
6	固定资产折旧费		

续表

序号	成本项目	金额（万元）	占比
7	无形资产摊销费		
8	管理费用		
9	资产处置费用		
10	上缴上级费用		
11	对附属单位补助费用		
合计			

注：成本核算对象为单位整体的，单位负有管理维护职责，但并非为满足其自身开展业务活动需要所控制资产的折旧（摊销）费用，如公共基础设施折旧（摊销）费、保障性住房折旧费等，一般不计入成本。

（二）以主要业务活动为核算对象的单位成本报表

单位在编制成本报表时，首先需要区分对象化的费用和不计入成本的费用，然后对各类费用按照业务活动类型进行归集。成本报表能够清晰地反映出科研业务成本、支撑业务成本、教学活动成本等各类业务活动成本的内容和构成，同时也能反映出单体整体的成本内容和构成（见表19－2）。

表19－2　　科学事业单位成本报表（二）

编制部门：________　　编制时间：______年____月　　单位：万元

成本项目 / 主要业务活动	人员费用	科研材料费	测试化验加工费	会议差旅出国费	委托业务费	固定资产折旧费	无形资产摊销费	管理费用分摊	其他费用分摊	合计
科研业务成本										
支撑业务成本										
教学活动成本										
××成本										
合计										

注：成本核算对象为业务活动类型的，与单位开展业务活动耗费无关的费用，如资产处置费用、上缴上级费用、对附属单位补助费用等，一般不计入成本。

二、科学事业单位内部业务单元成本报表

科学事业单位内部业务单元包括为了共同的目标而开展科研业务活动和支撑辅助活动的内部组织，例如实验室、测试平台、编辑部、PI团队等。

（一）内部业务单元直接成本报表

能够直接归集到内部业务单元进行成本核算的费用，可以编制内部业务单元直接成本报表，清楚明晰地反映出某一业务单位各种直接费用的耗用情况（见表19-3）。

表19-3　　　　科学事业单位内部业务单元直接成本报表

编制部门：________　　　　编制时间：______年____月　　　　单位：万元

成本项目 核算单元名称	人员费用	科研材料费	测试化验加工费	会议差旅出国费	委托业务费	固定资产折旧费	无形资产摊销费	其他费用	合计
科研业务部门1									
科研业务部门2									
……									
合计									
支撑业务部门1									
支撑业务部门2									
……									
合计									

（二）内部业务单元间接成本报表

不能直接归集到内部业务单元进行成本核算的费用，可以编制内部业务单元间接成本报表，清楚明晰地反映电费、水费、房屋使用费、网络费等费用耗费和分摊计入情况。成本动因可以结合费用性质和单位实际情况选择人员比例、业务量（工作或服务量）、部门收入、占用资产、占用面积等因素。例如，电费可以占用资产为成本动因，房屋使用费以占用面积为成本动因等（见表19-4）。

表19-4　　　　科学事业单位内部业务单元间接成本报表

编制部门：________　　　　编制时间：______年____月

名称	成本动因	投入费用	分摊比例	分摊金额（万元）
电费				
水费				
房屋使用费				

续表

名称	成本动因	投入费用	分摊比例	分摊金额（万元）
网络费				
维修费				
物业费				
……				
合计				

（三）内部业务单元成本报表

内部业务单元成本报表是内部业务单元直接成本报表和间接成本报表的总和，能够反映出内部业务单元的完整成本内容和构成（见表19－5）。

表19－5　　科学事业单位内部业务单元成本报表

编制部门：________　　编制时间：______年____月　　单位：万元

	科研业务部门1	科研业务部门2	支撑业务部门1	支撑业务部门2	××	合计
人员费用						
科研材料费						
测试化验加工费						
会议差旅出国费						
委托业务费						
固定资产折旧费						
无形资产摊销费						
其他费用						
直接成本合计						
电费						
水费						
房屋使用费						
网络费						
间接成本合计						
总计						

三、科学事业单位科研项目成本报表

科研项目是科学事业单位的一项主要业务活动。单位可以根据需要编制科研项目成本报表，以某一科研项目为对象归集各类费用。如果科学事业单位选择科研团队、研究室等核算单元，在计算科研项目成本时，直接费用直接计入或分析计算计入科研项目成本，科研成本核算单元无法直接计入科研项目的费用按照合理的方法和标准分配计入科研项目成本中（见表 19－6）。

表 19－6　　**科研项目成本报表**

编制部门：________　　编制时间：______年____月　　单位：万元

成本项目 / 科研项目类型	直接成本							间接成本
	直接材料	直接人工	会议差旅出国费	测试化验加工费	委托业务费	固定资产折旧	无形资产摊销	管理费用分摊
国家科技重大专项××								
国家重点研发计划××								
国家自然科学基金项目××								
战略性先导专项项目××								
合计								

四、科学事业单位四技项目成本报表

除了科研项目，四技项目是科学事业单位另一项特色业务活动，主要包括技术转让、技术咨询、技术服务、技术开发等。

单位可以根据需要编制四技项目成本报表，以某一四技项目为对象归集各类费用。在计算四技项目成本时，直接费用直接计入或分析计算计入科研项目成本，无法直接计入科研项目的费用按照合理的方法和标准分配计入四技项目成本中（见表 19－7）。

表 19－7　　四技项目成本报表

编制部门：________　　编制时间：______年____月　　单位：万元

成本项目 / 科研项目类型	直接成本							间接成本
	直接材料	直接人工	会议差旅出国费	测试化验加工费	委托业务费	固定资产折旧	无形资产摊销	管理费用分摊
技术开发××								
技术服务××								
技术咨询××								
技术转让××								
合计								

五、科学事业单位产品成本报表

提供公共服务和产品的科学事业单位可以编制产品成本报表，用以核定产品价格和产品成本控制。单位在编制产品成本报表时，以某一产品为对象归集费用。产品成本报表反映具体产品的成本内容和构成（见表 19－8）。

表 19－8　　科研试制产品成本报表

编制部门：________　　编制时间：______年____月　　单位：万元

成本项目 / 产品类型	直接成本			间接成本		
	直接材料	直接人工	其他直接费用	人员费用分摊	业务支撑费用分摊	其他费用分摊
××型号产品 1						
××型号产品 2						
××型号产品 3						
……						
合计						

六、科学事业单位费用情况报表

科学事业单位所发生各种费用是指单位开展科研业务活动时所发生的管理费用、资产处置费用、上缴上级费用、对附属单位补助费用等。编制上述费用分析报表的作用在于反映相关费用预算的执行情况，分析相关费用变动的原因以及对当期盈余的影响。

（一）管理费用明细表（见表 19－9）

表 19－9　　20××年××月管理费用明细表

项目	本月发生额	上年同期数	变动趋势
房屋折旧费用			
水电暖费用			
物业管理费			
其他费用			
合计			

表 19－9 按照管理费用项目分别反映各项费用的本月发生额、上年同期数和变动趋势。其中，上年同期数根据上年同期管理费用明细表本月实际数填列；本月实际数根据管理费用所属各业务活动费用明细账的本月合计数汇总计算填列；变动趋势根据本月发生额和上年同期数的差额，本月发生额大于（或小于）上年同期数则变动趋势数额为正（或负），表示相关费用的增加（或减少）。

（二）资产处置费用明细表（见表 19－10）

表 19－10　　20××年××月资产处置费用明细表

所属部门	资产名称	资产原值	资产折旧	处置收入（损失）
科技处	电脑			
	办公桌椅			
	扫描仪			
	打印机			
	固定资产××			
合计				

表 19－10 按照资产所属部门和资产类型进行填写，反映资产的购入原值、计提的累计折旧和处置收入（或损失），能够简要地展示出资产全生命周期的管理和使用情况。

第三节　科学事业单位成本报表分析

成本报表分析是指以科学事业单位成本报表所提供的反映单位一定时期成本水平和构成情况的资料以及其他有关的计划、核算资料为依据，对成本水平和构成的变动情况进行分析评价，以揭示影响成本升降的各种因素及其变动原因，寻找降低成本的潜力。

一、成本报表的步骤和分析方法

（一）成本分析的步骤

成本分析一般包括科学组织、资料梳理、原因分析、成本评价等四个方面。

1. 科学组织

科学事业单位开展成本分析工作前需要明确成本分析的目标、成本分析内部要求和外部需求。根据成本分析的目标和内外部要求，科学拟订分析计划，提高成本分析工作效率和工作质量。

2. 资料梳理

该步骤是科学进行成本分析、得出准确结论的前提。主要广泛收集与成本分析相关的各方面的资料，并认真进行审核、整理和筛选，去粗取精，去伪存真；同时，深入实际进行调查研究，掌握实际工作的具体情况。

3. 原因分析

结合科学事业单位的内外部实际，查明影响成本相关各因素变动的具体原因及其影响程度、应该重点解决的问题等，为后续分析提供依据，便于有的放矢地采取成本控制措施。

4. 成本评价

编写成本分析报告，对内向科学事业单位领导班子报告成本管理工作、成本对象的构成和绩效、控制成本的举措等。对外向科研经费主管部门（科技部、基金委等）报告成本核算、成本管理的情况和效果。

（二）成本分析方法

成本分析方法主要包括比较分析法、比率分析法、连环替代法、差额计算法和相关分析法等。

1. 比较分析法

比较分析法是通过分析期的实际数与选定的基数的对比来解释实际数与基数之间的差异。在对比分析中，可采取实际指标与计划指标对比、本期实际与上期（或上年同期、历史最好水平）实际指标对比、本期实际指标与国内外同类型单位的指标对比等形式。比较分析法的主要作用在于通过对比，揭露矛盾、发现问题、找出差距、分析原因，并为进一步减低成本指明方向。

比较分析法只适用于同质指标的数量对比，运用该方法要注意指标的可比性，以使比较的结果更能说明问题，揭示的差异才能符合实际。若不可比，则可能使分析的结果不准确，甚至可能得出与实际情况完全不同的相反的结论。在采用对比分析法时，可采取绝对数对比、增减差额对比或相对数对比等多种形式。

2. 比率分析法

比率分析法是通过计算各项指标之间的比率，以考察科研活动的相对效益的一种分析方法，主要有相关比率分析法、构成比率分析法和动态比率分析法。

（1）相关比率分析法是将两个性质不同而又相关的指标加以对比，求出比率，并以此来考察科学事业单位经营管理情况。如从投入与产出关系来看，可以分析科研经费的投入和科研成果的产出成果指标情况。

（2）构成比率分析法可以考察成本总量的构成情况及各成本项目占成本总量的比重，从而为寻求降低成本的途径指明方向。如将某项科研项目的各类成本项目与成本总额相比，计算所占成本比重，确定相应成本构成比率。还可以比较不同时期成本构成比率，分析科学事业单位经营管理不同时期的变化情况。

（3）动态比率分析法也称趋势分析法，就是将同类指标不同时期的数值进行对比，求出比率，以分析该项指标的发展方向和发展速度。动态比率的计算，通常采用基期指数和环比指数两种方法。

3. 连环替代法

连环替代法又称定量的因素分析法，是用来计算若干个彼此存在一定联系的因素对综合经济指标变动影响程度的分析方法。连环替代法在计算某一因素对一个经济指标的影响时，假定只有这个因素在变动而其他因素不变；其次，确定各个因素替代顺序，然后按照这一顺序替代计算；然后把这个指标与该因素替代前的指标相比较，确定该因素变动所造成的影响。

相关因素排列顺序的一般原则是：应先分析数量因素变动，后分析质量因素变动影响；先分析实物量因素变动的影响，后分析价值量因素变动影响；先分析主要因素变动的影响，后分析次要因素变动影响。

4. 差额计算法

差额计算法是连环替代法的一种简化形式，它利用各个因素的目标值与实际值的差额来计算其对成本的影响程度。先要确定各因素实际数与计划数差异，然后按照各因素排序，计算出各因素变动的影响程度。

5. 相关分析法

相关分析法是指在分析某个指标时，将与该指标相关但又不同的指标加以对比，分析其相互关系的一种方法。如科研产品产量的变化，会引起科研产品成本的变化，利用相关分析法找出相关指标之间规律性的联系，从而实现规模效益。

二、科学事业单位成本报表分析

（一）单位成本报表分析

对单位成本报表分析可以采用比较分析法，在同一年度内以第一季度为基期，分析第二、三、四季度成本的变化；或者以上一年度同期为基期，分析与去年同期相比成本的变化。下面以科学事业单位成本报表（一）为例进行说明（见表 19－11）。

表 19－11　　科学事业单位成本报表分析

成本项目	2020 年第一季度（1）	2021 年第一季度（2）	同比趋势	2021 年第二季度（3）	环比趋势
人员费用					
科研材料费					
测试化验加工费					
会议差旅出国费					
委托业务费					

续表

成本项目	2020 年第一季度（1）	2021 年第一季度（2）	同比趋势	2021 年第二季度（3）	环比趋势
固定资产折旧费					
无形资产摊销费					
管理费用					
资产处置费用					
上缴上级费用					
对附属单位补助费用					

1. 同比趋势 = 当期/基期 = 2021 年第一季度数据/2020 年第一季度数据。结果可以显示人员费用、科研材料费用、测试化验加工费、会议差旅出国费、委托业务费等与去年同期相比增加（或减少）了多少，从而分析原因进行成本控制。

2. 环比趋势 = 当期/基期 = 2021 年第二季度数据/2021 年第一季度数据。结果可以显示人员费用、科研材料费用、测试化验加工费、会议差旅出国费、委托业务费等第二季度比上个季度相比增加（或减少）了多少，从而分析原因进行成本控制。

（二）内部业务单元成本报表分析

对内部业务单元成本报表分析可以采用比率分析法，通过计算成本项目占成本的比重来分析成本构成。

1. 纵向分析

计算人员经费、材料费、测试化验加工费、会议费、差旅费、因公出国费、委托业务费等占总成本的比重，来分析不同科研部门，或者同一科研部门不同学科组、研究团队的成本构成比重（见表 19 - 12）。

表 19 - 12　　业务单元成本纵向分析

成本项目	人员经费		材料费		测试化验加工费		会议差旅出国费		委托业务费	
	金额	占比	金额	占比	金额	占比	金额	占比	金额	占比
学科组 1										
学科组 2										

2. 横向分析

计算不同会计年度中人员经费、材料费、测试化验加工费、会议费、差旅费、因公出国费、委托业务费等占总成本的比重，来分析同一业务核算单元成本控制的效果（见表19－13）。

表19－13　　业务单元成本横向分析

成本项目	人员经费		材料费		测试化验加工费		会议费		差旅费		因公出国费		委托业务费	
	金额	占比	金额	占比	金额	占比	金额	占比	金额	占比	金额	占比	金额	占比
2020年														
2021年														

（三）科研项目成本报表分析

每个科研项目都是围绕各自既定的目标实施，采取的研究方法、技术路线等各不相同。因此，科研项目成本报表可以采用比率分析法分析成本的构成，也可以进一步分析科研项目的间接成本率，真实、客观地反映科学事业单位为了保障科研活动顺利实施的成本补偿，从而影响科研项目间接费用的核定。

1. 科研项目成本构成分析

计算人员经费、材料费、测试化验加工费、会议费、差旅费、因公出国费、委托业务费等占总成本的比重，来分析不同科研项目的成本构成比重（见表19－14）。

表19－14　　科研项目成本构成分析

成本项目	人员经费		材料费		测试化验加工费		会议差旅出国费		委托业务费	
	金额	占比	金额	占比	金额	占比	金额	占比	金额	占比
科研项目1										
科研项目2										

2. 科研项目间接成本率分析

科学事业单位可以分析、计算为了保障科研活动顺利实施的成本补偿，从而影响科研项目间接费用的核定。表19－15中，直接费用和间接费用按照财务会计成本核算的金额填写，间接费用（总计）按照财务会计成本核算金额填写，科研项目间接成本按照科研项目预算批复的间接成本金额填写。

间接费用(总计)占比 = 间接费用/(直接费用 + 间接费用)

科研项目间接成本占比 = 预算批复的间接成本/预算批复的科研项目经费

差异 = 间接费用(总计)金额 - 科研项目间接成本金额

表 19-15　　科研项目间接成本率分析

成本项目	直接费用		间接费用						间接费用(总计)		科研项目间接成本		差异
			房屋折旧费用		水电暖费用		物业管理费用						
	金额	占比	金额	占比	金额	占比	金额	占比	金额	占比	金额	占比	
科研项目1													
科研项目2													

（四）四技项目成本报表分析

对四技项目成本报表分析可以采用比率分析法，通过计算成本项目占成本的比重来分析成本构成。

1. 纵向分析

计算人员经费、材料费、测试化验加工费、会议费、差旅费、因公出国费、委托业务费等占总成本的比重，来分析不同四技项目的成本构成比重（见表 19-16）。

表 19-16　　四技项目成本纵向分析

成本项目	人员经费		材料费		测试化验加工费		会议差旅出国费		委托业务费	
	金额	占比	金额	占比	金额	占比	金额	占比	金额	占比
技术开发项目										
技术咨询项目										
技术服务项目										
技术转让项目										

2. 横向分析

计算不同会计年度中人员经费、材料费、测试化验加工费、会议费、差旅费、因公出国费、委托业务费等占总成本的比重，来分析同一四技项目成本控制的效果（见表19－17）。

表19－17　　四技项目成本横向分析

成本项目	人员经费		材料费		测试化验加工费		会议费		差旅费		因公出国费		委托业务费	
	金额	占比	金额	占比	金额	占比	金额	占比	金额	占比	金额	占比	金额	占比
2020年														
2021年														

（五）科研产品成本报表分析

科研产品成本报表分析，可以采用因素分析法，通过计算单位成本，分析单位成本及其各个成本项目的变动情况，尤其是消耗定额执行情况，从而分析、确定业务流程变动、有关技术经济指标变动对单位成本的影响，查明单位成本升降的具体原因。下面以成本项目中的材料费、人员经费为例进行说明。

1. 材料费用

直接材料费用变动主要受单位材料消耗数量和材料价格两个因素的变动影响，其变动影响可用差额计算法计算（见表19－18）。

材料消耗数量变动的影响＝(实际单位耗用量－计划单位耗用量)×原材料计划单价

材料价格变动的影响＝(原材料实际单价－原材料计划单价)×单位业务原材料实际耗用量

表19－18　　A产品材料费用分析表

项目	材料消耗量/千克	材料单价/(元/千克)	材料费用/元
本年计划	8	12	96
本年实际	7	16	112
材料费用差异			16

A 产品材料消耗数量变动的影响 =（7 - 8）×12 = -12（元）

A 产品材料价格变动的影响 =（16 - 12）×7 = 28（元）

上述计算表明，A 产品的材料费用超支了 16 元，其中价格提高使材料费用超支了 28 元，材料的消耗量下降节约了 12 元，材料费用的超支主要是由于价格因素。

2. 人员经费

人员经费的变动主要受工时消耗量和小时工资率两个因素的变动影响，其变动影响可用差额计算法计算（见表 19 - 19）。

工时消耗量变动的影响 =（实际单位产品工时消耗量 - 计划单位产品工时消耗量）× 计划小时工资率

小时工资率变动的影响 =（实际小时工资率 - 计划小时工资率）× 实际单位产品工时消耗量

表 19 - 19　　A 产品人工经费分析表

项目	单位产品所耗工时	每小时工资费用/元	直接人工费用/元
本年计划	20	5	100
本年实际	15	6	90
材料费用差异			-10

A 单位产品所耗工时变动的影响 =（15 - 20）×5 = -25（元）

A 产品材料价格变动的影响 =（6 - 5）×15 = 15（元）

上述计算表明，A 产品的人员经费节约了 10 元，其中工时消耗大幅度节约了 25 元，每小时的工资费用超支了 15 元，人员经费的节约主要是由于工时消耗的因素。

（六）单位费用情况报表分析

对单位费用情况报表可以采用对比分析法，可以利用费用报表所提供的资料，逐项进行数据间的比较，确定差异，并对造成差异原因进行分析，通过业务资料分析主要原因，并为提升管理水平提供依据（见表 19 - 20）。

表 19－20　　20××年管理费用分析表

项目	本年发生额	占比	上年同期数	差异	差异率
房屋折旧费用					
水电暖费用					
物业管理费					
其他费用					
合计					

可以计算某项费用占总费用的比率，在此基础上，将本年发生数同上年同期数等进行比较，分析费用构成变化，并从中发现可能存在的问题。

典型案例一：科研项目的成本核算案例

某先进技术研究院是新型研发机构，科研财政项目因实行全员聘用，无编制、无人员经费，支出的劳务费、项目间接绩效不受编制内人员支出经费管理办法影响。纵向课题和横向课题经费支出灵活度加强，科研事业单位的“完全成本法”得以充分运用。

基于以上背景，以某先进技术研究院的“完全成本法”为例，选取科研项目 C 进行完全成本核算。完全成本核算的归集方法为：按照每个研究组课题制管理的特点，科研成本归属的对象是研究项目，完全成本法下按照经费来源划分为直接成本与间接成本。完全成本法成本分配方法包括直接分配法和承担对象受益分摊法。

某先进院“完全成本核算”的模型设计：

某科研项目“完全成本法”核算有以下假设条件。

假设条件 1：假设完全成本下“完全成本”用“FC”表示，可直接归集的“直接成本”用“DC”表示，间接成本用“IC”表示。

则：$FC = DC + IC$；

间接费用按照“支撑的部门”进行划分：项目支撑的行政管理费用用“IC_1”表示；项目支撑的辅助费用用“IC_2”表示；项目支撑的后勤保障费用用“IC_3”表示；科研人员分配的人员经费用“IC_4”表示，则：$IC = IC_1 + IC_2 + IC_3 + IC_4$。

结论：

完全成本法模型的公式：

$$FC = DC + IC$$

$$= DC + (IC_1 + IC_2 + IC_3 + IC_4);$$

假设条件2：假设某先进技术研究院项目的费用归集支撑部门如表19－21所示。

表19－21　　某先进技术研究院项目的费用归集支撑部门

成本费用归集类型	项目成本费用叨扰部门
行政管理	科研开发处
	财务处
	实验室管理基地
支撑辅助管理	计算机文献室
	图书借阅处
	复印室
后勤保障	后勤中心
	资产处

“完全成本法”案例：

某先进技术研究院项目C为B研究组2020年取得的科技部某专项项目，项目组于2019年组建，本项目组承担的项目呈现多元化，即部委项目、自然科学基金、省财政厅纵向项目、政企合作的技术服务项目。项目组总计成员14人，其中：二级研究员3人，其他人员11人，本项目组的某项目研究院实验室及实验场所建筑面积300平方米。仪器设备（不包括计算机设备）6台，总价值72.31万元；其中：通用仪器设备5台，价值53.31万元；专用仪器设备1台，价值为19万元。计算机设备16台，总价值为12.34万元，其中：台式计算机14台，价值9.33万元，超级便携式计算机2台，价值3.01万元。

项目C相关资料如下：

（1）项目C经费总计90万元，2020年1月开题，2020年12月结题。主要研究为光催化研究开发方向。同期：A深圳某研究院项目经费到款60万元，B研究组其他项目经费到款30万元。

（2）项目组3名二级研究员中，博士生导师1人，研究生导师2人，同时承担科研、教学工作，3 名二级研究员对于项目 C 投入的时间占总工作时间的比重分别为 30%、40% 和 60%。3 名人员经费收入每年分别为 25 万元、26 万元和 28 万元。

（3）项目组在研究过程中共耗用材料费 45.5 万元，其中 C 项目消耗材料费 38.5 万元；发生野外考察差旅费 22 万元，直接能计入 C 项目的为 18.4 万元；项目 C 发生国际交流差旅费 4.3 万元。

（4）项目 C 发生的测试化验加工费 11.20 万元，论文修改编辑费 4.32 万元。

（5）项目 C 召开研讨会发生的会议费 1.2 万元，专家咨询费 1.6 万元。

（6）项目组发生通信费 0.8 万元，水电费 0.48 万元，劳务费 0.9 万元。

（7）项目组当年共计计提固定折旧 13.5 万元，包含科研仪器设备折旧 3.5 万元和科研用房折旧 10 万元，而耗用固定资产总时间为 2 000 小时，其中 C 项目耗用时间 1 500 元。

（8）项目 C 按照总到位经费的 5% 预提管理费 4.5 万元。行政管理（包括科研开发处、财务处、实验室管理部）发生管理费分别为 100 万元、60 万元和 60 万元；支撑辅助部门（包括图书馆、复印室、计算机中心）发生管理费用分别为 40 万元、20 万元及 50 万元；后勤保障部门（包括资产处、后勤中心）发生管理费用分别是 40 万元和 30 万元。

（9）经统计，2020 年 B 研究组人员项目 C 投入总时长 3 000 小时，其他项目投入时间 1 800 小时。

“完全成本法”归集成本过程步骤：

步骤一：直接费用直接计入 C 项目的科研成本，见表 19-22。

表 19-22　　直接计入科研成本的直接费用

项目 C 直接归集的直接成本	金额（万元）	项目 C 直接归集的直接成本	金额（万元）
材料费	38.5	会议费	1.20
出版文献费	4.32	国际合作交流费	4.30
测试化验加工费	11.20	专家咨询费	1.60
差旅费	18.40	其他	0.00

由表 19-22 可得出：

可直接计入成本的直接成本金额

$=38.50+4.32+11.20+18.40+1.2+4.3+1.6=79.52$（万元）；

步骤二：将直接人工费用进行项目分摊

直接人工费用的分摊采用直接追溯法进行，按照项目投入占工作时间的比重，对项目组相关人员的工资等在不同项目间进行分配，计算得出项目组人员的薪酬（见表19－23）。

科研人员的工资分配计算公式如下：

每位人员应分摊计入项目的人员经费＝年工资收入×项目投入占总工作时间比重；

项目总人工费用＝$\sum$（每位人工应分摊计入项目的工资之和）＋劳务费；

表19－23　二级研究员在项目C中工资的分摊表

二级研究员姓名	年工资收入/万元	项目投入占总工作时间比重	职工薪酬/万元	备注
二级研究员 A	25.00	30.00%	7.50	
二级研究员 B	26.00	40.00%	10.40	
二级研究员 C	28.00	60.00%	16.80	
合计	79.00	—	34.70	

按照表19－23可知：

二级研究员在项目C中应分摊计入的工资总和

＝34.70（万元）

步骤三：将固定资产折旧分摊计入科研成本

1. 项目专用仪器设备。指专门用于项目的仪器设备，可以直接计提折旧计入项目的直接成本。

2. 通用的仪器设备。参照上述直接人工的分配方法，按照项目投入工时分摊到项目中。倘若项目负责人同一时间仅进行一个项目研究，所发生的仪器设备折旧计提后直接计入其负责的项目。

3. 公共用房。即使用实验室用房的折旧费用。参照上述直接人工的分配方法，按照项目投入工时分摊到项目中。

步骤四：将某先进技术研究院中的资源费用分配至项目C中

将先进技术研究院的资源费用按照资源占用的动因进行分配，分配的基准是"项目消耗的资源按量分配"的原则，按照资源动因将资源费用进行分摊计入。其中，每项项目工作可能消耗各种资源，且每种资源也可能被不同的项目工作所消耗。

通过对某先进技术研究院的资源项目及动因的分析和归纳总结，可以得出项目 C 的资源项目和动因（见表 19－24）。

表 19－24　　某先进技术研究院项目 C 间接费用与分配动因表

序号	间接费用	分配量	序号	间接费用	分配量
1	材料费	消耗量	1	劳务费	人工工时
2	燃料动力费	消耗量	2	出版文献费	消耗次数
3	印刷费	纸张量	3	科研用房折旧	占用面积
4	图书资料费	使用次数	4	科研设备折旧	机器工时
5	文献检索费	网络量	5	通信费	电话数量
6	材料费	消耗量	6	科研用房费	使用面积
7	专家咨询费	人工工时	7	水电费	仪表读数
8	人员薪酬	人工工时	8	间接绩效	弥补水电、人员经费等数量

按分配动因对发生的成本追溯到项目 C，分配动因是成本分配的基础，用于将发生的成本分配给成本对象，反映出成本对象消耗分配动因的方式，需要从驱动项目工作的诸多因素中适当选择和合并。在向科技部申请项目 C，再到项目 C 的立项、预算编制的过程中，行政管理部门中的科研开发处协助进行项目的立项申请工作，财务处负责预算编制的审核监督工作，实验管理部门进行项目申请工作，这些作业的作业动因都是与项目 C 的经费金额有关。而项目 C 的科研经济活动过程中，成本发生的内部业务单元主要有行政管理部门、支撑辅助管理部门、后勤保障部门，它们是构成科研项目成本分配最为重要的一部分。内部业务单元发生的成本消耗包括网络使用费、图书文献的借用费、印刷费、维修费、水电费、通信费和仪器设备的折旧计提等，与之相关的分配动因包括使用数据的流量、数量天数及面积等计量单元。在项目完成阶段，需要进行项目的结题结账，科研开发处需要进行项目的结题管理，财务处需要协助进行经费的决算编制，实验室管理部门需要进行项目 C 的监督检查、绩效评价等工作，而项目金额等指标对此部分的分配动因起驱动作用。按照分配动因对将消耗的成本追溯到项目 C 具体的计算见表 19－25、表 19－26、表 19－27、表 19－28。

表 19－25　　内部业务单元、部门及动因关系

序号	内部业务单元	内部业务单元部门	工作动因	分配量
1	行政管理	科研开发处	科研项目组织管理	项目金额
		财务处	经费预决算、收支管理	项目金额
		实验室管理部门	项目申请、实施等其他综合管理活动	项目金额
2	支撑辅助管理	信息中心	计算机及网络服务	流量
		图书馆	图书、期刊的采购、借阅与发布	数量天数
		复印室	资料、论文等信息的编辑、打印、装订	数量
3	后勤保障	后勤中心	日常维修、水电费、通信等管理	吨、度、面积、资金比
		资产处	科研资产管理	建筑面积、设备工时

表 19－26　　间接作业中心应计入 B 研究组的管理费

序号	内部业务单元	部门	间接绩效（万元）	成本动因分配表	B 研究组承担的间接绩效
1	支撑辅助中心	图书馆	40	120/6 000＝0.02	0.8
		复印室	20	120/6 000＝0.02	0.4
		计算机中心	50	120/6 000＝0.02	1
2	行政管理中心	科研开发处	100	120/6 000＝0.02	2
		财务处	60	120/6 000＝0.02	1.2
		实验管理部门	60	120/6 000＝0.02	1.2
3	后勤保障中心	资产处	40	120/6 000＝0.02	0.8
		后勤管理部门	30	120/6 000＝0.02	0.6
	合计		400		8

表 19－27　　项目 C 的间接成本计算表

项目	B 研究组耗费额（万元）	分配动因	小计	动因量（C 项目）	其他项目	C 项目（万元）
劳务费	0.9	人工工时	4 800	3 000	1 800	0.56
通信费	0.8	资金比例	120	90	30	0.6
水电费	0.48	资金比例	120	90	30	0.36
仪器设备折旧	3.5	机器工时	2 000	1 500	500	2.63

表 19－28　　项目 C 的总成本计算

序号	费用项目	B 研究组耗费额（万元）	分配动因	小计	动因量	其他项目	C 项目（万元）
1	劳务费	0.90	人工工时	4 800	3 000	1 800	0.56
2	通信费	0.80	资金比例	120	90	30	0.6
3	水电费	0.48	资金比例	120	90	30	0.36
4	仪器设备折旧	3.50	机器工时	2 000	1 500	500	2.63
5	科研用房折旧	10.00	平方米×工时	300×4 800	300×3 000	300×1 800	6.25
6	间接绩效	8.00	资金比例	120	90	30	6
7	间接绩效支出	11.00	人工工时	4 800	3 000	1 800	6.88

由上述各表可知：

总人工费用＝员工薪酬＋劳务费＝34.7＋0.56＝35.26（万元）

直接成本＝直接追溯计入的费用＋人工费＋仪器设备折旧＋科研用房折旧
＝79.52＋35.26＋2.63＋6.25＝123.66（万元）

间接成本＝通信费＋水电费＋间接费用(管理费)＋间接专用(绩效支出)
＝0.6＋0.36＋6＋6.88＝13.84（万元）

总成本＝直接成本＋间接成本＝123.66＋13.84＝137.50（万元）

典型案例二：科研试制产品的成本核算案例

一、科研试制产品分类法案例

某科研单位试制生产线项目，生产的试制产品按照所用的原材料和工艺技术过程分为 A、B 类，其中，A 类包括 A1、A2、A3 三种试制产品。在类别内各种试制产品之间分配时，以 A2 产品作为标准产品，直接材料费用按照单位试制产品的重量确定系数，其他费用按照单位预算成本确定系数。2020 年 10 月，生产完 A1 试制产品 100 台，A2 试制产品 120 台，A3 试制产品 200 台。A 试制产品成本计算单及各试制产品系数，如表 19－29、表 19－30、表 19－31 所示。

表 19－29　　试制产品成本计算单　　单位：元

项目	直接材料	直接人工	间接费用	合计
月初试制在产品成本	4 150.00	1 820.00	1 400.00	7 370.00
本月发生费用	15 700.00	6 550.00	4 195.00	26 445.00
合计	19 850.00	8 370.00	5 595.00	33 815.00
产成品成本	15 050.00	6 370.00	4 095.00	25 515.00
月末试制产品成本	4 800.00	2 000.00	1 500.00	8 300.00

表 19－30　　试制产品分配系数

产品名称	单位产品重量（kg）	直接材料系数	单位预算成本（元）	其他成本项目系数
A1 试制产品	10.80	0.90	51.00	0.85
A2 试制产品	12.00	1.00	60.00	1.00
A3 试制产品	13.20	1.10	75.00	1.25

表 19－31　　各种试制产品成本计算表

项目	成本项目分配率	A1 试制产品	A2 试制产品	A3 试制产品	合计
产量（台）		100	120	200	
直接材料系数		0.9	1	1.1	
直接材料总系数		90	120	220	430
直接材料（元）	15 050/430＝35	3 150	4 200	7 700	15 050
其他成本项目系数		0.85	1	1.25	
其他成本项目总系数		85	120	250	455
直接人工（元）	6 370/455＝14	1 190	1 680	3 500	6 370
间接费用（元）	4 095/455＝9	765	1 080	2 250	4 095
产品总成本（元）		5 105	6 960	13 450	25 515

二、科研试制产品分批法案例

某科研生产线小批量生产甲、乙、丙、丁 4 种试制产品，采用简化分批法计算产品成本。该生产线 2020 年 4 月生产线有关试制产量成本资料见表 19－32、

表 19－33、表 19－34、表 19－35、表 19－36、表 19－37、表 19－38。

表 19－32　　2020 年 4 月科研试制产品的产量资料

批号	试制产品	产量（件）	投产月份	完工月份
8201	甲	8	2 月	4 月
8301	乙	16	3 月	4 月完工 11 件
8302	丙	11	4 月	
8401	丁	6	5 月	

表 19－33　　2020 年 4 月费用及工时资料　　单位：元

批号（试制产品）	材料费用	人工费用		间接费用		生产工时（小时）
		变动成本	固定成本	变动成本	固定成本	
8201 甲						33 600.00
8301 乙						38 400.00
8302 丙						44 000.00
8401 丁	15 360.00					36 000.00
合计	15 360.00	12 480.00	36 160.00	24 160.00	53 360.00	152 000.00

表 19－34　　生产线试制全部产品成本　　单位：元

日期	摘要	直接材料	工时（小时）	直接人工		间接费用		合计
				变动成本	固定成本	变动成本	固定成本	
4 月 1 日	期初余额	34 560.00	92 800.00	12 000.00	12 800.00	24 800.00	20 080.00	104 240.00
4 月 30 日	本月费用	15 360.00	152 000.00	12 480.00	36 160.00	24 160.00	53 360.00	141 520.00
4 月 30 日	合计：	49 920.00	244 800.00	24 480.00	48 960.00	48 960.00	73 440.00	245 760.00
	间接费用分配率	—	—	0.10	0.20	0.20	0.30	—
4 月 30 日	完工转出	20 190.00	111 400.00	11 140.00	22 280.00	22 280.00	33 420.00	109 310.00
4 月 30 日	月末余额	29 730.00	133 400.00	13 340.00	26 680.00	26 680.00	40 020.00	136 450.00

注：

1. 人工变动成本间接费用分配率＝24 480/244 800＝0.1。
2. 人工固定成本间接费用分配率＝48 960/244 800＝0.2。
3. 间接费用变动成本间接费用分配率＝48 960/244 800＝0.2。
4. 间接费用固定成本间接费用分配率＝73 440/244 800＝0.3。

表 19－35　　甲试制产品成本计算单

产品批号：8201　产品名称：甲产品　投产数量：8 件　本月完工：8 件　金额单位：元

日期	摘要	直接材料	工时（小时）	直接人工		间接费用		合计
				变动成本	固定成本	变动成本	固定成本	
4.1	期初余额	12 160.00	33 600.00					
4.30	本月发生		33 600.00					
4.30	成本累计	12 160.00	67 200.00					
4.30	完工转出	12 160.00		6 720.00	13 440.00	13 440.00	20 160.00	65 920.00
4.30	单位成本	1 520.00		840.00	1 680.00	1 680.00	2 520.00	8 240.00

表 19－36　　乙试制产品成本计算单

产品批号：8301　产品名称：乙产品　投产数量：16 件　本月完工：11 件　金额单位：元

日期	摘要	直接材料	工时（小时）	直接人工		间接费用		合计
				变动成本	固定成本	变动成本	固定成本	
4.1	期初余额	11 680.00	24 000.00					
4.30	本月发生		38 400.00					
4.30	成本累计	11 680.00	62 400.00					
4.30	完工转出	8 030.00	44 200.00	4 420.00	8 840.00	8 840.00	13 260.00	43 390.00
4.30	单位成本	730.00		401.82	803.64	803.64	1 205.45	3 944.55
4.30	月末结余	3 650.00	18 200.00					

表 19－37　　丙试制产品成本计算单

产品批号：8302　产品名称：丙产品　投产数量：11 件　本月完工：　金额单位：元

日期	摘要	直接材料	工时（小时）	直接人工		间接费用		合计
				变动成本	固定成本	变动成本	固定成本	
4.1	期初余额	10 720.00	35 200.00					
4.30	本月发生		44 000.00					
4.30	月末结余	10 720.00	79 200.00					

表 19－38　　丁试制产品成本计算单

产品批号：8401　产品名称：丁产品　投产数量：6 件　本月完工：　金额单位：元

日期	摘要	直接材料	工时（小时）	直接人工		间接费用		合计
				变动成本	固定成本	变动成本	固定成本	
4.30	本月发生	15 360.00	36 000.00					

三、科研试制产品分步法案例

试制产品采用分步法在科学事业单位应用较少。主要原因是科研试制品采用分步法资料收集比较烦琐，因此很少采用。举例如下：分步法下计算各生产步骤科研试制品成本时，上一步骤所生产科研试制半成品成本，要随着试制半成品的实物转移，从上一步骤的试制品成本明细账转入下一步骤相同试制品的成本明细账中，以便逐步计算试制半成本和最后一个步骤的试制品成本（见图 19－1）。

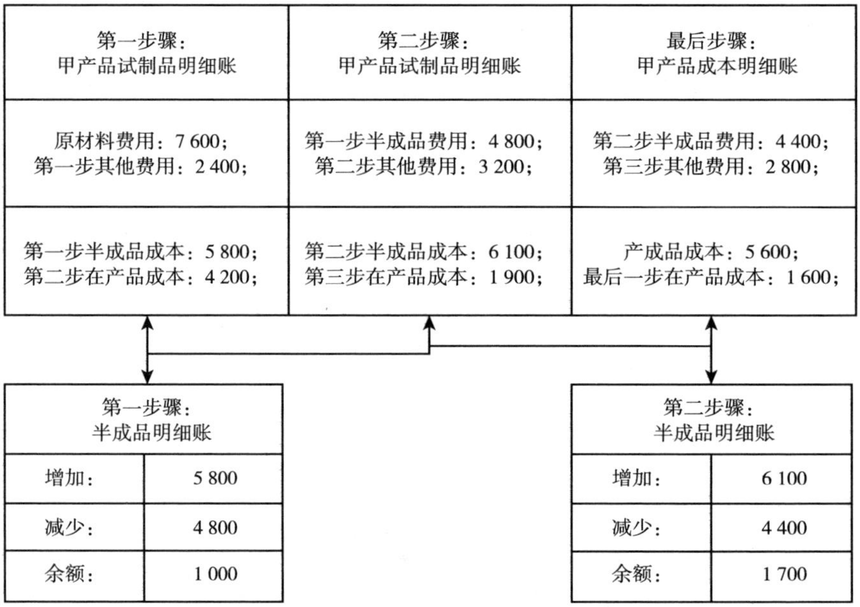

图 19－1　逐步结转科研试制品分步法成本计算程序图（单位：元）

综上所述可以看出：逐步结转分步法实际上就是品种法的多次连接应用。即在采用品种法计算上一步骤的半成品成本以后，按照下一步骤的耗用数量转入下一步骤成本；下一步骤再一次采用品种法归集所耗半成品的费用和本步骤其他费用，计算其半产品成本……如此逐步结转，直至最后一个步骤算出产成品成本。

第五篇

成本管理篇

第二十章　事业单位成本管理概述

第一节　成本管理的定义和基本内容

成本管理一直以来是管理会计界关注的重点。1995 年，中国现代管理会计学科奠基人余绪缨教授提出新的企业观：企业是为最终满足顾客需要的“一系列作业”的集合体，形成一个由此及彼、由内到外的作业链，每完成一项作业要消耗一定资源，而作业的产出又形成一定的价值并转移到下一项作业，按此逐步推移，直到最终把产品提供给企业外部的顾客，以满足他们的需要。余绪缨由此认为，成本管理也应当进行相应的变革，并提出作业管理概念和“作业成本计算”的方法，强调作业管理在现代企业成本管理中的核心地位和重要作用。

1998 年，徐政旦和陈胜群在《现代成本管理的基本范畴研究》中提出，现代成本管理归结为成本意识、成本效益理念、成本节省、成本避免、广义成本控制、成本筑入、成本计算和成本元八个方面，其中前两个属于基础性理论范畴，即现代成本管理的前提性认识，后六个属于应用性理论范畴，即实施上的要求。成本意识指企业管理人员对成本管理具备足够重视；成本效益观念指为了长期的、大量的减支而支出某些短期看来似乎是高昂的费用；成本节省指力求在工作中不徒耗无谓的成本，改进工作方式以节约本将发生的成本支出；成本避免指立足于预防，从管理的源流挖掘成本降低的潜力；广义成本控制指由业务对象过程（下游、中游和上游）与控制视野交汇而成的多样化成本控制手段；成本筑入的目标在于获取成本这种“特殊部件”与其实体部件、加工方法及加工精度等性能值的最优组合，该组合能够容纳技术的选择、变更和创新等；成本计算即以各种传统或现代的方式进行成本核算；成本元指成本动因，比如作业成本法中微观执行层次上的范畴。

戈飞平（1999）认为，传统的成本管理以成本控制为依据，强调节约和节省，目的可简单地归纳为减少支出、降低成本。在传统的计划经济下，产品实行统购统销，企业的产出等于企业的收入。因此，为了增加企业的收益，企业的成本管理重点必然会是降低产品成本，从而陷入单纯为降低成本而管理成本的滞后状态，不能为决策提供需要的正确信息。而现代的成本管理以获得经济效益、取得持续性的竞争优势为主要目标，以一种新的认识观——成本效益观念看待成本及其控制问题。企业的一切成本管理活动应以成本效益观念作为支配思想，通过分析投入产出比来看待“投入”（成本）的必要性和合理性，即努力以尽可能少的成本付出，创造尽可能多的使用价值，为企业获取更多的经济效益。这里值得注意的是，“尽可能少的成本付出”不是单纯节省或减少成本支出，而是运用成本效益观念来指导新产品的设计及老产品的改进工作。比如，在对市场需求进行调查分析的基础上，认识到若在产品的原有功能基础上新增某一功能，会使产品的市场占有率大幅度提高，那么尽管为实现产品的新增功能会相应地增加一部分成本，只要这部分成本的增加能提高企业产品在市场上的竞争力，最终为企业带来更大的经济效益，这种成本增加就是符合成本效益观念的。

胡玉明（2002）认为，企业成本管理应当包括成本避免和成本控制两个层次，成本避免作为成本管理的第一层次，要求消除一切可以避免的成本；成本控制作为成本管理的第二层次，要求对无法避免、一定要发生的成本进行有效控制。

于增彪（2014）认为，成本是指市场经济条件下，一个组织、一个部门乃至一个社会为了达到特定目的所投入资源的货币表现或计量。而所谓成本管理，就目的而言，主要分为四层含义：一是降低成本，使现在的成本比过去低、自己的成本比竞争对手低；二是控制成本，使未来或实际成本与计划、目标或预算成本基本保持一致；三是提高成本相对价值，使技改、更新和新建项目的投入产出比都达到可以达到范围内的最高水平；四是核算成本，使成本计量完整准确，并符合决策者的需要。

根据《管理会计应用指引第300号——成本管理》（财会〔2017〕24号）中的定义，成本管理是指企业在营运过程中实施成本预测、成本决策、成本计划、成本控制、成本核算、成本分析和成本考核等一系列管理活动的总称。其中，成本预测是以现有条件为前提，在历史成本资料的基础上，根据未来可能发生的变化，利用科学的方法，对未来的成本水平及其发展趋势进行描述和判断的成本管理活动。成本决策是在成本预测及有关成本资料的基础上，综合经济效益、质量、效率和规模等指标，运用定性和定量的方法对各个成本方案进行分析并选择最优方案的成本管理活动。成本计划是以营运计划和有关成本数据、资料为基础，根据成本决策所确定的目标，通过一定的程序，运用一定的方法，针对计划期企业的生产耗费和成本水平进行的具有约束力的成本筹划管理活动。成本控制是成本管理者根据预定的目标，对成本发生和形成过程以及影响成本的各种因素条件施加主动的影响或干预，把实际成本控制在预期目标内的成本管理活动。成本核算是根据成本核算对象，按照国家统一的会计制度和企业管理要求，对营运过程中实际发生的各种耗费按照规定的成本项目进行归集、分配和结转，取得不同成本核算对象的总成本和单位成本，向有关使用者提供成本信息的成本管理活动。成本分析是利用成本核算提供的成本信息及其他有关资料，分析成本水平与构成的变动情况，查明影响成本变动的各种因素和产生的原因，并采取有效措施控制成本的成本管理活动。成本考核是对成本计划及其有关指标实际完成情况进行定期总结和评价，并根据考核结果和责任制的落实情况，进行相应奖励和惩罚，以监督和促进企业加强成本管理责任制，提高成本管理水平的成本管理活动。

2021 年实施的《事业单位成本核算基本指引》没有提及成本管理，主要围绕成本核算的定义、对象、成本项目和范围、成本归集和分配等展开。成本核算是成本管理的基础，成本核算水平的提升必定会推动成本管理的发展。

综上所述，本书采用了以下定义：成本管理是指组织生产经营过程中各项成本核算、成本分析、成本决策和成本控制等一系列科学管理行为的总称。成本管理是由成本规划、成本核算、成本控制和业绩评价四项内容组成，四个环节构成了管理闭环。

成本规划是根据组织的竞争战略和所处的经济环境制订的，也是对成本管理作出的规划，为具体的成本管理提供思路和总体要求。预算管理是成本规划的重要载体。成本核算是成本管理系统的信息基础。成本控制是利用成本核算提供的信息，采取经济、技术和组织等手段实现降低成本或成本改善目的的一系列活动，是成本核算结果的运用。业绩评价是对成本控制效果的评估，目的在于改进原有的成本控制活动和激励约束员工和团体的成本行为。业绩评价结果反过来会促进成本管理水平的提高。

传统的企业成本管理以利润最大化为目标，关注成本的下降，强调节约和节省，看重短期利润。在供方市场（计划经济）下，产品统购统销，生产能力是瓶颈，没有销售压力，故降低成本就意味着增加收益，成本管理的重点必然放在降低成本上，不重视为决策提供信息。对学校、医院等事业单位而言，大多处于供方市场，服务定价以实际成本为基础，成本可以直接转移给需方，故事业单位成本管理的理念、动机普遍落后于企业。

现代的成本管理以保持和增强组织的长期核心竞争能力为主要目标，以全新的角度看待成本及成本控制。从主体看，关注政府、顾客、组织、员工、供应商等相关利益者的均衡；从时间长度看，更关注长期目标，不过于局限短期、中期目标；从方法上看，与传统的主要关注降低产品和服务成本的方法和理念不同，关注组织价值的提升。比如，多年前华为公司就投入巨资自行研发操作系统，该项决策从中短期看利润受损，但从长期看，避免了单一依赖安卓系统潜在的重大经营风险，是符合现代成本管理理念的。

第二节　事业单位成本管理的目的和意义

一、事业单位成本管理的目的

事业单位成本管理的根本目的是提高公共服务的效率和效果。事业单位一般指以增进社会福利，满足社会文化、教育、科学、卫生等方面需要，提供各种社会服务为直接目的的社会组织。事业单位不同于企业，事业单位所进行的事业活动不以追求利益为目的，只期望获得社会效益最大化。在面对国家经济体制不断深化改革的情况下，事业单位进行成本管理能够帮助事业单位实现低耗高产，达到减少资金肆意浪费的目的，促使事业单位能够紧跟市场经济发展的速度，更好地发挥事业单位在社会公共服务中的职能作用。

二、事业单位成本管理的意义

（一）事业单位加强成本管理有助于公共服务水平提高

事业单位是我国独有的组织形式，服务性是事业单位最基本、最鲜明的特征。《事业单位登记管理暂行条例》（国务院令第 411 号）将其定义为：“事业单位是指国家为了社会公益目的，由国家机关举办或者其他组织利用国有资产举办的，从事教育、科技、文化、卫生等活动的社会服务组织。”事业单位进行成本管理，一是可降低服务成本，更好地体现其公益性质，避免将不合理成本转移给社会民众，影响民众的获得感与幸福感；二是依据国家政策进行体制改革，协助政府的工作能够顺利开展（肖英华，2019）；三是现代成本管理理念可指导服务的设计及改进，提高公共服务水平。

（二）事业单位加强成本管理是对国家和社会负责任的体现

事业单位具有资产投入的无偿性、经费由国家无偿拨入等特征，在运营中政府会对事业单位的成本费用给予不同等级的补偿。因此，事业单位进行合理有效的成本管理，充分利用资源，实际上是对国家资金负责，提高国家资金的使用效率，也是对全社会公民负责。

（三）事业单位加强成本管理有利于健全事业单位的管理体系

市场经济体制改革使科学化、精细化的管理模式变得越发重要，事业单位想谋求更长远的发展，就需要建立健全的内部管理体系，其中加强成本管理对于建立科学、合理化的管理体系具有重要意义。在合理良好的成本核算前提下，强化监督和管理工作，完善管理体系，从而有效减少事业单位对资金的浪费，合理使用资金，做好成本控制，降低国家政府压力，并通过科学的管理系统，获得准确的运营数据，帮助决策者更好地了解事业单位的财务情况，最终通过可靠的数据进行科学分析和精准决策，实现成本最小化、利益最大化的运营模式。

第三节　事业单位成本管理的现状与发展趋势

一、事业单位成本管理的现状

（一）成本管理理念较落后

受一贯以来事业单位财会制度的影响，事业单位长期以收付实现制为主，普遍不重视管理会计，成本核算起步晚，成本管理理念较落后。比如，机械地追求成本核算数据与财务会计数据的一致性，忽略了数据的相关性；成本控制手段单一，倾向以事后核算数据为基础的奖惩（业绩评价）替代事前事中的成本控制。而业绩评价的数据基础、依据也是不准确的，事业单位各部门或业务组的绩效考核需要以财务部门的核算数据为基础，在《政府会计准则》《政府会计制度》下，财务部门的支出包含了所有的业务活动、管理活动的支出，与绩效考核所需的成本数据的核算口径不一致，相关性不够，不能代表事业单位提供服务的真实成本。

财务部门长期属于后勤部门，权威性不足，专业意见经常受自上而下的挑战，很难得到领导层的支持。事业单位整体落后的管理理念，反过来亦影响了成本管理理念的与时俱进。比如，财务提出要提高运行效率、控制成本，被指违背事业单位的公益性目标；财务提出要强化人力资源管理，因人力成本是事业单位主要的成本，被指职能过界。

（二）成本规划缺失

成本规划是战略性行为，是成本管理工作在总体上的把握，主要包括确定成本管理的重点，规划控制成本的战略途径，提出成本核算的精度要求，确定业绩评价的目的和标准，为具体的成本管理活动提供战略思路和总体要求。事业单位囿于传统理念，成本管理重算轻管、重事后核算，往往忽略了事前的成本规划。

以公立医院为例，在医保局推行按疾病诊断分组（DRGs）或病种分值付费等支付方式下，按成本规划的思路，在各病种的临床路径或诊疗规范过程中，医院应以医保局付费水平为目标成本上限，主动要求各专科设计的临床路径或诊疗规范既符合临床医学的质量要求，又符合成本效益原则；医院应注重加强成本预算管理，根据各病种实际成本与目标预算指标的差异，分析形成差异的原因，纠正脱离目标的偏差，从而实现相关利益者的均衡。而现实中，常态化开展病种成本核算的医院极少，遑论病种成本规划。

同时，预算编制时缺乏成本规划观念的指导。事业单位的预算管理有很深的财政部门预算的烙印，局限于收支预算，重合法合规性，轻精细化管理属性。《事业单位财务规则》将其定义为“事业单位预算是指事业单位根据事业发展目标和计划编制的年度财务收支计划”“事业单位预算由收入预算和支出预算组成”，而作为现代管理工具的全面预算管理，是利用预算对组织内部的财务及非财务资源进行分配、考核、控制，以便有效地组织和协调组织的生产经营活动，完成既定的经营目标。两者差距体现在事业单位编制预算时普遍没有战略导向，没有预算目标，缺乏成本规划下的关键运营指标设置与下达。

（三）成本核算基础薄弱

1. 会计核算基础不严格

企业成本核算采用权责发生制。2012 年修订的《事业单位会计准则》《事业单位会计制度》虽然也引入了权责发生制，但不是完全的权责发生制，大部分事业单位只在经营业务中使用了权责发生制，很多经济业务以收付实现制为主。即使是在 2012 年以前就实施权责发生制的医院行业，因各医院的会计素质参差不齐，权责发生制的执行并不严格，其他（业务）收入也是以收付实现制为主，一般被称为修正的权责发生制。这导致在事业活动中有些成本费用科目难以划分。

2. 核算对象不清晰

成本管理首先要明确成本核算对象，成本核算对象与管理目的直接相关，不同目的不同成本。与企业相比，事业单位的成本信息需求更多元，成本核算对象也不局限于产品。而大部分事业单位只开展了内部组织部门成本核算，且缺乏在不同管理目的下选择不同成本核算对象的理念。以公立医院为例，2012 年实施的《医院财务制度》提出可按科室、病种、诊次、床日核算成本，对核算对象的列举较为局限，缺乏不同目的不同成本等成本管理理念；现状是大多数医院只做到了科室成本核算；病种的划分方式难以达成一致，不同城市的划分方法不同。相比之下，2021 年实施的《事业单位成本核算基本指引》用一章对成本核算对象作出了相对清晰的规定，如：“单位为满足成本控制需求，可以以业务活动类型、项目、内部组织部门等作为成本核算对象；为满足公共服务或产品定价需求，可以将公共服务或产品作为成本核算对象；为满足内部绩效评价需求，可以将项目、内部组织部门、业务团队等作为成本核算对象；为满足外部绩效评价需求，可以将政策和项目、单位整体等作为成本核算对象。”

3. 核算内容不完全

在企业的生产经营活动中，企业往往把生产过程中的全部成本费用划分为具体的管理费用、销售费用、财务费用以及直接工资、直接材料和制造费用，在核算内容上完整、严谨。而事业单位的内部成本核算相对来说，并不是十分完整，它往往是根据不同事业活动的需要进行内部核算，成本费用的界限难以划分，同时计算的分配方法也不严格。

4. 业务活动缺乏全过程的成本核算

在原事业单位会计制度下，事业单位与经营活动有关的间接费用缺乏整理与归集，与收入对应的成本信息不准确。专项资金有预算支出数，但预算支出数与项目成本的统计口径是不一致的，成本应该包含间接费用的消耗，预算支出仅仅是项目的直接消耗，多个项目共同受益的水电费消耗和资产消耗实际也应体现在项目成本中。对一些没有专项资金支持的业务活动，由于缺乏成本控制的动因，往往只看收益，而忽略成本的计算，从成本效益衡量的角度来讲，也是不科学的。按照原事业单位会计制度，虽然一些高校、科研院所对经营性的业务进行了成本核算，但是成本核算覆盖面小，固定资产仅核算账面原值，并通过非流动资产基金等科目来虚提折旧，固定资产的价值损耗没有体现，因此成本核算是不准确不全面的。一些公立医院的成本核算也仅包含医疗服务成本，不包括其提供科研、社会公共服务的成本核算，并且成本核算对象单一，公立医院只将科室作为成本核算对象生成成本核算报表，高校则是将各院系作为成本核算对象生成成本核算报表（关喆，2019）。

（四）成本控制力度薄弱

越来越旺盛的社会经济需求反映到社会生活中就是物价越来越高，社会总体消费额度也逐年攀升。这一社会变化影响了事业单位这一面向社会的组织机构，其服务成本也在不断增加。在不降低服务质量的同时降低服务成本，对事业单位来说是一项挑战。加之由于事业单位内部控制环节缺失，资源浪费、职务侵占的事情常有发生。更有甚者，对事业单位中的支出资金没有成本管理体系的支持，导致投资项目不够科学严谨、资金浪费和损失。这些都是事业单位成本控制力度薄弱的体现。以公立医院为例，导致成本控制不足的原因可能有医院的科室较多、项目繁杂、组织机构复杂、药品病例规模庞大，要实行成本管理还缺少更为先进的方法和严格的实施程序。很多公立医院对此工作力不从心，其成本管理制度也就形同虚设（肖英华，2019）。

（五）缺乏成本管理水平统一的评价标准

事业单位缺乏一套客观、符合国情的成本管理水平评估体系。该体系应包括多项成本管理指标，覆盖组织成本管理的方方面面。例如，员工成本管理意识、信息系统建设程度、成本核算水平、成本分析和控制能力等（朱婧倩，2017），众多指标可以为事业单位评估自身成本管理水平提供标准。该体系的缺乏使得事业单位无法直接了解到自身成本管理水平与能力，不便于与国内其他同类同级机构进行对比，更难以和发达国家同类公益服务进行比较，不利于我国事业单位成本管理的进步。

二、事业单位成本管理的发展趋势

（一）国家政策影响

在 2019 年 12 月《事业单位成本核算基本指引》颁布之前，除了国家卫生健康委颁布的《县级公立医院成本核算操作办法》，事业单位没有专门的规范成本核算的政策文件，遑论成本管理。2021 年开始实施的《基本指引》明确了成本核算的基本原则和基本方法，但仍未上升到成本管理的高度。与《县级公立医院成本核算操作办法》不同的是，前者是规范性文件，《基本指引》尊重管理会计的特点，并不强制要求所有事业单位立即开展成本核算工作，而是为有成本核算需求或要求、已经开展或拟开展成本核算工作的事业单位提供基本遵循依据。不同单位由于行业性质、业务内容等差异而存在多样化的成本核算需求和特征，《基本指引》从多样化中提炼出共性需求和特征，为各类事业单位的成本核算工作提供通用的指引，也为各类事业单位成本核算具体指引等的制定提供基本遵循的思路，但各行业实际运用还需要进一步细化的操作指南。下一步，财政部将会同相关部门和单位深入开展研究，制定医院、高等学校、科学事业单位等行业事业单位的成本核算具体指引，就相关行业通用的成本核算对象、成本项目、成本范围、成本归集和分配方法、成本报告内容等作出具体规定，以提高成本核算指引的指导性和操作性。此外，财政部还将加强对《事业单位成本核算基本指引》及相关内容的宣传和培训，促进事业单位增强成本核算意识、加强成本核算工作。成本核算作为成本管理的信息基础，只有做好成本核算工作，事业单位才能得到更加真实有效的成本数据，进而更加科学合理地做好成本规划和控制，实现加强成本管理的目标。

（二）技术发展影响

在技术发展方面，人工智能（AI）、机器人流程自动化（RPA）、物联网、云计算等新技术的不断发展，极大拓展了成本管理的空间、精细度、实时性，有望实现三个方向的变化：数据获取的自动化、业财管理的一体化、管控流程的精细化。比如，固定资产管理方面，物联网能够让每台设备有自己的识别码，建立事业单位资产动态管理系统成为可能，让财政资金流向清晰，业务活动精细化；结合预算系统中的绩效评价，还可对项目设备采购后的使用率、维修维护成本等进行量化考核，追溯到项目负责人，促使项目申报与使用有机结合，提高财政资金有效配置；所有的维修保养费用得以准确、细化归集到每台设备，核算单元可轻松细化到每台设备。物联网也能为每件消耗物料、低值易耗品提供唯一的识别码，为库存物资收发存、在用低值易耗品收发存、消耗性物料与服务客户的一一对应等的精细化、实时核算均提供了良好的技术基础。RPA 的运用，可灵活向业务系统海量取数、数据清洗、结构化、初步计算分析，机器人还可自动通过办公自动化系统（OA）向特定员工发送核算指标异常的提醒函等，成本控制、业绩评价单元的灵活度、精细度、反馈时效均大幅度提高。

第四节　事业单位成本管理的特殊性

事业单位目标与企业目标截然不同。非营利性是事业单位区别于企业的本质特征，企业可以利润最大化为目标，事业单位不可以。事业单位的目标往往具有多重性，其公益属性决定了事业单位以非经济目标为主。经济是事业单位目标实现的基础，不是组织目标。组织目标的不同决定了事业单位成本管理特殊性所在。

一、成本管理目标的双重性

市场经济下，企业的最终目标主要是在成本效益观念指导下通过尽可能地降低产品的成本来获取利润的最大化。而事业单位目标的多重性，决定了事业单位的总成本不是越低越好，成本管理与公益性间需要均衡。一方面，在同等质量水平下，单一服务产品成本越低，公共服务效率越高；另一方面，又要不计盈亏保证公共服务的均等和可及，如偏远、人口稀少地区的基本医疗服务、义务教育的投入。若总成本过低，会影响事业单位的社会效益，影响事业单位的长远发展。

二、成本管理对象的隐形性

相对于企业生产制造有形产品而言，事业单位是以提供劳务和精神产品等无形产品为主的特殊部门，虽然部分单位也进行物质产品的日常生产，但只是作为无形产品的附属品提供的。这就使得事业单位不能像企业一样，以真实存在的“产品”作为成本管理对象来设计一套成本管理体系。

在某些领域，这个状况正在打破。比如，医保局推行疾病诊断相关分组（DRGs）结算或按病种结算，DRGs或病种就是成本管理对象。因服务“产品”不可储存，相互间的成本没有物理产品易划分，成本管理对象的界限仍然不清晰。

三、成本管理动力的内驱性

因事业单位的治理问题，缺乏有效代表所有者的组织架构，事业单位成本管理的内驱动力不足。从出资者的角度，政府并不要求资金的分配和补偿，政府部门对事业单位普遍缺乏成本考核，或难以设计有效的成本管理考核，也难以形成有效促进事业单位成本管理的动力。比如，政府对公立医院的绩效考核，以非经济指标为主，成本管理方面只要能实现总盈亏平衡即可。事业单位的非营利性、资产投入的无偿性、经费由国家无偿拨入等特征，均消减了其成本管理的内在动力。

第二十一章　事业单位预算管理与成本控制

第一节　预算管理与成本管理概述

一、预算管理与成本管理的关系

（一）预算管理是成本管理的基础

战略目标的制定是单位的首要任务，其他一切业务都是围绕着战略目标而展开，包括预算管理、成本管理、绩效管理等。成本控制需要通过建立控制环境来实现。控制环境的实施需要单位战略方向的指引。全面预算管理是根据单位战略规划、战略目标，对单位现有资源进行合理配置、规划单位经营活动的计划，是单位内部管理的核心。由于事业单位不同于企业，其组织目标具有多重性，决定了成本管理与公益属性间需要寻求均衡。

预算管理为成本管理营造了良好的舆论氛围和思想环境。预算管理，尤其是全面预算管理的“全员性”特征，需要单位从领导到员工培养全面预算意识，鼓励员工积极参与预算。在全员参与预算编制的过程中，资金的效益性理念得到宣贯，为成本管理营造了良好的舆论氛围和思想环境。成本管理也需要全员树立正确的成本控制意识，全面预算管理贯穿于单位运行的每个阶段，科学分配有限的资源、提高运行效率，是控制成本并提高效益的最佳方式，并且全面预算管理有助于单位健全专门针对成本管理的规章制度，有了科学合理的制度，职工在参照执行的过程中，成本节约意识能够得到潜移默化的提升。

（二）预算管理是制定成本指标的依据

事业单位的成本控制有两层含义：一是指主要业务的成本控制，如医疗机构对医疗业务成本的控制；二是对单位经营管理各环节、各阶段所有成本费用的控制，如对单位管理费用、财务费用等的控制。

单位可以多维度、多层次地确定成本核算对象。从成本控制的含义可知，单位的成本既包括业务活动成本，又包括整个经营过程的全部成本、费用支出。因此，在成本管理中，要实施全面预算制定经营总成本，确定标准成本体系，做好事前计划、事中控制、事后反馈三者的统一。预算管理是事前和事中控制成本的最佳方法，也是事后进行成本分析的主要尺度。但是，仅制定成本指标不能保证单位所有成本费用控制在预算内，因此要以成本标准为依据分解预算，将成本预算层层分解，具体到各部门，实行责任制，严格控制部门耗费，确保成本不超标。

以某公立医院为例，将全面预算内容分为业务预算、资本预算、财务预算，涉及 194 个一级预算项目，近千个二级、三级预算项目，搭建了完整的全面预算体系。在预算控制方面，分别按照预算项目的具体内容设置了刚性控制、弹性控制、模糊控制等多种控制方法，并且紧扣资源核心，大大增强了预算管控能力。通过预算项目的建立，预算控制的方法也为成本控制体系的建立提供了依据和基础。

（三）预算管理是划分部门成本职责的工具

全面预算管理将战略计划分解，具体到单位经济运营的各环节，落实到各部门。单位在运行过程中，预算管理贯穿始终，联系各部门制定科学的成本目标和预算计划，从而使预算和成本形成一体进行分析。全面预算管理编制预算时，确定了单位部门间的权利、义务与责任，各部门开展的业务活动有条不紊地进行，避免部门间出现摩擦，协调好单位各部门之间的关系。

全面预算包括业务预算、资本预算和财务预算。业务预算包括销售预算、生产预算、采购预算等；财务预算包括现金预算和费用预算。通过全面预算的实施可处理好财务部门和其他部门在成本管理中的关系，明确各部门成本管理的内容。财务部门在负责全面成本管理的基础上，将成本指标按构成项目分解成各项具体指标，落实到单位各管理部门，由各管理部门按照管理职责范围，分工管理各项成本指标。

（四）预算管理使成本控制具体化

事业单位在明确了成本核算对象后，即明确了产品生产成本的组成，据此制定出准确的产品的生产成本预算，并在事业单位生产经营活动中严格按照预算指标进行成本控制。

根据《事业单位成本核算基本指引》，当成本核算对象为自制或委托外单位加工的各种物品、建设工程项目、自行研究开发项目时，应当按照政府会计准则制度等规定分别通过“加工物品”“在建工程”“研发支出”等会计科目，按照成本项目归集并结转实际发生的各种费用。例如，“加工物品”下设自制物品和委托加工物品两个一级明细科目，一级明细科目下设“直接材料”“直接人工”“其他直接费用”等二级明细科目归集发生的直接费用。一般直接材料是加工物品成本的主要部分，一般占到50%以上，因此是生产成本控制的重点。直接材料控制首先要区别材料种类，然后再确定在单位产品中的标准用量和标准价格。

当成本核算对象为政府服务项目时，可以合理选择方法如分步法、分批法、作业成本法等进行成本核算。类型分为直接费用和间接费用，按照资源耗费方式确定合理的间接费用分配标准或方法。以公立医院为例，按照作业成本法核算医疗服务项目成本，成本内容分为人员经费、卫生材料费、药品费、固定资产折旧费、无形资产摊销费、提取医疗风险基金和其他费用等。对于亏损较大的技术劳务性项目，人员经费占了项目成本的主要部分，因此控制人员成本、提高工作效率是现阶段医疗项目成本控制的重点。

（五）预算管理使成本控制措施得以落实

在预算编制时加强定额标准的管理，包括定员和定额。定员是指编制主管部门根据事业单位的性质、职能、业务范围和工作任务所核定的人员配置标准。定额是指根据机构正常运转和日常工作任务的合理需要，对经费各项内容进行标准测算。

以公立医院为例，在编制卫生材料预算时，可以通过查询成本数据，分析比较卫生材料占比与医院核定指标的偏差情况，对偏差较大的科室进行重点分析，在考虑实际需求的前提下，科学制订领用计划，减少卫生材料浪费，实现对医用耗材的合理控制。通过成本分析测算出合理的定额标准，按照定额标准编制预算，有效实现了成本的控制。

二、预算管理对成本管理的重要意义

全面预算管理不单能对成本的消耗进行控制，还能对各部门乃至个人进行考核。将成本管理工作与绩效奖金挂钩，能提高职工参与成本管理的积极性，创造全院参与的氛围，从而有效管理成本。而全面预算管理贯穿于单位运营的每个阶段，科学配置有限的资源，提高事业单位运行效率，是控制成本并提高效益的有效方式。

（一）预算管理能使单位进行有效成本决策

全面预算管理从编制到执行，都能对单位的运行情况、资产现状和费用支出有深刻认识。通过预算执行情况和财务分析，使管理层更深入了解了单位的现状，在瞬息万变的市场中才能保持清醒的头脑，从而进行快速、科学、有效成本决策。全面预算管理与普通预算管理不同的地方在于，除了编制过程和执行过程，还需要进行动态评估并做到及时反馈，提早发现问题，作出决策，及时止损。在预算执行过程中发现成本费用支出不合理的情况，针对不合理支出与业务部门找出真正原因，并反馈给部门和单位管理层，为预算和成本核算提供准确的数据依据。

（二）预算管理能有效提高职工的成本意识

成本管理虽然主要是管理层关注的问题，但是渗透在单位运行过程中的各个方面，与每位职工息息相关。只有单位全体职工共同参与，增强责任心和主人翁意识，才能保证成本管控目的的实现。全面预算管理是在会计层面进行核算的同时研究出成本管理的方法手段，从而健全专门针对成本管理的规章制度。有了科学合理的制度，职工在参照执行的过程中，潜移默化地提升了成本节约意识。

（三）预算管理使约束与考核并行

2018 年中共中央、国务院印发了《关于全面实施预算绩效管理的意见》，将成本效益理念引入预算绩效管理，以衡量单位的整体和核心业务的实施效果，并提出完善预算绩效标准体系建设内容，创新评估评价方法，运用成本效益分析法等。可见，政策要求事业单位在预算管理上更加注重投入产出的成本效益分析，成本管理将对预算绩效产生深远影响。

全面预算管理作为一种先进的管理方式，重在前期和执行阶段对成本利用进行一个全局的掌握和细节上的约束，同时其动态的监测与反馈使得考核能与成本管理结合起来。约束与考核并行，将有效降低管理成本。单位在成本考核时，需要制订完善的考核方案，明确相关的激励与约束机制，使工作人员的经营与管理形成一体化的体系，保证全面预算管理工作有序进行；对单位的成本异常情况、引发因素等进行分析，并将分析结果提交管理层，结合成本控制的实际情况进行分析，与绩效考核有机结合。

三、全面预算管理下成本管理的主要问题

（一）成本效益理念的战略地位有待提升

事业单位囿于传统理念，成本管理重算轻管、重事后核算，往往忽略了事前的成本规划。大部分事业单位职工认为成本管理只是财务部门的职责，缺乏成本控制的意识，甚至只是一味地追求收入的提高，而忽视了成本管理的重要性。管理层更重视通过开展新项目、购置设备等资本性投入方式促进单位发展，但忽视资金投入后对成本效益的分析和监管。

在全面预算绩效管理中成本效益的战略地位还不够高，对成本理念的理解还未深入透彻，因此如何推进成本理念融入事前、事中、事后的预算绩效管理体系建设仍须不断探索和实践。成本管理与绩效考核缺乏衔接，有效的激励机制还不够完善，未充分发挥绩效考核指挥棒的作用，全体职工的积极性没有得到提高，导致单位无法真正有效地实施全面成本控制管理。

（二）预算管理与成本管理缺乏衔接性

预算管理是成本管理的目标和基础，也是现代财务管理的重要内容。事业单位的预算管理深受财政预算的影响，注重收支预算，注重合法合规性，对科学性、合理性的管理有待加强。事业单位编制预算时普遍缺乏战略导向，预算目标不够清晰，缺乏成本标准定额指导下的预算编制，缺乏成本规划下的关键运营指标设置与下达。

与此同时，财务部门和业务部门在编制预算和成本控制的过程中缺乏有效沟通。预算差异和成本控制分析过程中，与业务部门的对接反馈不够充分，多停留在财务数据的对比分析上，造成业务部门对改进的重点和方向不清晰。

（三）成本预算数据的质量有待提高

成本数据质量是保证成本管理质量的基础。目前存在的成本数据问题主

要集中在：一是成本数据信息化管理平台对于数据的共享、反馈，以及原始数据储存的重视程度较低，多重视利用信息化手段提升数据的收集质量以及整理质量，而对于成本数据真实性、可靠性的重视程度较低；二是政府会计制度及各行业执行政府会计制度的衔接规定与补充规定，对成本费用的分类不够细化和统一，成本核算方法没有统一，不利于在行业内横向标杆比对；三是在成本预算管理中对较完善的成本数据注重更加精细的预算分析和管理，而对折旧费用及小额预算的重视程度较低，导致预算结果与实际结果存在较大差异。

（四）成本管理能力有待加强

除了上述问题外，事业单位成本管理过程中还存在不重视事前事中成本控制、业绩评价缺乏统一评价标准等问题。现行成本控制手段较单一，倾向以事后核算数据为基础的业绩评价替代事前事中的成本分析与控制。另外，事业单位缺乏一套定量和定性相结合的成本管理评价共性指标框架。该框架应包括多项成本管理指标，如成本管理意识、成本信息化建设水平、成本核算准确合理性、成本分析和控制能力等。事业单位的主管部门可构建分行业、分领域、分层次的核心指标和标准体系，实现科学合理、细化量化、可比可测、动态调整、共建共享。

第二节　全面预算管理下成本管理主要对策

一、提升成本效益管理理念的战略地位，明确成本控制目标，实现管理效能

事业单位并不以营利为主要目标，工作成果和价值不是通过物质形态或货币方式呈现。不以营利为第一目标，能够有效保障事业单位的公益性。但随之而来的却是，事业单位往往成本控制意识不强，存在较大的成本浪费。若能够通过合理配置资源来提高资源利用效率，从而提高收益，使得事业单位兼顾社会公益性与经营效益，提升事业单位的服务效能、实现国有资产及社会财富良性循环与增长，这也是成本管理的终极目标。

二、加强预算与成本间的有效衔接，搭建全面预算管理下的成本控制体系，实现预算与成本的交叉控制

随着政府会计制度改革，事业单位的会计核算是由原来的以“收付实现制”为基础的预算会计制度体系，变革为“双基础”“双分录”“双报告”的形式下，预算会计和财务会计适度分离又相互衔接的会计制度体系。会计核算体制的变化也带来了事业单位成本核算与管理方式的变革。预算是龙头，全面预算管理是实现成本管理目标的重要手段，也是事业单位进行成本管理的起始点。全面化、精细化的预算管理将对成本控制的效果有积极影响，两者有机融合、协同联动，才能充分发挥其应有的作用。

（一）以成本控制为目标进行全面预算管理

事业单位的全面预算管理，是以成本控制为目标的管理行为。因此在预算管理上，事业单位应当建立完善预算和成本控制体系及考核评价体系，对项目执行跟踪考核。预算编制时，应当结合成本目标开展，并通过信息化的手段，将目标分层分级进行分配，划分到各个部门/项目，明确责任部门与责任人，进行全过程控制。可依据预算项目，制定差异分析制度，及时调校目标与结果的差异，形成管理闭环。设置专门的考评部门，配备完善考评体系，制定针对性奖罚制度，提升员工的切身感，引导员工提升作业能力和积极性，将资金效益切实发挥出来。同时，建设项目跟踪机制及考核机制，提升资金利用率。

（二）建立成本中心制度，实行融责任于内的目标管理

责任管理也是成本控制的一个重要手段。推行目标责任管理，首先是划分责任中心，落实目标责任。事业单位的整体目标伴随着责任层层向下，分解到各个责任单位或者责任人。目标管理推行的成功与否，关键在于制定兼顾挑战性和合理性的目标以及达成目标的具体方案。

以公立医院为例，医院可将医疗服务项目成本区分为可控成本与不可控成本两个部分，并将成本中心责任领域内的项目成本以“全面性”和“完整性”为原则逐一罗列，包括服务量、品控要求、人员费用以及能源消耗等内容，然后针对每一项成本项目以作业成本分析法，根据构成要素深入分析，确定标准成本。成本目标确认后，目标管理就是要考虑如何控制目标的执行过程，以及

对执行结果实行合理的绩效考核。在实践中，事业单位应当结合预算管理来完成成本的控制过程，尽可能细化成本目标的达成方案，项目目标越细微越好，且应尽量以定量化的指标进行确定，如“减少多少能耗开支（绝对值）”或“能源消耗降低比率为多少（相对值）”，目标明确，方便执行与结果比对。

上述目标的确定及每月产生的成本消耗数据，将被全部输入电脑，以信息化手段实现跟踪督导。

（三）建立“事项+金额”的开支管控机制，实施多层控制

成本控制还应当结合经费开支的审批控制开展。事业单位因其服务社会公众的属性，支出种类众多，但在政府会计制度中，标准化的支出定义分类包含业务活动费用、单位管理费用、经营费用、资产处置费用、上缴上级费用、对附属单位补助费用、所得税费用及其他费用等。各分类下开支类型多且繁杂，若仅依照这个层级进行控制，很难实现管理目标。

就此，事业单位可在预算管理中建立井格式层级审批制度，针对项目的类别以及支出额度的大小划分项目支出的等级，再根据各级领导划分预算支出权限及额度。具体的表现形式上，可以是以工作表的方式呈现，纵列为事项类别，横向为金额区间，纵横交叉定位即为审批层级。针对特殊或大额项目，最终审核层级高、审核流程周全；而常规化的小额费用，则由较低权限审批即可。这样的控制体系保证了运行效率，实际上也是以精细的维度提升了预算与成本的控制性。当然，预算与成本的执行结果，也应当分层分类进行通报，有助于各层级领导对于年度预算储备、部门可用额度、各项支出流向进行实时的考虑并在项目审批的过程中作出最为精确的判断。

如事业单位的差旅费，因政府已制定十分精确的标准，因此一旦出差事项获批，则后续的差旅费只要是在标准范围内的，执行简单的低层级审批即可。再如，公立医院医疗或合同纠纷赔偿款，因问题背后往往是医疗品质或内控缺陷问题，应予以充分重视，针对问题检讨原因后逐项改善，故类似费用应上升至最高决策机构进行审批，体现重要性。

（四）准确定义成本及预算末级结构，实现精准控制

信息时代，信息手段全面运用于管理，信息资源的“颗粒度”已成为决定事业单位现代化管理水平的基准。上一段落已提到，在政府会计制度下，标

准化的会计科目仅对经济事项进行大分类；虽说财政部与各业务主管部门陆续出台了各行业执行政府会计制度的衔接规定与补充规定，细化了核算科目，但依然存在分类不够细致的问题。想要直接应用于各事业单位的预算与成本作业，实现精准控制，显然是不现实的。

事业单位应当以核算科目的分类与统计口径为基础，结合实际业务情况进一步优化其预算与全成本核算系统，搭配多维度的信息描述，如种类、规格、单价、费用产生时间等，形成更为细致的项目信息库，使得每一项支出都有据可查、公开透明，如此一来可以大大增强预算管理的刚性执行力，同时有效削减预算支出中的弹性开支，也将为成本控制的分析提供更多基础信息。

三、重视资金管理，严格把控资金支出，提高资金效益

依据现行政府会计制度要求，成本结果大多来源于以“权责发生制”为基础的财务核算账套，不单纯考量现金流情况。但随着社会制度的改革及事业单位向公众提供的服务多元化情况，事业单位的资金体量越来越大，其中高校和公立医院的资金体量最具代表性，如清华与北大在2019年度预算经费均超过百亿元，清华大学更是以接近300亿元的航母级重磅居首，一度造成社会的高度关注。因此，对事业单位资金收支的控制，必须重视。

资金支出同样可以与预算管理相结合。在支出预算编制的过程中，通过对项目开支的必要性及费用的合理性评估，准确定义现金预算，在源头建立标准化管控的基准点，实现开支管控。对于收入预算，事业单位应充分认识到，资金是可以形成效益的重要资源，应在政策法规允许的范围内，将收、支项目的到期日及重要性分别评估，做好序时化的资金统筹，可采用银行承兑汇票等多种金融手段，使得事业单位银行账面的浮游资金降到最低，实现资金效益的最大化。提高资金的使用效率，改善医院资本结构，降低资金的使用成本。

对公立医院来说，近年来的药品与耗材逐渐实现了“零加成”改革，原本可以成为医院合法医疗收入一部分的药品与耗材加成已被取消，而另一方面，人力成本不断提升，包括对优秀人才的价值体现以及社会保障成本的加大，医院的资金压力益重。面临如此环境，开源与节流都应成为公立医院把控资金的努力方向。医院应调整资金结构，重视对资金使用效益的考察，将管控重点放在减少和压缩不必要的支出上，同时注重提高公立医院运行效率、发挥人员与资金效益。

四、系统提升成本管理水平，以“合理化”树立成本的全员控制理念

成本控制不是以财务部门一己之力即可实现的，它涉及事业单位的方方面面，大到工程投资、设备采买、物业养护，小到灯位点线的布置、空调的开关时间、个人的用电用水习惯等，无一不息息相关。要想加强新形势下的事业单位成本管控的管理，离不开“人”的意识培养与思想建设。事业单位可以定期开展自上而下的成本培训，从理论到实操树立全员的成本观念。同时在成本管控过程中实施绩效考核制度，奖优罚劣，正向引导、提高员工对成本管控的积极性，培养其良好的管控习惯。

需要特别指出的是，成本管控是基于合理的成本核算分析、流程优化、资源分配和有效利用的基础上开展的，而不是以损失服务质量、侵害或漠视员工与群众利益的不切实际地降低成本。在成本理念的宣导过程中，务必强调与广大员工的目标一致性，形成“切身感”，共同营造科学向上的成本控制氛围。

五、加强内部监督管理机制，形成管理闭环

信任不能代替监督。要想建立科学的成本预算管理机制，就应该在管理的各个环节严格落实相关规范与流程，而这离不开必要的监管措施。在预算和成本的管理上，应当充分运用先进的信息手段，构建具备风险预警提示和严格的内控效能的信息管理系统，将制度与流程内嵌到每一个信息的采集、传递、审批、分析中，确保业务流程不跑偏、审批环节不走空。基于制度流程的信息内控为主，辅以预算或成本管理部门的人工审核，加强独立于业务流程的审计与纪检监督，充分发挥信息公开的作用，引导群众监督起到作用。

建立多层级、多维度，覆盖事前、事中、事后的监督约束机制，其目的不是“找茬”，关键是要以监督促成效，以预算和成本推动事业单位管理水平的提升，实现管理效益。

第二十二章　事业单位预算绩效评价与成本管理

第一节　预算绩效评价与成本管理概述

一、预算绩效评价的概况

（一）预算绩效评价的含义

事业单位预算绩效评价是指财政部门、预算管理部门和单位，依据设立的绩效目标，对预算支出的经济性、效率性、效益性和公平性进行客观、公正的测量、分析和评判。预算绩效评价的最终目的是提升单位的管理水平、管理质量和持续发展能力。

各部门可以根据明确且固定的绩效目标开展工作，减少了人为因素的主观判断，有利于各部门把握好工作的方向。与此同时，预算绩效评价也为公众判断政府部门工作成效提供了清晰易懂的依据，有利于我国自下而上问责机制的建立。

此外，绩效评价结果也可作为安排预算、改进管理、完善政策的重要依据。但在预算绩效评价结果的应用上，还存在以下问题：一是难以对资金使用部门和单位形成实质性约束，应用方式普遍单一；二是具体结合机制和方法尚未建立，评价结果应用缺乏硬性要求，不能形成与下年预算安排紧密结合的制度安排；三是绩效问责和向社会公开等未到位，评价结果得不到有效应用；四是由于绩效评价一般属于事后性评价，致使绩效情况与预算管理对接不紧，评价结果应用有一定的局限性；五是一些项目从投入到产出，再到效益发挥，时间跨度过长，需要一个较长的过程，评价结果也无法做到及时应用。因此，要充分借鉴和吸收国外绩效评价体系的成熟做法，逐步完善绩效评价的指标体系、评价标准和计量方法等内容，其中的重点是科学构建预算绩效指标、标准，以全面、完整反映预算绩效情况，全面推进预算绩效管理，逐渐积累经验，提高绩效评价质量。此外，应鼓励聘请第三方机构开展绩效评价。第三方机构面临着市场竞争淘汰机制，出具的绩效报告往往专业水平更高，更具公信力。

（二）预算绩效评价的方式

事业单位预算绩效评价的方式包括了单位自评、部门评价和财政评价。

1. 单位自评

单位自评是指单位对预算批复的绩效目标，包括项目支出、整体支出、重大政策等进行自我评价。各单位应当加强对自评结果的整理、分析，将自评结果作为本单位完善政策和改进管理的重要依据。对预算执行率偏低、自评结果较差的项目，要单独说明原因，提出整改措施。

2. 部门评价

部门评价是指预算单位上级主管部门根据相关要求，运用科学、合理的绩效评价指标、评价标准和方法对预算单位开展的绩效进行评价。上级主管部门应当总结分析绩效管理中发现的问题，及时反馈单位，提出整改要求，督促相关单位整改落实。各单位应当组织整改工作，明确责任人，制定整改措施，确保按时、保质、保量完成整改。

3. 财政评价

财政评价是指财政部门对预算部门的预算资金开展的绩效进行评价。建立绩效结果、整改情况、工作考核与预算安排和政策调整挂钩机制。对绩效较好的单位和项目，优先保障；对交叉重复、碎片化的项目，予以调整；对绩效较差的单位和项目，进行通报，并约谈相关责任人。低效无效资金一律削减或取消；长期沉淀资金一律收回。对工作考核结果较好的单位，予以预算倾斜；对较差的单位，视情况通报、约谈、核减预算。

（三）绩效评价遵循的基本原则

事业单位预算绩效评价的主要依据是国家的法律法规、社会经济发展目标、行业政策标准和技术规范、设立的预算绩效目标及政策依据等。具体需要遵循以下原则。

1. 科学公正

绩效评价运用科学合理的方法，按照规范的程序，对预算绩效进行客观、公正的反映。

2. 统筹兼顾

单位自评、部门评价和财政评价各有侧重点，相互衔接。单位自评是预算单位自评实施，“谁支出，请自评”。部门评价和财政评价是在单位自评的基础上开展的。

二、成本管理和预算绩效评价

（一）成本管理是预算绩效评价的重要依据

预算绩效评价体系包括多方面，其中预算绩效评价指标体系是预算绩效评价的重要内容。在预算绩效指标中成本指标属于产出指标，主要反映成本的节约率，体现完成项目计划工作目标的实际节约成本与计划成本的比率，用以反映和考核项目或单位的成本节约程度。

在预算绩效评价方法包括成本效益分析法、比较法、因素分析法、最低成本法、公众评判法、标杆管理法等。根据评价对象的具体情况，可采用一种或多种方法。其中，和成本相关的方法就包括了两种。成本效益分析法是指将投入与产出、效益进行关联性分析的方法。最低成本法是指在绩效目标确定的前提下，成本最小者为优的方法。

（二）绩效评价是满足成本管理的重要信息

单位进行成本核算应当满足内部管理和外部管理的特定成本信息需求。单位的成本信息需要绩效评价。为满足该需求，单位应当设置与成本相关的绩效指标并加以准确核算，以便衡量单位整体和内部组织部门运行效率、核心业务实施效果、政策和项目资金使用效果。

绩效评价对于成本管理来说是一个承前启后的过程或者体系，它是对成本管理效果的评估，是为更优质的成本管理提供改进依据，是成本管理的重要信息。

三、预算绩效评价在成本管理中的应用

（一）明确成本管理绩效评价主体（考核主体）

事业单位成本管理的主体比较复杂，维度比较多，我们在评价成本管理绩效时也要按照成本管理主体的内容进行。我们要建设与成本管理主体相一致的绩效评价体系，两者内容要相符，保证绩效评价功效的发挥，助力全成本管理水平的提升。

（二）建立成本管理绩效评价制度体系（考核体系）

事业单位要依据成本管理的相关制度，结合事业单位发展规划、部门职责和权责、成本管理的内容建立成本管理绩效评价的制度体系。制度体系明确成本管理绩效评价的工作目标、职责分工、工作程序、评价范围、工具方法、信息报告等内容。成本管理绩效评价指标、评价方法、评价标准等的绩效评价体系的科学性、实用性和可操作性是实现对单位成本管理绩效客观、准确、公正评价的前提。

事业单位在建立成本管理绩效评价体系的设计时应遵循“内容全面、方法科学、制度规范、客观公正、操作简便、适应性广”的基本原则。评价体系本身还要随着事业单位面临的经济环境变化而不断发展完善，评价的内容应依据成本管理内容的不同需要有所不同。如，在教育领域，原来用“四项经费”来评价对教育教学的投入产出的情况，随着国家对于教育投入比例不断提高，内容不断丰富，高校收入来源不断丰富，国家经济形势现在有更丰富的指标来评价教育教学成本管理。

（三）完善成本管理绩效评价方法（考核方法）

对于企业，成本管理理论的发展和平衡记分卡、关键绩效指标法作为绩效评价和战略管理工具在实践中的逐步完善，推动了企业成本管理绩效评价的研究，对于事业单位成本管理绩效评价尚没有一套比较成体系的方法。2019 年，随着政府会计制度的实施，两套体系中财务会计是权责发生制，主要反映了政府运行成本。科学评价政府运营绩效，我们可以参照企业成本管理一整套比较成熟的成本管理绩效评价方法，适当引入事业单位绩效评价科学规范、公开公正、分级分类、绩效相关等原则，逐步完善事业单位成本管理绩效评价方法。

（四）做好成本管理绩效评价结果应用（考核结果）

事业单位应该全面认识到绩效评价在全成本核算管理中的重要性。成本管理绩效评价可以衡量事业单位整体和内部组织部门运行效率、核心业务实施效果、政策和项目资金使用效果。对评价的结果，应及时整理、归纳、分析、反馈，并将其作为改进和提升单位内部管理水平和运行效率的重要依据。

第二节　成本管理在绩效考核中的应用

事业单位在绩效考核中，主要是以目标为导向，完成事业单位各期规划任务。因此，坚持公益性是放在首位的，成本控制做得好不好，直接关系到事业单位的可持续性发展水平的高低。绩效考核中，重点关注预算执行情况、内控管理水平、国有资产保值增值、运营成本控制和业务成本类指标。

一、预算管理考核应用

绩效考核中，预算编制的科学性、执行进度情况、经济及社会效益评价是主要的侧重点。

在对预算收入编制考核中，重点关注预算收入编制的完整性、科学性、合规合理性。在综合考量国家政策导向、科室人员结构、各项设施配备情况等的同时，在成本可控的前提下，确认工作量的测算是否合理，进而确保预算业务收入总额的可信度。同时，在政府投资项目、财政补偿方面，做好政策的理解，关注其是否最大限度地争取了国家的各类资金。

在对预算支出的编制考核中，是否在保证事业单位日常业务开展的同时，体现节约的思想，确保收支平衡。人员经费的编制中，是否根据各科室业务开展及发展情况，合理进行了定编定岗的核定；各项业务费支出，是否经过各级预算会议进行了科学合理的讨论。如对公立医院的药品、耗材成本核定时，查对年度计划、药占比和耗材比是否可控；各类维修，是否考虑到使用周期及日常保养支出情况。

在预算执行情况绩效考核中，重点关注各类成本费用的开支情况。财政项目是否按预算进度开展；各类支出发生异常时，各分管部门是否给出详细的分析说明；日常监控工作是否合理有效，对预算执行中出现偏差的原因是否及时采取了各类改进措施。

对预算相关绩效考核指标完成情况，与绩效分配挂钩，实现年度目标的同时，做到成本管控有效。

二、内控管理考核应用

绩效评价是事业单位内部控制制度建设的重要组成部分，是内部控制制度持续优化的重要依据。绩效评价的有效性原则离不开对成本考核相关数据的分析。

在单位层面考核中，有对成本核算部门的建设目标和工作相关要求。从工作机制、核心岗位、人员、信息系统都有具体要求。根据事业单位实际发生的各类经济事项及时进行账务处理及分类汇总，确保相关成本核算资料真实、完整、及时。

在业务层面考核中，各模块内容都要体现成本控制的思想。

预算控制中，制订科学合理的成本计划。具体包括全院总成本计划、人员经费成本计划、业务成本计划、资产更新配置计划、维护保养计划等。

收入支出控制中，关注是否纳入预算及其合规性、合理性。如对差旅费、培训费的管理，在对相关出差的审核、各费用报销原始凭证审核中，强化成本意识，采取定额管理、授权、规范审批流程等措施进行严格的监控。

采购业务控制中，对采购需求的合理性从认证审批、采购价格比价、采购成本的严控、相关商品的采购时间、验收质量把关等方面严格管理。

资产控制中，将各类资产的成本效益作为可能存在的风险点进行分析。如对公立医院的银行存款，可以合理引入各家银行公开招投标，提高资金存款利息收入，或采取银医联合的方式进行智慧化医院建设等。对各类存货的周转率进行严格的监控，确保最佳存货供应量，同时严格管理应急物资的储备与效期。做好职工个人欠款及各类往来款的余额管理，防止国有资金流失或损失。

建设项目控制中，建立完善施工成本控制机制。根据施工进度合理编制资金使用计划，及时完成工程价款结算工作。建设各流程关注是否存在经济损失的风险，严格各项审批流程。

合同管理控制中，关注条款影响及付款方式，最大化降低事业单位的经济合同风险。

三、国有资产保值增值考核应用

财政部门是事业单位国有资产管理的职能部门，负责对国有资产的监管和绩效评价。事业单位管理的效率直接影响到绩效水平的高低。事业单位在关注国有资产的绩效考核中，重点关注的保值增值。不仅要评价资产配置的公平合理性，也要评价提供社会服务的能力。

在资产占用水平的考核中，不仅仅关注资产结构及人均资产规模等方面，也要关注成本核算中的重点，如折旧提取情况，是否及时办理出入库、从在建工程转入固定资产，确保相关指标核算真实有效。

在资产管理能力的考核中，重点关注维修维护等成本支出情况，结合工作量相关数据，对资产维修成本进行合理的监控，防止人为因素造成资产管理不善，加大相关开支。

在资产使用效率的考核中，对资产合理使用情况进行分析，防止出现资产闲置现象的发生。对使用不饱和的设备，特别是可以多学科可共同使用的，积极做好调研工作，协调相关科室，加大使用效率。

在资产运行效果的考核中，重点关注投入的成本与产出的效益对比分析，不仅是经济效益的考量，还要包括对社会效益的考量。如基本公卫购置的老年人体检设备，对于公众来讲是免费开展的，而事业单位更多的是关注该设备每个周期的服务人数，确保国家投入的设备保持在高效率使用的状态。

各地对国有资产的保值增值的绩效评价指标会有不同，但是成本核算是评价的基础，对成本核算达到精细化的水平越高，监管的及时性、准确性也会越高。

四、运营成本控制考核应用

事业单位在日常绩效考核中，运营成本是重中之重，运营成本也是事业单位奖励性绩效工资主要的发放依据。绩效方案的制订，是根据事业单位自身发展情况，有侧重地完成预期任务而开展的。国内流行的有目标管理法、基本资源的相对价值比率（RBRVS）、平衡记分卡、DRG 成本考核法等，不论是何种方法，对运营成本的管控都是处于核心地位的。

各类绩效考核方案中，为强化对运营成本的管控，采取了多种方式。以下以公立医院为例进行说明。

引入相关成本指标情况进行考核，如科室的百元业务收入的业务支出、药占比、耗材比、各类预算控制的业务费支出等。

在对临床科室绩效考核中，不仅从科室层面对业务相关成本进行分析，还要结合工作量、难度系数、新技术新业务、只有社会效益的诊疗活动等，科学合理地进行评价，剔除影响因素，综合考量。

在精细化管理水平、信息化系统不断提升的背景下，对科室医疗组、医生的考核中，采取合理的成本分摊方式，对人均工作情况及人均成本耗费情况进行对比分析，优化管理水平。通过临床路径、病种成本及 DRG 成本分析，对优化诊疗流程、避免出现过度医疗行为进行有效的约束。

对固定资产使用效率分析中，强化成本分析，结合医疗业务开展情况，可以有效提升资产使用效率；通过规模操作流程，减少维修保养等成本。

因此，在日常绩效考核中，运营成本的考核是重点，牵住了这个“牛鼻子”，就能够实现事业单位社会效益和经济效益的双保障。

五、业务成本类指标考核应用

事业单位的业务活动消耗资源，资源耗费产生成本，业务活动与事业单位成本天然具有内在联系性。通过对事业单位成本管控设置考核指标，建立业务成本类考核指标体系，进而约束事业单位规范诊疗行为。

以公立医院为例，随着我国对公立医疗机构绩效考核工作的推进，国家卫健委陆续出台了《国家三级公立医院绩效考核操作手册》《国家二级公立医院绩效考核操作手册》《国家三级公立中医医院绩效考核操作手册》《国家二级公立中医医院绩效考核操作手册》《关于印发妇幼保健机构绩效考核办法的通知》《关于加强基层医疗卫生机构绩效考核的指导意见（试行）》等系列相关文件，其中成本类考核指标占据重要地位，业务成本类考核指标概况见表 22－1。

表 22－1　　业务成本类考核指标概况

序号	文件名称	总指标数	成本类指标	成本类指标占总指标比重
1	《国家三级公立医院绩效考核操作手册》	55	5	9.09%
2	《国家二级公立医院绩效考核操作手册》	28	3	10.71%
3	《国家三级公立中医医院绩效考核操作手册》	66	7	10.61%

续表

序号	文件名称	总指标数	成本类指标	成本类指标占总指标比重
4	《国家二级公立中医医院绩效考核操作手册》	34	4	119.76%
5	《关于印发妇幼保健机构绩效考核办法的通知》	56	4	7.14%
6	《关于加强基层医疗卫生机构绩效考核的指导意见（试行）》	42	4	9.52%

公立医院绩效考核，是引领公立医院综合改革向纵深推进的重要抓手，是推进医院高质量发展的重要举措。通过公立医院绩效考核，引导全国二级和三级公立医院有效提升整体医疗质量和管理水平，实现公立医院医疗服务高质量发展，保障广大患者健康权益。常用的业务成本类考核指标及其考核导向见表22-2。

表22-2　　常用的业务成本类考核指标及其考核导向

序号	业务成本类指标名称	考核导向	指标来源
1	人员支出占业务支出比重▲	逐步提高	《国家三级公立医院绩效考核操作手册》《国家二级公立医院绩效考核操作手册》《国家三级公立中医医院绩效考核操作手册》《国家二级公立中医医院绩效考核操作手册》《关于印发妇幼保健机构绩效考核办法的通知》《关于加强基层医疗卫生机构绩效考核的指导意见（试行）》
2	万元收入能耗支出▲	逐步降低	《国家三级公立医院绩效考核操作手册》《国家二级公立医院绩效考核操作手册》《国家三级公立中医医院绩效考核操作手册》《国家二级公立中医医院绩效考核操作手册》
3	收支结余▲	监测比较	《国家三级公立医院绩效考核操作手册》《国家三级公立中医医院绩效考核操作手册》《关于加强基层医疗卫生机构绩效考核的指导意见（试行）》
	医疗盈余率▲	监测比较	《国家二级公立中医医院绩效考核操作手册》
	收支结余率▲		《关于印发妇幼保健机构绩效考核办法的通知》
4	每百名卫生技术人员科研项目经费▲	逐步提高	《国家三级公立医院绩效考核操作手册》《国家三级公立中医医院绩效考核操作手册》《关于印发妇幼保健机构绩效考核办法的通知》
	配套科研经费和人才培养经费占总经费支出的比重	逐步提高	《关于印发妇幼保健机构绩效考核办法的通知》

续表

序号	业务成本类指标名称	考核导向	指标来源
4	每百名卫生技术人员中医药科研项目经费▲		《国家三级公立中医院绩效考核操作手册》
	每百名卫生技术人员重点学科、重点专科经费投入		《国家三级公立中医院绩效考核操作手册》《国家二级公立中医医院绩效考核操作手册》
5	每百名卫生技术人员科研成果转化金额	逐步提高	《国家三级公立医院绩效考核操作手册》
	每百名卫生技术人员中医药科研成果转化金额	逐步提高	《国家三级公立中医院绩效考核操作手册》
6	人才培养经费投入占比	逐步提高	《国家二级公立医院绩效考核操作手册》《国家二级公立中医医院绩效考核操作手册》

第二十三章　事业单位成本管理信息化

第一节　事业单位成本管理信息化概述

一、事业单位成本管理信息化现状

与企业相比，事业单位的成本信息需求更加多元化，成本核算的对象已经不再局限于产品，单位体量也较大。但目前事业单位的成本核算主要依赖于重复性、基础性高的人工处理，存在信息传递速度较慢、数据的时效性不强、数据检索难度较大、数据存在偏差等问题，成本数据处理的及时性和准确性也达不到成本管理的目的，并缺乏对数据的深度应用。

蓝文婷（2012）认为，我国事业单位的信息化发展先后经历了以财务管理为中心的信息化管理，以财务管理为核心、多部门联合的综合管理信息化，近几年来开始实现业财一体化的信息化管理。在事业单位成本管理方面，近年来由于高等院校、公立医院和科研单位的业务量逐年递增，提升了事业单位对实现高效业务处理的需求。例如，目前公立医院的信息化水平已经有了显著提升，很多单位先后建设了账务核算系统、全面预算管理系统、HIS 收入核算系统、物资管理系统、资产管理系统、OA 廉洁风险防控平台等经济管理系统及科研管理系统等信息系统，但这些信息系统仍存在着很大的优化改进空间。

一是多系统的跨部门对接还在逐步建设中，各系统之间的信息传递还以人工传递为主，手工工作量巨大，大部分事业单位还存在"信息孤岛"现象，没有形成事前预算、事中分析和控制以及事后审核的循环体系，例如公立医院主管药品、收费等的 HIS 系统与成本管理系统尚未能关联在一起，存在信息脱节现象。

二是事业单位虽然已经在硬件、软件上有所投入，但仍没有形成一个完整的单位运营管理系统控制体系，缺乏统一、标准的、端到端的数据接口，导致各系统的数据标准、数据结构和数据格式不尽相同，存在数据壁垒，数据的可利用率较低，大大减弱了数据交换、处理的效率，形成的信息也不够准确。

三是成本核算涉及不同部门、不同维度，加上核算的精细化程度比较高等因素，目前事业单位的信息化程度还远远达不到数据和业务的完全集成的目标，不能为事业单位管理者提供有针对性的指导和经营问题预判，成本分析报告也缺乏力度，增加了事业单位费用投入产出比分析的难度，影响了费用管理报告的有效性与真实性。例如，公立医院的成本管理系统中缺乏关于耗材的供应商厂家、单价、产品编号、使用者等信息数据，系统难以为事业单位管理者提供精细化、可溯源的成本分析。

四是成本管控的精细度不足，缺少成本过程控制，结果反馈不及时。成本管理需要事前控制、过程控制、评价反馈相结合，过程控制的缺失导致事前控制失去指导意义。例如，戴莉（2020）认为，如果公立医院无法对高值耗材进行追根溯源的成本管理工作，则在进行成本监控过程中，可能会出现错账、漏账等问题，严重影响医院成本监控管理工作的正常运行。

《事业单位成本核算基本指引》要求："单位应当建立健全成本费用相关原始记录，充分利用现代信息技术，加强和完善成本数据的收集、记录、传递、汇总和整理等基础工作，为成本核算提供必要的数据基础。"因此，事业单位加强成本管理可以积极利用信息技术来探索成本管理的优化路径。事业单位应建立健全信息化成本核算数据平台，通过对成本管理系统的升级改造，整合合同管理系统、票据管理系统、固定资产管理系统、发票认证系统、往来款管理系统等系统，从而实现成本核算与其他信息化系统的有机结合，并运用精细化管理模式，实现事业单位成本数据核算的多元化。最后，在此基础上对成本费用进行动因分析，掌握事业单位资源流动的脉络。

二、事业单位成本管理信息化的目标

（一）提升事业单位成本核算效率

信息化能够通过集中化、规模化的批量处理，将烦琐但是重复性高的成本核算工作变得更便捷、更标准，分工更细，更能够聚焦于服务，实现财务从记账型会计向管理会计转型。信息化能够规范成本数据采集流程，保障成本数据的标准化，为事业单位提供准确、及时的全成本核算数据，并随着分析模型和核算方法等的不断完善和优化，为事业单位提供高质量、高标准、可视化的辅助决策信息。

（二）实现事业单位成本的过程控制

信息化能够为工作流程的标准化以及管理数据的统一化提供平台支撑，实现统一会计政策、统一会计科目、统一信息系统管控、统一成本核算流程、统一数据标准，极大地降低了数据加工过程中产生的失真现象，提升了报告和决策支持在数据层面的准确与严谨，并能够揭示成本发生和形成过程，以便对影响成本的各种因素、条件施加影响或管控，将实际成本控制在预期目标内。通过对成本的事前计划、事中控制、事后分析，监督单位各项开支的合理性、合法性和有效性，以达到优化支出结构的目的。

（三）为事业单位预算管理提供支持

事业单位成本管理系统可以将历史年度积累的科室收支数据等传入预算管理系统，经过加工处理，成为单位预算编制的依据。在单位对支出进行核算时，也可以根据支出预算数据对所有支出项目按科目、科室进行事后的约束监督，并对异常信息和业务提出纠正和改进意见。

（四）实现业财一体化集成管控与服务

事业单位的信息系统预期建成以会计核算为核心、以预算管理为抓手、以成本管理为基础、把绩效薪酬作为杠杆的人、财、物一体化的管理决策体系。因此，首先要将事业单位成本管理系统与人力资源系统、科研项目管理系统、固定资产管理系统等业务系统和管理系统深入集成，依据全角度、多业务流程、多对象的原则实现业务与财务的高效融合，使成本管理发挥有效管控作用，并起到支撑与服务的功能。同时，提升各系统间的数据共享程度，解决事业单位“信息孤岛”问题，提升数据的一致性和可用性，进而帮助事业单位对自身管理流程进行完善，并为事业单位财务决策提供有力的信息支持。

三、事业单位成本管理信息化实施原则

（一）安全性原则

事业单位作为社会公共服务领域的重要组成部分，其内部系统必然流通着

大量的数据信息，因此保证安全性是事业单位成本管理系统设计的首要考虑因素。必须对事业单位成本管理系统设置严格的操作权限，防止有人恶意越权登录，或者随意改动数据等，给事业单位和公众造成不可估量的损失。在信息传递过程中也要对信息输入、输出口径等设置严格的权限约束，以防止信息丢失、篡改、失真等造成事业单位出现重大的信息安全漏洞。

（二）准确性原则

保证数据的准确性是事业单位成本管理成功实施的关键因素，高效优质的成本管理是建立在整体性的成本数据基础上的，整体性的数据资料能够如实体现出事业单位在实际经营管理过程中成本的数据信息。通过成本管理系统能够实现事业单位管理全流程的透明化、可视化、数字化，财务人员可以通过事业单位成本管理系统实时查询成本信息，准确、完整、及时地记录事业单位的全部经营活动，为事业单位管理决策分析提供明细的数据。

（三）应用性原则

事业单位应当在全成本核算的基础上，通过成本核算系统进行数据集成，将各项成本归集并分摊到科室、项目、病种等，成本核算系统能够查询到各部门的业务结构、成本明细、成本比率等信息，并对不同会计期间、不同部门的业务和成本管理状况等进行对比和统计分析，进而为成本管理分析系统、绩效评价系统、全面预算管理系统等提供扎实有效的数据基础。

（四）集成性原则

事业单位成本管理是一个复杂庞大的系统工程，不仅需要运用多种成本核算方法，还需要结合单位实际情况进行持续的优化和改进。因此，单位的成本管理系统必须存在一定的弹性，能够根据单位战略的不断升级而持续优化。此外，成本核算信息平台要具有良好的兼容性，便于与成本核算系统、HIS 收入核算系统、物资管理系统、资产管理系统等经济管理系统及科研管理系统搭建数据接口，进行数据共享，还需要便于更新升级。

（五）便捷性原则

在满足系统功能、运行效率等需求的同时，应注重用户体验便捷化和不同角色业务流程、功能优化，例如提供类 EXCEL 表格化填报界面操作。

第二节　事业单位成本管理信息化建设

事业单位成本管理信息化是传统管理手段的升级版，是根据《事业单位成本核算基本指引》设计而成的，并紧密结合政府会计准则制度的相关要求，可操作性较强。事业单位成本信息化高度集成其他管理系统和业务系统，可以有效提升成本核算效率，实现事业单位成本管理的过程监控，并为事业单位编制预算、优化经营策略等提供数据支持。

一、事业单位成本管理信息化总体思路

针对事业单位成本管理信息需求的特点，建立覆盖全单位的成本管理体系，规范成本核算流程。通过与全面预算管理系统、HIS 收入核算系统、物资管理系统、科研管理系统等其他管理系统和业务系统的有效集成，实现数据的自动采集、清洗、转换与校验，进而取得收入数据、折旧数据、药品数据、卫生材料数据等有效数据，进行成本的自动归集、分摊和结转，并在保证财务数据与成本数据的一致的基础上自动生成凭证和报表。逐步建立科室成本、项目成本、病种成本等数据分析模型，实现实时的成本控制，为成本预算、核算、分析、控制、考核奠定基础，为事业单位经营预测和投资提供决策支持。

图 23－1 描绘了事业单位成本管理信息化的基本架构，涵盖数据采集、数据处理、成本归集与分配、凭证管理、报表分析、成本分析、成本分析结果应用等主要环节。

此外，在事业单位成本管理信息化的建设中，应该重点关注以下三个方面：一是实现实时的成本控制，以便事业单位及时有效地对本单位成本状况进行管控；二是事业单位应充分认识到责任成本的重要意义，在信息化过程中应该明确各项成本工作和各个管理部门责任的一一对应性；三是全过程、全对象、全部人员参与成本管理，可以用绩效激励的方式来调动各部门参与信息化建设的积极性。

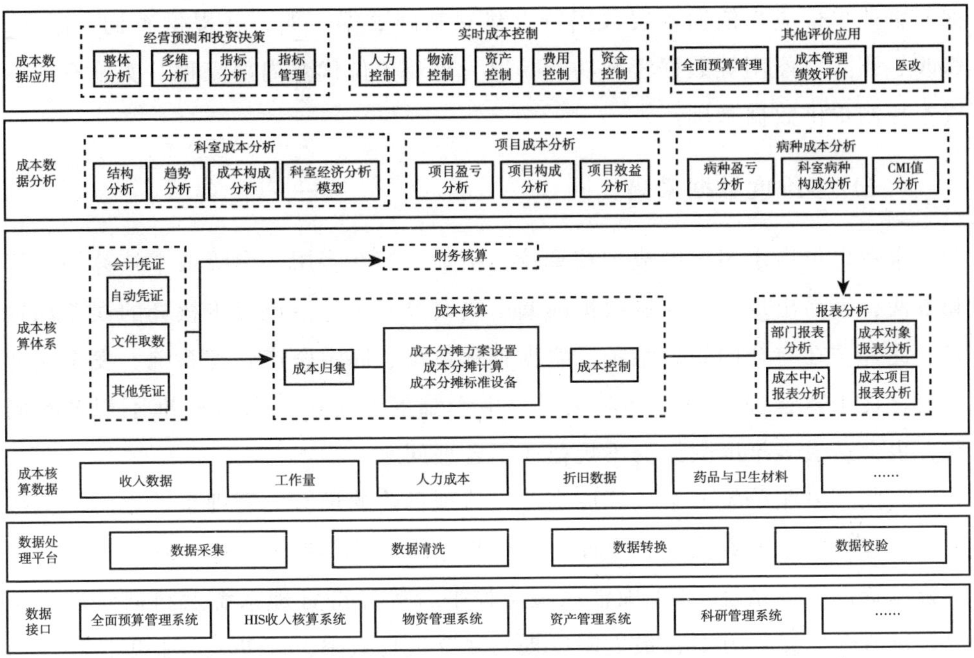

图 23-1 事业单位成本管理信息化总体框架

二、事业单位成本管理信息化初始化设置

(一) 基础数据维护

基础数据维护是对事业单位各核算单元的明细数据进行维护，具体包括收入数据、人力成本、资产折旧、无形资产摊销、药品、卫生材料、其他数据等，并提供数据的记录、查询、修改、增加、删除等功能，形成面向事业单位全局的数据视图，形成整个系统的数据基础。

事业单位成本管理信息化的基础数据维护可以从以下四个方面进行：一是基础信息层，包含事业单位的基本运营信息和财务信息；二是业务数据层，指事业单位日常录入的业务原始数据，如财务人员录入的原始凭证等，由于业务数据是事业单位成本归集与分摊的基础，因此在维护时必须着重注意数据的准确性和真实性。三是数据处理层，是明细账、总账等按不同标准、规则和要求进行处理分析的数据结果；四是集成处理层，负责对上一层的数据处理结果进行进一步的统计分析和计算处理，包括事业单位成本状况、各项经济指标构成、预算完成情况、单位发展趋势预测等，以形成事业单位经营决策的重要依据。事业单位应当依据各层数据特点建立基础数据字典，并提供查询、添加、修改、删除、停用等数据管理功能，以为事业单位优化内部流程、实施有效的成本控制提供数据基础。

（二）多维度数据采集

事业单位由于多维度成本核算较为精细，存在多层、多级成本核算的流程和方法，容易出现成本核算数据缺漏、错误等问题，造成成本核算的误差和错误。此外，在与合同管理系统、票据管理系统、固定资产管理系统、发票认证系统、往来款管理系统进行对接时，由于维度不统一、取数标准不规范等问题，也会造成多维度数据的不规范或不合理问题。

因此，事业单位成本核算应当首先梳理目前的现有的管理系统之间的衔接关系，包括账务核算系统、全面预算管理系统、HIS 收入核算系统、物资管理系统、资产管理系统、OA 廉洁风险防控平台等经济管理系统及科研管理系统等，统筹考虑接口方案，最大限度提高系统运行效率。此外，事业单位还应当建立起制度化的基础数据管理体系，对各个业务模块的主数据进行梳理，提升数据质量，精细化数据颗粒度，实现数据及时有效的共享，保证成本数据的准确和来源的真实性。

对数据采集的格式和采集过程中的数据校验问题，尹宇斌（2015）认为，首先系统应提供数据整理模板，模板中除了列出需要提供的数据外，还要对每个字段的数据要求进行描述，必要时要通过系统的检查控制功能对字段进行设置，以保证数据的准确性；其次，应制定数据校验策略，对一些字段数据有明确规则要求的，以及对不同数据模板之间有关联关系的，都需要设定校验规则；最后，待用户或其他系统提供数据后，需要对数据进行校验分析，并对校验未通过数据与用户或相关系统负责人沟通及时更正。需要注意的是，对敏感数据的采集应当尽量采用自动采集的办法，避免或尽可能减少人工干预。

例如，对公立医院数据的采集范围问题，张蕾（2019）认为成本管理系统需要采集以下数据：一是从 HIS 系统里取临床和医技科室的工作量及收入数据，并按照科室编码、科室名称、收入项目编码、收入项目名称记录。如存在数据有缺失的问题或存在难以被系统记录的数据，需要由财务处进行补充。二是从人力资源系统取得医患工作人员数据、出席等相关内容的记录，根据其具体的科室依次分类于对应的核算门类，详尽记录对应的职业类型等数据，根据财务人员明确工资明细数据，归纳出人员经费数据表。三是从固定资产系统取得房屋建筑类以及设备类等固定资产的获得时间以及使用年限和活动经费出处，而且根据科室面积计提明确对应的固定资产月折旧额。四是从药品管理系统及物资管理系统按照具体对应的药品模块以及物资管理模块，详细记录不同科室消耗药品和物资的数目。六是从会计核算系统取出内部支出记录数据、凭证，归纳导出分析日常支出数据。七是从病案系统中获取科室编码、科室名称、病种分组编码、分组名称、主诊断编码、主诊断名称等信息（刘雅娟，2020）。

（三）建立实时成本管理的控制

事业单位成本管理信息化能够改变过去对人工核算依赖性高的成本核算格局，改变过去核算的复杂度和强度，通过信息化技术的运用，提供一个简单、快速、智能化的成本管理操作平台，实现成本管理的实时跟踪、统计和核算，形成成本管理的事前计划、事中控制、成本控制事后分析的循环体系，并以不同的展示形式提供不同角度、不同层次的报表，满足不同决策者的信息需求。

事业单位应当在充分调研并积累成本数据资料的基础上，设计出完善的成本定额，并在系统中预置人员经费、各相关诊疗项目消耗定额等定额标准。在事业单位的成本管理出现偏差时，系统能够借助模型对当前数据和历史数据进行精细分析，当有预警信息产生时，系统能够通过系统消息提示或者微信消息推送、短信消息提示等措施及时告知相关管理人员。相关管理人员可以根据系统提供的指标变化，分析成本偏差的原因，并据此寻找有针对性的解决措施，有效保持事业单位的良性与高效发展。

（四）成本会计凭证管理

事业单位成本管理系统应当结合事业单位的业务内容与性质，选择对应的会计科目，按照格式规范化要求，自动提取信息形成摘要并生成凭证，提升财务人员工作效率。

首先，系统应依照实际成本计价原则、成本分期核算原则、重要性原则、权责发生制原则等原则来自动核定单位的收入与成本数据。其次，为了减轻数据归集工作量，保证数据信息转换过程中的自动、高效、准确，应当设置凭证模板，将整个核算过程划分为不同的作业类型，设置作业类型对应的凭证模板，建立凭证信息与业务单据信息中的对应关系，同时也支持对模板的新增、调整、删除。最后，最终的核算结果通过凭证模板自动生成会计凭证到总账系统。

三、事业单位成本归集和分摊模块

事业单位成本归集和分摊应当先对成本项目分摊标准、成本项目分摊模板等进行规范，并在系统中预置成本归集与分摊的路径，并通过各个系统间的接口来采集各种业务数据和成本数据，在此基础上进行多维度、多层次的成本分摊。归集与分摊路径主要包括分摊源总成本、分摊所使用的成本动因、分摊目标列表、各个分摊目标的成本动因数量、分摊比例、分摊金额等。成本的分摊比例可以实现设定，也可以按照分摊对象的成本动因数据计算取得。如果分摊对象和其成本动因数据是固定的，例如厂房的费用分摊可以按照各个作业所占的固定面积分摊，可以在系统中预置分摊比例。

（一）事业单位成本归集模块

将信息化系统作为操作工具，按照不同成本核算对象将相关成本数据进行归集，实现成本实时归集、查询，方便事业单位管理者实时监控成本情况，改变以往依靠经验论的方式，通过量化的数字为成本控制、预算管理、绩效评价、经营预测与投资决策提供支持，进而对人力、物流、资产、费用、资金进行管控。

以公立为例，成本归集分为两种，一是为开展医疗服务活动而发生的能够直接计入的直接成本。比如人员支出、直接耗材、药品成本等，按照实际耗用情况计入相关科室成本，对于科室有用水、用电记录的，水费、电费也直接计入相关科室成本。另一种情况为开展医疗服务活动而发生的，不能直接计入，需要按照一定原则和标准计算计入该科室的直接成本。

（二）事业单位成本分摊模块

为了真实有效地披露各级、各类科室的成本状况和分摊明细，系统应当采用科学、合理的分摊方法。根据科室业务和管理属性的不同，可将公立医院的所有科室划分为直接医疗类科室、医疗技术类科室、医疗辅助类科室、医疗管理类科室。在科室分类基础上，将能直接计入的成本直接计入相应科室。对不能直接计入科室的成本，樊睿等（2015）、张扬（2016）按照“谁受益谁承担”的原则，采用“四级五类”分摊法进行分摊计入，具体总结如下。

第一级：公用费用分摊。指将无法归属的公用费用按照人员、占用面积、资产份额、受益方等公摊因子进行分摊，具体包括人员成本、动力费用、交通工具消耗费、折旧费、修缮费用，以及无法分摊到科室的其他费用。

第二级：行政管理部门成本分摊。指在第一级分摊的基础上，按照人员比例将行政管理类职能部门的成本分摊至直接医疗部门、医疗技术部门、医疗辅助部门。

第三级：医疗辅助部门成本分摊。指在第二级分摊的基础上，按照“谁受益谁承担”的原则，根据床日床位数和门急诊人次数，将住院收费部门、职工食堂、仓储部门、门诊挂号部门、消毒部门、后勤服务部门等的成本分摊至直接医疗部门、医疗技术部门。

第四级：医疗技术部门成本分摊。指在第三级分摊的基础上，按照收支配比的原则，把核医学科、化验科等医疗技术部门的成本分摊至直接医疗部门。

基于“四级五类”分摊法，事业单位成本管理系统应当能够实现全成本核算数据的自动分摊计算，并具备分摊报表的自动校验功能。成本项目还应当实现数据的上钻和下取，能够查询分摊项目的明细数据。此外，还应实现财务会计和责任会计的双轨制并轨，保证会计核算和成本核算的一致性。为了保障成本分摊的灵活性，系统还应具备数据清除和重置分摊等功能。

四、事业单位成本分析模块

传统的事业单位成本管理模式下，成本核算效率低，信息十分滞后，非常不利于事业单位控制经营风险，及时止损。应用了线上成本管理系统后，系统能够收集事业单位内外部的所有成本信息，并自动对这些成本信息进行分析，事业单位可以通过得出的结论对其价值链进行优化，降低价值链上各个作业活动的成本，提升事业单位的运营效率。

一是事业单位的成本分析能够以成本核算数据为依据，依托成本核算标准及其他相关规定，分析成本构成的比例水平与成本结构的变动状况。对成本数据进行有效整合，通过系统的分析研究影响成本升降的各类因素及原因，从而多渠道、多角度地寻找降低成本的方法和途径，并实现成本各个层次上钻下取，能够灵活追查成本并进行因素分析，进而满足事业单位的收入分析、成本分析、效益分析等分析需求。

二是系统能够对结构化数据进行线性分析，能反映出事业单位成本数据的变化趋势和结构组成。在充分建立事业单位经营信息与财务成本数据的高精度关联后，会在数据库中形成海量信息。事业单位可以利用分类、回归分析、聚类、关联规则、特征、变化和偏差分析等数据挖掘方法，以及因素分析法、比较分析法、趋势分析法、比率分析法、差额分析法等多种分析方法，从不同的角度、无特定指向地对事业单位信息数据进行深入挖掘，主动地发现一些管理有用信息，对事业单位经营决策形成辅助作用。

三是系统能够自动研究成本的组分以及变动的趋势，明确影响成本变化的不同原因和动因，提高成本研究的高效性和可用性，为编制预算以及制定具体成本管理措施提供数据佐证。同时，开展成本分析信息的全单位通报工作，让全体人员能够清晰地掌握自身在成本管理过程中所扮演的角色以及所要承担的责任和义务，提升全员成本管理意识。

以公立医院为例，系统的成本分析模块可以从科室成本分析、项目成本分析以及病种成本分析几个方面进行设计，具体如下。

（一）科室成本分析

成本分析是事业单位进行财务管理的重要抓手，但目前事业单位的科室普遍存在成本分析流于形式，只是单一的数字汇报而极少对成本进行统筹性分析等问题，难以反映出事业单位的总体运营情况及成本管理的重大影响。因此，事业单位成本管理系统应当能够如实揭露各科室的成本构成情况，揭示各项目对各科室成本的影响程度及其成本控制目标，并且能够与财务收支明细表保持一致。

1. 结构分析

系统应当能够反映各科室的成本结构，并按成本项目明细列示。例如，公立医院通过分析医疗成本比例、药品成本比例、门诊医疗成本比例、住院医疗成本比例等，能够反映医院在医疗服务过程中耗费的医疗成本是否过高等问题，进而寻找成本控制点，为管理者提供分析决策、控制的信息。

2. 趋势分析

系统应当能够反映本期成本与上期成本、上年同期成本、预算成本、年平均成本的差异，分析并预测成本的变化趋势，寻找成本变动的影响因素和原因。成本有差异时，系统能自动预警提醒有关负责人关注成本变动趋势。

3. 成本构成分析

系统能够分析事业单位的成本构成与其形成因素，包括直接成本和间接成本、固定成本与变动成本、可控成本与不可控成本的构成分析以及全成本下的成本项目构成分析。

4. 科室经济分析模型

近年来，基于事业单位成本核算、绩效考核以及投融资效益评估、投入产出分析等经营管理中的实际需求，大量经济管理分析方法在事业单位成本分析中得以运用。其中，徐力新（2020）认为量本利分析法揭示了成本、业务量和利润三者之间关系，能够极大地保证医院决策的优化与正确。李思雯（2015）也提出量本利分析法可以从直观的角度反映医院保本工作量、盈利区和亏损区三者之间的变动趋势，为医院管理者事前规划、事中控制、事后分析提供参考。但需要注意的是，在医院等事业单位引入量本利分析方法时，应当结合单位自身的行业特点，才能使量本利分析法在事业单位的成本管理中发挥有效作用。

（二）项目成本分析

系统能够实施全过程、全角度、全对象的成本管控，实时核算和分析项目成本，并以目标成本为主导，对比实时动态成本与目标成本的差异，对成本项目进行自动预警，并提供历史数据为以后的项目成本管控提供依据，以便改进优化成本管理体系，促进事业单位实施更加有效的成本管控。

1. 项目盈亏分析

在项目执行过程中，系统可以通过作业及作业动因、单位时间资源成本（产能）、单位作业耗时和单位作业成本（成本动因率）等指标来评判项目的进度，并进行动态成本控制，事业单位需要在保证项目质量的基础上，有效开展动态成本控制，提高项目的盈利。盈亏平衡点 BEP（Break - Even Point）是研究项目成本与收益平衡关系的重要方法。构成项目的各种不确定因素，如固定资产投资、生产成本、项目寿命期等，达到盈利亏损的临界值时，就会影响项目方案的取舍。项目盈亏分析能够辅助单位管理者及时掌握成本动态数据，以实现精准的动态成本控制。但这个过程需要各部门配合，及时准确地提供数据，坚持进行动态对比分析，通过管理手段使偏差保持在可控范围。

2. 项目构成分析

项目构成分析并没有统一的模式或规范，需要结合项目自身的特点，并参考以下原则进行成本构成分析：一是考虑项目的进展情况和项目的总体部署工作；二是考虑项目的构成；三是结合合同结构并考虑项目实施的进度；四是项目构成分析应当有利于项目的目标管控；五是在分析时适当结合项目管理的组织结构。

3. 项目效益分析

薛琴（2015）认为，项目的成本效益状况取决于其自身的成本系数，成本系数可以用总成本与总收费工作量之比来确定。成本系数低于1，项目处于盈利状态，并且成本系数越低，其单位盈利空间越大，并且工作量能够对该项目的成本–效益状况产生积极的影响，也就是工作量越大，该项目的盈利总额越大。而成本系数高于1，项目处于亏损状态，并且成本系数越高，其单位盈利空间越小。

（三）病种成本分析

杨华平（2021）认为，成本管理系统能够通过病案系统等获取病案首页、DRG分组结果、收费明细、各类资源消耗的明细数据，并能进行数据清洗，设置成本分摊参数、设置资源动因和作业动因，填写作业模型，根据不同的DRG分组结果计算DRG成本。同时，成本核算系统还需要提供DRG病组收益、同期成本变动比较、不同科室同病组成本对比等分析，为管理者的决策提供参考。

1. 病种盈亏分析

病种的盈亏分析与医疗服务价格有着密切关联，同一病种在不同科室的成本盈亏存在较大差异，因此，公立医院应该根据病种盈亏的分析结果，在保障医疗质量的基础上，优化调整各科室病种的业务划分与资源配置，优化诊疗流程，将人力、设备等资源发挥最大潜能，能够实现科室的规模效应，并大幅度降低成本。

系统应当按照病种医保支付费用及患者自费费用，核算病种医保支付结算收入，汇总病种医院医疗收费收入，挖掘病种成本数据，开展病种“收支保”盈亏分析，为医院学科建设及病种结构调整提供参考；并对病种的收入结构进行深入挖掘，从药占比、材占比、医疗服务收入占比、医技检查收入占比等因素来考虑病种的收入结构分析，并分析科室、医疗组及医师个人的病种收入结构分析、病种及 DRG \ DIP 分析，为病种结构调整提供参考依据。

2. 科室病种构成分析

医院通常根据科室收入情况，结合学科医疗水平和业务规模考虑是否将科室列入重点发展科室，并对此类科室增加资源投入，提升绩效分配额度。但经过病种成本分析发现，此类科室可能实际运营效益并无优势，甚至还存在亏损的现象。因此，医院应该通过分析病种构成比例，以此为依据优化调整医疗服务结构，合理进行资源配置。

系统应该能够通过可视化方法，将病种构成、手术构成、操作构成等数据信息通过图形化的手段简洁明了、准确高效地反馈给医院管理层，以便院领导根据出院人数、疾病、操作及手术构成等成本核算分析结果，在确保医疗质量的情况下及时调整医疗服务结构、优化资源配置，辅助进行下一步决策。

3. CMI 值分析

2021 年 6 月，国务院办公厅印发《关于推动公立医院高质量发展的意见》，提出要以大数据方法建立病种组合标准体系，并对医院病例组合指数（CMI）、成本产出、医生绩效等进行监测评价，引导医院回归功能定位，提高效率、节约费用，减轻患者就医负担。

CMI（疾病组综合指数）是指一家医院/科室平均每份病例的权重，反映的是医院收治病例的总体特征。计算方式如下：

CMI = $\sum$（DRG 的权重 × 该服务提供单位 DRG 的病例数）/ $\sum$ 该服务提供单位 DRG 的病例数。

CMI 值与医院接诊人数以及所产生的收入都无关，而是与疾病复杂程度有关，CMI 值越高也意味着科室收治病例的例均权重较高、含金量较高，同时说明复杂病种越多、诊疗质量越高。目前，CMI 值已经成为公立医院高质量发展的重要抓手，医院管理者能够运用 CMI 值及权重（RW）找准医院优势定位。

系统应当能够在分析 CMI 值的同时，对各科室病种 CMI 值对应的效应指标进行分析，并根据结果对学科建设进行优化，对患者收治也给予更多的支持，进一步挖掘出建设与发展的发力点、活力点。此外，CMI 值是一个能够进行横向比较的相对数，因此为了能够引导科室优化调整病种结构，鼓励医生积极进修学习新的治疗技术，可考虑将 CMI 值考核纳入科室的绩效评价中。

五、事业单位经营预测和投资决策模块

事业单位经营预测和投资决策模块的主要功能是基于充分的内外部信息，采用管理会计的理论和丰富的数学模型进行经营预测和辅助决策，并采用趋势预测法、因果预测法等对其具体开展工作进度进行监控，对实际执行情况进行评价和总结，最终形成投资管理报告，为事业单位的投资决策提供依据。

在经营预测方面，系统应通过本量利法、安全边际法、基期收益率法等对收益进行预测，并通过收益敏感实验分析，掌握收入与成本的经济运行规律，根据能够影响收益的工作量、单位收入等因素来进行单位目标分析。系统还应当在生成会计凭证的同时对成本数据进行采集，保证会计数据与成本数据的一致性。

投资决策的主要作用是根据事业单位的战略规划，对各项投资活动的可行性进行分析，并对投资活动进行监督和管控，最后对投资活动产生的效益进行评价。具体可分为投资分析、投资控制、投资评价三个子模块。投资分析主要是从统一的数据平台中获取事业单位内部相关的数据信息，并对投资对象的相关数据进行收集，在充分的数据资源的基础上利用净现值、内含报酬率等工具分析和模型判断其投资的可行性。投资控制是指对已开展的投资项目的进展情况、资金的运用情况、资金占用成本进行实时的监测和管控。投资评价的功能是按照预先设定好的投资预算评价指标对实际的投资活动进行考核评价，并提出相关的建议，以此为管理者作出投资管理决策提供数据支持。

六、成本管理绩效评价模块

张扬（2016）认为，成本管理绩效评价模块作为成本管理体系的最后一个环节，主要用于评价该管理体系的运行效果，实时评价成本管理目标的执行状况并及时反馈，既总结概括过去绩效也为整体管理体系的不断改善提供准确的基础信息，该系统一般包括设置 KPI 指标、绩效考评、结果评价、成效反映、执行调整、激励机制等方面，整个系统充分融合了战略管理的思想。

其中，制定合理的成本考核指标对成本管理绩效评价十分重要，设置评价指标需要关注以下几点：一是全面体现事业单位的长远利益；二是充分体现事业单位的战略目标；三是调动事业单位内部各部门之间的密切配合；四是根据各部门的差异，合理地设置不同的考核指标；五是合理采用现有的业绩指标。

此外，事业单位还需要对设定好的指标进行三年的数据测试，以评价考核

体系的可行性，并针对测算结果进行差异化的调整。为体现各部门分工及职能的差异性，可以选择不同的评价指标对其进行核算。并要对事业单位目标成本指标进行梳理分解，明确各部门的经济责任，并对其进行有效的考核和评价，促进事业单位成本控制的良性发展。

七、事业单位成本报表管理模块

事业单位成本报表管理模块是事业单位成本管理系统中不可或缺的重要组成部分，它为事业单位报表管理模块的业务数据提供了一个直观的展现方式，是事业单位报表管理模块业务数据最终输出的一个重要途径，应当具备辅助计算、预览、打印等功能。

用户应当能够通过报表编辑器新建财务报表、预算报表、成本报表、管理汇总表、统计分析表等不同报表，并能够实现修改报表、保存报表、数据集定义、参数定义、报表公式定义、报表公式组定义、报表事件定义、单元格格式设置、模板导入导出、打印设置、运行结果导出等功能。此外，还可结合图表、图形等方式，对报表进行直观展示，最终可形成折线、直方、饼图等二维、三维的图表，并通过利用信息技术实现管理会计报告自动生成并实时导出。系统能够提供成本管理驾驶舱、仪表盘等工具，以柱状图、饼图、折线图等多种易于理解的图形，对各项业务活动进行实时、直观、多维度、精细化的展示。同时，系统可以根据信息使用者的需求，采用 WORD 文档、PDF 文件等多种方式导出数据，满足不同信息使用者对信息的个性化需求。

此外，系统还应具备强大的二次开发功能，单位可以根据需要开发出本单位的专用报表系统。为了方便单位使用，还应开发多窗口处理、联查明细账等功能，并支持与微软 Office 软件进行数据交流。

典型案例：熙软科技成本核算与管理信息化实践——上海新华医院 DRG 成本核算案例

一、案例背景

医院作为我国医药卫生事业的核心单位，担负着全民健康保障的重要任务，是重点民生建设工程的主力军。具有知识密集度强、临床业务复杂、工作协同性强、经济体量大、关系生命健康安全、政府重点关注、政策指导性强等特征。所以医院的成本核算是按照临床诊疗服务特点，结合我国现代医院的管理模式而建立，而且随着医药卫生体制改革的逐步深化，医院进行成本核算也越来越具有迫切性。

近年来，我国卫生总费用快速增长，给政府及患者带来了沉重的经济负担。为解决公共卫生资源配置中补偿机制扭曲、定价有效性缺失等核心问题，按疾病诊断相关分组（DRG）付费等创新医保支付手段成为深化医保支付方式改革的核心内容。但由于各地卫生行政管理标准不同，对 DRG 分组、成本测定方法各异，加之各地区、各级医疗机构差异较大，临床路径不统一，因此在全国层面尚缺乏完整可复制的病种管理体系。此外，即使部分 DRG 试点城市实施按病种付费改革，在赋予病种点值时仍依据医保基金池测定，收付费实质并没有改变。这些因素导致医保支付方式改革遭遇瓶颈。

上海新华医院创建于 1958 年，发展至今已成为一家学科门类齐全、特色鲜明、门急诊量位列上海医院前茅的三级甲等医院，拥有内、外、妇、儿等临床、医技科室及诊疗平台 68 个，开放床位数 2 000 余张，在编人员 2 600 余人。截至 2020 年底，医院门急诊总人次超过 400 万，出院病人总人次超过 10 万，其中门急诊业务量指标连续数年居上海市第一位（单体医院）。基于丰富的临床经验和病历数据，自 2016 年起，上海新华医院开始对 DRG 进行探索，立足于支付方式改革方向，以建立完整的病种成本管理体系为出发点，构建了方法库—实施路径—辅以管理工具—具体保障相配合的完整的病种管理体系，探讨如何在 DRG 支付体系下，实现医务人员技术劳务价值、患者费用负担、医保基金承受能力等多个利益相关方之间的平衡。

二、DRG 成本核算实现

（一）确定 DRG 成本核算单元

以 DRG 分组作为病种成本核算的基本单元确定 DRG 分组方式是开展病种成本核算的基础工作。当前，国内使用的 DRG 相关分组器包括 CHS－DRG、CN－DRG、C－DRG、DIP 分组等多个版本，通过对目前主流的几种 DRG 分组器的对比，为使结果在本市级医院层面具备可比性，匹配本市医保支付制度改革政策，上海新华医院采用本市医保部门所应用的医院基于危重度的疾病诊断分组规则及分组器对 DRG 进行分组。

将医院全年的一万多出院病例的病案号、主要诊断码、主要诊断名称及病史首页费用明细等从 HIS 导出，再依据上述选择的 DRG 分组规则，通过主要诊断码和主要诊断名称的匹配，将这些出院病例分为 561 个病种组（见表 23－1），入组率达 97%；同时，将每个病种组的病例组合指数（Case－mix Index，CMI）进行一一匹配。基于上述病历实际数据，进行医院 DRG 成本核算，关注以病组为基本单元的医院和科室的医疗费用对 DRG 成本消耗的补偿情况，可为制定各临床科室的成本管控策略提供支撑。由于同病组内的患者诊断情况和诊疗方法存在比较大的差异，上海新华医院在标准分组的基础上，根据开展诊疗活动的不同科室将 DRG 病组细分为 3 071 项病种组单元（见表 23－2），以此为基础进行 DRG 成本核算和成本结构分析。

表 23－1　　561 项病种组情况

序号	DRG 分组	DRG 名称	DRG 权重	科室代码	科室名称	例数	收费金额
1	A08B	自体骨髓移植不伴有极重度并发症和伴随症	4.43	10202000	血液内科	6	435 132.32
2	A08A	自体骨髓移植伴有极重度并发症和伴随症	7.81	10202000	血液内科	5	579 903.91
3	N09Z	锥切，阴道、宫颈和外阴手术	0.33	10401000	妇科	256	1 342 882.22
4	B70C	中风不伴有极重度或严重的并发症和伴随症	0.99	10302000	神经外科	439	11 326 981.95
5	G01B	直肠切除术不伴有极重度并发症和伴随症	2.09	10306000	肛肠外科	647	20 234 976.33
6	O60B	阴道分娩不伴有极重度或严重的并发症和伴随症	0.52	10402000	产科	1414	9 182 416.38
7	G03A	胃、食管、十二指肠恶性肿瘤手术	3.19	10301000	普外科	274	21 508 903.73
8	C02Z	眼摘除术和眼窝的手术	0.86	10600000	眼科	107	1 531 837.46
9	F70B	严重心律失常或心脏骤停不伴有极重度或严重的并发症和伴随症	0.60	10100000	急诊中心	16	191 524.37
……							
561	D61Z	（耳源性）平衡失调	0.49	10700000	耳鼻喉颈外科	101	1 133 374.86

表 23－2　　3 071 个病种组的 CMI 匹配情况

序号	DRGs 分组	DRGs 名称	科室名称	……
1	B70C	中风不伴有极重度或严重的并发症和伴随症	神经外科	
2			心血管内科	
3			中医科	
4	G02B	小肠和大肠的大手术不伴有极重度并发症和伴随症	消化内科	
5			普外科	
6			肛肠外科	
7	G03C	胃、食管、十二指肠非恶性肿瘤手术不伴有极重度或严重的并发症和伴随症	消化内科	
8			普外科	
9			内镜诊治部	
……				
3071	D61Z	（耳源性）平衡失调	耳鼻喉颈外科	

使用信息系统，导入全年患者病历信息，管理维护 DRG 病种组。根据分组器对病案信息进行分组的结果统计，根据结果设置病种组，为后续病种成本的计算提供统计分析维度，每个病种组都有对应的 RW 值，为以该值分析提供了数据基础（见图 23－2）。

图 23－2　病种组信息维护

（二）分析建立DRG成本核算方法

主流的DRG成本核算方法主要有“自下而上法”“自上而下法”和“成本收入比法”（Cost－to－charge Ratio，CCR）三种。以下结合医院业务特点，分析三种方法的利弊。

1.“自下而上法”是以医疗服务项目成本为基础，通过患者诊疗项目累加计算患者成本，再由患者成本归集到病组计算得到病组成本，该种方法核算医疗服务项目成本工作量大，依赖医院原始基础信息较多，财务精细化管理程度会影响项目成本的精准程度，医疗服务项目成本的精准度直接影响病种成本精准度。

2.“自上而下法”是在成本核算单元成本的基础上，通过分配参数分摊得到患者成本，再由患者成本计算DRG病组成本的方法，该种方法选取住院天数和诊疗时间作为分配参数，该参数在体现卫生资源消耗和参数关系方面相关性程度还有不足，分摊实现的病种成本也会存在偏差。

3.“收入成本比法”是以服务单元的收入和成本为基础计算病种成本的方法，由于当前我国医疗服务定价体系内还存在医疗服务项目价格和价值背离问题，尤其是以人员服务为主体的服务项目体现劳动不足，会产生成本核算的偏差和不合理。

结合上海新华医院医疗服务和卫生资源消耗情况，通过对几种DRG成本核算方法分析，结合几种DRG成本核算方法优势，采用“成本收入比法”作为核算的主要方法，进行“成本收入比法”在实施操作层面的改进。该方法以病种组或病种组单元为核算对象，关键在于确定服务单元及服务内容，完成其相对应的成本归集，从而确定各服务单元与服务内容的成本收入比。按照“成本收入比法”的原理是确定医院的服务单元，按照医疗服务项目分类细化为医疗服务单元，在服务单元组内消除价格与价值背离带来的成本因素影响等相关问题。利用医院患者病案首页费用记录，确定服务单元的费用和发生这些费用的实际成本进行比较，计算出各服务单元的成本收入比，在医疗服务单元内体现收入和支出的可配比性。通过成本收入比，计算出医院全部患者成本，进而根据患者DRG分组情况计算出各组平均（见图23－3）。

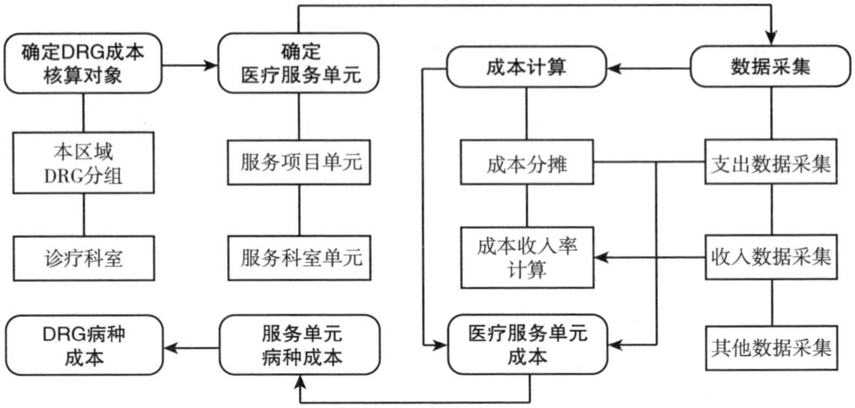

图 23－3　DRG 成本核算——成本收入比法

解决以往 DRG 成本核算方法提供简单、标准临床路径病种效益，无法全面反映病种组运行效益情况的问题。将资源消耗相近的服务单元进行大类概括，并可逐层细化测算成本，减少了在按病种收付费改革背景下毫无必要的项目成本分摊过程，在提高计算精确度的同时，做到了核算成本的全覆盖，可以大幅降低管理成本。因此，采用改良的“成本收入比法”进行 DRG 成本核算的测定，以此满足医保支付方式改革不断推进的具体要求。

（三）开发数字化 DRG 成本核算系统

成本核算具备典型的数据处理和应用方面的特征，涉及数据量大，计算过程复杂，采用数字化的信息系统，是保障 DRG 成本核算得以实现的必备前提。基于 ORACLE 数据库，采用微服务架构，引用大数据技术工具，开发数字化 DRG 成本核算系统，作为医院 DRG 成本核算的重要辅助工具。

按照本院“成本收入比法”，建立 DRG 成本核算数字模型，结构化管理存储 DRG 病组信息、医疗服务单元信息、患者病历信息、收费信息、医疗资源消耗财务支出信息、工作量信息等信息。理顺各类数据之间关系，配置按照成本计算数据算法，构建 DRG 成本核算的计算模型，完成成本计算的大量数据方面工作，提高计算工作效率和数据计算的准确度。通过数据接口实现和各个业务系统间的数据集成，采集源数据，进行 DRG 成本核算计算，得到医院 DRG 成本数据结果。存储 DRG 成本计算的数据结果信息，从各个不同视角进行 DRG 成本分析，从而体现 DRG 成本数据的应用价值（见图 23－4）。

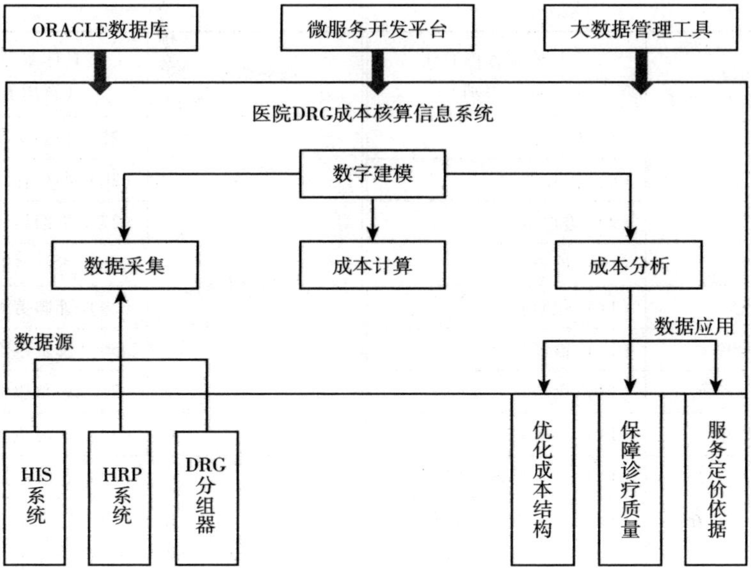

图 23－4　医院 DRG 成本核算信息系统

(四) 明确管理医疗服务单元

划分医疗服务单元是计算 DRG 成本的一项基础工作。按照医院的科室组织架构，医疗资源的分布和使用情况确定医院的服务单元，建立医院服务单元和医疗服务项目的对应关系。为实现病种成本与医疗总收入的匹配，上海新华医院利用患者病案首页和费用记录明细，将医院为各病种组提供的服务划分为 15 个服务单元、38 项具体服务内容（见表 23－3），统计全院及各病种组每个服务单元、每项服务内容发生的实际费用。

表 23－3　　服务单元与服务内容一览

服务单元	具体服务内容（费用类别）	服务单元	具体服务内容（费用类别）
1. 医护单元	(1) 手术费	10. 营养中心单元	(19) 伙食费
	(2) 诊查费	11. 药品供给单元	(20) 西药费
	(3) 治疗费		(21) 中草药费
2. 病房单元	(4) 护理费		(22) 中成药费
	(5) 住院费		(23) 代煎费
	(6) 特需床位费	12. 术中设备单元	(24) 手术特殊设备费

续表

服务单元	具体服务内容（费用类别）	服务单元	具体服务内容（费用类别）
3. 放射单元	（7） CT 费	13. 科室管理单元	（25） 公药支出
	（8） 拍片费		（26） 办公耗材
	（9） 透视费		（27） 折旧摊销
4. 检查单元	（10） 检查费		（28） 维修（护）费
5. 化验单元	（11） 化验费		（29） 外聘劳务
6. 氧气供给单元	（12） 输氧费		（30） 邮资电话
7. 血液制品单元	（13） 血费		（31） 内部服务购买
8. 术中麻醉单元	（14） 麻醉费		（32） 能源成本
9. 可收费耗材供给单元	（15） 介入器械材料费	14. 医院管理单元	（33） 行政后勤人员经费
	（16） 手术器械材料费		（34） 物业费
	（17） 一般医用材料费		（35） 药学部管理成本
	（18） 植入材料人工器官费		（36） 行政办公费用
		15. 其他管理单元	（37） 科教配套经费
			（38） 其他公用经费

科室核算单元是进行成本核算的基本单元，是基于医院业务性质及自身管理特点而划分的成本核算基础单位。每个核算单元应能单独计量所有收入、归集各项费用。可根据核算情况进行调整（见图 23－5）。

图 23－5　医院科室信息维护

医疗服务单元是进行 DRG 成本核算的基本单元，通过信息系统建立医疗服务单元的基本结构，明确服务单元所承担的医疗服务项目。医疗服务项目的设置，一方面用于病案信息费用数据的计量，另一方面用于成本数据的承担对象，根据业务需求指定不同的成本费用率为病种成本计算提供底稿数据支撑（见图 23－6）。

图 23－6　医疗服务单元信息维护

（五）采集 DRG 成本核算源数据

医院成本核算是一项复杂而系统的工程，它几乎涵盖医院与人、财、物有关的所有信息资源。如何对这些原始数据进行及时、有效并准确的采集，是医院开展成本核算工作的难点。

在数据采集阶段，通过数据采集数据接口，系统可从 HIS、电子病历、HRP 等业务系统中动态读取病案数据、成本数据、收入数据、检查数据和血费数据。系统将对源数据进行标准化处理、检查纠错、核对去重等方面工作，并按照符合会计核算特点的数据模型进行存储。

成本项目要素是指医院从事医疗服务过程中发生的各种耗费或支出，通常来说，就是医院都发生了哪些费用开支。反映成本的具体明细构成情况，确定这些成本项目要素也是医院开展成本核算的基础工作之一（见图 23－7）。

图 23-7　成本项目信息维护

成本数据是成本核算模块的业务数据之一，主要用于计算科室成本费用率。成本数据按照科室编码、科室名称、成本项目编码、成本项目名称记录。主要从 HRP 获取，获取方式为 EXCEL 或外部接口，结合医院实际情况讨论收入数据的提供方式和内容（见图 23-8）。

图 23-8　成本信息采集

按照国家和地区的收费标准管理医院收入项目，是科室收入数据归集基础档案的一个重要组成部分，用于记录和核算科室的各项收入（见图 23-9）。

图 23－9　收入项目信息

收入数据是成本核算模块的业务数据之一，主要用于计算科室成本费用率。收入数据按照科室编码、科室名称、收入项目编码、收入项目名称记录，主要从 HIS 获取，获取方式为 EXCEL 或外部接口，结合医院实际情况讨论收入数据的提供方式和收入内容（见图 23－10）。

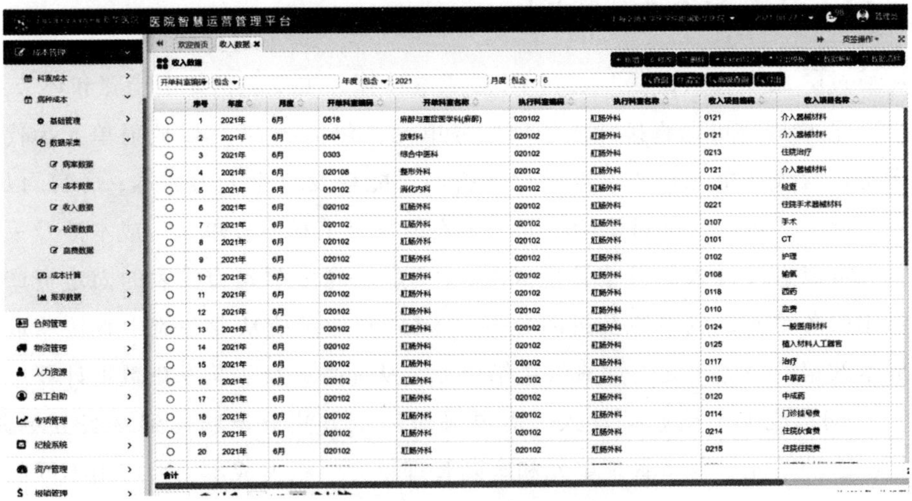

图 23－10　收入数据采集

病案数据是成本核算模块的业务数据之一，主要用于计算 DRGS 病种组成本和基于病案信息进行分析。病案数据按照分组编码、分组名称、主诊断编码、主诊断名称、科室编码、科室名称等信息记录，主要从病案系统中获取，获取方式为EXCEL或外部接口，结合医院实际情况讨论收入数据的提供方式和收入内容（见图23－11）。

图23－11　病案数据采集

（六）计算DRG病种组成本

通过“成本收入比法”进行DRG成本计算，主要包括如下步骤和环节：

1. 直接成本可以直接计入某项服务单元，包括：（1）以放射单元为代表的设备运营服务单元，成本涉及设备折旧、能耗及科室人力成本；（2）以药品供给单元、可收费耗材供给单元为代表的物资消耗服务单元，成本涉及采购成本和可以直接计入的科室管理成本；（3）以病房单元为代表的固定资产资源占用服务单元，成本涉及折旧分摊；（4）其他不能从业务流中直接获取直接成本数据的服务单元，如氧气供给单元，从业务系统采集基础数据计算。

2. 间接成本不能直接计入，需要采用一定方法分摊归集到该服务单元，包括：医护单元、科室管理单元和医院管理单元。根据成本动因应用不同的成本分析方法，如选择关键因素分析法、加权平均法等进行成本测算。此外，病案首页中有些服务单元为多个项目综合，难以一一对应测算其成本，例如，检查服务单元就涉及多学科的联合检查，上海新华医院选择通过各学科检查的成本收入比及其业务量占比进行加权平均，计算出综合成本收入比。

完成成本归集与分摊后，就可基于服务单元发生的费用与其实际成本进行比较，确定成本收入比，数值如表 23－4 所示。

表 23－4　　2019 年各服务单元成本收入比　　单位：%

成本率	成本率值	成本率	成本率值
CT 成本率	43.33	氧气费成本率	67.50
拍片费成本率	43.33	特需成本率	9.75
透视费成本率	43.33	西药费成本率	100.00
化验费成本率	64.71	血费成本率	91.81
检查费成本率	52.08	一般医用材料费成本率	100.00
介入材料费成本率	100.00	医保其他成本率	100.00
麻醉费成本率	106.82	植入材料费成本率	100.00
手术器械材料成本率	100.00	草药费成本率	80.00

3. 计算每个医疗服务单元的成本费用率，根据业务核算需求设置成本收入比率，灵活配置各成本费用率的计算维度，根据具体情况进行设置。依据成本费用率设置的规则，计算出各服务单元的相关数据值，为病种成本计算提供数据支撑（见图 23－12、图 23－13）。

图 23－12　成本收入率设置

图 23－13　成本收入率计算

三、DRG 成本分析

（一）CMI 维度统计分析

依据 DRG 病种组的 CMI 值进行分组统计，分析不同的 CMI 值的病例数、成本情况、收入情况、收益情况等。对不同 CMI 的病种组收益进行分析，结果显示 CMI＜0.5、0.5～＜1、1～≤2、＞2 的病种组，收益率分别为－3.95%、1.58%、1.57%和－2.24%，说明中等难度病种（CMI 为 0.5～≤2）的收益最高，而高难度（CMI＞2）病种由于疾病复杂、并发症多、治疗疗程长等原因，反而带来亏损。国家医改政策导向是实行分级诊疗，上海新华医院作为三甲医院，应定位于急危重症和疑难杂症诊治，但从成本核算结果来看，现行的医疗服务价格体系并不利于引导其三级医院落实功能定位，这一问题值得政府部门关注（见图 23－14）。

（二）科室运营分析

以医院诊疗科室为基本单元，对医院诊疗科室进行总体分析。分析科室关键经济指标，包括 DRG 病组数量、病历数量、科室核定床位数、收入成本和收益、均次 CMI 等总体基本情况，反映临床诊疗科室整体经济运

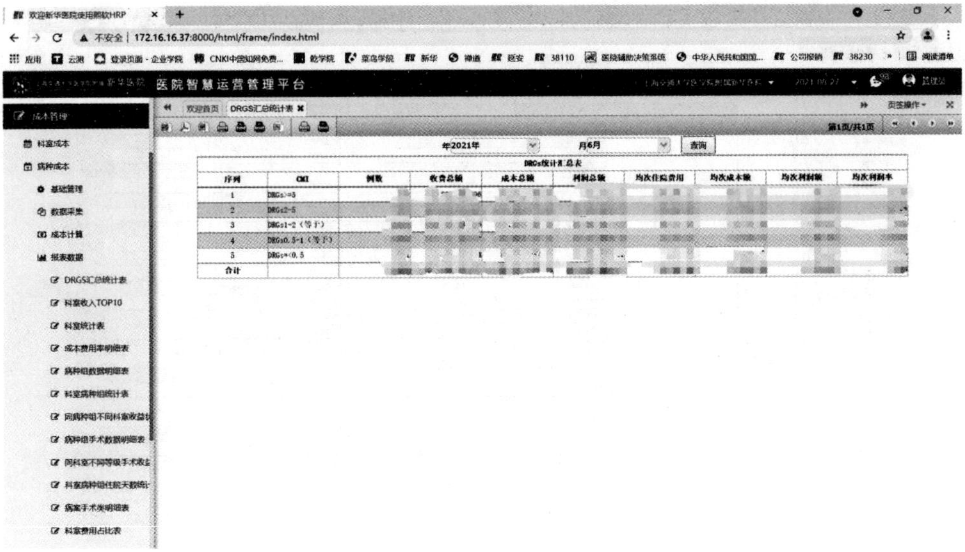

图 23－14　CMI 维度统计分析

营状况。关注科室收支结余的总体状况，体现科室对医院经济运营成果的贡献程度；关注均次床位收益，体现科室卫生资源的使用效率和效能（见图 23－15）。

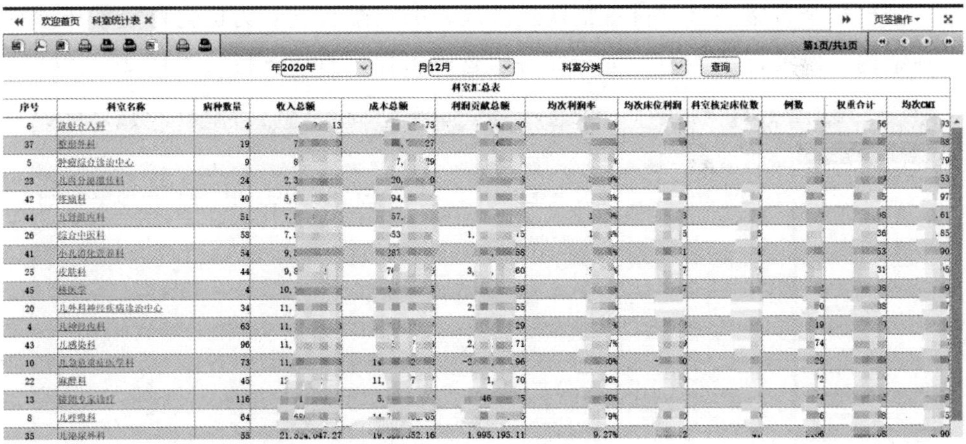

图 23－15　科室运营分析

分析不同科室的成本收入率情况，数据列表显示，不同科室之间的成本收入率存在较大的差异（见图 23－16）。

图 23－16　科室成本费用率分析

（三）科室 DRG 病组统计分析

以医院诊疗科室为基本单元，按照 DRG 病组进行细化分析，分析科室针对每个病组患者诊疗的情况。关注科室病种组的均次费用、均次成本、均次收益，分析每个科室病组对科室整体经济运营的贡献程度。为优化科室临床诊疗病种结构、发挥优势能力、进行经济运营改善提供有效支持（见图 23－17）。

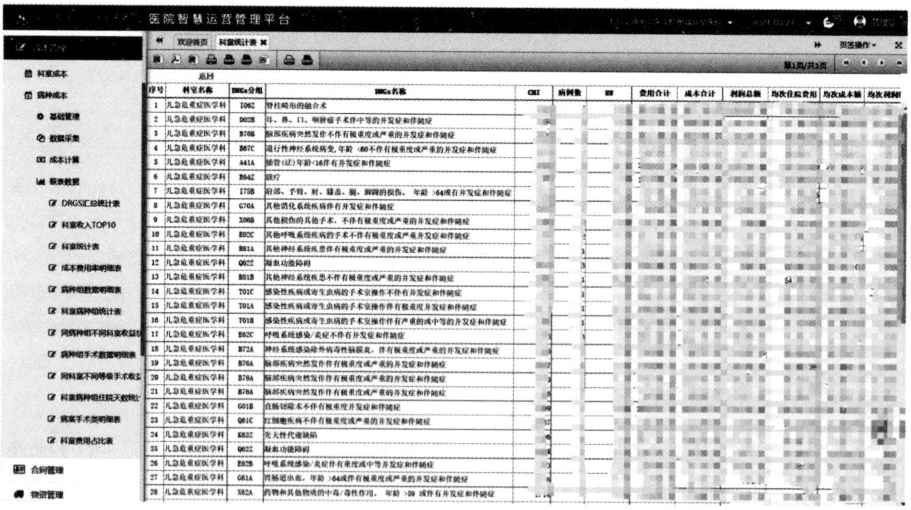

图 23－17　科室 DRG 病组成本分析

分析科室的每个 DRG 病种组的收入构成情况，通过耗材占比、操作类占比、检查类占比、药占比、手术占比等收入类别占比，反应 DRG 病组的收入情况（见图 23－18）。

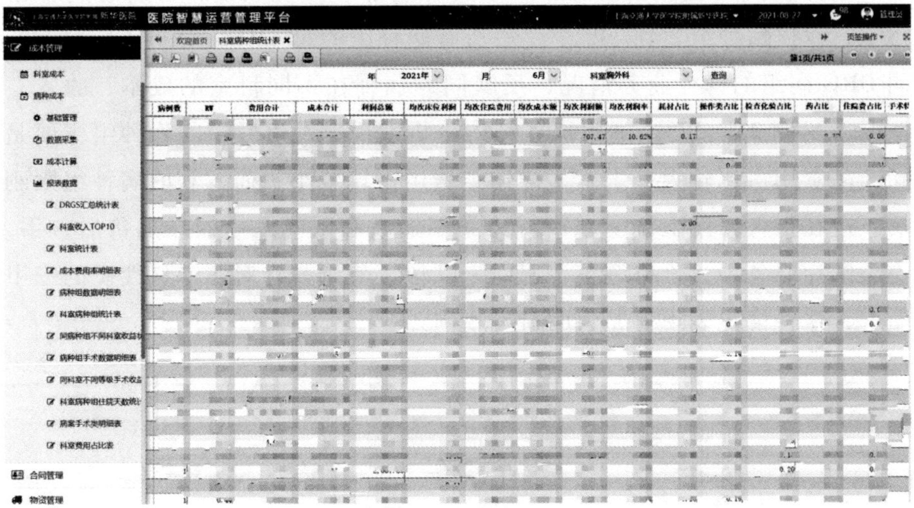

图 23－18　科室 DRG 病组费用占比分析

分析科室不同等级手术的收入、成本、收益情况，以及手术患者的收入总体构成情况（见图 23－19）。

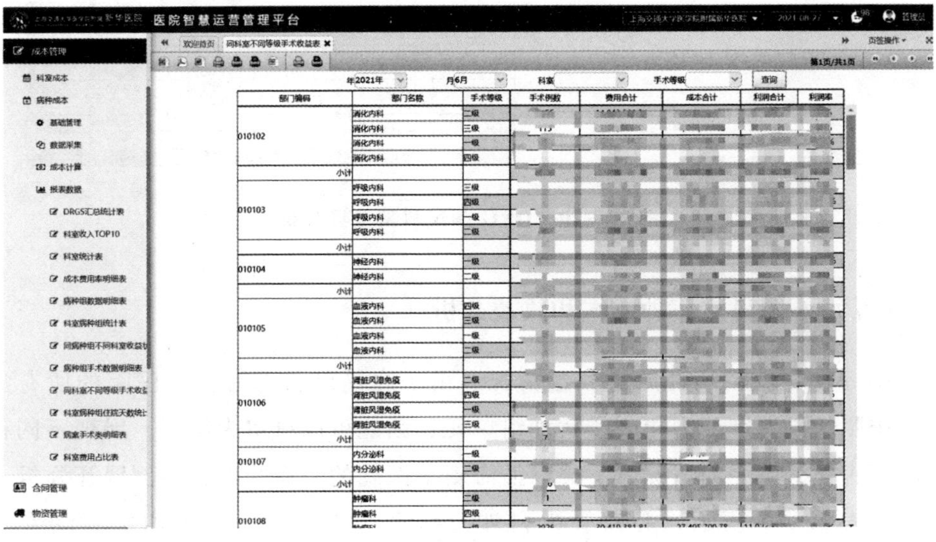

图 23－19　科室手术分析

（四）DRG病种组收益情况和成本结构分析

对医院的561个DRG病种组进行收益分析，核算结果显示，大部分病种医疗费用低于实际成本，仅有212个病种组能够产生收益，占所有病种组的37.8%；亏损病种组达到349个，占所有病种组的62.2%。分析不同科室开展相同DRG病组的诊疗业务情况，反映同一病种在不同科室的成本、收入、收益情况（见图23－20）。通过成本结构分析发现：发生亏损的病种组主要是耗材和药品费用占比较大，手术、操作类费用占比较小；而盈利的病种组则刚好相反。这在很大程度上说明，实行药品零加成和限制医疗器械加价后，手术、操作类医疗服务项目价格调整普遍尚未到位。特别是针对非专科性质的三甲医院而言，这种情况表现得尤为明显。

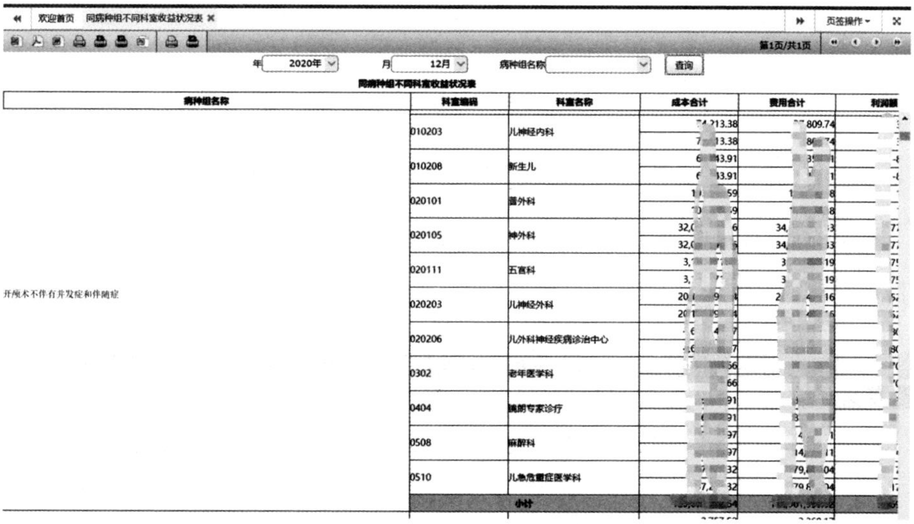

图23－20 DRG病组科室差异分析

（五）不同科室病种成本和收益分析

1. 不同科室的病种成本收益情况：由于之前已将上海新华医院的所有病种组按照各科室细分为相应的病种组单元，因此可以科室为维度，展现不同科室内部病种组单元的情况。下文以上海新华医院的心血管内科为例展开分析。

如表23－5所示，心血管内科涉及病种数120种，总体均次利润率为－4.62%。随着耗材加成的取消，心血管内科的均次利润率存在继续下降的可能。如果进一步打开，也可以就心血管内科中部分病种组单元的成本收益情况进行展示（见表23－6）。

表23－5　　心内科病种结构收益情况

科室名称	病种数	例数	CMI权重	均次利润率	耗材占比	操作类占比	检查化验占比	药占比	住院费占比
心血管内科	120	6 855	1.27	－4.62%	64.65%	5.09%	18.22%	8.94%	2.61%

表23－6　　病种组单元的成本收益情况（部分）

DRG分组	DRG名称	CMI权重	例数	收费总额	成本总额	利润总额	均次费用
F16Z	经皮冠脉介入术不伴有急性心梗，无支架植入术	0.67	2 384	32 802 728.72	32 847 390.45	－44 961.73	13 759.41
		均次成本	均次利润	均次利润率	CT费	CT费占比	CT均次费
		13 778.27	－18.86	－0.14%	113 490	0.35%	47.60
		CT成本率	护理费	护理费占比	均次护理费	伙食费	伙食费占比
		55%	268 569	0.82%	112.65	140 895.08	0.43%
		均次伙食费	伙食费成本率	化验费	化验费占比	均次化验费	化验费成本率
		59.10	98%	7 584 782	23.12%	3 181.54	57%
F15Z	经皮冠脉介入术不伴有急性心梗，有支架植入术	CMI权重	例数	收费总额	成本总额	利润总额	均次费用
		2.17	1 119	63 389 916.21	68 210 961.33	－4 821 045	56 648.72
		均次成本	均次利润	均次利润率	CT费	CT费占比	CT均次费
		60 957.07	－4 308.4	－7.61%	48 530	0.08%	43.37
		CT成本率	护理费	护理费占比	均次护理费	伙食费	伙食费占比
		55.00%	188 263	0.30%	168.24	106 658.50	0.17%
		均次伙食费	伙食费成本率	化验费	化验费占比	均次化验费	化验费成本率
		95.32	98%	5 634 289	8.89%	5 035.11	57%

根据成本核算分析结果可知，上海新华医院已着手在确保医疗质量的情况下，强化对该科室包括高值耗材在内的各类耗材的使用管理，优化成本结构。

2. 同一病种在不同科室开展的成本收益分析：以甲状腺癌病种为例，由于该病种主要以用药为主，在药品零加成政策实施后，各科室开展该病种均为亏损，唯独肿瘤科开展该病种有3%的收益率。分析其原因，发现肿瘤科作为医院甲状腺癌病种综合平台，具有规模效应，其业务流程最优，能将人力、设备等资源发挥最大潜能，成本降至最低。根据成本核算分析结果，医院已着手完善各科室开展病种的业务划分与科室资源配置调整，努力将各科室资源成本发挥最大的效应。

四、应用价值

（一）体现社会效益

1. 体现医改的重要意义和目的：通过在病种组实际成本和收费价格之间建立起合理的相关性，实时反映医院的成本控制情况、运营管理水平以及价格补偿情况，为搭建以成本和收入结构变化为基础的动态价格调整机制创造有利条件，最终实现政府定价与医院补偿之间的平衡。

2. 提升公共卫生资源利用效率：通过制定预制标准控制支出，约束分担经济风险、提高卫生经济效率。以 2018 年度为例，基于该技术方案开展的 DRG 管理活动，促使上海新华医院医疗资源利用效率显著提升，表现为医疗成本同比增幅从 11.0% 下降到 9.6%，在出院人次同比基本持平的同时，上海新华医院甲类重点病种例数同比增长 11%，三、四级手术例数增长近 20%，每职工业务效率再创历史新高。

3. 降低患者费用负担：将所有病种组成本、结构、效益情况同时落地，有效杜绝医疗机构（医生）绕过试点病种、回避按病种组考核的可能，有效杜绝“大处方”和“过度医疗”现象，试点医院门急诊、出院均次费用同比分别下降 2.0% 和 3.0%，医疗费用得到较好控制。

4. 为医保支付方式改革提供了有效支撑：核心技术和实施路径已在全国不同区域、不同级别、不同类型的 20 多家医疗机构间进行推广应用，得到各家医疗机构、各级政府部门多方实践验证，已写入国家医疗行业成本管理和病种成本核算的纲领性规范和操作标准（见国家卫健委和国家中医药管理局共同拟定的《公立医院成本核算暂行办法（征求意见稿）》第七章第四十条），为支付方式改革定价提供了理论支持。

（二）提升医院经济效益

1. 提升病种效益：采用该方法后，2017 年，上海新华医院全部 561 项病种组中，15% 的病种组收益率提高 3%—8%，剔除业务量增长的影响，实际推动医疗收入（产值）增长了 3 146.5 万元、收益 300 万元；2018 年，上海新华医院全部 623 项病种组中，30% 的病种组收益率提高 2%—12%，推动医疗收入（产值）增长 9 402 万元。2019 年，上海新华医院全部 600 余组病种组中，50% 的病种组收益率均提高了 5%—8%，直接创造产值 10 360 万元、收益约 1 000 万元，本年上海新华医院成功扭亏为盈。

2. 降低管理成本：由于本项目在完成完整的 DRG 测算的基础上，将医院所有资源耗费均计入相应病组，完整展现了病组的资源利用状况，基于核算结果开展的管理流程优化活动使各类管理成本不同程度节省，如不可收费耗材成本三年下降 15%，每年可节约耗材支出 3 500 万元左右。

3. 减轻医保基金的负担：通过采用该方法，进一步规范了医生的诊疗行为，杜绝“大处方”和“长处方”现象。自 2018 年起，上海新华医院药占比明显下降，由上年同期的 34% 下降至 27.9%，有效降低了药费支出，剔除业务量增长的影响，有效减轻了医保基金的负担。

4. 提高公立医院管理效率和精细化程度：本项目在完成完整的 DRG 测算的基础上，将医院所有资源耗费均计入相应病种组，从而完整展现了病种组的资源利用状况，为实施精细化管理提供了有效支撑。相应管理活动促使上海新华医院总资产周转率降幅达 3.9%，重点病种组的药占比下降至 29.2%，百万以上大型专用设备论证通过率提高了 35%。

五、深化应用

（一）建立长效 DRG 成本管理机制

成本管理和控制是医院经济运营管理中的一项重要内容，医保支付制度改革是一个循序渐进的过程，也是医疗服务补偿机制建设的未来必然趋势，所以建立长效 DRG 成本管理机制，是医院有效控制成本、保障临床质量工作中的一个重要环节。随信息化建设水平与成本管理水平的不断提升，相关成本的归集精确度也会同步提升；同时，公立医院成本管理精细化水平的提升，将为持续修正相关服务单元的成本收入比、实现成本的准确归集创造基础，从而为探讨形成病种成本核算的长效机制创造条件。

（二）深化 DRG 成本数据应用

我国的医保支付制度改革还处于探讨和初步试点实施阶段，在制定相关政策的过程中，相关数据的支撑性和有效性必须以较大样本量、较广层面的实践为基础。因此，后续应致力于开展更多层面的实证研究，特别是将计划依托各地区各级各类医院，开展综合性医院及各专科医院，三级医院及各二级、区级医院的试点工作，为医保价格调整提供决策支持。

（三）推进医院运营管理信息平台一体化建设

作为医院和各个部门全面运营成果的综合反映，优化改进成本核算方法，更有效地反应医院 DRG 成本的客观情况，需要医院运营管理系统的深入和精细化管理。以 DRG 成本核算为切入点和契机，全面提升医院综合运营管理能力也是医院经济管理工作中的一项重要内容。通过加强成本控制，首先加强人力资源管理，提升医护人员、管理人员、工勤人员的专业业务能力和工作效率，改进工作方法，提升人力资源的有效产能。其次，通过有效药械管理，控制必要的药品和耗材的使用，控制药耗的采购成本。另外，还需要优化临床路径，提升临床质量，提升医院内部服务和临床服务的工作协同效率。需要推进基于 DRG 的病种成本管理信息化管理平台的建设，保证医院 DRG 成本核算成为一项长期的可持续的工作。同时，还需要加强医院综合运营管理体系化信息平台的建设，通过一体化应用，发挥医院运营管理更大效能，全面提升医院经济运行能力和管理水平。

参考文献

［1］约翰斯通．高等教育财政：问题与出路［M］．沈红，译．北京：人民教育出版社，2004.

［2］曾方平．高校科研项目成本核算引入作业成本法的探讨［J］．生产力研究，2017（2）：157－160.

［3］曾晓东，曾娅琴．大学成本分析与收费治理——美国近十年来大学成本和收费制度的演进［J］．比较教育研究，2006（10）：1－5.

［4］陈海红．作业成本法在高校教育成本核算中的实施探讨［J］．商业会计，2016（2）：110－111.

［5］陈敬良．高等教育成本管理论［M］．上海：上海科技教育出版社，2001.

［6］陈立齐．美国政府会计准则研究——对中国政府会计改革的启示［M］．北京：中国财政经济出版社，2009.

［7］陈良华．价值管理：一种泛会计概念的提出［J］．会计研究，2002（10）：53－56.

［8］陈良华．基于泛会计概念下成本计量研究［M］．北京：中国人民大学出版社，2005.

［9］陈莹．高校教育培养成本监审问题初探［J］．财会月刊，2014（4）：119－120.

［10］陈颖．基于准公共产品的高等学校学生培养成本研究［J］．经济论坛，2009（14）：34－36.

［11］陈忠清．高校教育成本核算体系创新的探索［J］．福州大学学报（哲学社会科学版），2012，26（6）：54－57，62.

［12］成刚，林涛，穆素红．基于 SFA 的教育部直属高校成本效率评价

[J]. 高等工程教育研究，2008 (6)：93-97，102.

[13] 成刚. 中国高等教育成本结构研究 [M]. 北京：北京师范大学出版社，2012.

[14] 储朝晖，范如永，黄长喜. 高等教育经费分担的现状、问题及应对 [J]. 清华大学教育研究，2008 (1)：85-93.

[15] 崔邦焱，王守军. 高等学校学生培养成本计算探索 [J]. 中国高等教育，2003 (Z2)：19-22.

[16] 崔邦焱. 高等学校学生培养成本计量 [M]. 北京：高等教育出版社，2006.

[17] 马歇尔，麦克马纳斯. 会计学：数字意味着什么 [M]. 刘洁，刘祖基，译. 北京：人民邮电出版社，2003.

[18] 戴震林. 作业成本法在高校生均教育成本核算中的应用及管理对策研究 [D]. 宁波大学，2013.

[19] 魏良华，邓彦，李华军. 高校教育成本核算模式的思考 [J]. 财会通讯（理财版），2007 (10)：60-61.

[20] 丁小浩. 中国高等院校规模效益的实证研究 [M]. 北京：教育科学出版社，2000.

[21] 董云芝. 作业成本法在高校全成本核算中的应用研究 [J]. 中国注册会计师，2018 (11)：90-94，2.

[22] 杜荣江，马祥兰. 基于作业成本法的高校教育成本核算探究 [J]. 河海大学学报（哲学社会科学版），2014，16 (4)：74-77，92.

[23] 杜万新. 谈高等教育成本与成本分摊 [J]. 教育财会研究，2005 (4)：22-26.

[24] 杜育红，刘笑飞. 学校效率研究计量方法的新进展 [J]. 东北师大学报（哲学社会科学版），2007 (4)：132-137.

[25] 冯宝军，李延喜，李建明. 基于多属性分析的高校科研经费全成本核算研究 [J]. 会计研究，2012 (5)：10-15，93.

[26] 冯宝军，李延喜，张媛婧. 中国研究型大学教育成本构成的实证研究 [J]. 会计研究，2013 (3)：79-87，96.

[27] 冯宝军，孙秀霞，杨学琴. 研究型大学 ABC 学生培养成本核算模式——基于 M 大学的案例分析 [J]. 管理案例研究与评论，2013，6 (2)：

120 - 133.

[28] 冯宝军. 研究型大学教育成本的核算与效率评价研究 [M].. 北京: 经济科学出版社, 2014.

[29] 傅中保. 作业成本法下高校教育成本核算探析 [J]. 行政事业资产与财务, 2015 (4): 60 - 62.

[30] 甘国华. 高等教育成本分担研究 [M]. 上海: 上海财经大学出版社, 2007.

[31] 高洁. 管理会计在国有大中型企业中运用的可行性研究 [J]. 经贸实践, 2018 (23): 83.

[32] 高尚卿, 唐滢, 田东林. 作业成本法在农业院校教育成本核算中的应用研究——基于 H 农业大学的分析 [J]. 云南农业大学学报 (社会科学), 2019, 13 (1): 100 - 104.

[33] 高岩. 论高等学校教育成本管理的有效途径 [J]. 中国乡镇企业会计, 2013 (4): 125 - 126.

[34] 葛家澍, 余绪缨, 侯文铿, 等. 会计大典·第四卷成本会计 [M]. 北京: 中国财政经济出版社, 1999.

[35] 龚刚敏. 高等教育成本特性与生均核算模式 [J]. 经济管理, 2010, 32 (2): 168 - 173.

[36] 谷书平, 谷福云. ABC 成本法在高校全成本核算体系中的运用 [J]. 财会通讯, 2016 (26): 86 - 87.

[37] 关翠. 作业成本法在高校教育成本核算中的应用研究 [J]. 财经界, 2015 (2): 123 - 124.

[38] 郭化林. 刍议高等院校教育成本核算的疑难 [J]. 中国高教研究, 2006 (12): 39 - 41.

[39] 郭化林. 高等教育标准成本计量与核算体系研究 [M]. 北京: 中国农业科学技术出版社, 2010.

[40] 韩习祥, 唐兴华. 我国高等教育的投入机制与绩效管理 [M]. 武汉: 湖北人民出版社, 2009.

[41] 韩亚菲. 中国高校国际化发展新动向——基于北京大学燕京学堂、清华大学苏世民书院案例的分析 [J]. 教育学术月刊, 2017 (5): 14 - 19.

[42] 韩英. 高等学校教育成本管理失控的成因分析与对策 [J]. 山东师

范大学学报（人文社会科学版），2009，54（5）：150－153.

［43］韩宇骞，王官禄，张学英．新会计制度下高校培养成本核算法研究［J］．行政事业资产与财务，2015（31）：57－59.

［44］何远祯．新会计制度下普通高校教育成本核算研究［J］．亚太教育，2015（28）：63－64.

［45］葛家澍．易象会计文集［M］．北京：立信会计出版社，2010.

［46］华世献．对高校人才成本核算及投资经济效益的几点意见［J］．宁夏大学学报（社会科学版），1986（4）：63－67.

［47］华宇哲．浅议如何推进我国管理会计信息化的发展［J］．科技经济市场，2018（11）：24－26.

［48］黄家雄．高等学校的管理改革与效益［M］．北京：北京出版社，1989.

［49］黄俊亮．我国政府会计改革：目标、困境和路径——基于"双轨制"模式［J］．会计师，2013（15）：8－10.

［50］黄崴．教育管理学［M］．北京：中国人民大学出版社，2009.

［51］霍恩格伦，等．成本会计学：以管理为重心（第九版）［M］．王立彦，译．大连：东北财经大学出版社，2000.

［52］霍文达．教育成本分析［M］．北京：中央民族大学出版社，1998.

［53］霍影，张凤武，孙辉．基于线性回归模型的高等学校教育成本预测研究［J］．会计之友（上旬刊），2010（4）：63－64.

［54］蒋和鸣．教育成本分析［M］．北京：高等教育出版社，2000.

［55］金锡鸽．作业成本法在高职院校中的应用研究［D］．西南财经大学，2009.

［56］孔龙，蒋夏杰．试论作业成本法下高校科研成本核算——基于安徽省某高校的案例［J］．经济研究导刊，2011（18）：105－107.

［57］雷振华，阳秋林．高校教育成本核算与成本控制研究［M］．北京：中国传媒大学出版社，2013.

［58］李爱平．高等学校会计核算基础的思考［J］．山西经济管理干部学院学报，2003（1）：15－18.

［59］李从松．跨越的困境——高等教育成本理论评议［J］．教育与经济，2005（3）：16－20.

[60] 李定清．高校财务管理改革之我见 [J]．上海会计，1991 (12)：20.

[61] 李凤荣．加强高校生均成本核算，提升高校管理水平 [J]．天津职业院校联合学报，2015，17 (3)：16－20.

[62] 李福华．高等学校资源利用效率研究 [M]．北京：北京师范大学出版社，2002.

[63] 李国俊，任文隆，卞艳，等．理工类学科与人文类学科生均培养成本构成分析——以北京市属本科院校为例 [J]．中国高教研究，2011 (1)：37－40.

[64] 李佳金．作业成本法在高校教育成本核算中的应用 [J]．财会通讯，2014 (13)：15－17.

[65] 李莉．浅谈新时期高等院校成本管理的优化 [J]．行政事业资产与财务，2015 (15)：40－41.

[66] 李强，王智宁，关艳民．基于作业成本法的高校学生培养成本计量研究 [J]．财务与金融，2012 (6)：22－26.

[67] 李淑霞，付毓维，朱建新．高校科研支出计入高等教育成本问题研究 [J]．技术经济，2005 (2)：45－47.

[68] 李淑霞，刘志新．高校科研全成本核算研究 [J]．中国财政，2009 (10)：44－45.

[69] 李霞，冯景雯．刍议高校教育成本核算程序 [J]．中国乡镇企业会计，2008 (10)：134－135.

[70] 李霞．高校教育成本核算探析 [J]．价值工程，2015，34 (27)：19－21.

[71] 李晓波，霍平丽．高校办学成本及其构成项目新探 [J]．中国高教研究，2009 (7)：26－28.

[72] 李永华．浅析高校教育成本控制 [J]．会计师，2015 (5)：74－75.

[73] 李勇．高等学校成本结构的国际比较 [M]．北京：北京师范大学出版社，2009.

[74] 李智敏，李敏．基于作业成本思想的高校科研项目间接费用摊销研究 [J]．东南大学学报 (哲学社会科学版)，2012，14 (5)：122－125，128.

[75] 李智敏．高等学校科研项目的全成本管理模式研究 [J]．教育财会

研究，2009，20（2）：11－14.

［76］理查德·德鲁克．高等教育公司：营利性大学的崛起［M］．于培文，译．北京：北京大学出版社，2006.

［77］厉以宁．关于教育产品的性质和对教育经营的若干思考［J］．教育科学研究，1999（3）：3－11.

［78］林钢，武雷，宋亨君，王晶．高等教育成本研究［M］．北京：中国人民大学出版社，2008.

［79］林荣日．研究生人均培养成本实证研究——以复旦大学为例［J］．清华大学教育研究，2004（5）：60－67.

［80］林荣日．教育经济学（第二版）［M］．上海：复旦大学出版社，2008.

［81］凌芸．高校教育成本核算流程优化设计［J］．财会通讯，2014（19）：69－70.

［82］刘斌，陈洪萍，孟昊．中美高校教育成本核算比较和研究［J］．会计之友（中旬刊），2009（12）：84－85.

［83］刘佳．高校科研项目的全成本核算研究［J］．财经界，2008（4）：54.

［84］刘建民，毛军，吴金光．高校教育成本计量模型及其应用［J］．高教探索，2013（2）：52－56.

［85］刘霞玲．运用作业成本法构建高校全成本核算体系［J］．财会月刊，2014（1）：21－24.

［86］刘燕，孙栋．高等学校教育成本核算研究——以A大学为例［J］．教育财会研究，2016，27（5）：19－37.

［87］龙英．高校教育成本核算与控制［J］．教育财会研究，2007（5）：31－33.

［88］娄成武，史万兵．教育经济与管理（第二版）［M］．北京：中国人民大学出版社，2008.

［89］楼继伟．政府预算与会计的未来——权责发生制改革纵览与探索［M］．北京：中国财政经济出版社，2002.

［90］卢晓东．研究生生均教育成本分析［J］．高等教育研究，2004（5）：64－71.

[91] 卢晓东. 高等学校科研成本与教育成本关系的深入探讨 [J]. 现代大学教育, 2006 (5): 17-22.

[92] 马发生. 浅谈高校教育成本管理 [J]. 湖北成人教育学院学报, 2001 (5): 17-19.

[93] 马发生. 我国高校应实施战略成本管理 [J]. 高等教育研究, 2010, 31 (6): 44-50.

[94] 马瑶, 郑鑫. 政府会计改革对高校财务管理的影响 [J]. 财会学习, 2019 (16): 39, 41.

[95] 慕兴宏. 高校教育成本核算与管理问题的探讨 [D]. 厦门大学, 2007.

[96] 穆澜. 浅谈政府会计制度对高校财务管理的影响 [J]. 知识经济, 2019 (16): 145, 147.

[97] 宁旭初, 黄敏新. 高等学校教育成本核算控制与评价 [M]. 北京: 中国财政经济出版社, 2016.

[98] 牛铭. 高校教育成本计量模型研究 [J]. 石家庄职业技术学院学报, 2009, 21 (6): 61-63.

[99] 潘松剑. 高校培养成本核算与学费定价研究——以广西5所高校为例 [J]. 教育财会研究, 2015, 26 (3): 28-32.

[100] 彭满如. 美、英、日高校成本核算与控制管理的经验与启示 [J]. 现代大学教育, 2015 (4): 55-61.

[101] 秦路, 彭泽平. 作业成本法在高校教育成本核算中的实证研究 [J]. 西南师范大学学报 (自然科学版), 2015, 40 (6): 113-117.

[102] 瞿华. 教育服务产品生产与消费研究 [M]. 北京: 经济科学出版社, 2009.

[103] 曲京山. 高等学校教育成本核算体系研究 [D]. 东北财经大学, 2011.

[104] 任伟, 杨莉, 李雨阳. 再谈公立高等学校教育成本核算方法 [J]. 财会月刊, 2017 (31): 56-61.

[105] 邵胜华, 胡珍薇. 从作业成本法看高校的教育成本核算 [J]. 会计之友, 2018 (7): 146-148.

[106] 盛中民. 高等学校成本管理研究——以高等学校新财务和会计制

度为视角［J］．会计之友，2016（13）：65－67.

［107］盛中民．高校生均成本核算的应用研究——以C学院为例［J］．当代经济，2017（28）：109－111.

［108］施英．高校教育成本核算问题探讨［J］．财会通讯，2015（11）：127－128.

［109］孙建成．高校教育成本核算对象研究［J］．财会通讯，2010（17）：54－55.

［110］唐艳兰．论高等教育成本会计核算的原则［J］．黑龙江高教研究，2004（12）：37－39.

［111］陶其高，戴琛煌．对高校成本核算若干问题的探讨［J］．教育财会研究，2016，27（5）：38－42.

［112］田景仁．高校教育成本核算的确认路径研究——基于新《高等学校会计制度（征求意见稿）》［J］．教育财会研究，2012，23（3）：35－39.

［113］田五星，王海凤．我国高等教育经费投入的成本管控问题研究［J］．教育研究，2017，38（8）：78－84.

［114］万寿义，曲京山．高等学校教育成本核算问题研究——基于管理的视角［J］．东北财经大学学报，2010（3）：3－9.

［115］万寿义，赵聚辉．高等学校教育成本核算问题研究［J］．教育科学，2009，25（2）：44－49.

［116］王德春，杨爱平．试论高校教育成本核算的特点和方法［J］．教育财会研究，1999（2）：39－41.

［117］王耕．高等全日制学校教育成本计算问题的探讨［J］．会计研究，1988（3）：18－23.

［118］王宏宇，刘晨．基于作业成本法的高校教育成本核算［J］．会计之友，2014（26）：102－104.

［119］王京姝．作业成本法在我国高校教育成本核算中的应用研究［D］．山东财经大学，2014.

［120］王俊峰，秦亮．新形势下高校科研间接成本核算补偿研究［J］．会计之友，2017（8）：118－122.

［121］王立彦，徐浩萍，饶菁．成本会计——以管理控制为核心［M］．上海：复旦大学出版社，2005.

[122] 王朋，宣汶佐．作业成本法下高校院系生均成本的计量研究［J］．会计之友，2015（3）：107－111.

[123] 王朋，余思明．基于作业成本法的高校教育成本计量研究［J］．会计之友，2015（5）：82－86.

[124] 王如彩，齐行抗．谈高校教育成本核算中的几个特殊问题［J］．财会月刊，2009（14）：51－52.

[125] 王善迈．教育投入与产出研究［M］．石家庄：河北教育出版社，1996.

[126] 王守军．我国高等学校收费问题的成因与对策探讨［J］．清华大学教育研究，2006（1）：57－64，76.

[127] 王文辉，付怜敏，关颖．高校生均成本探析［J］．才智，2014（34）：256－257.

[128] 王欣．基于作业成本法的高职院校教育成本问题研究［D］．天津大学，2014.

[129] 王勇．普通高等学校战略成本管理研究［D］．天津大学，2012.

[130] 王玉崑．教育经济学（第二版）［M］．北京：华文出版社，2005.

[131] 王振洪，倪文珺，孙顺源．高等学校生均培养成本研究［J］．浙江社会科学，2008（4）：112－115，129.

[132] 王志成．我国高校教育成本核算探析［J］．财会月刊，2007（12）：56－58.

[133] 吴慧平．澳大利亚高等教育成本分担计划概述［J］．外国教育研究，2007（7）：77－80.

[134] 吴静瑜．完善高校科研经费成本核算的思考［J］．合作经济与科技，2015（12）：175－176.

[135] 吴明芳．高等教育成本核算探析［J］．会计之友（上旬刊），2008（5）：52－53.

[136] 吴鸣，李文叶．我国高校教育成本核算问题与对策［J］．合作经济与科技，2008（16）：95－96.

[137] 吴晓晴．作业成本法下高校科研项目全成本核算模式构建研究［J］．中国管理信息化，2016，19（20）：4－5.

[138] 伍海泉．高等教育成本计量中几个特殊问题的探讨［J］．教育与

经济，2004（1）：43－45.

［139］武雷，林钢．论高等教育成本管理［J］．会计之友，2016（7）：107－111.

［140］夏萍．关于教育成本核算几个关键问题的解决思路［J］．会计之友（中旬刊），2008（9）：57.

［141］夏中雷．高校生均培养成本与办学规模关系的定量研究［M］．北京：知识产权出版社，2011.

［142］肖广华．浅析高等教育成本控制的内涵及其构成［J］．教育财会研究，2011，22（2）：18－20.

［143］谢家启，王珏人．我国普通高校教育成本及其分担研究［M］．杭州：浙江大学出版社，2010.

［144］熊娜，撒晶晶，曾春丽，等．政府会计改革对高校财务管理的影响［J］．会计之友，2018（3）：20－23.

［145］熊伟，李爱彬．高校课题制科研项目全成本核算初探［J］．煤炭高等教育，2011，29（6）：34－35，41.

［146］徐警武．美国高校办学成本递增的特点、原因及其启示［J］．比较教育研究，2007（5）：7－12.

［147］许金叶，孙晶．成本会计——基于价值管理［M］．厦门：厦门大学出版社，2009.

［148］许菁，王绍磊，张海兰．高校科研支出计入高等教育成本问题的再探讨［J］．教育财会研究，2008（3）：20－25.

［149］薛红兵．普通高等学校教育成本管理探索［J］．福建商业高等专科学校学报，2012（6）：6－11.

［150］燕廷森．高校实施成本核算的瓶颈问题及对策［J］．财会研究，2009（8）：39－41.

［151］杨玲．法国高校经费收支与成本核算办法［J］．世界教育信息，2007（4）：12－14.

［152］杨世忠，许江波，张丹．作业成本法在高校教育成本核算中的应用研究——基于某高校成本核算的实例分析［J］．会计研究，2012（4）：14－19，94.

［153］杨世忠．高等教育成本研究专辑（2009）［M］．北京：中国财政

经济出版社，2010.

[154] 杨顺利．高校成本核算中的费用支出界限划分 [J]. 财会月刊，2014 (22)：113 - 115.

[155] 杨晓红，赖林，张璇．依法治校背景下民办高校财务管理现状分析与对策研究——以广东省为例 [J]. 教育财会研究，2017，28 (1)：48 - 53.

[156] 姚木云，胡百灵．高校绩效管理的综合评价研究 [J]. 会计之友，2014 (19)：120 - 123.

[157] 姚小菊．高校教育成本核算研究 [J]. 财会研究，2012 (1)：38 - 40.

[158] 姚艳．黑龙江省高等农业院校教育成本核算研究 [J]. 行政事业资产与财务，2016 (30)：29 - 30.

[159] 易长求．高校人才培养成本核算研究 [J]. 湖南科技学院学报，2007 (2)：162 - 166.

[160] 尹北晖，郭志丹，刘卫民．高等学校教育成本核算及有关问题的思考 [J]. 会计之友 (中旬刊)，2009 (5)：21 - 24.

[161] 于谦龙，顾晓敏，杜玲榕，等．基于作业成本法的高校教育成本核算体系研究 [J]. 财会通讯，2010 (8)：116 - 118.

[162] 袁连生，王善迈，崔邦焱．高等学校学生培养成本计量的案例研究 [J]. 教育研究，2005 (6)：6 - 12.

[163] 袁连生．教育成本计量探讨 [M]. 北京：北京师范大学出版社，2000，32 - 35，66 - 68.

[164] 袁连生．高等学校中与学生培养无关的支出分析 [J]. 江苏高教，2004 (3)：36 - 38.

[165] 张斌．新《高等学校会计制度》视角下的高校教育成本核算研究 [D]. 山东大学，2012.

[166] 张民选．理想与抉择——大学生资助政策的国际比较 [M]. 北京：人民教育出版社，1998.

[167] 张璞，王赣湘．高等院校教育成本分析的探讨 [J]. 经济师，2001 (11)：92 - 93.

[168] 张莎．高校生均成本分析——基于某高校数据 [J]. 教育财会研

究，2016，27（4）：29－33.

［169］张艳．高校教育成本核算及教育成本控制［J］．商场现代化，2011（18）：139－140.

［170］赵庆玲．关于财务会计与管理会计的有机融合体会［J］．经贸实践，2018（24）：67.

［171］赵善庆．有效控制高校教育成本的对策研究［J］．会计之友，2014（18）：91－93.

［172］赵素琴．新会计制度视角下的高校教育成本核算——以作业成本法为例［J］．新乡学院学报，2016，33（8）：17－19.

［173］赵祖华．管理会计在建筑企业财务管理中的应用与实践探究［J］．中小企业管理与科技（中旬刊），2018（11）：79－80.

［174］郑惠平．管理会计＋大数据在学校的应用［J］．财会学习，2018（6）：76－77.

［175］郑健壮，施卓晨．高等教育成本核算理论的综述［J］．中国市场，2006（41）：86－87.

［176］周莉．高校教育成本核算的理论和方法研究［D］．浙江大学，2002.

［177］周诗懿，文拥军．O2O模式下的企业会计收入确认——以顺丰“嘿客”社区实体店为例［J］．财会月刊，2015（7）：50－51.

［178］周曙光，郎永建．《高等学校财务制度》主要创新与实施路径［J］．财会通讯，2016（7）：123－124.

［179］周薇华．浅谈“变动成本法”在高校的应用——教育成本核算方法初探［J］．石河子医学院学报，1988（2）：114－117.

［180］朱晓青．国际学生流动的成本和收益分析框架探析［J］．开放教育研究，2006（4）：57－60.

［181］宗文龙．高校教育成本核算与控制研究［M］．北京：中国财政经济出版社，2006.

［182］贲慧．公立医院管理会计信息化建设研究［J］．会计之友，2018（8）：2－9.

［183］陈立芳．公立医院全面预算管理流程及成本控制分析［J］．商，2016（26）：184.

[184] 程薇，龙翔凌，范德惠，等．现行《医院会计制度》和《医院财务制度》会计信息质量研究［J］．中国卫生经济，2008（9）：35－38.

[185] 崔媛媛．DRG 成本核算在我国公立医院中的应用研究［J］．中国总会计师，2018（10）：76－77.

[186] 戴莉，吴建委．基于医院财务制度下运用 HRP 系统开展成本管理的探讨［J］．经济师，2020（3）：86－87.

[187] 邓小虹．北京 DRGs 系统的研究与应用［M］．北京：北京大学出版社，2015.

[188] 董萍．作业成本法对医院成本核算的影响［J］．中国管理信息化，2021，24（6）：45－47.

[189] 杜良莉．DRG 支付方式改革下医院财务管理应对策略［J］．中国卫生经济，2020，39（1）：88－89.

[190] 方子，乐曲，陶思羽．全面预算管理下公立医院的成本管理分析［J］．中国医院管理，2018，38（2）：53－55.

[191] 樊睿，常慧，许佳，等．全成本核算信息系统在医院运营管理中的应用［J］．中国数字医学，2015，10（4）：110－112.

[192] 费峰．医院成本控制与管理［M/OL］．上海：上海财经大学出版社，2008.

[193] 冯仇美，蔡菊，胡守惠，等．美国医院的财务管理［J］．卫生经济研究，2001（4）：40－41.

[194] 傅卫，江芹，于丽华，等．DRG 与 DIP 比较及对医疗机构的影响分析［J］．中国卫生经济，2020，39（12）：13－16.

[195] 戈飞平．成本管理观念的更新与成本控制新思路［J］．上海会计，1999（5）：14－15.

[196] 关喆．政府会计制度下事业单位成本管理初探［J］．商业会计，2019（11）：90－92.

[197] 郭小红．医院实行全成本核算制度的探究［J］．经济师，2017（12）：263，265.

[198] 韩斌斌等．医院成本管理研究［M］．北京：经济管理出版社，2013.

[199] 何丽丽．加强公立医院预算管理与成本管理联系的评价［J］．财

经界，2020（4）：49-50.

[200] 胡守惠．基于当量法的医疗服务项目成本计算方法研究［J］．中国卫生经济，2011，30（10）：90-92.

[201] 况忠文．作业成本法的特点及其在我国的应用分析［J］．中小企业管理与科技（下旬刊），2009（4）：46-47.

[202] 蓝文婷．新医改制度下公立医院财务管理信息化建设研究［D］．广西大学，2012.

[203] 李思雯．量本利分析法在医院成本效益管理中的应用［J］．继续医学教育，2015，29（7）：39-41.

[204] 李毅萍．作业成本法在公立医院成本核算中的应用［J］．中国总会计师，2021（5）：119-121.

[205] 梁丽珊．试论医院成本分析与成本控制［J］．财经界，2016（14）：48，52.

[206] 廖钧．公立医院内部控制体系研究［J］．财会学习，2019（11）：236-237.

[207] 刘春波，鲁孝正，杨颖，鲁啸军．公立医院成本管理存在的问题、原因与对策研究［J］．对外经贸，2019（11）：116-121，133.

[208] 刘杰．行政事业单位成本管理存在的问题及对策探析［J］．纳税，2019，13（36）：231-232.

[209] 刘雅娟．补偿机制改革背景下公立医院成本管理策略研究［J］．中国医院管理，2018，38（10）：39-42.

[210] 刘雅娟，郑开源，黄玲萍．XH 医院病种成本管理信息系统构建和探索［J］．中国医院，2020，24（6）：64-66.

[211] 刘燕汝．公立医院全面预算管理实践难点分析［J］．中国卫生经济，2012，31（7）：75-76.

[212] 刘岩，魏岚，李天舒，梁志刚．基于 DRGs 付费模式下成本管理新需求的医院信息系统改进研究［J］．中国数字医学，2021，16（2）：85-88.

[213] 卢婧宜．基于信息化建设视角的医院财务精细化管理研究［D］．首都经济贸易大学，2019.

[214] 鲁菁．医院预算管理和成本管理相关性［J］．财经界，2019（8）：46-47.

[215] 芦琦．基于DRG支付方式改革对医院成本核算的思考与探索[J]．中国总会计师，2020（5）：137－139．

[216] 马笑飞．成本核算在科学事业单位实施的路径研究[J]．经济师，2020（4）：111－112．

[217] 马卓，李日昱．作业成本法在医院成本管理中的应用研究[J]．财会研究，2014（9）：47－51．

[218] 潘新梅．如何不断加强事业单位成本管理与控制[J]．中国集体经济，2015（13）：42－43．

[219] 任毅，李风芹，于蔚，等．DRG支付方式下医院成本管理特征、路径选择与策略[J]．中国卫生经济，2020，39（9）：84－87．

[220] 沈柳菁．公立医院成本管理现状及对策探讨[J]．中国总会计师，2020（1）：132－133．

[221] 宋满．基于目标成本法的公共事业单位成本管理研究[D]．长安大学，2013．

[222] 田斐．公立医院成本管理信息系统的构建[J]．中国继续医学教育，2016，8（27）：7－9．

[223] 王转青．公立医院成本核算与绩效考核探讨[J]．财经界，2021（2）：26－27．

[224] 线春艳，李春，李敬伟，等．采用DRG支付方式与医院成本管理策略转型[J]．管理会计研究，2020，3（5）：34－42，86．

[225] 肖英华．浅谈内部控制对事业单位成本管理的作用[J]．财会学习，2019（12）：255－256．

[226] 解媛媛，顾佳辉，薛莲，等．基于管理会计的医院全面预算管理一体化建设探析[J]．卫生经济研究，2020，37（3）：49－52．

[227] 许剑红，刘媛，田佳，等．RBRVS绩效分配在公立医院成本管理中的应用[J]．卫生经济研究，2021，38（7）：62－64，68．

[228] 徐力新．建立医疗业务科室的经济分析模型的实践[C]．中南六省（区）卫生经济学术研讨会暨第二十四次学术年会论文集，2010：326－331．

[229] 徐元元，等．医院财务与会计实务[M]．北京：企业管理出版社，2012．

［230］徐元元，等．医院经济运行精细化管理［M］．北京：企业管理出版社，2014.

［231］薛琴，唐晓东．新制度下公立医院项目成本核算体系的构建［J］．中国卫生经济，2015，34（10）：85－87.

［232］杨华平，王子云，姜嫚黎，等．基于 DRG 的医院成本管理实践［J］．财政监督，2021（4）：93－98.

［233］杨力文．如何加强事业单位成本核算管理与控制［J］．中国集体经济，2019（21）：39－40.

［234］杨阳，张露丹，李建军．基于作业成本法的 DRG 成本核算探讨［J］．中国医院管理，2020，40（12）：60－64.

［235］尹宇斌．G 公司成本信息化管理研究［D］．华东理工大学，2015.

［236］张蕾．基于价值链的 A 医院成本管理优化研究［D］．南京师范大学，2019.

［237］张梦霞．A 公立医院成本管理研究［D］．中国财政科学研究院，2017.

［238］张森琳，杨燕绥．DRG 支付方式改革对医院管理的影响分析［J］．中国医药科学，2020，10（17）：189－192.

［239］张扬．A 医院战略成本管理系统的构建研究［D］．苏州大学，2016.

［240］赵明春．公立医院成本核算在绩效管理中的应用研究［J］．经济管理文摘，2021（13）：46－47.

［241］郑大喜．我国公立医院成本核算的历史演进与发展趋势研究［J］．医学与社会，2011，24（4）：1－3.

［242］郑瑜．我国医院成本核算的研究现况及发展趋势［J］．财经界，2014（17）：100.

［243］郑丽．公立医院全面预算管理流程及其成本控制分析［J］．管理观察，2017（7）：172－174.

［244］范谞洁．作业成本法下的高校科研项目全成本核算研究［D］．湖南大学，2011.

［245］李宝智，李华．科学事业单位成本核算特点与改进建议浅析［J］．财务与会计，2021（13）.

[246] 李晓霞．中央级农业科研事业单位成本核算管理探析 [J]．农业科研经济管理，2018 (1)：10－12．

[247] 刘会卿．成本核算与管理 [M]．北京：电子工业出版社，2014．

[248] 孟凡生．科研成本控制问题研究 [J]．科技管理研究，2006 (4)：66－67．

[249] 吴晓晴．"2011 协同创新中心" 成本核算研究 [D]．湖南农业大学，2017．

[250] 吴优，何苏，杨兆中．科研经费之"测试化验加工费"在高校内部的使用与管理实践——以西南石油大学为例 [J]．产业与科技论坛，2019，18 (3)：249－250．

[251] 徐王宝．公益性科学事业单位科研经费管理的几点思考 [J]．中国财政，2018 (21)：41－43．

[252] 张馨元．科研院所项目经费的全成本核算研究——以 A 研究所为例 [D]．湖南大学．2018．

[253] 张莹．科学事业单位全成本核算的探索与实践 [J]．中国总会计师，2020 (11)：166－168．

[254] 冯巧根．成本管理与控制 [M]．北京：中国人民大学出版社，2014．

[255] 姜春毓．浅议我国的成本会计 [J]．长春教育学院学报，2013，29 (2)：146－147．

[256] 蒋杰．成本会计中若干问题的探讨 [J]．纳税，2018 (16)：95．

[257] 焦微．成本管理会计 [M]．北京：人民邮电出版社，2015．

[258] 鞠骐丞．成本会计在应用过程中的常见问题分析 [J]．现代交际，2013 (5)：130．

[259] 李亚云．成本管理会计 [M]．北京：人民邮电出版社，2015．

[260] 乔春华．高校管理会计研究 [M]．南京：东南大学出版社，2015．

[261] 孙立新，周洋，初征．成本会计 [M]．北京：人民邮电出版社，2016．

[262] 王海山，刘国强，张敬富．颠创成本 [M]．北京：中国人民大学出版社，2014．

[263] 温璿，徐悦，苏效圣．成本会计实务 [M]．重庆：重庆大学出版

社，2016.

[264] 余梦涵．当前形势下企业成本会计职能发挥的探索 [J]. 纳税，2018，12 (24)：89.

[265] 张德容，徐畅，廖国和．成本会计学 [M]. 南京：南京大学出版社，2017.

[266] 张延军．浅析现代成本会计职能、任务与方法 [J]. 中国总会计师，2015 (10)：142－143.

[267] 郑阳晖．从北京启动全面经管绩效考评说起 [J]. 中国医院院长，2017 (13)：38－40.